FATO NOTÓRIO E *INTERNET*

aspectos conceituais, processuais e probatórios

Carlos Frederico Bastos Pereira

FATO NOTÓRIO E *INTERNET*

aspectos conceituais, processuais e probatórios

2.ª edição
revista e atualizada

2024

EDITORA *Jus*PODIVM
www.editorajuspodivm.com.br

EDITORA *Jus*PODIVM
www.editorajuspodivm.com.br

Rua Canuto Saraiva, 131 – Mooca – CEP: 03113-010 – São Paulo – São Paulo
Tel: (11) 3582.5757
• Contato: https://www.editorajuspodivm.com.br/central-de-relacionamento

Diagramação: Equipe *Jus*PODIVM

Capa: Ana Caquetti

P436f Pereira, Carlos Frederico Bastos
Fato Notório e Internet: Aspectos Conceituais, Processuais e Probatórios / Carlos Frederico Bastos Pereira – 2.ed., rev., atual. e ampl. - São Paulo: Editora JusPodivm, 2024.

304 p.

ISBN: 978-85-442-5340-3

1. Direito Processual Civil. I. Pereira, Carlos Frederico Bastos. II. Título.

CDD 341.46

BIBLIOTECÁRIA RESPONSÁVEL

Ana Carolina Ribeiro Mois – CRB7 – RJ 007348/0

À Jess,
porque sem ela nada do que eu faço,
nem uma tese, tem sentido.

"Agora, se você quiser saber alguma coisa, acesse a internet. Se você quiser tornar o que aprendeu amplamente acessível, acesse a internet. O papel estará conosco durante muito tempo, mas o momento está claramente no novo e conectado meio digital. Mas esta não é apenas uma mudança de forma de exibição de retângulos de texto na página do livro para a exibição desses retângulos em uma tela. É a ligação do conhecimento – a rede – que está mudando a nossa mais antiga e básica estratégia de adquirir conhecimento. Em vez de conhecer-por-redução, ao que cabe numa biblioteca ou numa revista científica, estamos agora a conhecer-por-inclusão cada rascunho de cada ideia em vastas redes frouxamente interligadas digitalmente. E isso significa que o conhecimento não é o mesmo que era. Nem para a ciência, nem para os negócios, nem para a educação, nem para o governo, nem para nenhum de nós".

(David Weinberger, *Too big to know*, p. 5)

NOTA DO AUTOR À 2ª EDIÇÃO

Foi com muita felicidade que recebi da Editora Juspodivm a notícia de que a primeira edição do livro esgotou e que havia o interesse editorial na publicação desta segunda edição. Só devo agradecimentos a cada leitor e a cada leitora que se interessou pelo tema e adquiriu o livro.

Também foi particularmente surpreendente o número de profissionais e estudiosos que, por ocasião do livro, me confessaram já ter se deparado com problemas práticos relacionados à pesquisa judicial *on-line* feita de ofício e à aquisição de informações extraídas da *internet* para resolução de casos concretos. Neste sentido, acredito que o primeiro propósito do trabalho foi alcançado com algum êxito. Afinal, sem jogar luzes sobre o problema, podemos nem saber que ele, de fato, existe.

Nesta segunda edição, o leitor encontrará uma ampla revisão da redação do texto para corrigir imprecisões e dubiedades que identifiquei. Também aproveitei para reescrever alguns argumentos com o objetivo de tornar as ideias mais claras e poder transmiti-las melhor. A essência da tese, no entanto, permaneceu a mesma. Também fiz mais referências a decisões judiciais dos tribunais brasileiros, em especial a do STJ, seja para analisar erros e acertos, seja para ilustrar os temas debatidos com exemplos reais. Acrescentei referências à doutrina produzida após a publicação do livro que, direta ou indiretamente, se relacionam com os temas dos fatos notórios e da pesquisa judicial na *internet*. Igualmente, aproveitei para inserir referências bibliográficas que faltaram e, de alguma maneira, são importantes para a evolução dos temas trabalhados neste livro.

Além disso, devo registrar três acontecimentos que colaboraram para a construção desta segunda edição.

Primeiro. Eu tive a felicidade de publicar dois artigos contendo as ideias centrais da primeira edição do livro em dois prestigiados periódicos sobre direito processual. Inicialmente, na *Revista Iberoamericana de Derecho Procesal*[1] e,

---

1 PEREIRA, Carlos Frederico Bastos. Fato notório: revisão crítica diante da difusão digital de conhecimento. *Revista Iberoamericana de Derecho Procesal*, año 2, vol. 2, págs. 21-69, julio-diciembre, 2023.

depois, na *Revista de Processo*[2]. Muitas pessoas tiveram acesso a esses artigos, um formato diferente, e passaram a dialogar comigo. Pude refletir sobre vários desses questionamentos e incorporá-los a esta segunda edição.

Segundo. O livro alcançou a segunda colocação na VIII Edição do Prêmio Calmon de Passos, ofertado pela ANNEP – Associação Norte e Nordeste de Professores de Processo. O prêmio, que já é um grande marco no Brasil, é concedido aos melhores livros ou teses e dissertações do ano (no caso, publicados em 2023). Ter alcançado essa colocação me deixou muito honrado e com absoluta certeza colaborou para a projeção das ideias aqui lançadas.

Terceiro. Fui convidado pela equipe do Torradas do IBDP – Instituto Brasileiro de Direito Processual para discutir as ideias do livro com a Professora Clarissa Diniz Guedes e o Professor Robson Renault Godinho[3]. Nesta segunda edição, incorporei críticas e sugestões feitas por ocasião das perguntas e debates ocorridos neste evento, razão pela qual fica registrado meu profundo agradecimento aos dois amigos e professores, bem como a toda equipe do *Torradas* pela gentileza do convite: Eduardo Talamini, Clarisse Frechiani Lara Leite, Elie Pierre Eid, Carolina Uzeda e Suzana Cremasco.

Uma nova edição é também sinal de que o leitor é *coautor* deste livro junto comigo. Afinal, estamos, todos nós, pensando os problemas referentes à notoriedade dos fatos no mundo contemporâneo e à legitimidade da pesquisa judicial *on-line*. Enfim, sobre a relação (nem sempre amistosa) entre fato notório e a *internet*. Por isso, convido os leitores a continuar essa empreitada comigo e me coloco à disposição, desde já, para debater as ideias deste livro. Porque são elas, as ideias, que mudam o mundo.

Vitória, Espírito Santo, a terra onde moqueca capixaba é pleonasmo,
aos dez dias de junho de 2024.

O Autor

---

2 PEREIRA, Carlos Frederico Bastos. Fato notório: revisão crítica diante da difusão digital de conhecimento. *Revista de Processo*, v. 48, n. 344, p. 19-47, out. 2023.

3 A gravação está disponível no Canal do IBDP no YouTube: https://www.youtube.com/watch?v=DSerxh1Q6IE.

NOTA DO AUTOR À 1ª EDIÇÃO

Este livro corresponde à versão comercial da tese de doutorado que defendi perante a Faculdade de Direito da Universidade de São Paulo com o título "Fato notório: revisão crítica diante da difusão digital de conhecimento", sob orientação do Professor Titular Flávio Luiz Yarshell.

A banca de defesa foi realizada no dia 29 de setembro de 2022, no Auditório Rubino de Oliveira, localizado no Prédio Histórico da Faculdade de Direito da Universidade de São Paulo. Participaram da banca, além do meu orientador, os Professores Gustavo Henrique Righi Ivahy Badaró, Heitor Vitor Mendonça Sica, Cássio Scarpinella Bueno, Sérgio Cruz Arenhart e Clarisse Frechiani Lara Leite.

Escrever uma tese de doutorado é uma tarefa solitária e, muitas vezes, penosa e árdua. O resultado, porém, não é só meu. E nem deveria ser. É fruto da colaboração de muitas pessoas que durante o caminho – inclusive, durante uma *pandemia* – foram essenciais à finalização desta etapa acadêmica tão importante em minha vida.

Em primeiro lugar, agradeço o meu orientador, o Professor Flávio Yarshell. Acredito que a tarefa de *orientar* uma tese de doutorado em um programa de pós-graduação não deva ser nada fácil. Ainda assim, o meu orientador foi muito importante nos conselhos e rumos tomados para a construção deste trabalho. Uma pessoa sempre solícita com seus orientandos, a quem só me resta agradecer a gentileza durante todo o percurso da orientação.

Em segundo lugar, agradeço de forma efusiva os membros da banca já citados anteriormente, todos eles professores e doutrinadores de destaque no cenário brasileiro. As críticas feitas por ocasião das arguições, todas elas muito propositivas e construtivas, foram essenciais ao aprimoramento da versão comercial ora publicada. Gostaria de registrar um especial agradecimento ao Professor Heitor Sica que, embora não tenha sido formalmente meu orientador, foi muito importante para o desenvolvimento da tese.

Em terceiro lugar, não poderia deixar de agradecer às pessoas que sustentam os momentos mais difíceis, de renúncias e sacrifícios, durante essa empreitada que é o doutorado: à Jessica, minha esposa, companheira e amiga, pela compreensão e incentivo em *todos* os momentos; aos meus amados pais, Carlos Alberto e Rosângela; e aos meus queridos irmãos, Júlia e Gabriel, porque sem eles nada disso seria possível.

Em quarto lugar, aos grandes amigos que o processo civil me deu, com os quais compartilho diariamente as maravilhas e as angústias da vida acadêmica. São eles: Adriano Camargo, Daniel Miranda, Elie Pierre, Filipe Oliveira, Gustavo Alves, Gustavo Azevedo, Leonard Schmitz, Lucas Buril, Marco Aurélio Scampini, Marcos Minami, Marcos Vinícius Pinto, Rodrigo Ramina, Thiago Siqueira e Vitor de Paula Ramos. Em especial, agradeço aos amigos Marco Aurélio Scampini, pelo inestimável auxílio nas questões formais necessárias ao depósito da tese, e Daniel Miranda, pelo auxílio com a transmissão virtual da banca no dia da defesa.

Em quinto lugar, eu gostaria de agradecer aos professores e alunos da FDV – Faculdade de Direito de Vitória, instituição que tenho a imensa honra de lecionar desde o segundo semestre do ano de 2019, quando já estava cursando o doutorado. Sempre acreditei que as ideias *clareiam* quando conversamos, compartilhamos e debatemos os temas que pesquisamos. Por isso, muito obrigado.

Em sexto lugar, agradeço aos companheiros no escritório Gama Barreto, Maioli & Zumak Advogados Associados pela compreensão na reta final de elaboração da tese, e, igualmente, ao Desembargador Samuel Meira Brasil Jr., do Tribunal de Justiça do Espírito Santo, bem como toda a sua equipe, pelo apoio fundamental que tive no início no doutorado quando eu ainda integrava a assessoria do seu gabinete.

Finalizo relembrando o que disse no dia da banca de defesa da tese. Naquela oportunidade, registrei que eu enfrentaria aquele momento com um enorme senso de responsabilidade e eram quatro as razões. Primeiro, porque estaria defendendo uma tese de doutorado perante a Faculdade de Direito da Universidade de São Paulo; segundo, porque fui orientado pelo Professor Flávio Yarshell; terceiro, porque seria avaliado por professores renomados pelos quais nutro grande admiração; e, quarto, porque teria de honrar a tradição de inúmeros processualistas capixabas que saíram do Espírito Santo e foram buscar o que eu estava buscando junto à Faculdade de Direito da Universidade de São Paulo.

Passados alguns meses, hoje eu olho para trás e fixo minha memória naquele momento com a sensação de dever cumprido.

Vitória, Espírito Santo, dezembro de 2022.

O Autor

PREFÁCIO

Não deixa de ser uma ironia do destino ter orientado uma tese de doutorado sobre *fato notório*: até quinze ou vinte anos atrás, ao falar aos alunos de graduação sobre o objeto da prova no Processo Civil e, portanto, dos fatos ali não incluídos, tratava a *notoriedade* com uma boa dose de desdém – disse graduação porque, nessa retrospectiva histórica, o assunto não tinha, na minha percepção de então e não obstante os debates que o tema ensejara entre notáveis processualistas, dignidade para ocupar debate autônomo em nível de pós-graduação, considerando-se os avanços alcançados pela disciplina nos estertores do século XX, início do século XXI. O que de relevante havia para ser estudado, ou já fora suficientemente dissecado; ou, de forma mais proveitosa, deveria ser tratado em outras searas (próximas, mas diversas), como a do confronto entre fato notório e máximas de experiência e a da introdução e valoração de fatos e provas nos autos – isso no contexto do assim chamado princípio dispositivo, com implicações sobre a iniciativa instrutória do juiz (aí incluída a questão do conhecimento privado de fatos pelo julgador). Hoje, penitencio-me por isso e percebo que essa visão não era exata, mesmo antes da revolução tecnológica por que passamos – quer sob a ótica metodológica, quer de conteúdo.

Fato é que, naqueles tempos, não raro sugeria aos alunos que deveríamos passar rapidamente pelo instituto, para tratar de outras hipóteses de fatos excluídos do objeto da prova e que, por terem conteúdo relevante, poderiam ser problematizadas com proveito real: posta em confronto com os temas da *incontrovérsia*, da *confissão* (expressa ou tácita) e da *presunção*, a *notoriedade* se afigurava, na minha percepção daquela época, algo um tanto prosaico. Pensava, então, que tentar aprofundar o tema seria algo como discutir o sexo dos anjos enquanto Bizâncio caía... Da notoriedade, quando muito, bastaria destacar a essência do que já fora enfatizado pela doutrina clássica, isto é, sua *relatividade no tempo e no espaço*, justamente por se cuidar de conceito relacionado ao acesso ao conhecimento. Por isso é que, algumas vezes, fiz (tentei fazer) graça com os alunos e os provoquei: "já pensaram alguém escrever uma tese sobre fato notório?"... Então, mesmo com os devidos descontos que poderiam ajudar a compreender aquela minha postura, fato é que, com o passar do tempo, mordi minha própria língua... Não apenas era possível, mas, como bem demonstrou CARLOS FREDERICO BASTOS PEREIRA (apesar da claudicante orientação que recebeu da minha parte), revisitar o tema era pauta acadêmica das mais relevantes. E o resultado de seu trabalho, não tenho dúvida, constitui contribuição das mais importantes no contexto dos modernos estudos do Direito Processual. Concorde-se ou não com as ideias que o trabalho propôs, o fundamental é refletir sobre o assunto, que não se limita propriamente ao exame do fato notório, mas que se propõe a fazer um exame consideravelmente amplo e profundo do direito probatório no contexto da rede mundial de computadores.

É certo que, para minha sorte, antes de ter a felicidade de participar da orientação desta tese, tive a oportunidade de orientar outra, que se propôs a rever os limites da jurisdição, também no contexto da difusão de conteúdo pela internet e redes sociais – trata-se do trabalho de Francisco de Mesquita Laux, que chamou minha atenção, com mais consistência, para o tema das relações entre tecnologia e Direito processual e para as modificações que progressivamente se desenvolveram na relação entre exercício de poder, de um lado, e limites territoriais (físicos), de outro. Certamente são temas distintos, mas o conteúdo da tese sobre limites da jurisdição, dentre outros, superou a indiferença que um dia nutri sobre notoriedade dos fatos. Pude perceber o que hoje me parece óbvio, mas que nem sempre foi assim: se o acesso e a difusão do conhecimento – não apenas no campo do Direito – mudaram, era inevitável rever o tema da prova, entendido como tradicional mecanismo de revelação de fatos; e, dentro dele, da notoriedade dos fatos, em todas suas dimensões. E foi o que fez, com coragem e competência, o autor desta obra, que procurou não apenas examinar o contexto atual em que inserido o tema, mas propor exame mais pragmático do que epistemológico, para chegar ao que qualificou como notoriedade direta e indireta e, então, estabelecer a relação do instituto com a de produção de prova documental eletrônica. Foram ideias que defendeu com firmeza e brilho, perante qualificada e exigente banca examinadora.

Ao término dessa orientação, mesmo depois de examinar o resultado do trabalho e ouvir atentamente as arguições dirigidas ao candidato pela banca, confesso que ainda remanesço em estado de relativa perplexidade. Se é certo que os avanços tecnológicos abalaram a ideia de relatividade espacial, nem por isso eles proporcionaram uniformidade cultural, que autorizasse dizer que se ampliaram os limites da notoriedade, agora em escala mundial. A rede é uma só, mas seu conteúdo, justamente por sua abertura, é tão multifacetado e diverso que, talvez, em vez de gerar mais notoriedade, a difusão de informações naquele foro tenha atuado de forma inversa: se está lá, isso só demonstra que o fato é alvo de atenção de diferentes indivíduos. Contudo, sua leitura pessoal sobre o tema, que passa pela inserção e interpretação do conteúdo, parece mais conspirar contra a ideia de notoriedade do que propriamente a afirmar – a disseminação de notícias falsas que o diga. Mais ainda: a relatividade temporal parece de certa forma ter se acentuado, na medida em que – agora não exatamente por responsabilidade da rede, mas pelos caminhos que a Humanidade percorre – não raro o passado tem sido julgado de forma retrospectiva, isto é, à luz de valores presentes. Isso não é necessariamente incorreto (pode até ser o contrário), mas seguramente faz aumentar a falta de uniformidade sob a ótica cultural e, quanto mais relatividade, menos notoriedade, na medida em que a revisão axiológica dos fatos passados pode chegar a ponto de comprometer a objetividade na forma pela qual são percebidos pelos indivíduos.

No final das contas, o dado mais relevante da difusão e acesso de informações na internet não parece estar exatamente relacionado à notoriedade, mas a uma nova perspectiva de conhecimento; que, como já foi observado, afeta de forma direta e relevante o tema do direito probatório. Ampliaram-se as fontes a partir das quais o julgador trava contato com fatos e a ideia de que o que não está nos autos não está no mundo precisa ser repensada porque, se os autos continuam os mesmos, o mundo mudou... e não parece ser tarefa fácil a de simplesmente separar uma coisa da outra.

Nada do que foi dito aqui, contudo, infirma o valor da investigação feita por CARLOS FREDERICO. Pelo contrário, a obra soube enfrentar esses e outros desafios e suas conclusões se afiguram coerentes com suas premissas. Não fosse por outra razão (mas, sobram razões), quando menos a reflexão sobre a notoriedade de fatos a partir da internet teria o condão de fazer pensar sobre a influência que todo esse manancial tem sobre a formação do convencimento de quem julga e, portanto, do papel que o devido processo legal tem para evitar decisões cujas verdadeiras razões não possam ser de alguma forma controladas.

Como no trabalho sobre limites da jurisdição, fui aqui mais um aprendiz do que um orientador. Isso se deveu à juventude e à capacidade do autor, que reforçou a convicção de que, dentre todas as agruras que possa envolver, a atividade docente tem uma enorme vantagem: se estivermos abertos a tanto, ensinar nos impede de envelhecer (culturalmente) porque nos renovamos a cada novo grupo de alunos com quem travamos contato, ano após ano. Que venham outros como o autor da obra que ora tenho a alegria e a honra de prefaciar, a quem registro meus cumprimentos e agradecimentos.

São Paulo, dezembro de 2022.

Flávio Luiz Yarshell
Professor Titular do Departamento de Direito Processual
da Faculdade de Direito da Universidade de São Paulo.

APRESENTAÇÃO

Tenho a grata satisfação de apresentar ao público a obra ***"Fato notório* e internet*: aspectos conceituais, processuais e probatórios"***, do estimado amigo **CARLOS FREDERICO BASTOS PEREIRA.**

O trabalho constitui versão comercial de Tese de Doutoramento defendida com brilho e aprovada com méritos na Faculdade de Direito da Universidade de São Paulo em 2022, perante banca composta pelos Professores Flávio Luiz Yarshell (orientador), Gustavo Henrique Righi Ivahy Badaró, Cassio Scarpinella Bueno, Sérgio Cruz Arenhart, Clarisse Frechiani Lara Leite e por mim.

A obra constitui um sopro fundamental de novidade em um tema longamente adormecido sobre antiquíssimas lições da doutrina estrangeira (em especial a monografia de **FRIEDRICH STEIN** intitulada ***Das private Wissen des Richters***, originalmente publicada em 1893 e traduzida para o espanhol sob o título ***El conocimiento privado del juez*** e o clássico ensaio de **PIERO CALAMANDREI**, ***Per la definizione del fatto notorio***, de 1925) as quais são acolhidas no Brasil até os dias de hoje.

Fundamentalmente, o trabalho aqui apresentado se propõe a verificar em que medida o advento da rede mundial de computadores (*internet*) impacta o que se entende por "fato notório".

Para esse fim, o trabalho se inicia com o exame, em profundidade, das origens do conceito e seus contornos segundo a dogmática tradicional, ainda hoje largamente aceitos (capítulo 1).

Em seguida, dois capítulos (2 e 3) são construídos para demonstrar como o tráfego de informações em época contemporânea apresenta contornos inteiramente desconhecidos até algumas poucas décadas atrás, sobretudo em razão do advento da *internet.*

Nessa jornada, temas riquíssimos e inéditos são explorados com notável objetividade e profundidade. Cumpre destacar dois em especial: a análise da epistemologia da notoriedade (tema que apenas se insinua no ensaio de **CALAMANDREI**, mas não é por ele explorado) e a análise do instituto da *judicial notice* no direito estadunidense (sobre o qual pouco havia sido dito na doutrina pátria até agora).

Essa bem construída base propicia terreno seguro para o último e mais relevante capítulo, o quarto, dedicado à reconstrução do conceito de fato notório e seu regime processual. Examinam-se, de uma forma arejada e tecnicamente sólida, o regime de inclusão do fato notório no processo e sua projeção no conhecimento do juiz em diversas fases e campos do processo.

Em suma, a obra constitui um belíssimo exemplo de monografia dedicada a tema clássico com olhares modernos e honra as melhores tradições da "Velha e sempre nova academia do Largo de São Francisco".

Embora subsista (sempre!) a utilidade e interesse em conhecer a literatura clássica sobre qualquer tema, não há qualquer dúvida de que a obra aqui apresentada se torna leitura absolutamente obrigatória sobre o tema dos fatos notórios.

A fim de espantar qualquer dúvida sobre a utilidade e acerto da reconstrução constante da obra aqui apresentada proposta acerca do conceito de "fato notório", pouco antes de sua publicação, o autor escreveu texto intitulado ***"'Roda Viva', notoriamente de Chico Buarque"*** (https://www.conjur.com.br/2022-dez-19/direito-civil-atual-roda-viva-notoriamente-chico-buarque). Nele, examina um caso concreto enfrentado pela Justiça do Estado do Rio de Janeiro no qual a correta conceituação de "fato notório" se apresentava capital: é notório ou não o fato de a canção "Roda Viva" haver sido composta por Chico Buarque? Que referido artista, ainda jovem, se celebrizou interpretando a canção em um dos festivais da música nos anos 1960, muitos (brasileiros) certamente o sabem, mesmo aqueles que não eram vivos à época ou estavam em tenra idade, até porque muitos devem ter assistido ao vídeo pela TV ou (veja-se só!) em plataformas digitais. Mas para se saber se a composição é de sua autoria ou de outrem, exigir-se-ia conhecimento mais profundo sobre a sua obra. Em tempos anteriores à *internet*, a dúvida (que poderia tomar de assalto muitos juízes) resultaria na determinação da produção de prova a respeito, pelos meios predispostos no CPC. Em tempos atuais, basta digitar no buscador "Google" a pergunta "Quem é o compositor de 'Roda Viva'" e imediatamente se obtém a resposta "Chico Buarque". A acessibilidade de tal informação, à distância de um *click*, transforma esse fato em "notório"? Pode o juiz buscar tal informação por si próprio? Se sim, com que cuidados e observados quais limites? Como se controla a confiabilidade dessa informação tão facilmente acessível? Os fundamentos para responder essas e outras questões foram magistralmente assentados na obra que o leitor está prestes a desfrutar.

Parabenizo o autor pela publicação, e ressalto o belo trabalho realizado pela editora Juspodivm em abrir espaço para jovens monografistas.

Arcadas, dezembro de 2022.

Heitor Vitor Mendonça Sica
Professor Associado de Direito Processual Civil
da Faculdade de Direito da Universidade de São Paulo.

SUMÁRIO

Capítulo 3

Capítulo 4

INTRODUÇÃO

Objeto do trabalho e recorte metodológico

O presente trabalho versa sobre o fato notório. O tema foi muito debatido na doutrina italiana da primeira metade de século XX sob o aspecto conceitual, sobretudo a partir do clássico ensaio de Piero Calamandrei. Esse debate reverberou no Brasil, diante da conhecida e documentada influência da processualística italiana. A doutrina brasileira que tratava do fato notório à luz do CPC/1939 e do CPC/1973 sempre o fazia no contexto das alegações *objeto de prova*, no caso a dispensando, e da sua diferença com as *regras de experiência* no contexto do conhecimento privado do juiz. Como nos dois Códigos havia apenas uma referência normativa isolada ao fato notório, no sentido de dispensa da sua prova (art. 211 do CPC/1939 e art. 334, inc. I, do CPC/1973), muitas outras perguntas ficavam em aberto, como, por exemplo, o regime processual de alegação e impugnação do fato notório pelas partes e também o regime processual de conhecimento do fato notório pelo juiz.

Mesmo com a entrada em vigor do CPC/2015, foi mantida a única referência ao fato notório como uma das hipóteses em que é dispensada a prova em juízo, conforme se vê do art. 374, inc. I, do Código. Além disso, como nada mais foi dito sobre o seu regime processual de alegação ou impugnação, tampouco sobre o controle processual da notoriedade pelo juiz e pelos tribunais, fica para a doutrina e a jurisprudência a incumbência de estabelecer critérios sobre esses pontos de relevante repercussão para o acertamento dos fatos no processo judicial. Como se não bastasse, a grande maioria da doutrina processual permanece analisando o fato notório ainda exclusivamente sob uma perspectiva conceitual, ora repetindo lições anteriores sem maior reflexão, ora fazendo raras e sucintas menções às informações disseminadas na *internet* como um possível ponto de conexão com os fatos notórios.

Ocorre que não é mais possível ignorar que o desenvolvimento de novas tecnologias, notadamente diante da consolidação e incremento da *internet* como meio de produção e difusão de informações sobre fatos, gera pelo menos uma *sensação* de que a construção teórica em torno do tema do fato notório merece ser revisitada. A *internet* hoje representa um verdadeiro oceano de informações em que o usuário pode buscar conhecimento sobre quaisquer fatos, a qualquer momento, em qualquer lugar do mundo, sem maiores dificuldades e sem custos. Informações *on-line* são, em regra, publicamente disponíveis e acessíveis por todos nós. E todos nós, atualmente, temos à nossa disposição um aparelho eletrônico que nos permite buscar ou checar uma informação de forma simples, eficiente e instantânea, além de, na grande maioria das vezes, ser gratuita. Mas como garantir que essa informação disponível na *internet* é confiável e verdadeira? Trata-se de uma mudança radical na forma pela qual adquirimos conhecimento sobre fatos no mundo contemporâneo e o direito processual não fica imune a essa questão.

Transportando esse raciocínio para o processo judicial, não podemos ignorar que a utilização de informações coletadas na *internet* pelo Poder Judiciário é uma realidade já em vigor no sistema de justiça brasileiro. Juízes e tribunais, bem como suas equipes de assessores, minutam decisões e votos em seus computadores, com amplo, gratuito e irrestrito acesso à *internet*. Informações sobre fatos relevantes do processo estão disponíveis a um *clique* de distância e podem ser obtidas mediante uma simples consulta ao *Google*, ao *Wikipedia* e outras fontes *on-line* de pesquisa.

Entretanto, muitas perguntas surgem diante da disponibilidade e acessibilidade de informações pela *internet*: o modelo processual brasileiro permite que juízes e tribunais consultem informações disponíveis *on-line* sobre fatos relevantes para a solução da controvérsia posta à sua apreciação? Essas informações sobre fatos extraídas de fontes da *internet* podem ser consideradas fatos notórios ou não se enquadrariam neste conceito? Caso positiva a resposta anterior, quais seriam os critérios a serem observados para realização dessa investigação judicial sobre fatos disponíveis na *internet*? As partes poderão contestar o uso e a confiabilidade dessas informações disponíveis e acessíveis em fontes da *internet* mediante contraprova? E como fica o contraditório em relação ao uso dessas informações? Haveria necessidade de fundamentação específica para o uso dessas informações *on-line* na decisão judicial?

Como se pode notar, são muitos os questionamentos surgidos. No entanto, a despeito dos imensos desafios gerados pela disponibilização de informações *on-line* sobre fatos, bem como da possibilidade de utilização dessas informações no processo judicial como fatos notórios, é possível afirmar que existe uma verdadeira *lacuna doutrinária* no Brasil sobre o tema.

Se, de um lado, é verdade que a interface entre direito, processo e tecnologia tem sido desenvolvida pela doutrina brasileira de maneira intensa nos últimos anos, de outro lado, também é verdade que muitos outros campos de repercussão ainda seguem inexplorados. Isso porque a tecnologia é uma realidade incontestável e incontornável da sociedade em que vivemos atualmente, responsável por impactar *transversalmente* não só o direito processual, mas o direito de forma geral, e também muitas outras áreas do conhecimento. Questões sensíveis à sociedade, como a própria construção de conhecimento e a formação do patrimônio cultural que temos sobre os fatos do mundo à nossa disposição, são ressignificadas de forma significativa com o advento da *internet*.

Sendo assim, o objetivo do presente trabalho é examinar a definição e o regime processual do fato notório, notadamente diante do impacto causado pela difusão digital de conhecimento e informações sobre fatos disponíveis e acessíveis na *internet*.

Para alcançar o objetivo proposto, a tese utilizou como fontes de pesquisa legislação, precedentes e doutrina, valendo-se de uma revisão dos diplomas normativos aplicáveis ao tema, identificação dos critérios desenvolvidos pelos tribunais na interpretação desses diplomas, bem como das ideias trabalhadas pela literatura jurídica. A metodologia empregada foi, ao mesmo tempo, analítica, visando à estruturação lógica e à sistematização conceitual do tema, e hermenêutica, observando a tradição jurídica sobre ele construída, tanto na perspectiva horizontal (direito comparado), quanto na perspectiva vertical (história do direito).

O tema será analisado partindo da premissa de que existe uma *Teoria Geral do Processo*[1], compreendida como método de análise científica do direito processual, o que se justifica nos seguintes termos: (i) no *plano teórico*, a noção de fato notório é compartilhada por todo o direito processual, pouco importando a sua especialização (se processo civil, penal, sancionatório, trabalhista, eleitoral ou outra espécie) ou a sua projeção subjetiva (se processo individual ou coletivo); (ii) no *plano normativo*, a regra do art. 374, inc. I, do CPC, que dispensa a produção de provas quando o fato for notório, se comunica, por exemplo, com o CPP, com a CLT e com o microssistema de processo coletivo.

1 Como afirma Flávio Yarshell, "sem embargo das críticas que remontam à sua concepção, a *teoria geral do processo* mantém sua vitalidade. Mais do que útil, ela se afigura imprescindível" (YARSHELL, Flávio Luiz. Reafirmação e evolução da teoria geral do processo: projeções no ensino dessa disciplina no curso de graduação da Faculdade de Direito da Universidade de São Paulo. *Revista Ius Dictum – Teoria Geral da Adjudicação*, Jan/Mai, 2020).

Existe ainda uma questão em particular que reforça a necessidade de o tema ser analisado na perspectiva da *Teoria Geral do Processo*. É a premissa doutrinária sobre o tema, até certo ponto sem maiores questionamentos, de que a notoriedade do fato é um atributo *extraprocessual*, ou seja, um atributo do fato que é externo ao processo, mas cujos efeitos repercutem internamente no processo. Desse modo, o que será diferente, a depender do campo de investigação especializado, é o regime processual do fato notório, e não a sua definição em si. Por conta disso, sempre que houver alguma diferença pontual, o trabalho fará o devido registro.

Teses propostas

A presente tese parte de duas hipóteses entrelaçadas entre si.

A primeira hipótese consiste na proposta de uma nova classificação dos fatos notórios que vem exigida pela reconfiguração da estratégia cognitiva e epistêmica de indivíduos, grupos e organizações na busca por informações e conhecimento sobre fatos, notadamente diante do advento da *internet* e das novas tecnologias. Assim, propõe-se a existência de uma *notoriedade direta* dos fatos, como aquela cujo conhecimento é fruto da experiência coletiva no momento em que a decisão é proferida e que pode percebida sem a intermediação de outros fatos, e de uma *notoriedade indireta* dos fatos, como aquela cujo conhecimento é percebido pelos indivíduos com intermediação de outros fatos de ciência pública, geralmente documentados, categoria na qual se inserem as informações *on-line* que são extraídas de fontes da *internet*.

A segunda hipótese parte da ideia de que, havendo no direito processual uma classificação da notoriedade entre *direta* e *indireta*, de um lado, as partes têm um *ônus de afirmação* do fato notório, um *ônus de indicação* da respectiva fonte da qual a informação foi extraída e um *ônus de demonstração* da inferência probatória realizada a partir desse fato; e, de outro, o juiz tem um *dever de apreciação* da informação alegada pela parte e um *dever-poder* de investigação desses fatos e informações quando extraídos de fontes *on-line* da *internet*, desde que observados determinados critérios para não violar as garantias das partes referentes aos princípios dispositivo, do contraditório e da fundamentação das decisões judiciais.

Estrutura do trabalho

Para demonstrar as teses acima mencionadas, o presente trabalho foi estruturado em quatro partes, conforme descrição que segue.

No *primeiro capítulo*, é feita uma reconstituição histórica do conceito de fato notório a partir de três momentos fundamentais: a sua origem no direito canônico, a obra de FRIEDRICH STEIN sobre conhecimento privado do juiz e a concepção desenvolvida por PIERO CALAMANDREI no direito processual italiano. Também são analisadas as principais características e classificações do fato notório, bem como a evolução do seu tratamento normativo no direito processual civil brasileiro. Por fim, será feito um exercício de diferenciação entre o fato notório e outras figuras afins, como o conhecimento privado do juiz, as regras de experiência, o costume, a notoriedade material e o *standard* probatório. A identificação e conceituação de fato notório sempre foi complicada do ponto de vista de estabelecer um critério classificatório seguro e o seu regime processual nunca foi desenvolvido com proficiência, ficando as análises doutrinárias restritas ao seu conceito.

No *segundo capítulo*, tomando como pressuposto o conceito de fato notório de CALAMANDREI, amplamente disseminado e incorporado em várias legislações de países inseridos na tradição do *Civil Law*, como ocorreu com a brasileira, é feita uma investigação dos conceitos fundamentais utilizados para estabelecer a definição de notoriedade (cultura e esfera social), e como a vagueza desses conceitos contribui para uma difícil relação de identificação dos fatos notórios. Também serão examinados importantes aspectos da chamada sociedade em rede que o advento da *internet* e da tecnologia propiciou nos últimos anos, impactando de maneira significativa o modo pelo qual buscamos informações e adquirimos conhecimento sobre os fatos. Fenômenos ligados à notoriedade dos fatos geram significativas alterações na estratégia epistêmica dos indivíduos, como a sobrecarga de informações decorrentes da *Big Data*, a hiper documentação dos fatos por causa das novas tecnologias, a crise do conhecimento clássico, a formação da opinião pública a partir da imprensa, a disponibilidade de informações na *Wikipedia*. Todos esses pontos são analisados para verificar, sob um ponto de vista epistêmico, se a notoriedade é algo em que podemos confiar como um atributo produtor de veracidade ou não. Em conclusão, na modernidade, podemos falar em um paradoxo; porque, muito embora atualmente tenhamos uma imensa quantidade de dados e informações disponíveis, o conhecimento é fragilizado pelo controle fraco da qualidade dessas informações.

No *terceiro capítulo*, chega-se à proposta de classificação da notoriedade entre direta, como aquela que diz respeito ao conhecimento sobre fatos que é percebido pela experiência coletiva no momento em que a decisão é proferida, e a indireta, como aquela que diz respeito aos fatos de ciência pública cujo conhecimento é intermediado por outros fatos, a exemplo do que ocorre com as informações extraídas da *internet*. Com base nessa nova classificação, e à luz do procedimento estabelecido pela *judicial notice* nos

EUA como parâmetro normativo, é possível estabelecer a possibilidade de prova da notoriedade indireta com base em informações extraídas da *internet*, mediante utilização dos poderes instrutórios do juiz. Rechaça-se, em seguida, a utilização de um princípio da conexão para autorizar essa medida, a exemplo do que tem sido defendido na doutrina e jurisprudência do processo trabalhista. Após, analisa-se a possibilidade de investigação judicial de fatos na *internet* no quadro das garantias processuais do princípio do contraditório, do direito à prova e do dever de fundamentação das decisões judiciais. Por fim, a notoriedade é relacionada a algumas técnicas probatórias específicas cuja releitura pode propiciar uma comprovação das informações extraídas da *internet*, como a inspeção judicial, a consulta técnica e o interrogatório livre.

No *quarto capítulo*, é feita uma análise do regime processual do fato notório buscando, antes disso, identificar como é o regime processual das questões fáticas no processo judicial de maneira geral. Portanto, examina-se como os fatos são aportados ao processo e como diversas regras processuais disciplinam a sua configuração, a partir do princípio da demanda e do princípio dispositivo. Também é feita importante diferenciação entre fatos primários e secundários, bem como dos diferentes papeis que desempenham no processo judicial para fins de tomada de decisão, assim como o regime do ônus de alegação e impugnação do fato notório. Posteriormente, o foco recaiu no controle judicial do fato notório, fazendo uma relação entre fundamentação das decisões judiciais, conhecimento privado do juiz e os brocardos *quod non est in actis non est in mundo* ("o que está nos autos, não está no mundo") e *iudex iudicare debet secundum allegata et probata non secundum conscientiam* ("o juiz deve julgar segundo o alegado e o provado, não segundo sua consciência"). Por fim, foram observados os limites e a abrangência da possibilidade de controle dos fatos notórios pelos recursos ordinários, recursos excepcionais e pela ação rescisória, além de um exame sobre a possibilidade de celebrar negócios jurídicos processuais envolvendo fatos notórios.

Ao final, acredita-se que as teses foram devidamente comprovadas com o desenvolvimento do trabalho e foi possível demonstrar que a relação hoje existente entre *fato notório* e *internet* exige uma reconfiguração do seu respectivo regime processual Como a construção do conhecimento científico nunca é feita de *pontos finais*, espera-se que as ideias aqui lançadas sejam um verdadeiro *ponto de partida* para um profícuo debate em torno do tema.

Capítulo 1

A EVOLUÇÃO DO CONCEITO DE FATO NOTÓRIO

1.1. OS PERIGOS DO NOTÓRIO

JEREMY BENTHAM, em seu clássico tratado sobre as provas judiciais de 1825, alertava que a palavra notoriedade é certamente *suspeita* em matéria judicial. Funcionava, em muitos casos, como "um pretexto usualmente utilizado quando não existem provas, ou quando as provas são muito difíceis"[1]. A desconfiança em torno do instituto do fato notório o levou a uma série de questionamentos, dizendo que o tema exigia grandes precauções, pois, segundo ele, são muitas as questões difíceis de resolver a seu respeito. Diante da linha divisória tênue que separa um fato suficientemente notório e um fato que não o é, questionava a própria definição de notoriedade sob o argumento de que o fato que é notório aos olhos de um poderia não sê-lo aos olhos de outro.

LORENZO CARNELLI, jurista uruguaio que dedicou uma monografia a criticar o fato notório, também advertia, ainda no ano de 1957, que "à sombra do notório prosperaram, com excessiva frequência, o interesse ocasional e a manobra dolosa contra o direito, a justiça e a própria verdade"[2]. Em um primeiro plano, considerava o fato notório um instituto *perigoso* e com potencial carga prejudicial a valores caros ao direito processual, como a igualdade e a paridade de armas entre as partes, a imparcialidade do juiz e o princípio dispositivo. Em um segundo plano, considerava o fato notório um instituto *desnecessário* porque, na grande maioria dos casos, o juiz poderia sanar suas eventuais dúvidas sobre a existência e a veracidade de um fato recorrendo a diligências probatórias previstas em lei.

Não são poucas as críticas e as discussões sobre a figura do fato notório, com destaque às dificuldades em torno da sua definição e à utilização

1 BENTHAM, Jeremy. *Tratado de las pruebas judiciales*. Trad. Manuel Ossorio Florit. Buenos Aires: EJEA, 1971, vol. 1, p. 95-101.

2 CARNELLI, Lorenzo. *O fato notório*. Trad. Érico Maciel. Rio de Janeiro: J. Konfino, 1957, p. 95-96.

indiscriminada dessa categoria com o escopo de desonerar uma parte de provar um fato alegado em juízo.

Dois fatores contribuem para essa desordem.

Em primeiro lugar, a mera *definição formal* do instituto, ou seja, o efeito da notoriedade consistente na exclusão da prova do fato. Esquece-se, porém, da necessidade de sua *definição substancial*, ou seja, a hipótese que deve ocorrer para que esse efeito seja produzido[3]. Uma norma não será clara se os seus dois elementos constitutivos, antecedente e consequente, não forem bem conhecidos.

Além disso, em segundo lugar, é preciso observar a *imprecisão conceitual* que circunscreve o fato notório, a qual ocorre, basicamente, por dois motivos: a indeterminação do termo *notório* e a tautologia que grava as tentativas de sua definição.

Em primeiro lugar, a *indeterminação do termo* ocorre porque ele é, ao mesmo tempo, *vago* e *ambíguo*. De um lado, o termo é vago porque existem outros termos com significados muito próximos, uma verdadeira miríade de casos limítrofes, razão pela qual não se sabe exatamente quais são os casos que entram em seu campo de aplicação. De outro lado, o termo também é ambíguo porque comporta múltiplos significados, havendo necessidade do contexto para estabelecer a sua definição. Para comprovar o amplo espectro de confusão conceitual em torno do fato notório basta pensar nos inúmeros sinônimos existentes, como evidente, patente, incontestável, indiscutível, inegável, irrefutável, indubitável, manifesto, público, dentre outros.

Em segundo lugar, a *tautologia da definição* de fato notório contribui imensamente para a sua nebulosidade porque não consegue estipular de maneira objetiva e confiável as características essenciais dessa categoria. Se é verdade que conceituar o fato notório é uma missão verdadeiramente difícil em razão da vagueza e da ambiguidade do termo, não é possível fazê-lo sem observar regras lógicas mínimas acerca do ato de definir. A maioria das definições encontradas não observam essas regras lógicas e acabam incorrendo em *indisfarçada tautologia*[4].

---

3 Sobre a definição formal e substancial da notoriedade, cfr. ALLORIO, Enrico. Observaciones sobre el hecho notorio. In: *Problemas de derecho procesal*. Trad. Santiago Sentis Melendo. Buenos Aires: EJEA, 1963, vol. 2, p. 391-406, esp. 392-393.

4 O que já foi denunciado há bastante tempo por FRIEDRICH STEIN: "deve ser rechaçada como tautológica a visão de que um fato é notório quando é tão conhecido que não precisa de demonstração. Pois nos deparamos justamente com a tarefa de especificar quais fatos, tão notórios, não precisam de demonstração" (STEIN, Friedrich. *El conocimiento privado*

Um primeiro grupo que busca definir o que é fato notório observa apenas a consequência processual, afirmando que o fato notório seria aquele que dispensa a produção de prova. No entanto, esquece que definir qual fato dispensa a produção de prova torna-se crucial para definir o que é fato notório. A petição de princípio, neste caso, é evidente[5]. Outro grupo utiliza sinônimos do adjetivo notório e emprega conceitos igualmente vagos e ambíguos que não reduzem a indeterminação do seu significado[6]. Ao afirmar que fatos notórios seriam aqueles evidentes, indiscutíveis, manifestos ou patentes, o intérprete necessariamente terá que buscar novos significados para esses termos se quiser definir o que é fato notório. A circularidade do raciocínio é inevitável e, por conta disso, a definição torna-se absolutamente inútil.

É preciso ter em mente que toda definição consiste em um enunciado que atribui significado a um determinado termo[7]. Definir é conotar, indicando um critério de uso, e uma das finalidades essenciais da definição é formular uma caracterização teoricamente adequada e cientificamente útil desse termo. Essa lição é válida não só para a ciência em geral, mas também para a ciência jurídica, e, obviamente, para a ciência do direito processual civil. Cândido Rangel Dinamarco adverte que "o refinamento maior ou menor do vocabulário empregado em uma ciência constitui válido fator de apreciação de seu próprio grau de refinamento"[8].

---

del juez: investigaciones sobre el derecho probatorio en ambos procesos. Trad. Andres de la Oliva Santos. 2ª ed. Bogotá: Editorial Temis, 1999, p. 172 – tradução livre).

5 Como bem notado por Arruda Alvim: "não é fácil a conceituação de *fato notório.* De regra dá-se-lhe uma definição formal, que leva a uma petição de princípios, dado que se diz que fato notório é o que não precisa ser provado, sem, todavia, descrever tal realidade, em si mesma" (ALVIM, Arruda. *Manual de direito processual civil: processo de conhecimento.* São Paulo: Revista dos Tribunais, 1977, vol. II, p. 242).

6 Como se vê, por exemplo, da seguinte afirmação: "o notório é hoje sinonimizado com o público, muito embora a rigor houvesse que se perceber uma diversa valoração semântica dos vocábulos" (AGUIAR, João Carlos Pestana de. *Comentários ao Código de Processo Civil.* São Paulo: Revista dos Tribunais, 1974, vol. 4 (arts. 332 a 443), p. 65).

7 Um inventário preciso, na perspectiva da lógica, de quais são as finalidades de uma definição e quais são as regras básicas da atribuição de significado a um determinado termo pode ser encontrado em COPI, Irving M. *Introdução à lógica.* 2ª ed. Trad. Álvaro Cabral. São Paulo: Mestre Jou, 1978, p. 105-136.

8 E continua: "onde os conceitos estão mal definidos, os fenômenos ainda confusos e insatisfatoriamente isolados sem inclusão em uma estrutura adequada, onde o método não chegou ainda a tornar-se claro ao estudioso, ali é natural que também a linguagem seja pobre e as palavras se usem sem grande precisão técnica. Inversamente, onde existe um grau mais profundo de conhecimentos e uma estrutura científica mais cuidadosamente modelada, ali a linguagem tende a ser mais técnica e mais precisa"

Uma das principais regras lógicas a serem seguidas para estabelecer uma definição precisa e adequada reside na identificação de atributos essenciais do termo, evitando a circularidade entre o que se busca definir (*definiendum*) e o significado que lhe é atribuído (*definiens*)[9]. Ao conceituar fato notório como aquele fato que dispensa prova, o intérprete acaba incorrendo justamente nessa malfadada circularidade que impede uma distinção útil em relação a outros fatos alegados em juízo. Isso porque a própria lei processual prevê que outros tipos de fatos também não precisarão ser comprovados, conforme hipóteses previstas do vigente art. 374 do CPC.

Por conta desses dois problemas relatados, a indeterminação do termo e a tautologia na definição do fato notório, ocorre, ao menos potencialmente, uma série de consequências processuais perigosas para uma utilização racional do instituto no processo judicial, especialmente no que se refere à correta apuração dos fatos no desenvolvimento da decisão judicial.

Em primeiro lugar, a imprecisão conceitual em torno do fato notório pode ocasionar uma violação ao *direito à prova*. O conteúdo do direito à prova é complexo e tem o condão de gerar uma série de posições jurídicas, dentre elas o direito de as partes empregarem todos os meios legalmente previstos à comprovação em juízo de suas alegações de fato. Como a verificação de notoriedade de um determinado fato implica a dispensa da prova, à parte adversa ficaria sonegado o exercício de uma garantia fundamental que decorre diretamente do direito de ação, da ampla defesa e do contraditório (art. 5º, inc. LV, da CF/1988)[10]. Mais grave ainda é o fato de que, geralmente, a declaração de notoriedade pelo juiz aparece pela primeira vez na sentença ou no momento do julgamento colegiado, surpreendendo as partes que não tiveram a oportunidade de exercer o contraditório para controverter

---

(DINAMARCO, Cândido Rangel. *Vocabulário do processo civil*. 2ª ed. São Paulo: Malheiros, 2014, p. 23).

9 COPI, Irving M. *Introdução à lógica*, p. 131-132.

10 Para uma leitura do direito à prova enquanto um direito fundamental, cfr., por exemplo, BEDAQUE, José Roberto dos Santos. Garantia da amplitude de produção probatória. In: *Garantias constitucionais do processo civil*. São Paulo: Revista dos Tribunais, 1999, p. 151-189; CAMBI, Eduardo. *Direito constitucional à prova no processo civil*. São Paulo: Revista dos Tribunais, 2001; CARDOSO, Oscar Valente. O direito à prova como um direito fundamental. *Revista Dialética de Direito Processual*, n. 74, p. 64-75, maio, 2009; RAMOS, Vitor de Paula. Direito fundamental à prova. *Revista de Processo*, v. 38, n. 224, p. 41-62, out. 2013.

a afirmação de notoriedade sobre o fato, nem de eventualmente produzir prova sobre ele[11].

Um antigo caso julgado no STJ demonstra o *perigo* de expandir a notoriedade de um fato para outras questões, o que acabaria violando o direito à prova. O STJ não aceitou que a titularidade de uma determinada empresa por uma das partes fosse considerada um fato notório, afirmando que "a propriedade de uma empresa envolve questões jurídicas a cujo respeito não se pode aceitar facilmente se preste a notoriedade a fazer bastante sua demonstração", razão pela qual "a notoriedade refere-se apenas ao fato, não abrangendo questões jurídicas que demandam maior indagação"[12].

Em segundo lugar, a imprecisão conceitual em torno do fato notório pode representar uma burla à proibição de utilização do *conhecimento privado* pelo juiz no processo. Por conhecimento privado do juiz entende-se aquele conhecimento sobre fatos que não deriva das provas produzidas no processo, mas aqueles fatos dos quais teve ciência enquanto uma pessoa particular[13]. Portanto, o juiz deve julgar a causa de acordo com as provas produzidas no processo e que constam dos autos, não podendo utilizar a sua ciência privada sobre fatos para sustentar a decisão. Trata-se de lição inspirada no clássico aforismo *iudex iudicare debet secundum allegata et probata non secundum conscientiam* ("o juiz deve julgar segundo o alegado e o provado, e não segundo a sua consciência").

Em terceiro lugar, a imprecisão conceitual em torno do fato notório pode ocasionar uma *confusão conceitual* em relação a outras categorias processuais, como ocorre, principalmente, com as regras de experiência comum. Confundir fatos, isto é, eventos concretos que ocorreram na realidade empírica, com regras da experiência, ou seja, noções gerais e abstratas acerca do que se passa ordinariamente no cotidiano, pode representar um salto lógico e argumentativo deletério ao controle intersubjetivo do ato decisório. Isso porque as categorias são distintas entre si e cumprem diferentes funções na construção da fundamentação da decisão judicial[14].

O resultado completo dessa conjuntura é que a imprecisão conceitual na definição de fato notório pode acabar conduzindo o magistrado à prolação de uma *decisão judicial injusta*. MICHELE TARUFFO defende que uma

---

11 Como acertadamente denunciado por MONTERO AROCA, Juan. *La prueba en el proceso civil*. Madrid: Civitas, 1996, p. 52-53.

12 REsp n. 92.500/AM, relator Ministro Eduardo Ribeiro, Terceira Turma, DJ de 14/4/1997.

13 Para uma explicação mais profunda sobre o conceito, cfr. item 1.6.1.

14 Para uma explicação mais profunda sobre o conceito, cfr. item 1.6.2.

decisão judicial será justa quando observados três diferentes critérios, a saber, quando houver uma correta escolha e interpretação da norma jurídica aplicável ao caso, uma apuração confiável dos fatos relevantes para o processo e o emprego e cumprimento das garantias processuais durante o desenvolvimento do processo[15].

Corre o risco de ser *arbitrária* a decisão judicial que reconstrói equivocadamente os fatos que estão em discussão na controvérsia[16]. Se o magistrado se equivoca ao dispensar a prova de um fato por o considerar notório, terá uma percepção errada da narrativa e procederá à valoração do material probatório a partir de uma premissa equivocada, a de que aquele fato, por ser notório, ocorreu ou é verdadeiro quando, a bem da verdade, pode não ter ocorrido ou ocorrido de maneira diversa. Inclusive, o magistrado poderá realizar *inferências probatórias* a partir deste fato, considerado verdadeiro por ser notório, presumindo a ocorrência de outros fatos, equivocando-se na reconstrução da verdade dos fatos debatida no processo[17].

A questão ganha mais importância ainda quando temos em mente que a apuração do fato é essencial à sua respectiva qualificação jurídica, a partir da incidência da norma, com o escopo de extrair a consequência normativa desejada. Afinal, o direito nasce do fato (*ex facto oritur jus*). Desta forma, uma inadequada apuração dos fatos pode levar a uma incorreta interpretação

15 "Os três critérios aludidos são os seguintes: a) correta escolha e interpretação da norma jurídica aplicável ao caso; b) apuração confiável dos fatos relevantes ao caso; c) emprego de um procedimento válido e justo para chegar à decisão" (TARUFFO, Michele. Idee per una teoria della decisione giusta. *Rivista Trimestrale di Diritto e Procedura Civile*, v. 51, n. 2, p. 315-328, giu. 1997, p. 319 - tradução livre).

16 Assim, "se os fatos não forem apurados de forma racional e verídica, a aplicação de qualquer norma ao caso particular torna-se infundada e, portanto, arbitrária" (TARUFFO, Michele. Idee per una teoria della decisione giusta. *Rivista Trimestrale di Diritto e Procedura Civile*, p. 320). O controle intersubjetivo da premissa fático-probatória da decisão judicial deve ser uma preocupação central para a correta fundamentação das decisões judiciais à luz da justificação externa das decisões judiciais, conforme defendemos em PEREIRA, Carlos Frederico Bastos. *Fundamentação das decisões judiciais: o controle da interpretação dos fatos e do direito no processo civil.* São Paulo: Revista dos Tribunais, 2019, p. 90-97.

17 Para um panorama sobre as inferências probatórias, cfr., por todos, MATIDA, Janaina; HERDY, Rachel. As inferências probatórias: compromissos epistêmicos, normativos e interpretativos. In: CUNHA, José Ricardo (org.). *Epistemologias críticas do direito*. Rio de Janeiro: Lumen Juris, 2016, p. 209-239; ÁVILA, Humberto. Teoria da prova: standards de prova e os critérios de solidez da inferência probatória. *Revista de Processo*, v. 43, n. 282, p. 113-139, ago. 2018; SCHMITZ, Leonard. *Presunções judiciais: raciocínio probatório por inferências*. São Paulo: Revista dos Tribunais, 2020.

e aplicação da norma jurídica ao caso concreto, o que, via de consequência, contaminará o resultado extraído desse raciocínio judicial, levando, por fim, a uma decisão injusta em diferentes perspectivas.

É o caso, portanto, de realizar uma análise dos principais marcos da evolução histórica do fato notório para verificar de que modo a teorização atualmente vigente no Brasil sobre o tema foi formulada. Podemos identificar três momentos bem definidos que serão examinados em seguida: *(i)* a sua origem no direito canônico; *(ii)* a obra de Friedrich Stein sobre o conhecimento privado do juiz, publicada no ano de 1893; e *(iii)* o ensaio de Piero Calamandrei, publicado em 1925, lançando críticas ao Projeto do Código de Processo Civil italiano apresentado por Francesco Carnelutti.

1.2. EVOLUÇÃO HISTÓRICA DO FATO NOTÓRIO

1.2.1. Origem no direito canônico

A origem histórica da teoria do fato notório remete a uma gradual e difusa elaboração dos jurisconsultos medievais no direito comum e remonta a fontes canônicas[18], embora alguns doutrinadores apontem que o direito romano já consagrava o fato notório como elemento de dispensa da prova testemunhal[19].

---

18 É o que atesta grande parte da doutrina, cfr., por todos, GHISALBERTI, Carlo. La teoria del notorio nel diritto comune. In: *Annali di storia del diritto*, anno I, 1957, p. 403-451, p. 01; GHISALBERTI, Carlo. Fatto notorio. a) Premessa storica. In: *Enciclopedia dei diritto*. Milano: Giuffrè, 1967, t. XVI, p. 995-999; BERTOLINO, Rinaldo. *Il notorio nell'ordinamento giuridico della Chiesa*. Torino: Giappichelli, 1965, p. 115; CABAÑAS GARCÍA, Juan Carlos. Premisas básicas para una posible redefinición de la teoría procesal sobre el hecho notorio. *Justicia: Revista de Derecho Procesal*, n. 3, 1991, p. 565-591, esp. p. 567; PANZAROLA, Andrea. Il notorio, la judicial notice e "concetti" di prova. *Rivista di Diritto Processuale*, vol. 71, n. 3, 2016, p. 610-636.

19 Hernando Devis Echandía registra que, antes da consagração pelo direito canônico, "o direito romano (Institutas, Testibus, capítulo 3º) consagrava expressamente tal princípio em relação à prova testemunhal: *si factus est notoriutm, non eget testium depositiunibius declarari*. E foi reconhecido como tendo alcance geral e não limitado ao depoimento das testemunhas, como se depreende da máxima *notório non egent probatione*" (DEVIS ECHANDIA, Hernando. *Teoria general de la prueba judicial*. Buenos Aires: V.P. de Zavalía, 1972, t. 1, p. 214 – tradução livre). Em sentido contrário, tanto na doutrina estrangeira afirmam que "no direito romano tampouco se concebeu, especificamente, o notório" (CARNELLI, Lorenzo. *O fato notório*, p. 64), como na doutrina brasileira, cfr., por exemplo, ROCHA, José de Moura. O fato notório no processo civil brasileiro. *Revista de Direito Processual Civil*, v. 1, n. 2, p. 146-166, jul./dez. 1960, p. 151; PALAIA, Nelson. *O fato notório*. São Paulo: Saraiva, 1997, p. 02.

Nessa época em que o tema do notório foi desenvolvido, o direito canônico era regulamentado pelo *Corpus Iuris Canonici*, uma compilação de fontes que vigorou entre 1582 e 1917 e foi responsável pela consolidação e estabilização da ordem jurídica canônica[20]. Vigeu até ser substituído pelo Código Canônico, em 1917, o qual, por sua vez, foi posteriormente substituído pelo Código de 1983.

Ao examinar o processo canônico, é sempre crucial ter em mente que a sua finalidade não pode ser equiparada à finalidade do processo laico. José Rogério Cruz e Tucci e Luiz Carlos Azevedo chamam a atenção para a *dupla instrumentalidade* do processo canônico cujo escopo precípuo é a *salvação das almas*[21]. O instituto do fato notório deve ser compreendido dentro desse contexto, pois servia não só à economia processual, mas, principalmente, aos escopos espirituais que o processo eclesiástico buscava atingir[22].

As noções em torno da notoriedade nem sempre foram concebidas de maneira sistematizada e uniforme na legislação desse período, havendo múltiplos conceitos e, até mesmo, certa confusão na sua identificação[23]. Além disso, a figura do notório que originalmente constava da legislação eclesiástica era voltada ao sistema penal, mas suas noções foram posteriormente generalizadas e transplantadas pela doutrina ao sistema civil[24].

---

20 CRUZ E TUCCI, José Rogério; AZEVEDO, Luiz Carlos de. *Lições de processo civil canônico: história e direito vigente*. São Paulo: Revista dos Tribunais, 2001, p. 58-65.

21 CRUZ E TUCCI, José Rogério; AZEVEDO, Luiz Carlos de. *Lições de processo civil canônico*, p. 14-15.

22 Neste sentido, "o notório não só permite uma economia de meios processuais, mas também sustenta aquelas preocupações com a disciplina espiritual que se mostraram próprias da Igreja" (BERTOLINO, Rinaldo. *Il notorio nell'ordinamento giuridico della Chiesa*, p. 116 - tradução livre).

23 CARNELLI, Lorenzo. *O fato notório*, p. 67-68; ROCHA, José de Moura. O fato notório no processo civil brasileiro, *Revista de Direito Processual Civil* p. 152, para quem "efetivamente, antes que o direito canônico possuísse os seus princípios informativos e nêles pudesse ser enquadrado o 'notório', encontramos uma ausência de regularidade na conceituação do mesmo".

24 ALLORIO, Enrico. Observaciones sobre el hecho notorio. In: *Problemas de derecho procesal*, p. 391-406: "No sistema canônico, ao contrário, o conceito foi aplicado desde as origens (antes mesmo do termo ser introduzido), no campo penal, em termos de delito notório: não só a notoriedade do crime justificava a condenação sem necessidade de provas ; mas que a sentença, longe de aplicar a pena, nada mais fez do que certificar que ela já havia sido produzida de pleno direito, como efeito substancial do crime: notoriedade passou, do campo penal, para o campo civil, mostrando-se com isso, de forma até exagerada, fértil em consequências práticas" (op. cit., p. 393 - tradução livre). Igualmente, cfr. GHISALBERTI, Carlo. *La teoria del notorio nel diritto comune*, p. 32-

Foi com base nessa profusão de conceitos dispersos de maneira desuniforme que os jurisconsultos do direito comum, diante da dificuldade de sintetizar o notório mediante apenas uma fórmula, criaram uma classificação na época capaz de acomodar todos os seus aspectos em três diferentes gêneros[25]:

(i) notorium facti, que corresponde à notoriedade fundada no princípio da evidência e da publicidade. Nesse caso, partia-se da ideia de que ninguém poderia negar a existência de um fato cuja evidência fosse clara e manifesta. Essa modalidade de notório acabou assumindo uma posição superior na hierarquia das provas, já que a sua publicidade corresponderia ao testemunho de todos sobre a existência daquele fato[26]. Dentro desse gênero, foram identificadas ainda três espécies distintas de notoriedade[27]:

(i.1) notorium facti permanentis: fatos cuja *existência contínua* permite a imediata e clara constatação por todos, de modo que não seria possível ocultar a sua existência. Bastaria observar esses fatos para aferir a sua respectiva notoriedade, razão pela qual a sua prova era dispensada;

(i.2) notorium facti transeuntis: fatos que, mesmo não havendo continuação no tempo, foram incorporados à memória coletiva de um modo que não poderia ser negada a sua notoriedade, oportunidade em que a prova era exigida; e

(i.3) notorium facti interpolati: fatos reiterados no tempo cuja existência e notoriedade não poderiam ser negados, mas exigiam prova.

(ii) os *notorium iuris*: fatos cuja notoriedade deriva da sua certificação em um processo judicial. Difere dos *notorium facti* porque a notoriedade não é fruto da evidência e da publicidade, mas decorre de alguns institutos processuais responsáveis por uma intermediação dessa notoriedade. Esses fatos, portanto, eram considerados notórios porque

---

35; CARNELLI, Lorenzo. *O fato notório*, p. 68; MALDONADO Y FERNÁNDEZ DEL TORCO, José. El problema de los hechos notorios en el Código de Derecho Canónico. *Revista Española de Derecho Canónico*, vol. 2, n. 6, 1947, p. 749-766.

25 GHISALBERTI, Carlo. *La teoria del notorio nel diritto comune*, p. 17-18. Cfr. também PANZAROLA, Andrea. Il notorio, la judicial notice e "concetti" di prova. *Rivista di Diritto Processuale*, vol. 71, n. 3, 2016, p. 610-636.

26 GHISALBERTI, Carlo. *La teoria del notorio nel diritto comune*, p. 19.

27 GHISALBERTI, Carlo. *La teoria del notorio nel diritto comune*, p. 21-25.

foram objeto de confissão judicial (*notorium confessionais*), porque foram decididos em uma sentença já transitada em julgado (*notorium iuris per sententiam*) ou porque foram comprovados mediante uma prova válida (*notorium per legitimas probatione*)[28].

(iii) notorium praesumptionis, que se refere à notoriedade baseada em uma presunção de verdade de determinado fato. Nesta classe, a notoriedade de um fato é aquela que decorreria de uma presunção legal, razão pela qual não admitia prova em sentido contrário. Era considerada uma notoriedade intermediária entre o primeiro e o segundo grupo porque da notoriedade de um fato principal, que era evidente e público para todos, seria possível deduzir a notoriedade de outro fato[29].

Portanto, foi o desenvolvimento da doutrina do notório pela ciência jurídica medieval a partir das fontes canônicas que paulatinamente estabeleceu os contornos da fórmula *notoria non egent probatione* ("o notório não precisa ser provado"), núcleo da questão relativa aos efeitos processuais da notoriedade. Esse panorama histórico em torno da figura do notório no direito canônico nos convida a algumas reflexões.

No Código de Direito Canônico de 1917 (*Codex Iuris Canonici*), o fato notório era expressamente mencionado como hipótese de dispensa de prova no Cân. 1747[30]. O dispositivo fazia remissão, ainda, ao Cân. 2197, n. 2 e 3, que versava os delitos previstos legalmente. O n. 2 tratava da "notoriedade de direito", ou seja, o delito reconhecido por sentença transitada em julgado ou o delito que contava com a confissão do infrator; o n. 3 versava sobre a "notoriedade de fato", como sendo o delito de conhecimento público ou o delito que tiver sido cometido em circunstâncias tais que não possa ser dissimulado por qualquer artifício ou dispensado por qualquer consideração. Porém, a menção ao fato notório como dispensa de prova não foi reproduzida no Código de Direito Canônico atualmente vigente, de 1983, como se vê do Cân. 1526[31].

---

28 GHISALBERTI, Carlo. *La teoria del notorio nel diritto comune*, p. 26-30.

29 GHISALBERTI, Carlo. *La teoria del notorio nel diritto comune*, p. 30-32.

30 Cân. 1747. Não precisa de prova: § 1. Fatos notórios, segundo o cân. 2197 n. 2-3; § 2. Os presumidos por lei; § 3. Os factos alegados por um dos litigantes e admitidos pelo outro, salvo se a prova for exigida por lei ou pelo juiz.

31 Cân. 1526 § 1. O ônus da prova cabe a quem afirma. § 2. Não necessitam de provas: 1°- as presunções legais; 2°- os fatos afirmados por um dos contendentes e admitidos pelo outro, a não ser que o direito ou o juiz exijam, apesar disso, a prova.

Anteriormente, atribuía-se à notoriedade, no ordenamento jurídico da Igreja, quatro diferentes perspectivas: em matéria de presunção *iuris tantum* do seu conhecimento, em matéria de *irregularitas* quanto à ordenação sagrada, em matéria de impedimento ao casamento e em matéria processual e penal[32].

A ideia era de que a notoriedade consistiria em um conhecimento tão evidente e manifesto que não seria capaz de haver quaisquer tipos de dúvidas sobre a sua ocorrência, de modo que somente alguém de *má-fé* poderia negá-lo. Pontes de Miranda registra quanto a esse ponto que "o direito canônico, na linha das suas inquisições de intenções, nas suas sutilezas de buscar o 'pecado', fez de fato notório, nada menos do que aqueles fatos que não podem, sem má-fé, ser negados"[33]. Assim, não bastaria para configuração da notoriedade do fato que houvesse tão somente um rumor, um boato, aquilo chamado de comumente de *fama*.

Para a notoriedade ser configurada, teria que haver dois requisitos: o fato tem que ser "publicamente conhecido" e tem que sido "realizado em tais circunstâncias que não pode ser ocultado por qualquer subterfúgio nem pode ser dispensado por qualquer proteção da lei"[34]. A dispensa de prova, no entanto, seria aplicável somente aos fatos notórios com notoriedade *permanente*, podendo a prova ser produzida em relação aos fatos notórios *transeuntes*[35].

O *primeiro ponto* que merece atenção reside no fato de que a construção de um conceito homogêneo de fato notório, e minimamente sistematizado, é fruto de labor doutrinário[36]. Como não havia uma regulamentação normativa

---

32 CARON, Pier Giovanni. Fatto notorio. c) Diritto canonico. In: *Enciclopedia dei diritto*. Milano: Giuffrè, 1967, t. XVI, p. 1014-1016.

33 PONTES DE MIRANDA, Francisco Cavalcanti. *Comentários ao Código de Processo Civil*. 3ª ed. Rio de Janeiro: Forense, 1996, t. IV, p. 274.

34 MORENO HERNANDEZ, Miguel. *Derecho procesal canonico*. Madrid: Aguilar, 1956, p. 244-245.

35 MORENO HERNANDEZ, Miguel. *Derecho procesal canonico*, p. 207; CARON, Pier Giovanni. Fatto notorio. c) Diritto canonico. In: *Enciclopedia dei diritto*, p. 1016. Sobre a prova no direito processual canônico em geral, vale consultar QUINTANA REYNÉS, Lorenzo. *La prueba en el procedimiento canónico*. Barcelona: Bosch Casa Editorial, 1943.

36 Merece transcrição a conclusão de GHISALBERTI, Carlo. *La teoria del notorio nel diritto comune*, p. 32 – tradução livre: "Como notamos em nossa exposição, o notório não tinha uma disciplina específica elaborada pela legislação. É um conceito que ao longo do tempo assumiu cada vez maior importância para o direito pelo trabalho da doutrina, que, em parte para economizar meios processuais, em parte para regular de forma

detalhada e específica sobre o fato notório à época, buscava-se sistematizar o seu conceito e os efeitos da notoriedade para bem aplicá-los.

O *segundo ponto* a ser observado é que a distinção entre questões de fato e questões de direito era ainda um pouco nebulosa. A diferença entre as duas categorias é de crucial importância, com repercussões não só para categorias da Teoria Geral do Direito, mas também para o Direito Processual Civil[37]. Diante dessa visão ainda turva sobre o que seria uma questão de fato e o que seria uma questão de direito no direito comum, não se sabia que posição o notório deveria ocupar. Não à toa, a classificação acima relatada ora mencionava uma notoriedade ligada a questões fáticas, ora mencionava uma notoriedade ligada a questões jurídicas.

O *terceiro e último ponto* é a falta de clareza em torno da *fonte da notoriedade*. Não era cristalina a ideia sobre o que gerava a notoriedade e assumia-se que a condição notória poderia surgir de diferentes situações: a observação direta do fenômeno, processos judiciais e presunções. Por esta razão, as classificações desenvolvidas no direito comum acabavam confundindo o

---

unitária conceitos e normas que no *Corpus iuris canônico* eram confusos e heterogêneos, criou uma sistematização conceitual o mais homogênea possível. É, portanto, produto de um direito puramente científico. Considerando-o como um instituto, formado por um complexo de relações que se vinculam a essas normas e conceitos, é preciso dizer que teve uma elaboração predominantemente doutrinária, na qual a contribuição da legislação foi escassa, ou pelo menos não prevalente, mesmo para o que diz respeito aos complexos problemas da aplicação prática do notório como meio de prova".

37 Basta lembrar-se das discussões sobre temas clássicos no direito processual, como, por exemplo, a cognição judicial, de acordo com o art. 489, inc. II, CPC (cfr. WATANABE, Kazuo. *Cognição no processo civil*. São Paulo: Revista dos Tribunais, 1987; VOGT, Fernanda Costa. *Cognição do juiz no processo civil: flexibilidade e dinamismo dos fenômenos cognitivos*. Salvador: Juspodivm, 2020, p. 99-127), a limitação do exame de fatos em recurso especial e recurso extraordinário, a exemplo, respectivamente, da Súmula nº 7 do STJ e da Súmula nº 279 do STF (ARRUDA ALVIM, Teresa. *Controle das decisões judiciais por meio de recursos de estrito direito e de ação rescisória*. São Paulo: Revista dos Tribunais, 2002, p. 153-166; KNIJNIK, Danilo. *O recurso especial e a revisão da questão de fato pelo Superior Tribunal de Justiça*. Rio de Janeiro: Forense, 2005; FONSECA, João Francisco Naves da. *Exame dos fatos nos recursos extraordinário e especial*. São Paulo: Saraiva, 2012, p. 73-95), e também mais contemporâneos, como, por exemplo, o cabimento do Incidente de Resolução de Demandas Repetitivas, conforme requisito do art. 976, inc. I, CPC (TEMER, Sofia. *Incidente de resolução de demandas repetitivas*. Salvador: Juspodivm, 2016, p. 69-72; MARINONI, Luiz Guilherme. *Incidente de resolução de demandas repetitivas: decisão de questão idêntica x precedente*. São Paulo: Revista dos Tribunais, 2016, p. 52-54).

fato notório com outras categorias processuais, tais como as presunções, a confissão judicial, a coisa julgada e os meios de prova[38].

1.2.2. Friedrich Stein e o conhecimento privado do juiz

O *segundo* momento histórico fundamental para a compreensão da teoria sobre o fato notório remonta ao clássico estudo de Friedrich Stein sobre o *conhecimento privado do juiz*, publicado no final do século XIX, mais especificamente no ano de 1893[39]. Trata-se de lugar-comum na doutrina conferir à obra do jurista alemão o mérito de desenvolver a ideia das *máximas de experiência* como uma categoria autônoma e diferenciá-las dos fatos notórios no contexto do conhecimento privado do juiz[40].

---

38 Neste sentido: "mas o Codex, por força da razão histórica, coloca ao lado deles outra categoria de fatos em que não há aceitação geral, aquela pertencente à cultura média de um determinado círculo social, que tem sido vista como uma nota fundamental atribuída pela doutrina processual aos fatos notórios. Trata-se dos fatos que constam de sentença de juiz competente ou que tenham sido confessados perante o juiz pela pessoa a quem prejudicam, espontaneamente ou a pedido do juiz (c. 1.750, n.º 2 do c. 2.197). Com isso parece que o Código mistura dois conceitos distintos: o fato notório e a coisa julgada. É, portanto, o conceito de 'notorium iuris', retirado da doutrina dos comentadores, que, ao que parece, vem manchar a limpeza da construção" (MALDONADO Y FERNÁNDEZ DEL TORCO, José. El problema de los hechos notorios en el Código de Derecho Canónico. *Revista Española de Derecho Canónico*, p. 759). Igualmente: "evidencia-se que há, no direito canônico, uma preocupação de adoção do notório como um elemento probatório e, muito especialmente, no primitivo no direito canônico" (ROCHA, José de Moura. O fato notório no processo civil brasileiro, *Revista de Direito Processual Civil*, p. 155).

39 No original "Das Private Wissen Des Richters: Untersuchungen Zum Beweisrecht Beider Prozesse", com tradução para o espanhol em STEIN, Friedrich. *El conocimiento privado del juez: investigaciones sobre el derecho probatorio en ambos procesos*. Trad. Andres de la Oliva Santos. 2ª ed. Bogotá: Editorial Temis, 1999.

40 Cfr., por todos, o que Taruffo diz: "a conceitualização originária do conceito de máximas de experiência (*Erfarhrungsstaz*) foi formulada por Friedrich Stein em 1893, em sua conhecidíssima obra sobre a ciência privada do juiz. Esse conceito transmigrou depois a outras culturas jurídicas europeias e em particular à italiana, pela via da obra de vários processualistas, entre os quais, sobretudo, Francesco Carnelutti, até que se tornou uma espécie de lugar-comum e chegou a constituir objeto de uma literatura bastante ampla" (TARUFFO, Michele. Senso comune, esperienza e scienza nel ragionamento del giudice. *Rivista Trimestrale di Diritto e Procedura Civile*, v. 55, n. 3, p. 665-695, 2001. Há tradução para o português em TARUFFO, Michele. Senso comum, experiência e ciência no raciocínio do juiz. *Revista Forense*, v. 97, n. 355, p. 101-118, maio/jun. 2001, esp. p. 111). Carnelutti, em sua clássica obra sobre a prova civil, analisa as regras de experiência como uma forma de integração da atividade do juiz no processo dedutivo (CARNELUTTI, Francesco. *La prova civile*. 2ª ed. Roma: El Ateneo, 1947, p. 91-106.

No entanto, a compreensão da obra de STEIN exige uma contextualização da época em que foi publicada. Vigorava naqueles tempos o *positivismo jurídico*[41], um movimento jurídico que pregava, dentre outras questões, uma clara separação conceitual entre as questões de fato e as questões de direito e a utilização do silogismo como técnica de decisão[42]. No século XIX, diversos ordenamentos jurídicos passaram a experimentar uma era de codificações em que se acreditava na *onipotência do Legislador* como verdadeira forma de promover a segurança jurídica. Assim, havia uma verdadeira *pretensão de completude* desses Códigos mediante tentativa de regulamentação de todos os fatos sociais e situações da vida[43].

No contexto do raciocínio judicial, pugnava-se uma clara separação entre as questões de fato e as questões de direito[44]. As duas categorias tinham características bem definidas: eram *heterogêneas*, porque não se confundiam entre si, e *independentes*, porque havia possibilidade de serem examinadas isoladamente a partir de instrumentos próprios[45]. Enquanto o direito era

---

Há tradução para o português: CARNELUTTI, Francesco. *A prova civil*. Trad. Lisa Pary Scarpa. Campinas: Bookseller, 2005, p. 106-119).

41 Não se despreza aqui que o movimento do positivismo jurídico é multifacetado e possui diferentes características e sentidos na evolução histórica. Muitos autores se debruçaram sobre o tema, valendo conferir, por todos, BOBBIO, Norberto. *O positivismo jurídico: lições de filosofia do direito*. Trad. Márcio Pugliesi, Edson Bini e Carlos E. Rodrigues. São Paulo: Ícone, 2006; CHIASSONI, Pierluigi. *Il positivismo giuridico: uma investigazione analitica*. Modena: Mucchi, 2013; DIMOULIS, Dimitri. *Positivismo jurídico: teoria da validade e da interpretação do direito*. Porto Alegre: Livraria do Advogado, 2018.

42 "Como bem pontuado por FRANCISCO ROSITO, "Nessa época, predominava o positivismo jurídico, movimento jusfilosófico que concebia a separação lógico-conceitual do binômio questão de fato/questão de direito, cujas características precisam ser examinadas, ao menos superficialmente, porque o surgimento das máximas de experiência vai representar um importante avanço para abrandar as limitações que o juiz enfrentava em um processos essencialmente privado, no qual as partes mantinham amplo controle das iniciativas, sobretudo de natureza probatória" (ROSITO, Francisco. *Direito probatório: as máximas de experiência em juízo*. Porto Alegre: Livraria do Advogado, 2007, p. 73-74).

43 Sobre os dogmas da completude do ordenamento jurídico e da onipotência do legislador como um discurso ligado à Era das Codificações, cfr. BOBBIO, Norberto. *O positivismo jurídico*, p. 64-90.

44 A literatura sobre o tema é vasta, não podendo deixar de ser consultada a imponente obra de ANTONIO CASTANHEIRA NEVES (cfr. *Questão-de-facto, questão-de-direito, ou, o problema metodológico da juridicidade: (ensaio de uma reposição crítica)*. Coimbra: Almedina, 1967. Em especial, no processo civil, cfr. LANES, Júlio Cesar Goulart. *Fato e direito no processo civil cooperativo*. São Paulo: Revista dos Tribunais, 2014.

45 Essas duas características são apontadas por DANILO KNIJNIK no contexto do convencimento judicial como um problema permanente fundado no dilema metodológico

resumido à lei, única e exclusiva fonte de normas jurídicas, os fatos pertenciam ao mundo das ciências naturais e bastava ao juiz *conhecer* e *apreender* os seus sentidos do mundo fenomênico, sem que a verdade dos fatos pudesse ser valorada, interpretada e reconstruída.

Dentro dessa premissa, o silogismo jurídico era primordialmente utilizado como uma técnica de decisão suficiente e idônea, pois caberia ao juiz tão somente aplicar o fato à norma, mediante um simples e mecânico processo de subsunção, para extrair a conclusão final[46]. Os fatos encaixariam perfeitamente no direito mediante uma simples operação lógica, desprezando toda a complexa atividade interpretativa que envolve a atribuição e reconstrução de sentidos aos fatos, às provas e aos textos normativos[47].

Nesse contexto, Stein propôs que a diferença fundamental entre máximas de experiência e fatos notórios reside justamente na posição que cada qual ocupa no raciocínio jurídico: enquanto as primeiras situavam-se na *premissa maior* do silogismo, os segundos corresponderiam à *premissa menor*. Para o autor, haveria outra premissa maior, de natureza fática, que resultaria justamente das regras de experiência, na medida em que "o veredicto do juiz é, inevitavelmente, uma conclusão que se obtém de uma premissa menor, sempre consistente em um juízo de fato, ou de uma premissa maior, quer de caráter jurídico, quer de caráter puramente fático"[48].

Trata-se, como se pode perceber, de uma construção que buscava dar maior autonomia ao juiz no momento de proferir a sua decisão judicial, libertando-o do apego formalista e irrestrito à letra da lei como única fonte de resolução das controvérsias. Isso ocorre, em primeiro lugar, ao reconhecer que o juiz é um ser humano inserido na sociedade e que carrega consigo uma cultura inerente a essa condição que acaba interferindo em seu julgamento.

---

entre questões de fato e questões de direito, cfr. Os standards do convencimento judicial: paradigmas para o seu possível controle. *Revista Forense*, v. 97, n. 353, p. 15-52, jan./fev. 2001.

46 O que fica claro logo no início da obra de Stein, quando ele diz que "o juiz tem sempre a missão de subsumir as hipóteses de fato, ou seja, um conjunto de fatos, nos preceitos legais, a fim de afirmar ou negar a origem das consequências jurídicas das referidas hipóteses de fato" (STEIN, Friedrich. *El conocimiento privado del juez*, p. 07).

47 São muitas as críticas à insuficiência do silogismo como técnica de decisão, cfr., por todos, TARUFFO, Michele. *A motivação da sentença civil*. Trad. Daniel Mitidiero, Rafael Abreu e Vitor de Paula Ramos. São Paulo: Marcial Pons, 2015, p. 147-163; PEREIRA, Carlos Frederico Bastos. *Fundamentação das decisões judiciais*, p. 117-122.

48 STEIN, Friedrich. *El conocimiento privado del juez*, p. 15 – tradução livre.

Em segundo lugar, deve-se ao intuito de racionalizar o emprego do senso comum no raciocínio judicial mediante uma configuração lógica.

Entretanto, STEIN em sua obra buscou conferir autonomia aos fatos notórios, os quais, na sua visão, sempre corresponderiam a eventos concretos e não a princípios gerais e abstratos, como seriam as regras de experiência[49]. Fatos notórios, para o autor, seriam aqueles tão generalizadamente percebidos, ou divulgados sem refutação de maneira tão geral, que um homem com razoável experiência de vida pode se convencer da sua existência, como é o caso do juiz que funciona em um processo judicial[50].

Curioso notar que STEIN já chamava a atenção para duas questões interessantes sobre o fato notório. A primeira delas é uma crítica à já mencionada *tautologia* na sua definição; pois, ao insistir que são notórios aqueles fatos que não precisariam ser demonstrados, isso levaria, invariavelmente, à necessidade de precisar quais fatos não necessitariam de demonstração[51]. A segunda delas é a súplica do autor para que não sejam utilizados como exemplos de fatos notórios a Batalha de Zama, a morte de Carlos Magno ou o descobrimento das Américas. Na sua visão, exemplos como esses acabam contribuindo para obscurecer a importância do papel desempenhado pela notoriedade no processo[52].

A teorização de STEIN à luz do conhecimento privado do juiz e da técnica silogística de fundamentação da decisão judicial, muito embora possa ser criticada atualmente, não deixa de constituir um inegável avanço em relação às primeiras teorizações do fato notório, presentes nos jurisconsultos e no direito canônico. Isso porque a nebulosidade que anteriormente existia

---

49 Merece transcrição integral a diferença feita por STEIN: "as considerações que se seguem podem, portanto, pretender conter um progresso na medida em que tentam, pela primeira vez, expor de forma 'pura' a doutrina dos fatos notórios, ou seja, dos fatos notórios concretos que aparecem no processo como premissas menores do silogismo, com o qual secundariamente dita doutrina ganha muito em simplicidade. Pois bem, em relação às premissas maiores gerais não-jurídicas, com as máximas da experiência, já foi demonstrado acima que o tratamento dado ao processo é completamente independente de serem (em certo sentido) notórios e com respeito aos preceitos jurídicos o mesmo será feito. Em ambos, o conhecimento é decisivo. Com isso, todas as considerações sobre a notoriedade das coisas 'que se impõem a todos os seres dotados de razão' ou 'sobre as quais todo homem razoável pode se informar através da experiência cotidiana' são superadas, pois estas nunca podem ser fatos concretos, mas apenas princípios gerais" (STEIN, Friedrich. *El conocimiento privado del juez*, p. 168 – tradução livre).

50 STEIN, Friedrich. *El conocimiento privado del juez*, p. 177.

51 STEIN, Friedrich. *El conocimiento privado del juez*, p. 172.

52 STEIN, Friedrich. *El conocimiento privado del juez*, p. 168-169.

entre questões de fato e questões de direito configurava um obstáculo ao desenvolvimento científico da posição do fato notório no raciocínio judicial (premissa menor, segundo STEIN), notadamente a sua diferença em comparação a outras categorias (premissa maior, no caso).

1.2.3. Crítica de Piero Calamandrei ao Projeto Carnelutti

O *terceiro* momento histórico fundamental para a compreensão da teoria sobre o fato notório diz respeito às críticas lançadas por PIERO CALAMANDREI ao conceito de fato notório que constava do Projeto Carnelutti do CPC italiano[53]. Trata-se de uma das principais tentativas – senão a principal – de incorporar o seu *conceito* ao direito positivo[54]. As considerações alcançadas depois das críticas dirigidas por CALAMANDREI influenciaram legislações processuais em outros países, principalmente aqueles inseridos na tradição do *Civil Law*, alguns deles na Europa e também em países latino-americanos[55].

---

53 CALAMANDREI, Piero. Per la definizione del fatto notorio. *Rivista di Diritto Processuale*, v. 2, n. 1, p. 273-304, 1925.

54 Sobre o Projeto Carnelutti, cfr. CARNELUTTI, Francesco. *Progetto del Codice di Procedura Civile: presentato alla sottocommissione reale per la riforma del Codice di Procedura Civile*. Padova: Cedam, 1926; BARBOSA MOREIRA, José Carlos. Il progetto Carnelutti e el Codice di Procedura Civile brasiliano. In: *Temas de direito processual: quinta série*. São Paulo: Saraiva, 1994, p. 201-205; DENTI, Vittorio. Francesco Carnelutti e le riforme del processo civile. *Revista de Processo*, v. 21, n. 83, p. 102-109, jul./set. 1996; CRUZ E TUCCI, José Rogério. *Francesco Carnelutti: vida e obra – contribuição para o estudo do processo civil*. Ribeirão Preto: Migalhas, 2017; TARUFFO, Michele; MITIDIERO, Daniel. *A justiça civil: da Itália ao Brasil, dos setecentos a hoje*. Trad. Daniel Mitidiero. São Paulo: Revista dos Tribunais, 2018, p. 245-250.

55 Por exemplo, no México, o *Código Federal de Procedimientos Civiles* de 1943 prevê no art. 88 que "los hechos notorios pueden ser invocados por el tribunal, aunque no hayan sido alegados ni probados por las partes". No *Codigo Procesal Civil* do Peru, de 1993, consta no art. 190 que "son también improcedentes los medios de prueba que tiendan a establecer: 1. Hechos no controvertidos, imposibles, o que sean notorios o de pública evidencia". Já no *Código General del Proceso* do Uruguai, de 1988, está previsto no seu art. 138 que "no requieren ser probados: 1) Los hechos notorios, salvo si constituyen el fundamento de la pretensión y no son admitidos por las partes" e, no Paraguai, o *Codigo Procesal Civil* também de 1988 prevê no art. 249 que "los hechos notorios no necesitan ser probados; la calificación de los mismos corresponde al juez". Mais recentemente, na Colômbia, o *Código de Procedimiento Civil* de 2012 prevê no seu art. 167 que "los hechos notorios y las afirmaciones o negaciones indefinidas no requieren prueba", e, curiosamente, em dispositivo sem similar nas demais legislações processuais, prevê no art. 180 que "todos los indicadores económicos nacionales se consideran hechos notorios". Ainda, o recente *Codigo Procesal Civil* da Bolívia, editado em 2013, prevê no art. 137 que "no requieren prueba: (...) 2. Los hechos notorios, conocidos por la

Contudo, foi no projeto apresentado por CARNELUTTI que se buscou positivar o conceito de fato notório. O art. 296 previa que "o juiz estabelece os fatos de acordo com o que resulta do processo e da *pública notoriedade*"[56]. Em seguida, o art. 297 dispunha que "reputam-se publicamente notórios aqueles fatos cuja existência é conhecida da generalidade dos cidadãos no tempo e no lugar em que a decisão é dada"[57]. O dispositivo em questão foi alvo de agudas críticas desenvolvidas por PIERO CALAMANDREI em célebre ensaio sobre o tema, publicado em 1925, no qual afirma que a formulação do dispositivo lhe pareceu "incompleta, obscura e inadequada".

Isso não quer dizer, contudo, que o tema da notoriedade não fosse explorado anteriormente pela doutrina italiana, pelo contrário. Embora a legislação italiana não tratasse expressamente do fato notório, a fórmula *notoria non egent probatione* já era desenvolvida por alguns autores[58].

Por exemplo, CHIOVENDA defendia a dispensa de prova dos fatos notórios porque o juiz "sempre pode fazer uso do conhecimento dos fatos notórios que possui", de modo que "não pode esquecer a totalidade de conhecimentos que é comum a todos os homens, ou a um número tão grande de homens que a verdade do seu conhecimento é certamente controlável que as partes podem presumi-la nele"[59]. LESSONA, famoso tratadista sobre provas do direito italiano, já diferenciava a notoriedade que tornaria supérflua uma prova da notoriedade que a lei estabelecia como base de um direito mate-

---

generalidad de las personas, salvo que constituyan el fundamento de la pretensión y no sean admitidos por las partes. 3. Los hechos evidentes cuya existencia se acredite por sí misma". Por sua vez, o *Código de Procedimiento Civil* do Chile, mais antigo, de 1902, não faz referência ao fato notório. Igualmente, embora mais recente, o *Codigo Procesal Civil y Comercial de la Nacion* da Argentina, de 1967, não tem referência ao fato notório, limitando-se a afirmar no art. 377, referente ao ônus da prova, que "incumbirá la carga de la prueba a la parte que afirme la existencia de un hecho controvertido o de un precepto jurídico que el juez o el tribunal no tenga el deber de conocer".

56 No original: "Art. 296. Il giudice stabilisce i fatti secondo ciò che risulta dal processo o dalla pubblica notorietà".

57 No original: "Art. 297. Si reputano pubblicamente notori quei fatti la cui esistenza è nota alla generalità dei cittadini nel tempo e nel luogo in cui avviene la decisione".

58 Para uma análise da chamada "base pré-jurídica do notório", ante o pensamento de CALAMANDREI, cfr. COMOGLIO, Paolo. *Nuove tecnologie e disponibilità della prova: l'accertamento del fatto nella diffusione delle conoscenze*. Torino: G. Giappichelli, 2018, p. 165.

59 CHIOVENDA, Giuseppe. *Principii di diritto processuale civile: le azioni. il processo di cognizione*. Napoli: E. Jovene, 1965, p. 733.

rial[60]. Além disso, era um autor cuja voz advogava em sentido contrário ao entendimento de que a notoriedade dispensava a prova. Citando a desconfiança de BENTHAM sobre a notoriedade, dizia que "quando a lei exige que um fato seja provado, mira a sua objetiva realidade, não a sua notoriedade. O que é verdadeiro não precisa ser notório". E arremata dizendo que "provar a notoriedade não equivale a provar a verdade, a não ser que se diga que o que não é apenas verdadeiro é conhecido, mas também conhecido, como tal, por todos"[61].

Entender o conceito que o projeto de CARNELUTTI pretendia adotar, as críticas que lhe foram dirigidas e a redação final do dispositivo do CPC italiano de 1940 pressupõe, em primeiro lugar, uma compreensão sobre o que o próprio autor entendia por fato notório, o que ocorreu, no âmbito doutrinário, em duas fases distintas do seu pensamento.

A primeira fase se resume basicamente ao que CARNELUTTI desenvolveu em "La Prova Civile", obra datada de 1914. Nela, o mestre italiano não dedicou um exame aprofundado ao conceito de fato notório, somente analisando-o no contexto do *objeto de prova*, notadamente por força da posição do fato controvertido no *thema probandum*[62]. A notoriedade, em sua visão, não seria obtida unicamente da certeza do juiz sobre o fato, mas de uma certeza qualificada, o que ele chama de uma "certeza do juiz compartilhada por uma generalidade de pessoas ou adquirida de determinadas maneiras"[63]. Por esta razão, ao que parece, CARNELUTTI considerava a notoriedade praticamente como uma *forma de prova*.

Essas ideias da primeira fase deram sustentação ao conceito de fato notório incorporado ao seu projeto, apresentado em 1926[64]. Tanto é verdade que, no art. 296, previu que o juiz só poderia analisar os fatos de acordo com

---

60 LESSONA, Carlo. *Teoria general en la prueba en derecho civil*. Trad. D. Enrique Aguilera de Paz. Madrid: Revista de Legislación, 1906, vol. 1, p. 276.

61 LESSONA, Carlo. *Teoria general en la prueba en derecho civil*, p. 278-279.

62 Fato *controvertido* que, para CARNELUTTI, era o fato afirmado e não admitido pela parte contrária, diferente do fato *discutido* que seria o fato afirmado e expressamente negado pela parte adversa. O fato controvertido – portanto, não admitido – era uma categoria mais ampla porque, segundo Carnelutti, incorporava também o silêncio e a declaração de não saber da parte adversa sobre o fato alegado. Nestes termos, seria necessária a produção de prova quando o fato fosse controvertido (= fato não admitido), e não somente quando houvesse incerteza sobre o fato (= fato negado). Para essa linha de raciocínio, cfr. CARNELUTTI, Francesco. *A prova civil*, p. 42, nota 19.

63 CARNELUTTI, Francesco. *A prova civil*, p. 42, nota 19.

64 COMOGLIO, Paolo. *Nuove tecnologie e disponibilità della prova*, p. 167-168.

as provas produzidas no processo e com os fatos notórios. Havia, como se pode notar, uma clara equiparação entre as duas categorias.

Na segunda fase, CARNELUTTI refluiu em seu posicionamento e refinou o seu conceito de fato notório. Primeiro, no "Sistema del diritto processuale civile"[65]; depois, reafirmando sua posição, no verbete "Prova civile e penale"[66]. Partindo da premissa de que a disciplina jurídica da prova também deve levar em consideração o custo e o rendimento do processo, CARNELUTTI afirma que o objeto da prova seria composto apenas pelos fatos controvertidos, denominados de *fatos da lide*, mas ficariam excluídos os fatos notórios. Isso porque nem todas as afirmações de fato precisariam ser comprovadas em juízo porque bastaria a *cultura do juiz* como homem culto para verificação e controle de algumas delas. Estas afirmações seriam justamente aquelas relativas aos fatos notórios, que podem ser conhecidos por meio da *cultura comum* porque são de *interesse geral* da generalidade dos cidadãos.

O que levou CARNELUTTI a mudar de posição? Embora não mencione expressamente, o ensaio de CALAMANDREI parece ter sido fundamental.

O primeiro ponto ressaltado por CALAMANDREI é que a notoriedade consiste em uma qualidade de determinados fatos que torna a produção de prova inútil, pois não aumentaria o grau de convicção do juiz e das partes sobre a sua ocorrência. Defende, porém, que a discussão em torno da sua definição deve ser tratada fora do campo da terminologia. Por exemplo, trocar o termo "notório" por "evidente" é uma perspectiva de análise que apenas transferiria o problema, e não o solucionaria. Isso porque exigiria uma investigação sobre quais seriam as características da evidência de um fato, o que não resolveria o problema da definição.

O grande mérito das críticas de CALAMANDREI foi chamar a atenção para que a definição o fato notório parta das razões que fundam a proibição imposta ao juiz de utilizar a sua ciência privada em juízo. E aqui, nesse ponto, o processualista italiano faz expressa menção às ideias lançadas por STEIN sobre o tema, o que indica a ligação entre os temas para a construção do conceito de fato notório aqui explorado.

A vedação ao uso da ciência privada pelo juiz remonta ao aforismo *secundum allegata et provata partium debet judex judicare, non secundum*

---

65 CARNELUTTI, Francesco. *Sistema del diritto processuale civile. I. Funzione e composizione del processo*. Padova: Cedam, 1936, p. 420.

66 CARNELUTTI, Francesco. Prova civile e penale. In: *Enciclopedia giuridica*, Roma, 1935. Disponível em <https://www.treccani.it/enciclopedia/prova-civile-e-penale_%28Enciclopedia-Italiana%29/>. Acesso em 22.05.2021.

sua conscientam. Compreendê-lo pressupõe a sua decomposição em duas prescrições dirigidas ao juiz: *(i)* primeiro, a proibição de estender os fatos da causa para além daqueles trazidos pelas partes; e *(ii)* segundo, a proibição de averiguar a verdade dos fatos por meios diversos das provas produzidas no processo. Essas duas proibições existem para preservar a compatibilidade psicológica entre a função de juiz e a função de testemunha, impedindo-o de macular o controle crítico das provas produzidas no processo.

Segundo CALAMANDREI, a utilização dos fatos notórios em juízo não seria capaz de gerar uma *incompatibilidade psicológica* do juiz com a função de testemunha porque, ao lado das máximas de experiência, integram o patrimônio comum de um determinado círculo social, por ele chamado genericamente de *cultura*. E o controle crítico dessas noções culturais não precisa ser feito pelo juiz, já que a própria coletividade o faz previamente, fora do processo. Dessa forma, o juiz poderá utilizar os fatos notórios no processo porque não precisaria realizar esse controle crítico do conhecimento disseminado que é feito pela própria coletividade, extraprocessualmente.

Com base nessas lições, CALAMANDREI conceitua fato notório da seguinte maneira: "consideram-se notórios os fatos cujo conhecimento faz parte da cultura normal própria de um determinado círculo social no tempo em que é proferida a decisão"[67].

Como é possível notar, a mudança de entendimento sobre o conceito de fato notório no pensamento de CARNELUTTI é intimamente associada às ideias provenientes da crítica lançada por CALAMANDREI ao seu conceito anterior. Há, no entanto, uma diferença fundamental cuja contraposição fez com que muitos autores passassem a identificar duas diferentes teorias sobre o conceito de fato notório[68]. De um lado, a doutrina minoritária que utiliza o *interesse* como critério de discriminação e tem FRANCESCO CARNELUTTI como seu principal autor. Ou seja, são notórios os fatos que interessam à generalidade dos cidadãos e que, por isso, aqueles de cultura média têm não só a possibilidade, mas o estímulo de conhecer. De outro lado, a doutrina majoritária cujo principal adepto é PIERO CALAMANDREI, valendo-se do *conhecimento* como critério de discriminação. Isto é, os fatos são notórios

67 CALAMANDREI, Piero. Per la definizione del fatto notorio. *Rivista di Diritto Processuale*, v. 2, n. 1, p. 273-304, 1925.

68 Como identifica JOSÉ ALBERTO DOS REIS ao comentar o art. 518 do antigo Código de Processo Civil Português, de 1961, que versava justamente sobre os *factos notórios* (REIS, José Alberto dos. *Código de Processo Civil anotado*. Coimbra: Coimbra Ed., 1985, vol. III, p. 259-265).

porque integram o conhecimento de um determinado grupo social, conhecimento médio esse que é chamado de cultura.

O Código de Processo Civil italiano foi aprovado somente no ano 1940 sem incorporar o conceito de Carnelutti, mas também sem fazer menção expressa aos fatos notórios de maneira geral. No entanto, o seu art. 115 trouxe a previsão de que "ressalvados os casos previstos em lei, o juiz deve fundamentar sua decisão nas provas produzidas pelas partes ou pelo Ministério Público, bem como nos fatos não especificamente contestados pela parte", ressalvando em seguida que "o juiz, todavia, sem a necessidade de prova, pode fundamentar a sua decisão em fatos extraídos da *experiência comum*"[69].

O dispositivo em questão foi interpretado e aplicado, em caráter majoritário, de acordo com a noção desenvolvida por Calamandrei, isto é, como uma exceção à proibição do uso de ciência privada no processo pelo juiz, autorizando o emprego dos fatos notórios sem necessidade de produção de prova, o que apenas reforça a influência e a importância de suas ideias na disseminação do conceito de fato notório[70].

1.3. O FATO NOTÓRIO NO DIREITO PROCESSUAL BRASILEIRO

No direito brasileiro, a incorporação do fato notório ao direito positivo de maneira minimamente sistemática e clara foi feita paulatinamente.

Referências ao notório podem ser encontradas desde as Ordenações Filipinas, ainda que difusas e sem uma sistematização satisfatória, regulando

---

69 Tradução livre de: Art. 115. Salvi i casi previsti dalla legge, il giudice deve porre a fondamento della decisione le prove proposte dalle parti o dal pubblico ministero nonché i fatti non specificatamente contestati dalla parte costituita. Il giudice può tuttavia, senza bisogno di prova, porre a fondamento della decisione le nozioni di fatto che rientrano nella comune esperienza.

70 Neste sentido, cfr. MICHELI, Gian Antonio. Sulla nozione di fatto notorio. In: *Giurisprudenza completa della Corte Suprema di Cassazione: Sezioni Civili*, vol. XVIII, 1945, p. 284-288; MONTESANO, Luigi. Osservazioni sui «fatti notori». In: *Giurisprudenza completa della Corte Suprema di Cassazione: Sezioni Civili*, vol. XXVI, 1947, p. 216-229. Contra, cfr. DENTI, Vittorio. Ancora sulla nozione di fatto notorio. In: *Giurisprudenza completa della Corte Suprema di Cassazione: Sezioni Civili*, vol. XXVI, 1947, p. 260-267. Mais recentemente: "de fato, a concepção de Calamandrei (e, em particular, a referência à cultura comum e a equiparação entre máximas de experiência e fatos notórios) influenciou diretamente a solução atual no art. 115 c.p.c. de 1940, a primeira codificação italiana a receber e disciplinar o conceito de notório" (COMOGLIO, Paolo. *Nuove tecnologie e disponibilità della prova*, p. 175).

situações de fato muito específicas[71]. Vale a lembrança de que as Ordenações Filipinas tinham como fontes principais o direito romano e o direito canônico, o que, em alguma medida, estabelece um nexo de ligação com as fontes originárias da notoriedade.

Depois de sancionado o Código Comercial em 1850, foi editado o Regulamento n.º 737, que regulamentava a ordem do juízo nas causas comerciais. Trata-se de um importante marco da história do direito processual, embora tenha ocorrido viva divergência na doutrina da época sobre o significado para a evolução da consciência processual brasileira[72].

Não há referência ao fato notório no Regulamento n.º 737, o que não impediu os praxistas de comentarem o tema. Francisco de Paula Baptista, por exemplo, dizia que a parte responsável por alegar um fato público e notório está dispensada do ônus de prová-lo[73]. Outros, porém, observavam com ceticismo as lições por detrás do aforismo *notoria non egent probationem*. João Monteiro, por exemplo, discordava do entendimento de que os fatos notórios não deveriam ser provados, sejam eles permanentes, sejam eles transitórios. Justificava sua preocupação no fato de que a dispensa da prova da notoriedade equivaleria a equiparar o juiz à figura da testemunha, o que não poderia ocorrer. Defendia, portanto, que a notoriedade deveria ser comprovada por testemunhas, salvo nos casos de notoriedade histórica tão geral que absolutamente ninguém possa ignorá-la[74] – a exemplo da no-

---

71 As Ordenações Filipinas, vigentes no Brasil entre 1603 e 1830, mencionavam o *notório* ao regulamentar "processo dos feitos de injúrias" (Livro 1º, Título LVX, § 25), "casos em que clérigos e religiosos responderiam perante a justiça secular" (Livro 2º, Título 1º, §§ 22 e 23), "cauções nas suspeições" (Livro 3º, Título 22, § 2º), "contratos usuários" (Livro 4º, Título 67, § 8º) e "crimes de lesa-majestade" (Livro 5º, Título 6º, § 10), tudo conforme noticiado por SANTOS, Moacyr Amaral. *Prova judiciária no cível e comercial.* 2ª ed. São Paulo: M. Limonad, 1952, vol. I, p. 149-151. Igualmente, em PALAIA, Nelson. *O fato notório,* p. 14-15.

72 COSTA, Moacyr Lobo da. *Breve notícia histórica do direito processual civil brasileiro e de sua literatura.* São Paulo: Revista dos Tribunais, 1970, p. 32-33.

73 Francisco de Paula Baptista afirmava que "o onus da prova pesa sobre quem alega os factos em juizo para délies deduzir algum direito; é porém o allegante dispensado deste onus, se os factos são públicos e notórios, ou se se fundão em presumpções legaes como por exemplo n'acção negatória" (cfr. *Compêndio de theoria e prática do processo civil: comparado com o commercial e de hermenêutica jurídica.* 6ª ed. São Paulo: Saraiva, 1901, p. 174).

74 "Por mais notório que appareça o facto, seja este permanente ou transitorio, precisa de ser provado na causa, isto é, não podendo o juiz julgar só pela notoriedade do facto, pois, si o pudesse seria também testemunha, preciso é que testemunhas deponham affirmando

toriedade desenvolvida no direito canônico como aquela tão evidente que somente quem estivesse de má-fé poderia rechaçar.

Em 1876, houve a promulgação, com força de lei, da Consolidação das Leis do Processo Civil, de lavra do Conselheiro Antonio Joaquim Ribas. Não tratou, porém, de uma mera compilação das leis processuais, pois o seu autor "foi além, reescrevendo-as muitas vezes tal como as interpretava"[75]. Interessante notar os comentários feitos ao art. 332 que guardava algo similar à notoriedade, embora não tratasse direta e claramente do tema. Enunciava o dispositivo que seriam *objeto de prova* fatos que versassem sobre o litígio, ainda que uma das partes alegasse esse fato como certo e indubitável, mas desde que a parte adversa o controvertesse: "é objecto de prova qualquer facto sobre que versa o litigio, embora uma das partes o allegue como certo e indubitavel, desde que a outra o conteste".

Ainda assim, o Conselheiro Ribas afirmou que "sempre que os litigantes convem na verdade de um facto, não é necesario proval-o; se, porem, não convem, não basta a simples allegação; porquanto, *allegatio partis non facit jus, allegare nihil, et allegatun non probare, paria sunt*". E acrescentou, ainda, que "desde que um o nega, embora o outro o declare evidente ou notorio, torna-se indispensavel provar essa notoriedade ou o que é mais facil provar a verdade do facto; porque como diz Boehmer (ad. Decr. L. 2 T. 19 § 2), *notarietas unice propter facti veritatem allegatur*"[76]. Como se pode notar, nesse tempo havia um desenvolvimento, ainda que incipiente, sobre o regime processual de alegação e impugnação dos fatos notórios.

Com o advento da República, em 1890, o Regulamento n.º 737 passou a ser aplicado às causas cíveis em geral de competência da Justiça Federal. Como foi consagrada a dualidade da Justiça pela Constituição Republicana de 1891, os Estados passaram a ter a competência para legislar sobre direito processual[77]. Nesse momento singular da história jurídica nacional, foram promulgados os diversos Códigos de Processo Civil estaduais.

---

a notoriedade. Aquella lição só procede si o facto fôr de notoriedade historica tão geral, que absolutamente ninguém possa ignora-lo" (MONTEIRO, João. *Programma de um curso de teoria do processo civil e comercial*. São Paulo: Duprat: 1905, vol. 1, p. 357).

75 CINTRA, Antonio Carlos de Araújo; GRINOVER, Ada Pellegrini; DINAMARCO, Cândido Rangel. *Teoria geral do processo*. 26ª ed. São Paulo: Malheiros, 2010, p. 113.

76 RIBAS, Antonio Joaquim. *Consolidação das leis do processo civil: commentada pelo Conselheiro Dr. Antonio Joaquim Ribas; com a collaboração de seu filho dr. Julio A. Ribas*. Rio de Janeiro: Dias da Silva Junior Typographo-Editor, 1879, p. 247.

77 COSTA, Moacyr Lobo da. *Breve notícia histórica do direito processual civil brasileiro e de sua literatura*, p. 57-58.

Em muitos Códigos Estaduais de Processo Civil, o fato notório veio mencionado em algum dos seus dispositivos[78]. De maneira pioneira, o Código de Processo da Bahia, do ano de 1915, previu, no art. 129, que "os fatos públicos e notórios, e, como taes, conhecidos pelo juiz, dispensam qualquer prova, salvo quando, allegados por uma das partes, forem impugnados pela outra"[79]. O fato notório foi mencionado como elemento que dispensava a prova em outros Códigos estaduais, como, por exemplo, o art. 245 do Código de Processo Civil e Comercial de Pernambuco (1924) no sentido de que "são dispensados de prova... os fatos públicos e notórios quando não impugnados por qualquer das partes", o art. 257 do Código de Processo Civil de Minas Gerais (1922) no sentido de que "fatos notórios, como tais conhecidos pelo juiz salvo se tiverem sido impugnados". O grande mérito dos Códigos Estaduais está na tentativa de uma melhor sistematização do fato notório[80].

Com a Constituição Federal de 1934, a União passou a ter competência exclusiva para legislar sobre direito processual, sendo promulgado, algum tempo depois, o Código de Processo Civil de 1939. A ideia de que o fato notório dispensava a prova foi finalmente incorporada no art. 211: "independerão de prova os fatos notórios". Porém, nada mais constou da legislação processual sobre o *conceito* de fato notório, tampouco sobre o seu *regime processual,* tarefa que coube à doutrina e jurisprudência na época. Antes disso, porém, os tribunais brasileiros já consideravam e aplicavam a máxima *notoria non egent probatione*, sendo aceito de maneira geral que fatos notórios não dependiam de prova[81]. A inclusão no texto normativo, portanto, apenas confirmou uma prática já consolidada.

Muito comum é a referência da doutrina brasileira da época à notoriedade como aquela que diz respeito ao conhecimento sobre fatos históricos,

---

78 PALAIA, Nelson. *O fato notório,* p. 15-17.

79 EDUARDO ESPÍNOLA, responsável pelo Código de Processo baiano, ao comentar o dispositivo, faz expressa menção ao Código Húngaro e Austríaco, bem como cita Kohler, cfr. ESPÍNOLA, Eduardo. *Código do Processo do Estado da Bahia annotado por Eduardo Espinola.* Bahia: Typ. Bahiana, 1916, vol. 1, p. 502, nota 191.

80 SANTOS, Moacyr Amaral. *Prova judiciária no cível e comercial,* vol. I, p. 152. José de Moura Rocha dizia que o CPC/1939 apenas apresentou o aspecto formal do instituto, omitindo-se quanto ao aspecto substancial (ROCHA, José de Moura. O fato notório no processo civil brasileiro. *Revista de Direito Processual Civil,* p. 159).

81 MARTINS, Pedro Baptista. *Comentários ao Código de Processo Civil*: arts. 133 a 215. Rio de Janeiro: Forense, 1941, vol. II, p. 450; SANTOS, Moacyr Amaral. *Prova judiciária no cível e comercial,* vol. I, p. 151.

científicos, geográficos e lógicos[82]. José Frederico Marques dizia que o fato notório "é o constituído por verdades científicas, históricas, geográficas, geralmente reconhecidas, assim como pelos chamados fatos evidentes ou axiomáticos"[83]. Pontes de Miranda, por sua vez, entendia como notórios os fatos "que estão na ordem dos fatos empíricos, como as proposições evidentes na ordem lógica", razão pela qual prescindiriam de prova. Dizia, ainda que "os elementos de generalidade e verdade são essenciais ao conceito de fato notório"[84]. Já Moacyr Amaral dos Santos falava de eventos acontecidos só uma vez, "como os fatos da história, fatos sociais e políticos da vida pública atual", e os fatos consistentes em um fato único, "como aqueles dos quais dão noção a topografia e a geografia descritiva"[85].

A confusão com outras categorias processuais ficava evidente quando, por exemplo, o fato notório era conceituado dizendo que ele "apresenta-se como fama pública, como máxima ou regra de experiência, etc. surgidas da ciência, da história, do comércio, enfim, de qualquer atividade social contudo que estejam considerados como certos em determinado círculo mais ou menos grande e constituído de pessoas de conhecimento"[86]. Como se pode perceber, conceituava-se fato notório como algo equivalente às regras de experiência, o que não é adequado.

A ideia predominante na época buscava separar o conceito de notoriedade típico da linguagem comum do conceito de notoriedade da linguagem técnica, imprimindo ao conceito jurídico um sentido de notoriedade basicamente equivalente ao de veracidade[87]. Funcionavam verdadeiramente como sinonímias, pois notoriedade era considerada "a verdade pública, a verdade vulgarizada ou a verdade reconhecida pela voz pública" e o notório,

---

82 MARTINS, Pedro Baptista. *Comentários ao Código de Processo Civil*, vol. II, p. 452; AMERICANO, Jorge. *Comentários ao Código de Processo Civil do Brasil*: arts. 1° ao 290. 2ª ed. São Paulo: Saraiva, 1958, vol. I, p. 319.

83 MARQUES, José Frederico. *Instituições de direito processual civil*. 2ª ed. Rio de Janeiro: Forense, 1962, vol. III, p. 366.

84 PONTES DE MIRANDA, Francisco Cavalcanti. *Comentários ao Código de Processo Civil*, t. IV, p. 165.

85 SANTOS, Moacyr Amaral. *Prova judiciária no cível e comercial*, vol. I, p. 161.

86 ROCHA, José de Moura. O fato notório no processo civil brasileiro. *Revista de Direito Processual Civil*, p. 164.

87 Um bom resumo da doutrina da época pode ser encontrado em BRAGA, Leopoldo. Notoriedade. *Revista de Direito do Ministério Público do Estado da Guanabara*, v. 3, n. 7, p. 27-33, jan./abr. 1969.

por sua vez, "exprime sempre o que se tem como certo e verdadeiro" [88]. Por isso se dizia ser necessário separar o notório do manifesto, do evidente, do demonstrado, do público; sendo notório "o fato verdadeiro (em que a verdade é essencial, seja apenas afirmada, ou seja manifesto o fato, ou seja evidente, ou seja demonstrado, conhecido e proclamado pela generalidade das pessoas"[89].

No Código de Processo Civil de 1973, o art. 334, inc. I, afirmava expressamente que os fatos notórios não dependiam de prova[90] – junto com outras espécies de fatos, como os fatos "afirmados por uma parte e confessados pela parte contrária" (inc. II), os fatos "admitidos no processo como incontroversos" (inc. III) e os fatos "em cujo favor milita presunção legal de existência ou de veracidade" (inc. IV).

Embora o *texto* normativo tenha sido alterado, a *norma* permaneceu a mesma: quando notório, o fato é retirado do *thema probandum*, mas sem que tenha sido conceituado. Também não foi regulamentado o regime processual do fato notório em relação às partes, notadamente a sua alegação e impugnação na fase postulatória, e em relação ao juiz, especialmente o momento e as condições em que seria possível conhecê-lo no curso do procedimento.

---

88 SILVA, De Plácido. Notoriedade. In: *Vocabulário jurídico* (1963). 28ª ed. Rio de Janeiro: Forense, 2009, p. 958; SILVA, De Plácido. Notório. In: *Vocabulário jurídico* (1963). 28ª ed. Rio de Janeiro: Forense, 2009, p. 958.

89 Como fazia AMERICANO, Jorge. *Comentários ao Código de Processo Civil do Brasil*, vol. I, p. 319.

90 Quanto a esse ponto, vale mencionar que a formação do CPC/1973 é inspirada na doutrina processual italiana (cfr. MITIDIERO, Daniel. O processualismo e a formação do Código Buzaid. *Revista de Processo*, v. 35, n. 183, p. 165-194, maio 2010; TARUFFO, Michele; MITIDIERO, Daniel. *A Justiça Civil: da Itália ao Brasil, dos Setecentos a hoje*, p. 407-425), muito por conta da vinda de Enrico Tullio Liebman ao Brasil e a formação da Escola Processual de São Paulo (cfr. BUZAID, Alfredo. A influência de Liebman no direito processual civil brasileiro. *Revista da Faculdade de Direito da Universidade de São Paulo*, v. 72, n. 1, p. 131-152 1977; GRINOVER, Ada Pellegrini. O magistério de Enrico Tullio Liebman no Brasil. *Ajuris: Revista da Associação dos Juízes do Rio Grande do Sul*, v. 14, n. 39, p. 80-83, mar. 1987; DINAMARCO, Cândido Rangel. Liebman e a cultura processual brasileira. *Revista de Processo*, v. 30, n. 119, p. 259-284, jan. 2005). A doutrina processual italiana, por sua vez, também inspirou o *Codice di Procedura Civile dello Stato della Città del Vaticano*, datado do ano de 1946, inspirado no Projeto Carnelutti apresentado nos anos 20. Sobre o tema, demonstrando inúmeros pontos de contato entre as duas codificações, inclusive no campo probatório, cfr. BARBOSA MOREIRA, José Carlos. Il codice di procedura civile dello Stato della Città del Vaticano come fonte storica del diritto brasiliano: In: *Temas de direito processual: quinta série*. São Paulo: Saraiva, 1994, p. 189-199.

Por conta disso, o tema parece não ter chamado tanto a atenção da doutrina que dedicou poucas linhas ao desenvolvimento do instituto, quase sempre mencionado em obras mais amplas sobre direito probatório no contexto do *objeto de prova*[91] e da sua diferença com as *regras de experiência*[92], salvo os comentaristas do Código que dedicaram maior esforço em conceituar e mencionar suas características[93].

O Código de Processo Civil de 2015 manteve a estrutura do texto normativo da legislação processual anterior, limitando-se a prescrever a dispensa de prova dos fatos considerados notórios, conforme consta do art. 374, inc. I. A doutrina, em sua grande maioria, continua tratando do tema de acordo com as duas perspectivas já mencionadas: o fato notório como enunciado fático que está fora do objeto de prova e a diferença entre fato notório e regras de experiência.

Nem mesmo o avanço da tecnologia e o impacto causado pelo desenvolvimento da *internet*, mediante disponibilização em grande escala na rede mundial de computadores de inúmeras informações sobre fatos, parece ter despertado o interesse da doutrina processual brasileira em correlacionar essas questões com o fato notório, salvo exceções de alguns autores que, inclusive, divergem entre si.

De um lado, por exemplo, Araken de Assis defende que os fatos divulgados na *internet* não necessariamente constituem fatos notórios porque "nada assegura que certo dado divulgado na *internet* pertença ao conheci-

91 Como faziam, por exemplo, ALVIM, Arruda. *Manual de direito processual civil*, vol. II, p. 241-243; ARAGÃO, Egas Dirceu Moniz de. *Exegese do Código de Processo Civil*: Lei nº 5.869, de 11 de janeiro de 1973. Rio de Janeiro: AIDE, 1974, vol. 4, t. 1 (arts. 329 a 399), p. 103.

92 Como faziam, por exemplo, LOPES, João Batista. *Manual das provas no processo civil*. Campinas: Kennedy Editora. 1974, p. 11-12; SANTOS, Gildo dos. *A prova no processo civil*. São Paulo: Saraiva, 1975, p. 5. De forma mais extensa e bastante crítica, cfr. MILHOMENS, Jônatas. *A prova no processo*. Rio de Janeiro: Forense, 1982, p. 188-197, dizendo que "a desconfiança pelo *notório* continua de entravar o trabalho construtivo da jurisprudência. Divergências, contudo, não surpreendem aos operários do Direito" (op. cit., p. 191).

93 AGUIAR, João Carlos Pestana de. *Comentários ao Código de Processo Civil*. São Paulo: Revista dos Tribunais, 1974, vol. 4 (arts. 332 a 443), p. 65-66; PONTES DE MIRANDA, Francisco Cavalcanti. *Comentários ao Código de Processo Civil*. 3ª ed. Rio de Janeiro: Forense, 1996, t. IV, p. 274-276; SANTOS, Moacyr Amaral. *Comentários ao Código de Processo Civil*. 6ª ed. Rio de Janeiro: Forense, 1994, vol. IV (arts. 332 a 475), p. 31-39; ARAÚJO CINTRA, Antônio Carlos de. Comentários ao Código de Processo Civil. Rio de Janeiro: Forense, 2000, vol. IV (arts. 332 a 475), p. 26-27.

mento geral e, muito menos, que seja verdadeiro"[94]. De outro, há até mesmo quem sustente, de forma isolada, a inconstitucionalidade do art. 374, inc. I, do CPC, sob o argumento de que, na atual sociedade da informação e da *internet*, o adjetivo "notório" não é mais compatível com o devido processo legal no Estado Democrático de Direito[95]. Ainda podemos citar a posição de José Miguel Garcia Medina que defende, a depender do conceito adotado, que as informações disponíveis na *internet* podem, sim, serem considerados fatos notórios[96].

---

94 Para ilustrar o raciocínio completo do autor, vejamos: "no que tange à forma de divulgação, assume singular importância a *internet*: na prática, qualquer acontecimento e conduta humana se inscrevem como dado fidedigno na rede mundial de computadores, amiúde provado por imagens eloquentes, e a esses dados têm acesso, embora respeitadas as limitações linguísticas, dezenas de milhões de pessoas em várias partes do globo. Ora, nada assegura que certo dado divulgado na *internet* pertença ao conhecimento geral (Offenkundigkeit) e, muito menos, que seja verdadeiro. Adquiriu singular atualidade a advertência lançada, muito antes que se concebesse o mundo eletronicamente globalizado, quanto à notoriedade derivada da divulgação, embora exaustivamente repetida: o juiz acolherá o fato com rigor, remontando à origem do fato, a fim de verificar que seja também notória, e aquilatando a regra de experiência que levou o público a admitir o fato como inconteste. Em princípio, fatos recolhidos na *internet* e dados como verdades indiscutíveis precisam ser provados como quaisquer outros, porque não se mostram tecnicamente notórios. Assim, o vídeo que pessoa desconhecida divulgou na *internet*, reproduzindo as relações sexuais de B e C, ou acidente dos veículos de A e B, necessitam ser produzidos no processo e submeterem-se ao contraditório das partes" (ASSIS, Araken de. *Processo civil brasileiro*, vol. 2, item 1.318.1). Em igual sentido, mas sem aprofundar o assunto, cfr. APRIGLIANO, Ricardo de Carvalho. *Comentários ao Código de Processo Civil: das provas – disposições gerais*. São Paulo: Saraiva, 2020, vol. VIII, t. I (arts. 369 a 404), p. 192, para quem "é evidente que o amplo acesso às informações que temos hoje em dia, por meio da rede mundial de computadores, impacta essas ideias. Não porque torne mais fatos notórios. Ao contrário, com tantas informações e mais acessíveis na *internet* e redes sociais, talvez o resultado mais nítido seja justamente o oposto, isto é, a dispersão do conhecimento, a fragmentação própria dos círculos de convivência".

95 Não nos parece, porém, que o incremento da difusão digital de conhecimento sobre os fatos seja suficiente para a declaração de inconstitucionalidade do dispositivo em face da cláusula do devido processo legal. De todo o modo, segue a conclusão dos autores: "(...) todo e qualquer fato alegado em lides ambientais (particularmente em face da tutela jurídica do meio ambiente digital), ainda que 'notório', admite prova em face do que estabelece o devido processo legal sendo de duvidosa constitucionalidade o conteúdo indicado no art. 374/I do CPC" (FIORILLO, Celso Antonio Pacheco; FERREIRA, Renata Marques. Os fatos notórios em face das lides vinculadas ao meio ambiente digital na sociedade da informação. *Revista de Processo*, v. 45, n. 310, p. 205-236, dez. 2020).

96 Neste sentido, "indaga-se se informação disponível na rede mundial de computadores (*internet*) pode ser considerada fato notório. Desde que empreguemos definição mais precisa de fato notório, a resposta à questão, a nosso ver, é positiva. As lições acima

A verdade, porém, é o que o tema permaneceu adormecido por longos anos e não contou com a atenção devida da doutrina processual desde as teorizações da doutrina italiana na primeira metade do século passado, ainda que a sua figura normalmente apareça em discussões de casos concretos perante o Poder Judiciário. Sem o necessário aprofundamento sobre o conceito de fato notório, ignorando ainda o impacto que a produção e difusão de informações pela *internet* pode causar no conhecimento sobre fatos, a jurisprudência, desprovida de critérios objetivos e confiáveis fornecidos pela doutrina, acaba definindo de forma claudicante quais fatos são e quais fatos não são considerados notórios.

1.4. CONCEITO E CARACTERÍSTICAS DO FATO NOTÓRIO

O conceito de fato notório deve ser estipulado fora do campo semântico. A advertência é de PIERO CALAMANDREI que passou a identificar quais são as principais características que um fato deve ter para ser qualificado como fato notório. Podemos falar, então, de três características do fato notório: a sua *relatividade*, a sua *possibilidade* e a sua *fungibilidade*.

A primeira característica do fato notório é a sua *relatividade*[97].

A notoriedade de um fato é essencialmente relativa porque o conhecimento de qualquer fato é setorial e tem uma limitação tanto no tempo, quanto no espaço[98]. Por isso é de todo incompreensível o artigo 281, item 4, da *Ley*

---

transcritas permitem inferir que nada impede que o magistrado perquira acerca do fato notório em consulta à *internet*, isso é, a constatação de que o fato é mesmo notório pode ser inferida pelo juiz, a partir das informações que coletar na rede mundial de computadores" (MEDINA, José Miguel Garcia. *Novo Código de Processo Civil comentado*. São Paulo: Revista dos Tribunais, 2015, em comentários ao art. 374).

97 Essa é uma característica amplamente aceita por quase toda a doutrina (nacional e estrangeira) que já trabalhou o tema do fato notório, por exemplo, STEIN, Friedrich. *El conocimiento privado del juez*, p. 171-172; CARNELLI, Lorenzo. *O fato notório*, p. 211-212; REIS, José Alberto dos. *Código de Processo Civil anotado*, vol. III, p. 261; MONTERO AROCA, Juan. *La prueba en el proceso civil*, p. 49; PALAIA, Nelson. *O fato notório*, p. 24; DIDIER JR., Fredie; BRAGA, Paula Sarno; OLIVEIRA, Rafael Alexandria de. *Curso de direito processual civil*, vol. 2, p. 65; DINAMARCO, Cândido Rangel. *Instituições de direito processual, civil*, vol. III, p. 70; COSTA, Alfredo de Araújo Lopes da. *Direito processual civil brasileiro*. 2ª ed. Rio de Janeiro: Forense, 1959, vol. III, p. 105-106. Sobre essa característica do fato notório em específico, vale cfr. FERRARA, Luigi. Relatività del «notorio» in *Foro Italiano*., 1940, I, c. 965.

98 MARINONI, Luiz Guilherme; ARENHART, Sérgio Cruz. *Prova e convicção*. 3ª ed. São Paulo: Revista dos Tribunais, 2015, p. 135-136. Ou, ainda, o fato é notório também é relativo no que tange ao *estrato social*, como diz ANDRIOLI, Virgilio. Prova (diritto

Enjuiciamiento Civil da Espanha, dos anos 2000, que prevê que "no será necesario probar los hechos que gocen de *notoriedad absoluta* y general". Afinal, não há que se falar em notoriedade *absoluta*. Quanto à *relatividade espacial* do fato notório, é possível verificar um fato que seja conhecido e notório aos habitantes do Estado do Espírito Santo, mas que, em sentido contrário, pode não ser conhecido e notório aos habitantes do Estado de São Paulo. Os fatos podem ser notórios somente em uma determinada cidade, região ou país. Não há necessidade, contudo, que a notoriedade do fato abarque todos os membros do Judiciário[99]. Quanto à *relatividade temporal* do fato notório, é possível que um fato seja conhecido e notório na década de 60, mas, em sentido contrário, pode não ser conhecido e notório nos anos 2000. O que determina a notoriedade de um fato, portanto, não é o número de pessoas que o conhecem, pois "o conceito de notoriedade não varia qualitativamente em relação ao número maior ou menor dos componentes da categoria social para os quais o fato é notório"[100].

A segunda característica do fato notório é a sua *possibilidade*[101].

Isso porque a *notoriedade de um fato não necessita ser efetivamente conhecida pelo sujeito*. Para que haja notoriedade, o sujeito não precisa ter conhecimento efetivo do fato, pois a mera *possibilidade* de conhecê-lo já é suficiente para qualificá-lo como tal. Para que o fato seja notório, basta seu conhecimento pelo homem médio que faça parte de um determinado círculo social e possua certo grau de cultura. Sobre essa característica, inclusive, CHIOVENDA já havia se pronunciado ao dizer que o "notório não é aquilo efetivamente conhecido, e sim o que pode ser conhecido por meio da ciência pública e comum; previsível e controlável pelas partes"[102]. A ideia

processuale civile). In: *Novissimo Digesto Italiano*. Torino: UTET, 1974, v. XIV, p. 261-300, esp. p. 280.

99 A exemplo do que fala ALVIM, Arruda. *Manual de direito processual civil*, vol. II, p. 242.

100 CALAMANDREI, Piero. Per la definizione del fatto notorio. *Rivista di Diritto Processuale*, v. 2, n. 1, p. 273-304, 1925.

101 Indicando essa caraterística, cfr. ALVIM, Arruda. *Manual de direito processual civil*, vol. II, p. 243; DIDIER JR., Fredie; BRAGA, Paula Sarno; OLIVEIRA, Rafael Alexandria de. *Curso de direito processual civil*, vol. 2, p. 65; APRIGLIANO, Ricardo de Carvalho. *Comentários ao Código de Processo Civil*, vol. VIII, t. I, p. 374; ALMEIDA, Jorge Luiz de. A prova e a ciência privada do juiz. In: *A prova no direito processual civil: estudos em homenagem ao professor João Batista Lopes*. São Paulo: Verbatim, 2013, p. 337-343, esp. p. 340. Contra, dizendo que "o fato para ser notório, em processo, há de ser conhecido do juiz ou do tribunal" (COSTA, Alfredo de Araújo Lopes da. *Direito processual civil brasileiro*, vol. III, p. 106).

102 CHIOVENDA, Giuseppe. *Principii di diritto processuale civile*, p. 732-735.

é que o fato notório, por pertencer a uma *realidade extrínseca* ao processo, teria propriedades semelhantes ao *iura novit curia*[103] e o juiz não pode se eximir de aplicá-lo no caso concreto porque é conhecido pela coletividade independentemente da sua vontade.

A terceira característica do fato notório é a sua *fungibilidade*[104].

Isso porque *a notoriedade não exige uma relação direta e individual entre o sujeito e o fato*. Em outros termos, não há necessidade de que o sujeito tenha presenciado o fato para que ele seja considerado notório. Grandes acontecimentos históricos são fatos notórios independentemente de o sujeito ter sido testemunha ocular do evento ou não. Isso ocorre, basicamente, porque a notoriedade de um fato não é um dado subjetivo que está sujeito à percepção de uma determinada pessoa, mas um dado objetivamente verificável. Por pertencer à consciência coletiva de certa comunidade, não depende da subjetividade do juiz em relação ao conhecimento do fato. Por isso existe uma presunção de conhecimento dos fatos notórios entre os participantes do círculo social, que têm a possibilidade de conhecê-lo tão somente porque integram esse grupo.

Todas essas características levaram a doutrina a defender que o juiz pode realizar *uma espécie de consulta* – analógica, é verdade – se ele não fizer parte daquela classe social que tem conhecimento do fato notório. Isso porque, se o fato notório é relativo, se o fato notório não precisa necessariamente ser conhecido e se o fato notório não precisa ter sido testemunhado, o magistrado pode valer-se de *fontes externas* para buscar conhecer o fato cujo conhecimento é disseminado no tempo e lugar do contexto da decisão judicial que será tomada[105]. É a facilidade de ser potencialmente conhecido,

---

103 PALAIA, Nelson. *O fato notório*, p. 43.

104 Novamente, embora essa característica tenha sido descrita por Calamandrei, quem a denomina de fungibilidade é CARNELLI, Lorenzo. *O fato notório*, p. 212 e 227. Igualmente, CABAÑAS GARCÍA, Juan Carlos. Premisas básicas para una posible redefinición de la teoría procesal sobre el hecho notorio. *Justicia: Revista de Derecho Procesal*, p. 571. Virgilio Andrioli fala, por sua vez, em potencialidade, cfr. ANDRIOLI, Virgilio. Prova (diritto processuale civile). In: *Novissimo Digesto Italiano*. Torino: UTET, 1974, v. XIV, p. 261-300, esp. p. 281. Descrevendo essa característica, cfr. DIDIER JR., Fredie; BRAGA, Paula Sarno; OLIVEIRA, Rafael Alexandria de. *Curso de direito processual civil*, vol. 2, p. 66.

105 Contemporaneamente, sobre elementos externos utilizados no processo judicial, são precisas as lições de Cândido Rangel Dinamarco: "para que o processo civil possa produzir seus resultados o juiz e as partes precisam valer-se de certos elementos externos que, quando trazidos para o processo e utilizados convenientemente, favorecem o *conhecimento* de realidades relacionadas com o conflito e a efetiva *satisfação* das

sem qualquer diligência probatória, que teria a capacidade de tornar notório um determinado fato[106]. PIERO CALAMANDREI, por exemplo, dizia que "nada impede ao juiz de informar-se privadamente, com todos os meios que ele julgará oportuno (recorrendo, por exemplo, ao calendário dos agricultores, ou ao jornal do lugar), sobre a notoriedade do fato naquele círculo social ao qual ele não pertence"[107]. Em sentido semelhante, VIRGILIO ANDRIOLI defende que não é necessário que o juiz esteja presente quando o fato notório ocorreu, sendo suficiente que ele seja capaz de obter a noção dessa notoriedade recorrendo a fontes da cultura comum, como uma enciclopédia popular ou outras composições do gênero[108]. Já no Brasil, ARRUDA ALVIM defendia que "o juiz, com acesso a qualquer livro de história ou de geografia, possa se inteirar do fato, que, por constar de qualquer livro, é seguramente notório"[109].

Diante dessas características, CALAMANDREI conceitua fato notório nos seguintes termos: "consideram-se notórios os fatos cujo conhecimento faz parte da cultura normal própria de um determinado círculo social no tempo em que é proferida a decisão"[110]. O conceito do processualista italiano, como já foi dito, foi disseminado e amplamente acatado em vários outros sistemas jurídicos, sempre tendo como base o conceito de *cultura média* de um determinado *grupo ou esfera social*[111].

---

pretensões amparadas pelo direito. Tais são os *meios processuais instrumentais*, representados pelas fontes de *prova* e pelos *bens*" (DINAMARCO, Cândido Rangel. *Instituições de direito processual civil*, vol. II, p. 717).

106 MENDES, João de Castro. *Do conceito de prova em processo civil*. Lisboa: Ática, 1961, p. 636.

107 CALAMANDREI, Piero. Per la definizione del fatto notorio. *Rivista di Diritto Processuale*, v. 2, n. 1, p. 273-304, 1925.

108 Desse modo, "para que um fato seja considerado notório, não é necessário que ele esteja presente ao juiz no momento em que é utilizado na base da decisão, mas basta que ele possa obter essa noção por meio de fontes da cultura comum: uma enciclopédia popular, quem é? e outras composições" (ANDRIOLI, Virgilio. Prova (diritto processuale civile). In: *Novissimo Digesto Italiano*. Torino: UTET, 1974, v. XIV, p. 261-300, esp. p. 281 – tradução livre).

109 ALVIM, Arruda. *Manual de direito processual civil*, vol. II, p. 243. Igualmente, ARAGÃO, Egas Dirceu Moniz de. *Exegese do Código de Processo Civil*, vol. 4, t. 1, p. 106.

110 CALAMANDREI, Piero. Per la definizione del fatto notorio. *Rivista di Diritto Processuale*, v. 2, n. 1, p. 273-304, 1925.

111 SANTOS, Moacyr Amaral. *Prova judiciária no cível e comercial*, vol. I, p. 161-162.

1.5. CLASSIFICAÇÃO DO FATO NOTÓRIO

A partir do conceito estabelecido de fato notório, algumas classificações podem ser feitas para auxiliar a sua compreensão. Contudo, a doutrina tem utilizado critérios heterogêneos de discriminação. Não existem classificações certas ou erradas, mas apenas classificações úteis ou inúteis a um determinado propósito. Para isso acontecer é que se faz necessária a adoção de um critério minimamente coerente.

Busca-se, portanto, classificar o fato notório a partir de três critérios distintos: em razão do *espaço*, do *tempo* e do *sujeito*[112]. Essas classificações não são excludentes entre si, pelo contrário, podem ser combinadas a partir da identificação das características de um fato notório[113].

Levando em consideração o *espaço* como critério de classificação, os fatos notórios podem ser gerais ou locais[114].

São *gerais* os fatos notórios pertencentes à consciência coletiva da comunidade, independentemente de limites territoriais ou de uma circunscrição geográfica. São aqueles fatos conhecidos pela maior parte dos cidadãos de uma comunidade. São *locais* os fatos notórios conhecidos tão somente em uma determinada localidade, que pode ser uma cidade, um Estado da fede-

---

112 Essa classificação é inspirada em ARRIBAS ALTARRIBA, Javier. La prueba de lo hecho notorio. In: ABEL LLUCH, Xavier; PICÓ I JUNOY, Joan (coord.). *Objeto y carga de la prueba civil.* Barcelona: J.M. Bosch, 2007, p. 343-368.

113 É como ocorre na classificação do recurso cível, que, levando em consideração a *extensão da matéria*, pode ser *total*, quando impugnado todo o conteúdo da decisão, ou *parcial*, quando impugnado apenas um capítulo da decisão; levando em consideração o *tipo de fundamentação*, pode ser de *fundamentação livre*, quando suscita qualquer vício na decisão impugnada, ou de *fundamentação vinculada*, quando suscitar apenas os vícios elencados em lei na decisão impugnada; e, levando em consideração a *finalidade*, será ordinário quando tutelar o *direito subjetivo*, e extraordinário, quando tutelar o *direito objetivo*.

114 Neste sentido, CHIOVENDA falava, de um lado, de fatos notórios que, "por consenso humano geral, se reputam certos e indiscutíveis, seja porque pertencem à história, ou às leis naturais, ou à ciência, ou às ocorrências da vida pública atual", mas também aqueles "de uma notoriedade mais restrita, isto é, dos fatos ordinariamente conhecidos em determinada circunscrição" (CHIOVENDA, Giuseppe. *Instituições de direito processual civil.* Trad. da 2ª ed. italiana por J. Guimarães Menegale. São Paulo: Saraiva, 1965, vol. II, p. 352). No Brasil, JORGE AMERICANO, comentando o art. 211 do CPC/1939, dizia que "a notoriedade pode ser universal, geral ou local", porém, sem estabelecer diferença entre a notoriedade universal e a geral. Por isso dizia, sem maiores distinções, que "à universal e geral aplica-se indiscutivelmente a regra do art. 211" (AMERICANO, Jorge. *Comentários ao Código de Processo Civil do Brasil*, vol. I, p. 319).

ração ou, até mesmo, uma Comarca. Para ilustrar o raciocínio, DINAMARCO fornece alguns exemplos, como as virtudes de Madre Teresa de Calcutá, notórias fora do Brasil, e as virtudes do Frei Galvão ou da Irmã Dulce, que não são amplamente conhecidas no plano internacional[115]. É inegável, como será mais bem explorado no decorrer do trabalho, que a difusão de determinados fatos pela *internet* incrementa a sua publicidade para além de fronteiras físicas e territoriais, aumentando, ao menos em potencial, a possibilidade de determinados fatos originalmente locais adquirirem notoriedade em caráter geral.

Levando em consideração o *tempo* como critério de classificação, os fatos notórios podem ser permanentes ou transitórios. Neste ponto, vale destacar que a permanência ou transitoriedade, ao contrário do período histórico em que se referia ao fato em si e à possibilidade de sua verificação direta, aqui diz respeito não ao fato, mas ao conhecimento obtido sobre o fato.

São *permanentes* os fatos notórios que fazem parte da cultura geral de uma comunidade em caráter fixo e imutável. Por exemplo, os fatos históricos são geralmente indicados pela doutrina como fatos permanentes. São *transitórios*, por sua vez, os fatos notórios que são ocasionalmente conhecidos por uma determinada comunidade ou grupo social em virtude de terem ocorrido em um determinado lugar, mas cujos efeitos não perduraram no tempo[116]. Se permanente ou transitório, essa é uma condição que de modo algum influenciará na notoriedade do fato[117].

Levando em consideração o *sujeito* como critério de classificação, os fatos notórios podem ser comuns ou judiciais.

São *comuns* os fatos notórios cuja fonte de conhecimento é a consciência coletiva de uma determinada comunidade ou grupo social, conforme já definido no conceito estipulado anteriormente. Esses são os fatos objeto de exame do trabalho até aqui, sejam eles permanentes ou transitórios, sejam eles gerais ou locais. São os fatos dos quais o juiz tem ou possa vir a ter conhecimento sem ligação com o exercício das funções jurisdicionais, mas enquanto cidadão inserido em uma dada esfera social.

---

115 DINAMARCO, Cândido Rangel. *Instituições de direito processual civil*. 7ª ed. São Paulo, Malheiros, 2017, vol. III, p. 70.

116 Tanto que se dizia que "se é previsível a transitoriedade ou dissipação, deve ser provada a notoriedade nos autos, se nela não houver assentimento das partes" (AMERICANO, Jorge. *Comentários ao Código de Processo Civil do Brasil*, vol. I, p. 320).

117 ASSIS, Araken de. *Processo civil brasileiro: parte geral – institutos fundamentais*. São Paulo: Revista dos Tribunais, 2015, vol. 2, item 1.318.1.

São *judiciais* os fatos notórios cuja fonte de conhecimento é o próprio juiz a partir da sua função oficial. Por exemplo, são os fatos que chegam ao conhecimento do juiz por ele ter exercido sua atividade jurisdicional em outros processos, como a existência de coisa julgada, de litispendência ou o falecimento de procurador de uma parte. Ou, então, quando o juiz fique sabendo da morte de uma pessoa em um determinado processo que ele atuou, notificada para fins de habilitação dos herdeiros, ou ainda a decretação da falência de uma empresa em outra unidade judiciária da comarca[118].

Essa modalidade, a notoriedade judicial, é admitida expressamente em alguns ordenamentos jurídicos de países estrangeiros como Alemanha[119] e Portugal[120]. Por outro lado, em alguns países que não incorporaram a notoriedade judicial, há candente discussão sobre se essa modalidade pode ser admitida como uma hipótese de fato notório, como é o exemplo da Itália[121]. Na Espanha, embora ausente a previsão legal, os tribunais têm admitido essa espécie de notoriedade[122].

No Brasil, o art. 374, inc. I, do CPC não estabelece nenhuma distinção entre notoriedade comum ou judicial. Algumas vozes da doutrina, no entanto, indicam a possibilidade de a notoriedade judicial ser encaixada no conceito de notoriedade comum, caso preenchidos alguns requisitos desta

---

118 Esse último exemplo foi extraído de CRESCI SOBRINHO, Elicio de. O juiz testemunha. *Revista Trimestral de Jurisprudência dos Estados*, v. 8, n. 27, p. 43-47, abr./jun. 1984.

119 No Código de Processo Civil alemão de 1887 – *Zivilprozessordnung* (abreviadamente, ZPO): § 291 Offenkundige Tatsachen. Tatsachen, die bei dem Gericht offenkundig sind, bedürfen keines Beweises. Em tradução livre: "Os fatos que sejam notórios *para o tribunal* não precisam ser provados".

120 No Código de Processo Civil português de 2013, o artigo 412, no item 2, prevê que "também não carecem de alegação os factos de que o tribunal tem conhecimento por virtude do exercício das suas funções; quando o tribunal se socorra destes factos, deve fazer juntar ao processo documento que os comprove". Sobre o tema, vale cfr. REIS, José Alberto dos. *Código de Processo Civil anotado*, vol. III, p. 263-265, traduzido na seguinte frase: "passou pela sua mão um processo; despachou nele; julgou-o. Não pode amanhã fingir que ignora a existência desse processo". E, ainda, MENDES, João de Castro. *Do conceito de prova em processo civil*, p. 638-640.

121 VACCARELLA, Romano. *Quaedam sunt notoria judici tantum et non aliis*, in *Giustizia civile*, 1989, I, 2552; DITTRICH, Lotario. Appunti per uno studio del fatto notorio giudiziale, in *Studi di diritto processuale civile in onore di Giuseppe Tarzia*, Milano: Giuffrè, 2005, p. 819-841; PICCININNI, Leo. Cassazione, giudicato, notorio giudiziale. In: *Scritti in onore di Nicola Picardi*, Pisa 2016, III, p. 2023-2036.

122 Neste ponto, cfr. MONTERO AROCA, Juan. *La prueba en el proceso civil*, p. 51-52.

última modalidade[123]. Com base nesta concepção, seria possível, por exemplo, que um juiz, utilizando informações de outros processos em que a Fazenda Pública informou não possuir autorização via protocolo institucional para autocompor sobre determinada matéria, dispensasse o seu comparecimento da audiência de conciliação obrigatória do procedimento comum, pois esse seria um fato de notoriedade judicial, ou seja, que o juiz conhece por força do seu ofício em outros processos[124].

Entretanto, parece não ser necessário construir outra categoria no direito processual brasileiro, a exemplo da *notoriedade judicial*, para enquadrar o conhecimento sobre fatos certificados em outro processo que o juiz obtém por meio que possibilite transportá-lo para o julgamento de uma determinada controvérsia. Já cumprem esse propósito outras técnicas processuais de natureza probatória, como o *empréstimo da prova*[125], expressamente previsto no art. 372 do CPC, e a utilização da *sentença como meio de prova*[126], prova atípica admitida por força do art. 369 do CPC.

---

123 É a posição de Araken de Assis, para quem "parece admissível reduzir a notoriedade judicial, preenchidos os pressupostos do conhecimento generalizado, à subespécie da notoriedade comum. Radicaria a diferença entre ambas no âmbito social (na profissão forense) do conhecimento geral. Assim, o juiz não pode considerar fato notório, porque de conhecimento individual, o valor da ação de companhia de capital fechado, no litígio entre A e C, porque apurado pericialmente em ação promovida por B contra C" (ASSIS, Araken de. *Processo civil brasileiro*, vol. 2, item 1.318.2). Igualmente, "no conceito de fato notório está contido, também, a figura designada no direito comparado por *notoriedade judicial*" (ALVIM, Arruda. *Manual de direito processual civil*, vol. II, p. 243). Falando em uma "notoriedade menor, restrita ao círculo da vida profissional do juiz", cfr. COSTA, Alfredo de Araújo Lopes da. *Direito processual civil brasileiro*, vol. III, p. 108.

124 Esse exemplo de notoriedade judicial é expressamente mencionado de PEIXOTO, Ravi. A nova sistemática de resolução consensual de conflitos pelo Poder Público: uma análise a partir do CPC-2015 e da Lei 13.140-2015. *Revista de Processo*, v. 41, n. 261, p. 467-497, nov. 201.

125 Alertou para o ponto, MARTINS, Pedro Baptista. *Comentários ao Código de Processo Civil*, vol. II, p. 453-454. Sobre a prova emprestada, cfr. TALAMINI, Eduardo. Prova emprestada no processo civil e penal. *Revista de Informação Legislativa*, v. 35, n. 140, p. 145-162, out./dez., 1998; AMARAL, Paulo Osternack. *Provas: atipicidade, liberdade e instrumentalidade*. 2ª ed. São Paulo: Revista dos Tribunais, 2017, p. 104-128. Mais recentemente, GANACIN, João Cánovas Bottazzo. *Prova emprestada no processo civil*. São Paulo: Revista dos Tribunais, 2023.

126 Sobre a sentença como meio de prova, cfr. CALAMANDREI, Piero. La sentenza civile come mezzo di prova. In: *Opere Giuridiche – a cura di Mauro Cappelletti*. Napoli: Morano Editore, 1972, v. 5, p. 559-578; PEREIRA, Carlos Frederico Bastos. Sobre a eficácia probatória da sentença. *Revista de Processo*, v. 45, n. 299, p. 93-121, jan. 2020.

1.6. DIFERENÇA ENTRE FATO NOTÓRIO E OUTRAS CATEGORIAS

1.6.1. Fato notório *vs.* conhecimento privado do juiz

Tão importante quanto conceituar fato notório é diferenciá-lo de categorias que possuem características comuns e podem induzir o intérprete a confundi-las. Trata-se de tarefa indispensável para reduzir a indeterminação do conceito de fato notório e excluir determinados institutos do seu âmbito de aplicação.

O conhecimento privado do juiz é uma categoria distinta dos fatos notórios[127], tendo em vista que compreende o conhecimento que o juiz obtém sobre determinados fatos discutidos em demanda judicial por meio de percepções sensoriais enquanto pessoa particular, portanto, fora do processo[128]. Os fatos notórios não são uma exceção à proibição de conhecimento privado pelo juiz porque, se assim fosse, não faria parte do próprio conhecimento privado[129]. Em resumo, a utilização dos fatos notórios pelo juiz é lícita e a do conhecimento privado não é.

As informações e impressões pessoais sobre fatos adquiridas pelo magistrado fora do processo contaminam a sua imparcialidade, diante da falta de senso crítico e isento para apreciar as provas produzidas no processo. Caso fosse permitido funcionar no processo mesmo assim, haveria verdadeira *incompatibilidade psicológica* entre a função de julgador e a de testemunha[130]. Não à toa, a lei processual impede o juiz de funcionar no

---

127 Corretamente, cfr. PALAIA, Nelson. *O fato notório*, p. 79; GASCÓN ABELLÁN, Marina. *Los hechos en el derecho: bases argumentales de la prueba*. Madrid: Marcial Pons, 2010, p. 181; APRIGLIANO, Ricardo de Carvalho. *Comentários ao Código de Processo Civil*, vol. VIII, t. I, p. 374-375; ALMEIDA, Jorge Luiz de. A prova e a ciência privada do juiz. In: *A prova no direito processual civil*, p. 337-343.

128 ARAÚJO CINTRA, Antônio Carlos de. *Comentários ao Código de Processo Civil*. Rio de Janeiro: Forense, 2000, vol. IV (arts. 332 a 475), p. 26; ASSIS, Araken de. *Processo civil brasileiro*, vol. 2, item 1.301.2.

129 A contradição é evidente, como alerta ALLORIO, Enrico. Observaciones sobre el hecho notorio. In: *Problemas de derecho procesal*, p. 397-398.

130 A questão foi muito bem desenvolvida por CALAMANDREI, Piero. Per la definizione del fatto notorio. *Rivista di Diritto Processuale*, v. 2, n. 1, p. 273-304, 1925. Antes, CHIOVENDA já mencionava que "caberia ao juiz controlar por si sua própria *observação*; mas isso é psicologicamente incompatível com a sua tarefa de *juiz*, a quem compete formar uma convicção própria controlando imparcialmente as observações *alheias* (de testemunhas, de peritos, e outros)" (CHIOVENDA, Giuseppe. *Instituições de direito processual civil*, vol. II, p. 353). No Brasil, trabalhando essa ideia, cfr. CRESCI SOBRINHO, Elicio de. O juiz testemunha. *Revista Trimestral de Jurisprudência dos Estados*, v. 8, n. 27, p. 43-47,

processo em que prestar depoimento como testemunha (art. 144, inc. I, do CPC), afinal, à testemunha não compete julgar (*testis non est judicare*), o que, lido inversamente, significa que ao juiz não compete trazer informações fáticas ao processo[131]. Assim, por exemplo, se o juiz presenciou um acidente automobilístico, não poderá julgar de forma isenta processo que envolva esses fatos com pedido de reparação por danos materiais e morais. Também não terá a imparcialidade necessária para julgar um processo de separação se conviveu de maneira próxima ao casal enquanto eles possuíam o relacionamento amoroso[132].

Igualmente, se o juiz possui conhecimentos técnicos sobre determinada matéria em discussão no processo, não poderá se valer destes conhecimentos porque eles são considerados conhecimento privado. Suponha-se que o juiz, além de formação jurídica, tenha formação em outra área do conhecimento, como, por exemplo, formação acadêmica em engenharia, medicina ou música. Poderia ele dispensar a prova pericial e utilizar esse conhecimento técnico para fundamentar a sua decisão em um processo que discuta a existência de vício construtivo em um apartamento, a configuração de um erro médico ou a caracterização de plágio musical? A resposta tem que ser negativa, senão estaria o juiz cumulando a função de *perito* e de *julgador*[133].

Não à toa, o art. 375 do CPC, muito embora admita a utilização de regras de experiência técnica pelo juiz, ressalva o caso de produção de prova pericial. Essas regras de experiência técnica são aquelas vulgarizadas no conhecimento coletivo, mas que não são dotadas de complexidade. São aquelas que o juiz conhece não enquanto profissional de uma determinada área do conhecimento, tampouco fruto de uma especialização, mas noções que advém de sua bagagem cultural e cognitiva enquanto homem médio.

---

abr./jun. 1984; THEODORO JR., Humberto. *Curso de direito processual civil: teoria geral do direito processual civil, processo de conhecimento e procedimento comum*. 59ª ed. Rio de Janeiro: Forense, 2018, vol. 1, item 303.

131 DINAMARCO, Cândido Rangel. *Instituições de direito processual civil*, vol. III, p. 12.

132 Os exemplos são de Araken de Assis, cfr. *Processo civil brasileiro*, vol. 2, item 1.318.1.

133 FABRÍCIO, Adroaldo Furtado Fatos notórios e máximas de experiência. *Revista Forense*, v. 100, n. 376, p. 3-10, nov./dez. 2004, esp. p. 9; DIDIER JR., Fredie; BRAGA, Paula Sarno; OLIVEIRA, Rafael Alexandria de. *Curso de direito processual civil: teoria da prova, direito probatório, decisão, precedente, coisa julgada e tutela provisória*. 12ª ed. Salvador: Juspodivm, 2016, vol. 2, p. 295; DINAMARCO, Cândido Rangel. *Instituições de direito processual civil*, vol. III, p. 688; ALMEIDA, Jorge Luiz de. A prova e a ciência privada do juiz. In: *A prova no direito processual civil*, p. 339; FERREIRA, William Santos. *Princípios fundamentais da prova cível*. São Paulo: Revista dos Tribunais, 2014, p. 305.

Por exemplo, saber a quantos graus a água ferve, que o calor dilata os corpos, aspectos sobre a lei da gravidade etc. Sendo assim, "onde termina o campo acessível ao homem de cultura comum ou propício às presunções judiciais, ali começa o das perícias"[134].

Em suma, é proibida tanto a figura do *juiz-testemunha*, quanto a figura do *juiz-perito*. A imparcialidade, enquanto elemento fundamental para a efetivação da garantia constitucional do juiz natural, é representada pela equidistância do juiz em relação aos fatos, o qual exerce uma condição de terceiro *estranho* ao conflito. Se o juiz é *participante* dos fatos levados à apreciação do Poder Judiciário, mesmo na condição de testemunha, não estará apto a julgar o conflito por violação à imparcialidade no seu *aspecto objetivo*[135].

Importante ressaltar também que o conhecimento privado se contrapõe ao chamado conhecimento *oficial* do juiz, ou seja, aquelas informações sobre fatos que são extraídas das *fontes de prova* (pessoas e coisas) através dos *meios de prova* previstos em lei[136]. Neste conceito não está incluído o conhecimento do juiz sobre questões de direito porque o juiz conhece o direito (*iura novit curia*), como é usual nos sistemas jurídicos inseridos na tradição do *Civil Law*.

A proibição de utilização do conhecimento privado pelo juiz não é uma norma fundamental autônoma do direito probatório[137]. A bem da verdade, é uma derivação do princípio da persuasão racional ou do chamado "princípio do livre convencimento motivado"[138]. No processo civil brasileiro,

---

134 DINAMARCO, Cândido Rangel. *Instituições de direito processual civil*, vol. III, p. 688.

135 Sobre o princípio da imparcialidade do juiz, CABRAL, Antonio do Passo. Imparcialidade e impartialidade: por uma teoria sobre repartição e incompatibilidade de funções nos processos civil e penal. *Revista de Processo*, v. 32, n. 149, p. 339-364, jul. 2007; GONÇALVES, Marcelo Barbi. *Teoria geral da jurisdição*. Salvador: Juspodivm, 2020, p. 327-330.

136 STEIN, Friedrich. *El conocimiento privado del juez*, p. 91.

137 Em sentido contrário, cfr. DEVIS ECHANDIA, Hernando. *Teoria general de la prueba judicial*, t. 1, p. 114-117.

138 No Brasil, tratando o "princípio do livre convencimento motivado" como um princípio fundamental da prova em matéria cível, cfr. FERREIRA, William Santos. *Princípios fundamentais da prova cível*, p. 277-339. Existe uma discussão bastante polarizada na recente doutrina brasileira se o art. 371 do CPC/015 sepultou o "princípio do livre convencimento motivado" ao suprimir a palavra "livre" que constava do antigo art. 130 do CPC/1973. Em um primeiro sentido, a partir de uma abordagem histórico-comparada, o princípio do livre convencimento motivado consiste na adoção de um modelo equilibrado de valoração da prova que supera, de um lado, a total liberdade do

não existe uma norma versando *expressamente* sobre a proibição de uso do conhecimento privado pelo juiz. Talvez, não seja mesmo necessário ter uma norma enunciando essa proibição. Ainda assim, é possível extrai-la de uma interpretação sistemática de vários dispositivos do CPC. Podemos mencionar, primeiro, o art. 2º dizendo que o processo iniciará sempre por iniciativa da parte; segundo, o art. 141 que veda ao juiz conhecer de "questões não suscitadas a cujo respeito a lei exige iniciativa da parte"; e terceiro, o art. 371 que impõe ao juiz julgar o caso de acordo com as provas produzidas nos autos do processo.

Por sua vez, o princípio da persuasão racional possui uma dupla dimensão que fica clara a partir de uma leitura do art. 371 do CPC, segundo o qual o juiz deverá apreciar "a prova constante dos autos" (perspectiva negativa do princípio) e fundamentar as "razões da formação de seu convencimento" (perspectiva positiva do princípio). Bem vistas as coisas, a proibição do uso do conhecimento privado pode ser encaixada dentro da perspectiva *negativa* do princípio da persuasão racional.

Feitas essas considerações, as diferenças entre os fatos notórios e o conhecimento privado do juiz se impõem.

Conhecimento privado é o que juiz obtém por meio de percepções sensoriais próprias, ou seja, as fontes deste conhecimento são os próprios sentidos do juiz, aquilo que ele percebeu por meio do seu tato, olfato, paladar, audição e visão. Fatos notórios, por sua vez, são conhecidos pelo juiz por

---

juiz para valorar as provas e decidir como quisesse o caso (sistema de íntima convicção), e, de outro, a estrita vinculação do juiz a regras legais de tarifação quanto ao peso das provas (sistema tarifado). Se assim for compreendido, o CPC/2015, de fato, não eliminou o princípio do livre convencimento motivado (cfr., por todos, GAJARDONI, Fernando da Fonseca. O livre convencimento motivado não acabou no novo CPC. In: *Direito probatório*. 3ª ed. Salvador: Juspodivm, 2018, p. 231-234). Em um segundo sentido, a partir de abordagem hermenêutico-filosófica, o princípio do livre convencimento motivado seria a representação no direito de um paradigma filosófico superado, o da filosofia da consciência, segundo o qual o sujeito é livre para apreender os sentidos dos objetos à disposição sem constrangimentos epistemológicos, quando, na verdade, o paradigma filosófico atual, o da linguagem, não dá liberdade ao sujeito enquanto intérprete para interpretar o que bem entender. Se assim for compreendido, o CPC/2015, de fato, eliminou o princípio do livre convencimento motivado (cfr., por todos, STRECK, Lenio. As provas e o novo CPC: a extinção do poder de livre convencimento. In: *Direito probatório*. 2ª ed. Salvador: Juspodivm, 2016, p. 107-114). Em conclusão, como se pode perceber, as visões não são excludentes, mas complementares, até mesmo porque operam em *níveis discursivos* que, embora se comuniquem, são distintos (dogmático *vs* filosófico). Diante disso, prefere-se adotar a nomenclatura "princípio da persuasão racional".

meio do que é disseminado em um determinado local e em um determinado espaço, isto é, a fonte de conhecimento pelo juiz é outra, diferente dos seus sentidos enquanto pessoa. Pode-se dizer que, no conhecimento privado, a ciência do fato pelo juiz vem de dentro para fora; nos fatos notórios a ciência do fato pelo juiz vem de fora para dentro.

No processo judicial, essa diferença tem grande repercussão quanto à admissibilidade desse conhecimento para verificação dos fatos. Ao juiz é vedado o uso do conhecimento privado como elemento de convicção para decidir a causa posta à sua apreciação. O mesmo não acontece em relação aos fatos notórios que podem ser utilizados pelo juiz como elemento de convicção para resolução da controvérsia, embora dispensem a produção de provas, quando valoradas em conjunto com as demais provas produzidas no processo[139].

Alguns autores, no entanto, defendem que o sistema permite a utilização do conhecimento privado pelo juiz em caráter excepcional quanto aos fatos notórios, além das regras de experiência. No entanto, o conceito de ciência privada do juiz estipulado acima *não* diz respeito aos fatos que derivam da cultura média de um determinado estrato social, como são os fatos notórios, mas da observação direta do juiz enquanto particular (juiz-testemunha) ou do conhecimento técnico que possui diante uma formação em outra área do conhecimento (juiz-perito).

1.6.2. Fato notório *vs.* regra de experiência

Os fatos notórios não podem ser confundidos com as regras de experiência[140], embora ambas as categorias pertençam ao patrimônio cultural do

---

139 A valoração das questões fático-probatórias pressupõe, primeiro, uma análise individual entre fato e prova, e, depois, uma análise conjunta de todas as provas produzidas, conforme defendemos em PEREIRA, Carlos Frederico Bastos. *Fundamentação das decisões judiciais*, p. 150-152.

140 A diferença entre ambas as categorias é lugar comum na doutrina clássica e contemporânea, cfr., por exemplo, SANTOS, Moacyr Amaral. *Prova judiciária no cível e comercial*. 2ª ed. São Paulo: M. Limonad, 1952, vol. I; p. 157-159; DIDIER JR., Fredie; BRAGA, Paula Sarno; OLIVEIRA, Rafael Alexandria de. *Curso de direito processual civil*, vol. 2, p. 78; SCHIMTZ, Leonard Ziesemer. *Presunções judiciais: raciocínio probatório por inferências*. São Paulo: Revista dos Tribunais, 2020, p. 256-261; ROSITO, Francisco. *Direito probatório: as máximas de experiência em juízo*. Porto Alegre: Livraria do Advogado, 2007, p. 91-94; MARINONI, Luiz Guilherme; ARENHART, Sérgio. *Prova e convicção*. 3ª ed. São Paulo: Revista dos Tribunais, 2015, p. 136-137; FABRÍCIO, Adroaldo Furtado Fatos notórios e máximas de experiência. *Revista Forense*, v. 100, n. 376, p. 3-10, nov./

juiz[141]. Porém, há quem diga, equivocadamente, que ambas as categorias são espécies do gênero conhecimento privado do juiz que, excepcionalmente, pode ser utilizado no processo[142].

Regras de experiência refletem uma série de noções *genéricas* e *abstratas* sobre acontecimentos semelhantes que autorizam o entendimento, mediante raciocínio indutivo, de que as coisas que geralmente ocorrem de uma determinada maneira também ocorrerão assim em situações futuras, caso se apresentem em iguais circunstâncias[143]. Por exemplo, máximas como o fato de a água ferver a 100° graus, sobre o perigo de dirigir um automóvel na chuva, os riscos do cigarro à saúde, a importância de uma alimentação saudável para evitar doenças, a usual culpa de quem bate na traseira de um veículo, dentre outras.

As regras de experiência podem exercer diferentes funções no processo judicial, sobretudo no contexto do raciocínio judicial[144], e podem servir:

---

dez. 2004, esp. p. 9; APRIGLIANO, Ricardo de Carvalho. *Comentários ao Código de Processo Civil*, vol. VIII, t. I, p. 193-194.

141 Na Itália, essa ideia fica ainda mais evidente porque o art. 115 do *Codice di Procedura Civile* permite que o juiz decida somente com base nas provas propostas pelas partes e pelo Ministério Público, salvo quando utilizar noções da "comum experiência", o que compreende os fatos notórios e as regras de experiência. Sobre o tema, cfr. TARUFFO, Michele. Senso comum, experiência e ciência no raciocínio do juiz. *Revista Forense*, v. 97, n. 355, p. 101-118, maio/jun. 2001.

142 Como, por exemplo, dizendo que "o juiz, por exceção, por usar de sua ciência privada dos 'fatos notórios, para decidir no processo" (SANTOS, Moacyr Amaral. *Prova judiciária no cível e comercial*, vol. I, p. 157), que "a dispensa da prova de fatos notórios é exceção à regra de que o juiz não pode utilizar-se de sua ciência privada" (VIDIGAL, Luís Eulálio de Bueno. Fato notório. In: FRANÇA, R. Limongi (coord.). *Enciclopédia Saraiva do Direito*. São Paulo: Saraiva, 1977, vol. 36, p. 350) ou que "regra da experiência e fato notório, compõem, porém, um gênero: o 'saber privado do juiz." (DIDIER JR., Fredie; BRAGA, Paula Sarno; OLIVEIRA, Rafael Alexandria de. *Curso de direito processual* civil, vol. 2, p. 78). Também neste sentido, cfr. SALES, Ivan Borges. *Factos notórios e máximas de experiência: o conhecimento privado do juiz na "era da pós-verdade"*. Dissertação (Mestrado em Direito), Faculdade de Direito, Universidade do Porto. Porto, Portugal, 2023, p. 10-13.

143 BARBOSA MOREIRA, José Carlos. Regras de experiência e conceitos juridicamente indeterminados. In: *Temas de direito processual: segunda série*. São Paulo: Saraiva, 1988, p. 61-72.

144 DIDIER JR., Fredie; BRAGA, Paula Sarno; OLIVEIRA, Rafael Alexandria de. *Curso de direito processual civil*, vol. 2, p. 78; PEIXOTO, Ravi. As regras de experiência, os deveres de justificação e os limites à discricionariedade do convencimento judicial. *Revista de Processo*, v. 46, n. 320, p. 75-93, out. 2021.

(i) à apuração de veracidade de um fato mediante auxílio das presunções. Presunções são operações mentais que o juiz faz a partir de um fato conhecido, também chamado de fato-base, para inferir a existência de um fato que, por sua vez, é desconhecido[145]. Como se vê, essas regras atuam como verdadeiras pontes ligando os indícios à comprovação dos fatos essenciais[146];

(ii) à valoração da prova, seja para fins de análise da sua credibilidade (por exemplo, contradições e inconsistências de um testemunho, erros e vícios de um documento), seja como limite à persuasão racional do magistrado, pois a valoração da prova não pode ir de encontro às regras de experiência. Afinal, há uma verdadeira inevitabilidade dos juízos fáticos sobre o mundo da vida, já que em todo raciocínio há experiência[147];

(iii) ao auxílio na interpretação e aplicação de *conceitos jurídicos indeterminados*[148]. Muitas vezes, o legislador vale-se de termos abertos e genéricos para designar hipóteses de fato que deverão ser preenchidas no caso concreto pelo aplicador da norma, como, por exemplo, "boa-fé", "preço vil", "bons costumes", "perigo de dano" etc. As regras de experiência auxiliam no sentido hermenêutico mais ou menos abrangente dessas expressões.

Como se pode perceber, as regras de experiência constituem uma tentativa de racionalização do senso comum, uma forma de outorgar à decisão judicial uma legitimidade social no sentido de que ela não pode ir de encontro ao conhecimento vulgarizado no patrimônio cultural e cognitivo da população, em um discurso ligado ao positivismo jurídico mediante ideias

---

145 Sobre a relação entre presunções, regras de experiência e inferências probatórias, cfr., amplamente, SCHIMTZ, Leonard Ziesemer. *Presunções judiciais: raciocínio probatório por inferências*. São Paulo: Revista dos Tribunais, 2020. Ver, ainda, os modelos de inferência probatória no raciocínio judicial, BADARÓ, Gustavo Henrique. *Epistemologia judiciária e prova penal*. São Paulo: Revista dos Tribunais, 2019, p. 227-235; TARUFFO, Michele. *Uma simples verdade: o juiz e a construção dos fatos*. Trad. Vitor de Paula Ramos. São Paulo: Marcial Pons, 2012, p. 241-244.

146 MARINONI, Luiz Guilherme; ARENHART, Sérgio. *Prova e convicção*, p. 171.

147 SCHIMTZ, Leonard Ziesemer. *Presunções judiciais*, p. 244.

148 BARBOSA MOREIRA, José Carlos. Regras de experiência e conceitos juridicamente indeterminados, p. 64; DIDIER JR., Fredie; BRAGA, Paula Sarno; OLIVEIRA, Rafael Alexandria de. *Curso de direito processual* civil, vol. 2, p. 79; PEIXOTO, Ravi. As regras de experiência, os deveres de justificação e os limites à discricionariedade do convencimento judicial. *Revista de Processo*, v. 46, n. 320, p. 75-93, out. 2021.

de completude do ordenamento jurídico[149]. Ocorre, no entanto, que a sua utilização em processos judiciais é pouco segura, sobretudo por causa da sua *baixa confiabilidade*, já que o conhecimento vulgarizado nem sempre será correto[150]. Muitas vezes, as regras de experiência são utilizadas tanto em postulações das partes quanto em decisões judiciais, sem nem mesmo serem reconhecidas como tal pelos sujeitos do processo, levando a presunções cujos resultados militam a favor ou contra uma determinada alegação fática.

Não à toa, o dever de fundamentação incide de forma especial quanto à utilização de regras de experiência, razão pela qual a decisão judicial que as empregar sem contextualizar com o caso concreto deve ser considerada não fundamentada e, portanto, nula, mesmo sendo uma hipótese que está fora do rol do art. 489, § 1º, do CPC[151].

Com a definição de regra de experiência, é evidente que ela não pode ser confundida com os fatos notórios, ainda que, repita-se, ambas possam ser reconduzidas ao patrimônio cultural do julgador que pode ser utilizado no processo.

É justamente desse patrimônio cultural do juiz, indissociável da sua figura enquanto ser humano, que são extraídas noções advindas da experiência sobre o que acontece no dia a dia e alguns conhecimentos técnicos vulgarizados. Esse mesmo patrimônio cultural faz com que o magistrado tenha ou possa vir a ter conhecimento sobre fatos notórios, consistentes em eventos concretos disseminados na consciência coletiva de uma determinada esfera social.

A principal diferença entre ambos reside justamente no critério da *generalidade*, notadamente mediante referência a uma *pluralidade indeterminada* de situações de fato[152]. As regras de experiência consistem em noções *gerais e abstratas*, desvinculadas de eventos concretos. Por conta disso é que as regras de experiência abrangem uma pluralidade indeterminada de situações

---

149 ROSITO, Francisco. *Direito probatório: as máximas de experiência em juízo*. Porto Alegre: Livraria do Advogado, 2007, 73-74; SCHIMTZ, Leonard Ziesemer. *Presunções judiciais*, p. 237. TARUFFO, Michele. Senso comum, experiência e ciência no raciocínio do juiz. *Revista Forense*, v. 97, n. 355, p. 101–118, maio/jun., 2001.

150 Ver críticas de BADARÓ, Gustavo Henrique. *Epistemologia judiciária e prova penal*, p. 113-121.

151 PEREIRA, Carlos Frederico Bastos. *Fundamentação das decisões judiciais*, p. 152-156. Sobre critérios de controle das regras de experiência na motivação, cfr MARINONI, Luiz Guilherme; ARENHART, Sérgio. *Prova e convicção*, p. 173-174.

152 TRINDADE, Cláudia Sofia, *A prova de estados subjetivos no processo civil: presunções judiciais e regras de experiência*. Coimbra: Almedina, 2016, p. 249-253.

de fato. Já os fatos notórios dizem respeito a eventos *concretos* e *singulares*, ocorridos na realidade empírica, justamente o contrário. Por exemplo, dizer que a Terra é redonda, que o Espírito Santo é um estado da região sudeste ou que o Brasil é pentacampeão mundial de futebol masculino são afirmações que não se referem a uma generalidade de acontecimentos.

Por conta disso, como foi referido anteriormente, Stein defendeu que as primeiras usualmente situam-se na premissa maior do silogismo judicial e os segundos devem constar da premissa menor[153]. Para arrematar, é certeira a distinção feita por Adroaldo Fabrício Furtado entre as duas categorias, afirmando que os fatos notórios pertencem ao mundo natural ou ao mundo cultural e são "diretamente ligados à causa, suporte fático (*Tatbestand*, *fattispecie*), de possível incidência da norma invocada". Enquanto isso, as regras de experiência "são aquelas que o magistrado, como homem integrado ao seu universo cultural, terá induzido da observação – ou mesmo da vivência – de fatos repetidos que costumam invariavelmente conduzir a determinado resultado"[154].

No Brasil, a confusão entre as duas categorias é bastante comum, seja na doutrina[155], seja na jurisprudência dos tribunais, inclusive a do STJ. Não raro, diversas regras de experiência são *qualificadas* como notórias em um evidente artifício retórico para justificar que aquele conhecimento abstrato, vulgarizado e generalizado – seja ele comum, seja ele técnico – não pre-

153 No mesmo sentido, cfr. BADARÓ, Gustavo Henrique. *Epistemologia judiciária e prova penal*, p. 113; TRINDADE, Cláudia Sofia, p. 251. *A prova de estados subjetivos no processo civil*, p. 251.

154 FABRÍCIO, Adroaldo Furtado. Fatos notórios e máximas de experiência. *Revista Forense*, v. 100, n. 376, p. 3-10, nov./dez. 2004.

155 Exemplificativamente, vejamos a seguinte passagem doutrinária: "todos sabem, por exemplo, que o trânsito fica muito lento nas grandes cidades quando há chuva intensa. Os habitantes dessas cidades possuem, no entanto, conhecimento específico sobre os pontos mais congestionados. Em ambas as situações, embora varie a intensidade, tais fatos podem ser considerados como notórios em determinados processos" (BONIZZI, Marcelo José Magalhães. *Fundamentos da prova civil: teoria geral da prova e provas em espécie segundo o novo CPC*. São Paulo: Revista dos Tribunais, 2017, p. 66). Como se pode perceber, a referência é a uma regra de experiência, enquanto noção generalizada e vulgarizada de conhecimento comum, e não a um fato notório, evento concreto em determinado dia, lugar e horário. Em outra oportunidade, mais antigamente, já foi dito que "os fatos notórios pertencem a uma categoria mais ampla de fatos e conhecimentos que qualquer cidadão de cultura média não pode ignorar. São as chamadas máximas de experiencia" (VIDIGAL, Luís Eulálio de Bueno. Fato notório. In: *Enciclopédia Saraiva do Direito*, vol. 36, p. 350).

cisa ser provado e pode ser aplicado ao processo sem prova. Por sua vez, essa qualificação de uma regra de experiência como um fato notório mais confunde do que explica, juntando na mesma definição categorias que são ontologicamente distintas entre si. Nesta perspectiva, sob uma conotação jurídico-processual, é possível afirmar que não existem regras de experiência que não sejam notórias[156], tanto é verdade que a utilização no processo judicial dispensa a produção de prova.

O STJ já confundiu, e costuma confundir, as duas categorias.

Em julgado antigo da 4ª Turma, datado do ano de 1996, a Corte entendeu que era cabível indenização com despesas de funeral diante da "notoriedade de que, em circunstâncias tais, despesas mínimas sempre existem"[157]. Trata-se, como se vê, de uma regra da experiência comum porque desvinculada de um fato específico debatido no processo.

Em julgamento da 1ª Turma que remonta ao ano de 2007, foi afirmado que "é notório que não há inflação ou cômputo de juros que, no prazo de um ano, faça o valor de uma dívida saltar de R$ 3.004.563,10 para mais de R$ 21.000.000,00"[158]. Como se pode notar, trata-se de uma evidente máxima de experiência referente a um juízo extraído do conhecimento geral, o qual, por sua vez, não é alusivo a um evento concreto.

Ainda em 2010, a 4ª Turma, julgando questões inseridas em embargos à execução de título extrajudicial fundado em notas promissórias que dizem respeito à compra e venda em moeda estrangeira de aparelho de ultrassonografia importado, afirmou que "constitui fato notório a variação diária da cotação da moeda norte-americana"[159]. Essa também é uma observação feita do que usualmente acontece, e não um evento concreto.

A 2ª Turma entendeu que "é fato notório (art. 374, I, do CPC) que o tráfego de veículos com excesso de peso provoca sérios danos materiais às vias públicas, ocasionando definhamento da durabilidade e da vida útil da camada que reveste e dá estrutura ao pavimento e ao acostamento, o que

---

156 Afirmação de STEIN, Friedrich. *El conocimiento privado del juez*, p. 33. A doutrina processual portuguesa discute bastante a notoriedade das regras de experiência por ocasião do seu ônus de alegação no processo, cfr. um inventário do debate em TRINDADE, Cláudia Sofia, p. 251. *A prova de estados subjetivos no processo civil*, p. 275-293.

157 REsp n. 78.457/RJ, relator Ministro Ruy Rosado de Aguiar, Quarta Turma, DJ de 8/4/1996.

158 REsp n. 866.298/PA, relator Ministro José Delgado, Primeira Turma, DJ de 15/10/2007.

159 REsp n. 598.342/MT, relator Ministro Aldir Passarinho Junior, Quarta Turma, DJe de 15/3/2010.

resulta em buracos, fissuras, lombadas e depressões, imperfeições no escoamento da água, tudo a ampliar custos de manutenção e de recuperação, consumindo preciosos e escassos recursos públicos"[160]. Não se está falando de um episódio concreto, mas de algo que se extrai da observação do que normalmente concreto. Uma regra da experiência, portanto.

Em outro caso, a mesma 2ª Turma afirmou que "é fato notório encontrarem-se as Santas Casas, em geral, em situação de penúria, havendo nos autos, inclusive, notícia de reconhecida insolvência da sociedade assistencial que integra o polo passivo. Muito melhor não é o estado das contas dos municípios, salvo poucas exceções"[161]. No mesmo sentido, a Corte não fala de uma Santa Casa em específico, mas faz um juízo generalizado sobre as santas casas de maneira geral, o que é, por certo, extraído de uma regra da experiência.

A 3ª Turma, em ação movida por um casal contra o laboratório fabricante de um determinado anticoncepcional alegando sua ineficácia diante de uma gravidez indesejada por falta de informação adequada na bula de medicamento, já afirmou que "é fato notório de que os métodos contraceptivos não são 100% eficazes"[162]. Como se vê, não é um evento concreto, mas um conhecimento generalizado extraído da experiência.

Por sua vez, a 4ª Turma, em caso que tratava de ação de indenização por erro médico e a filha da parte autora havia falecido em um determinado procedimento cirúrgico por causa do choque anafilático que sofreu em virtude de anestesia geral aplicada, afirmou que não se espera que "o homem médio conheça todos os riscos cirúrgicos existentes", mas, especialmente em relação à anestesia geral, "é fato notório que a anestesia geral envolve riscos"[163]. O que geralmente acontece em cirurgias com anestesia só pode ser algo que o Judiciário extrai da experiência comum, desvinculado de situações concretas.

Em mais um caso, afirmou a 4ª Turma "é fato notório que o contrato de seguro é celebrado, na prática, entre a corretora e o segurado, de modo que

---

160 AgInt no AREsp n. 1.716.133/RS, relator Ministro Herman Benjamin, Segunda Turma, DJe de 1/7/2021.

161 REsp n. 1.686.093/SP, relator Ministro Herman Benjamin, Segunda Turma, DJe de 10/10/2017.

162 AgRg no REsp n. 1.261.815/SC, relator Ministro Paulo de Tarso Sanseverino, Terceira Turma, DJe de 25/2/2013.

163 REsp n. 2.097.450/RJ, relatora Ministra Maria Isabel Gallotti, Quarta Turma, DJe de 6/11/2023.

a seguradora não manifesta expressamente sua aceitação quanto à proposta, apenas a recusa ou emite, diretamente, a apólice do seguro, enviando-a ao contratante, juntamente com as chamadas condições gerais do seguro"[164]. Logo em seguida, o próprio julgado fala que essa é uma "praxe", ou seja, algo que normalmente acontece. Justamente o conceito de regra da experiência.

Já a 1ª Seção disse em determinado julgamento que "é fato notório que a admissão de temporários, fundada no art. 37, IX, da Constituição Federal, atende às necessidades transitórias da Administração e não concorre com a nomeação de efetivos, estes recrutados mediante concurso público (art. 37, II e III da CF), para suprir necessidades permanentes do serviço"[165]. As razões normalmente invocadas para atender as necessidades da Administração não são concretas, mas abstratas porque retiradas do que usualmente é invocada para este propósito. A natureza jurídica não é de fato notório, mas de regra da experiência.

Todos esses julgados extraídos da jurisprudência da corte responsável pela uniformização da interpretação da lei federal mostram como ainda é comum na prática a confusão entre regras de experiência e fatos notórios.

1.6.3. Fato notório *vs.* costume

O fato notório não é equivalente ao costume, ainda que ambos tenham traços em comum e ainda que aquele possa funcionar como uma característica deste. Ou seja, a notoriedade de um costume pode servir justamente como argumento a favor de sua juridicidade.

O costume é uma *fonte do direito* não escrita que pode ser conceituado como "um conjunto agregado de usos da ordem jurídica, que conquistam força vinculante em um certo agregado social, através da repetição pública e pacífica de determinadas práticas perpetradas por um lapso de tempo relativamente longo"[166].

Parte-se do pressuposto que norma é resultado da interpretação e pode ser construída a partir de elementos escritos e não escritos da ordem jurí-

164 REsp n. 1.306.367/SP, relator Ministro Luis Felipe Salomão, Quarta Turma, DJe de 5/5/2014.

165 AgInt no MS n. 22.734/DF, relator Ministro Francisco Falcão, Primeira Seção, DJe de 12/8/2019.

166 O conceito é de SOUZA, Marcus Seixas. *Normas processuais consuetudinárias: história, teoria e dogmática*. Salvador: Juspodivm, 2019, p. 103.

dica[167]. No direito brasileiro, são fontes de normas jurídicas, por exemplo, a Constituição, a lei, os precedentes vinculantes e os negócios jurídicos. Também o costume é reconhecido pela ordem jurídica brasileira como fonte do direito, ainda que subsidiariamente à lei, de acordo com o art. 4º da Lei de Introdução às Normas do Direito Brasileiro[168]. O dispositivo deve ser interpretado conforme o art. 140 do CPC, segundo o qual o juiz deve decidir de acordo com *ordenamento jurídico*, o que autoriza uma compreensão ampliativa das fontes de normas jurídicas[169].

Além disso, muito embora o costume seja considerado uma fonte do direito, o que, em tese, prescinde de prova, a *sua existência deve ser provada* em juízo pela parte que o alegar em um processo judicial[170]. Isso porque não está abrangido o costume pelo *iura novit curia*. No modelo processual brasileiro, essa afirmação é ratificada pelo que dispõe o art. 376 do CPC, ao mencionar o "direito consuetudinário".

Essas características já seriam mais que suficientes para demonstrar que os fatos notórios não podem ser confundidos com os costumes. Fatos notórios são eventos *concretos* do mundo empírico, e não são fontes do di-

---

167 Conforme lição de Humberto Ávila: "*Normas* não são textos nem o conjunto deles, mas os sentidos construídos a partir da interpretação sistemática de textos normativos. (...) Em alguns casos, há norma, mas não dispositivo. Quais são os dispositivos que preveem os princípios da segurança jurídica e da certeza do Direito? Nenhum. Então há normas, mesmo sem dispositivos específicos que lhes deem suporte físico" (ÁVILA, Humberto. *Teoria dos princípios: da definição à aplicação de princípios jurídicos*. 15ª ed. São Paulo: Malheiros, 2014.p. 50).

168 No clássico entendimento sobre o tema: "chamam-se fontes formais do direito os meios de produção ou expressão da norma jurídica. Tais meios são a lei (em sentido amplo, abrangendo a Constituição), os usos-e-costumes, o negócio jurídico. (...) As fontes abstratas da norma processual são as mesmas do direito em geral" (CINTRA, Antonio Carlos de Araújo; GRINOVER, Ada Pellegrini; DINAMARCO, Cândido Rangel. Teoria geral do processo, p. 98).

169 Inclusive, há quem defenda a derrogação do art. 4º da LINDB pela não reprodução do art. 126 do CPC/1973 em conjunto com o advento do art. 8º do CPC/2015, cfr. SOUZA, Marcus Seixas. *Normas processuais consuetudinárias*, p. 130-133.

170 Neste sentido, "em resumo, o costume jurídico é uma regra de direito da mesma entidade que a lei, e o que é objeto de prova a respeito dele é o fato de sua existência" (CASTILLO, Niceto Alcalá-Zamora. La prueba del derecho consuetudinario. In: *Estudios de derecho procesal*. Madrid: Gangora, 1934, p. 429-460, esp. 439. No Brasil, sobre a prova do costume, cfr. SOUZA, Marcus Seixas. *Normas processuais consuetudinárias*, p. 149 – tradução livre).

reito[171]. Sendo um evento, o fato notório atrai a incidência de norma jurídica cuja fonte pode ser um costume. Habitam, portanto, planos completamente distintos.

Não obstante, a confusão entre as categorias pode ocorrer devido à existência de alguns traços em comum.

O primeiro traço em comum é que tanto o fato notório, quanto o costume, pressupõem que o *reconhecimento da sua existência seja compartilhado* pelos membros de um determinado grupo ou esfera social. Os fatos notórios, conforma a clássica definição já explorada anteriormente, são aqueles conhecidos por uma esfera social a partir de uma cultura média. Pressupõe-se, portanto, que o conhecimento daquele fato esteja disseminado na consciência coletiva de uma dada comunidade. O costume, da mesma maneira, também pressupõe que uma determinada esfera social tenha conhecimento da sua existência, isto é, que aquela prática específica, reiterada ao longo do tempo como fonte de normas jurídicas, esteja disseminada em uma dada comunidade.

O segundo traço em comum é a *relatividade* que caracteriza, mais uma vez, tanto os fatos notórios, quanto os costumes. Pode, de um lado, haver um costume limitado somente a um espaço geográfico, como o Estado do Espírito Santo ou uma Comarca do Estado de São Paulo, como também pode haver, de outro lado, um costume que diga respeito a um círculo social específico, como o setor agrícola, industrial ou ferroviário. É a notoriedade do lugar que forma o costume. Assim como ocorre em relação aos fatos notórios, o costume é sempre situado em um determinado lugar, espaço e/ou estrato social[172].

Outro fator que merece atenção é se a prova do costume pode ser dispensada quando ele for considerado um fato notório[173]. Em relação a esse

---

171 CARNELLI, Lorenzo. *O fato notório*, p. 113-114; ARRIBAS ALTARRIBA, Javier. *La prueba de lo hecho notorio*, p. 363.

172 "É a notoriedade do lugar que forma o costume; mas, tramitando a causa em outra comarca ou seção judiciária, parece intuitivo que o juiz dificilmente conhecerá o respectivo costume" (ASSIS, Araken de. *Processo civil brasileiro*, vol. 2, item 1.313.2). Igualmente, cfr. SOUZA, Marcus Seixas. *Normas processuais consuetudinárias*, p. 149.

173 No direito espanhol, admitindo o reconhecimento do costume pela notoriedade quando revestido de caráter geral e absoluta por conta da exigência do artigo 281, item 4, da *Ley Enjuiciamiento Civil* da Espanha, dos anos 2000, que prevê que "não será necessário provar os fatos que gozam de notoriedade *absoluta* e geral", cfr. RIZO GÓMEZ, Belén. La exclusión de los hechos notorios de la actividad probatoria y la prueba de la costumbre.

ponto, surge uma interessante questão: seria a notoriedade um atributo essencial e necessário ao reconhecimento da existência do costume? Em caso positivo, como equacionar essa ideia com a exigência de prova do direito consuetudinário a que se refere o art. 376 do CPC?

A notoriedade não é fato constitutivo do costume. É possível que exista uma prática reiterada que não seja notoriamente conhecida. O critério de definição do costume é estritamente temporal, isto é, o seu caráter continuado no tempo, a sua formação gradativa e difusa. Se é notório ou não, trata-se de questão que influirá somente na necessidade de sua comprovação em juízo, e não na própria configuração do costume.

Niceto Alcalá-Zamora Castillo, por exemplo, invocando os poderes inquisitórios do juiz em relação aos fatos notórios, defende que o magistrado possa livremente certificar-se da existência do costume para utilizá-lo no processo[174]. Já Marcus Seixas Souza defende que a existência do costume pode ser comprovada por diversos meios de prova, porém, "tal qualquer fato, o costume não precisa ser provado caso seja notório"[175].

1.6.4. Fato notório *vs.* notório material

Não é possível confundir a notoriedade regulada na esfera *processual* como hipótese que dispensa a prova do fato (art. 374, inc. I, do CPC) com a notoriedade na esfera *material* como fato constitutivo do direito alegado pela

---

Revista Especializada en Derecho Procesal Civil y Mercantil, n. 43, noviembre, p. 34-43, 2007 – tradução livre.

174 Vejamos o trecho neste sentido: "e o que fará o juiz a quem sabe ser notória a existência de um costume, se a parte a quem lhe incumbe – em virtude do critério que combatemos – o ônus de tal prova por qualquer motivo falhar – proposta intempestiva, uso de meios inadequados, condução técnica defeituosa das diligências probatórias – em sua missão? (...) Mas não é apenas o caso de notoriedade que deve relevar de confiar as provas às partes, mas também todas aquelas em que o juiz pode assegurar-se, ou por meio de ações por ele propostas e dirigidas, que um costume existe e é aplicável" (CASTILLO, Niceto Alcalá-Zamora. La prueba del derecho consuetudinario. In: *Estudios de derecho procesal*, p. 456-458 – tradução livre).

175 SOUZA, Marcus Seixas. *Normas processuais consuetudinárias*, p. 151. Maria Helena Diniz, por sua vez, diz que "o magistrado, de ofício, pode aplicá-lo [o costume] se for notório ou de seu conhecimento, invocando-o, quando admitido, como qualquer norma jurídica, mas, se o desconhece, lícito lhe é exigir, de quem o alega, que o prove e de qualquer modo; à parte interessada é permitido, sem aguardar a exigência do juiz ou a contestação do adversário, produzir essa prova, por todos os meios permitidos em direito" (DINIZ, Maria Helena. *Curso de direito civil brasileiro: teoria geral do direito civil*. 29ª ed. São Paulo: Saraiva, 2012, p. 91).

parte[176]. Como o próprio nome já indica, são duas categorias que pertencem a planos jurídicos distintos[177].

A notoriedade material é aquela prevista na hipótese de incidência de uma norma jurídica, como fato constitutivo de um determinado direito material. O fato não deixa de ser notório porque consta de uma norma de direito material; afinal, a notoriedade é um atributo extraprocessual e independe da existência de um processo para ser assim considerada. No entanto, o enquadramento do notório na *fattispecie*, no plano do direito material, é importante por causa de uma diferença substancial em relação à notoriedade processual: quando alegado em juízo como fato constitutivo do direito material, não há dispensa de prova, mas ônus da parte autora em comprovar a notoriedade, nos termos do art. 373, inc. I, do CPC[178].

A notoriedade material e a notoriedade processual possuem um aspecto comum a ser observado: ambas visam a corroborar a certeza sobre a existência de um determinado fato. A diferença, no entanto, reside no modo pelo qual essa verificação é feita no processo judicial[179]. Na notoriedade processual, a certeza sobre a existência do fato advém da cultura média que está presente na consciência coletiva da comunidade e, por isso, dispensa a produção de prova. Na notoriedade material, por sua vez, a produção de prova é exigida

176 Estabelecendo essa diferença, no direito brasileiro, cfr. PALAIA, Nelson. *O fato notório*, p. 55-56; ASSIS, Araken de. *Processo civil brasileiro*, vol. 2, item n.º 1.318.2. No direito estrangeiro, cfr. CARNELLI, Lorenzo. *O fato notório*, p. 105-108; e falando em notório como "causa o fuente de un derecho material", cfr. DEVIS ECHANDIA, Hernando. *Teoria general de la prueba judicial*, t. 1, p. 236.

177 O ordenamento jurídico divide-se em dois planos que interagem entre si, mas guardam autonomia um em relação ao outro: o plano do direito material e o plano do direito processual. Enquanto o primeiro é composto por "normas que estabelecem a prevalência do interesse desta ou daquela pessoa (ou grupo de pessoas) no tocante a determinados bens materiais ou imateriais", o segundo é responsável por disciplinar "a atividade tendente à superação de conflitos (que não puderam ser solucionados pela ordinária incidência das regras precedentes)" (YARSHELL, Flávio Luiz. *Curso de direito processual civil*. São Paulo: Marcial Pons, 2014, vol. 1, p. 33).

178 Precisas são as considerações de Fredie Didier Jr., Paula Sarno Braga e Rafael Alexandria de Oliveira: "não se pode esquecer ainda que, quando a notoriedade compõe o substrato fático para incidência da norma jurídica (p. ex., para a caracterização da união estável, exige-se a notoriedade da relação), obviamente a sua prova não pode ser dispensada. Trata-se de caso em que a parte tem o ônus de provar que o fato que alega, é notório (DIDIER JR., Fredie; BRAGA, Paula Sarno; OLIVEIRA, Rafael Alexandria de. *Curso de direito processual*, vol. 2, p. 66).

179 Essa análise é feita por DEVIS ECHANDIA, Hernando. *Teoria general de la prueba judicial*, t. 1, p.236.

porque não há certeza sobre a qualidade notória do fato, havendo de ter dilação probatória para atestar essa condição.

Temos alguns exemplos dessa situação em nosso ordenamento jurídico, mais especificamente no Código Civil.

Em relação à fraude contra credores, o art. 159 prevê que "serão igualmente anuláveis os contratos onerosos do devedor insolvente, *quando a insolvência for notória*, ou houver motivo para ser conhecida do outro contratante"[180]. Nesse caso, não cabe ao juiz utilizar o conhecimento extraído da cultura média da comunidade para atestar a notoriedade da insolvência, dispensando a prova. A própria notoriedade, aqui, é objeto de prova e integra o *thema probandum*. Caso a parte pretenda anular contratos onerosos (consequência jurídica), tem o ônus de comprovar em juízo que a sua insolvência era notória ao tempo da celebração do contrato (hipótese fática), nos termos do art. 373, inc. I, do CPC. A notoriedade, como se pode perceber, é fato constitutivo do seu direito e a consequência jurídica prevista na lei, a anulação do contrato, pressupõe a sua comprovação[181].

Já o art. 590 prescreve que "o mutuante pode exigir garantia da restituição, se antes do vencimento *o mutuário sofrer notória mudança em sua situação econômica*". Neste sentido, caso o mutuante pretenda exigir em

---

180 Citando expressamente esse dispositivo como exemplo de notoriedade material, cfr. MARQUES, José Frederico. *Instituições de direito processual civil*, vol. III, p. 367; THEODORO JR., Humberto. *Curso de direito processual civil*, vol. 1, item 646; ASSIS, Araken de. *Processo civil brasileiro*, vol. 2. 1.318.2; PALAIA, Nelson. *O fato notório*, p. 75; MILHOMENS, Jônatas. *A prova no processo*, p. 195-196.

181 Na doutrina civilista que comenta o art. 159 do Código Civil, normalmente é feita referência à necessidade de prova da notoriedade para configuração da fraude contra credores. Como aduz MARIA HELENA DINIZ, comentando o dispositivo: "será notória a insolvência de certo devedor se for tal estado do conhecimento geral. Todavia, desta notoriedade não se poderá dispensar prova; logo todos os meios probatórios serão admitidos. Por exemplo, será notória a insolvência se o devedor tiver seus títulos protestados ou ações judiciais que impliquem a vinculação de seus bens" (DINIZ, Maria Helena. *Código Civil anotado.* 18ª ed. São Paulo: Saraiva, 2018). Em igual sentido, SÍLVIO DE SALVO VENOSA afirma que "a notoriedade, como expusemos, depende do caso concreto, mas a jurisprudência e a doutrina fixaram determinadas situações: amizade íntima entre o insolvente e o terceiro adquirente; seu parentesco próximo; protesto de cambiais; elevado número de ações de cobrança; empréstimos excessivos junto a instituições bancárias; pagamento de juros extorsivos etc. Fica, todavia, a critério do juiz decidir quando havia notoriedade e quando havia motivo para o outro contratante conhecer da insolvência do devedor, se o fato não for notório. A prova deve ser concludente, sendo de capital importância" (VENOSA, Sílvio de Salvo. *Código Civil interpretado*. 4ª ed. São Paulo, Atlas, 2019).

juízo a garantia da restituição (consequência jurídica) deverá comprovar o fato constitutivo do seu direito, qual seja, a notória alteração da condição financeira do mutuário (hipótese fática). É um imperativo decorrente da distribuição do ônus probatório segundo o interesse de cada parte.

Ainda se nota situação semelhante com o art. 1.189, dispondo que "falecendo alguém sem deixar testamento *nem herdeiro legítimo notoriamente conhecido*, os bens da herança, depois de arrecadados, ficarão sob a guarda e administração de um curador, até a sua entrega ao sucessor devidamente habilitado ou à declaração de sua vacância".

Também a Lei n.º 9.279/1996, que regula direitos e obrigações relativas à propriedade industrial, assegura proteção especial à "marca *notoriamente* conhecida em seu ramo de atividade", sem necessidade de prévio depósito ou registro no Brasil (art. 126). O dispositivo faz expressa referência ao art. 6º bis (I), da Convenção da União de Paris para Proteção da Propriedade Industrial, um acordo internacional assinado em 1883. Sendo assim, eventuais pedidos de registro de marca junto ao INPI que colidam com marcas notórias serão rejeitados. Sendo assim, eventual propositura de ação judicial para discutir a notoriedade da marca e o indeferimento do registro pelo INPI passará inevitavelmente por essa discussão. Nesse ponto, é igualmente necessário distinguir a notoriedade da marca, questão fática cuja prova se faz necessária para alcançar a consequência jurídica da proteção especial da legislação, da notoriedade do fato no âmbito processual, cuja prova é dispensada[182].

A Lei n.º 6.015/1973, que dispõe sobre registros públicos, com a redação dada pela Lei n.º 9.708/1998, passou a possibilitar a substituição do prenome por *apelidos públicos notórios*, isto é, o nome pelo qual uma

---

182 É o que defende a doutrina do direito material sobre o tema, como se vê, por exemplo, da seguinte passagem: "por ser setorial e se limitar muitas vezes aos consumidores especializados de determinados produtos ou serviços, a notoriedade da marca não se confunde necessariamente com o conceito de fato notório previsto no art. 374, inciso I, do CPC. Isso significa que a notoriedade da marca no Brasil deve ser comprovada por documentos ou outros meios de prova" (SCHMIDT, Lélio Denicoli. *Marcas: aquisição, exercício e extinção de direitos*. Rio de Janeiro: Lumen Juris, 2019, p. 156). Analisando o tema à luz da tutela jurisdicional sobre propriedade intelectual, afirma-se que "alegada uma violação de marca notória (a prescindir de registro), a matéria de defesa pode ser a ausência de notoriedade, a depender de amplo material probatório. No plano ideal, a violação de marca notória ('mera comparação do ato descrito com o ordenamento jurídico') dá ensejo à concessão de inibitória. E essa questão está no âmbito do direito. O problema é que a existência da notoriedade, no mais das vezes, não prescinde de prova" (PEREIRA, Luiz Fernando C. *Tutela jurisdicional da propriedade industrial: aspectos processuais da Lei 9.279/1996*. São Paulo: Revista dos Tribunais, 2006, 163-164).

determinada pessoa é conhecida em seu meio social. Neste sentido, prevê o art. 58 que "o prenome será definitivo, admitindo-se, todavia, a sua substituição por apelidos públicos notórios"[183]. Poderia ocorrer a substituição por um outro sobrenome, por um apelido ou até mesmo por outro nome que a pessoa se identifique, mas desde que forma pública e continuada. No entanto, é importante verificar que a notoriedade do apelido público é um fato constitutivo cuja consequência jurídica imputada é a possibilidade de substituição do prenome, sendo necessária a sua respectiva demonstração mediante produção de provas. Basta, portanto, comprovar a notoriedade do apelido público (hipótese fática) para alcançar a substituição do prenome (consequência jurídica)[184].

A Lei n.º 14.133/2021, que regulamenta licitações e contratos administrativos, considera inexigível a licitação diante da inviabilidade de competição, notadamente para a contratação dos serviços técnicos especializados de natureza predominantemente intelectual com profissionais ou empresas de notória especialização (art. 74, inc. III).

No direito penal, há possibilidade de o acusado oferecer "exceção da *notoriedade do fato imputado*" em ações penais relativas a crimes contra a honra (art. 523 do CPP). Trata-se de uma defesa material direta cujo cabimento é restrito aos crimes em que há imputação de fato, com finalidade de demonstrar que o acusado agiu de boa-fé diante de uma eventual crença

---

183 O dispositivo, inclusive, foi alvo de uma ação direta de inconstitucionalidade relativamente à possibilidade de transexual alterar o registro civil de nome e gênero. O pedido formulado na ADI 4.275 foi julgado procedente para, mediante interpretação conforme a Constituição e o Pacto de São José da Costa Rica, reconhecer aos transgêneros que assim o desejarem, independentemente da cirurgia de transgenitalização, ou da realização de tratamentos hormonais ou patologizantes, o direito à substituição de prenome e sexo diretamente no registro civil (STF, ADI 4275, Relator: Marco Aurélio, Relator p/ Acórdão: Edson Fachin, Tribunal Pleno, julgado em 01/03/2018).

184 Como, inclusive, vêm decidindo os tribunais brasileiros, o que pode ser percebido, por exemplo, em julgados (i) do TJSP no sentido de que "não resultou comprovado pelas provas trazidas ser ele notoriamente conhecido pelo referido prenome, sendo inclusive chamado pelo sobrenome no ambiente de trabalho" (TJSP; Apelação Cível 0033951-18.2010.8.26.0007; Relator: Carlos Henrique Miguel Trevisan; Órgão Julgador: 4ª Câmara de Direito Privado; Foro Regional VII - Itaquera - 3ª Vara Cível; Data do Julgamento: 02/02/2012); e (ii) do TJMG no sentido de que "deve ser deferido o pedido de alteração do nome, se houve demonstração de que a pretendida modificação do nome com a inclusão do apelido, decorre do uso diário, tendo se tornado público e notório, ausente prejuízo a terceiros" (TJMG - Apelação Cível 1.0372.14.006420-8/001, Relator: Des.ª Alice Birchal, 7ª Câmara Cível, julgamento em 30/01/2018).

de todos na veracidade deste fato. Em outras palavras, é preciso comprovar que o fato imputado à vítima pelo acusado pertence ao domínio público para que a conduta seja considerada atípica por ausência de dolo. Somente quando verificada essa hipótese de incidência – qual seja, a notoriedade do fato imputado – é que haveria a consequência jurídica – qual seja, a caracterização da atipicidade da conduta[185].

Na Constituição Federal, o termo "notório" aparece como critério de indicação para ministros de alguns tribunais. Por exemplo, para indicação ao Tribunal de Contas da União, os Ministros devem ter, dentre outros requisitos, "*notórios* conhecimentos jurídicos, contábeis, econômicos e financeiros ou de administração pública" (art. 73, § 1º, inc. III, da Constituição Federal). Em sentido semelhante, o art. 94 da Constituição Federal estabelece também que um quinto dos Tribunais Regionais Federais, dos Tribunais dos Estados e do Tribunal do Distrito Federal e Territórios será composto por "advogados de *notório* saber jurídico e de reputação ilibada, com mais de dez anos de efetiva atividade profissional, indicados em lista sêxtupla pelos órgãos de representação das respectivas classes"[186]. Nesses dois últimos exemplos, embora a decisão de indicação e nomeação seja política, pois caracteriza uma prerrogativa do Chefe do Executivo, é importante acentuar a sua diferença com o notório de caráter processual a que se refere o presente trabalho.

1.6.5. Notoriedade *vs. standard* probatório

No processo judicial, quando as partes ou o juiz afirmam que "é fato notório que...", estão fazendo uma afirmando que pretensamente intencionam que o fato seja considerado demonstrado, sem, no entanto, indicar a necessidade de comprová-lo.

Usar os termos "notório" ou "notoriedade" tem um efeito claramente simplificador porque a afirmação é feita com o intuito de deixar claro que aquele enunciado fático não tem que ser provado. Em outras palavras, os

---

185 Por todos, cfr. BADARÓ, Gustavo Henrique. *Processo penal.* 8ª ed. São Paulo: Revista dos Tribunais, 2020, item 13.8.5, p. 858.

186 Sobre o tema, ARAKEN DE ASSIS afirma que "o candidato gozará de notório saber jurídico e reputação ilibada. Esses conceitos jurídicos indeterminados interpretam-se, via de regra, por exclusão. O adjetivo 'notório' indica que a proficiência profissional há de ser do conhecimento público. Há advogados e membros do Ministério Público de sólida cultura jurídica, provada pela edição de obras jurídicas de fôlego e sucesso editorial ou por trabalhos forenses de repercussão" (ASSIS, Araken de. *Processo civil brasileiro*, vol. 2, item 930.2.3).

termos "notório" ou "notoriedade" são utilizados para fazer as vezes de um *standard* de prova, como se aquele enunciado fático não pudesse ser contestado ou só pudesse ser considerado provado quando atingisse o grau de notoriedade exigido.

Ocorre que a notoriedade não é um *standard* de prova. A qualidade notória de um fato não equivale a estipular um *standard* de prova sobre ele[187]. Um raciocínio apressado pode induzir o intérprete à conclusão de que a notoriedade é um atributo de fatos comprovados mediante *standard* além da dúvida razoável, mas, bem vistas as coisas, não é o que ocorre.

Standards de prova consistem em *critérios de decisão* cujo objetivo é definir o grau de suficiência probatória para confirmação de uma hipótese fática. O estabelecimento de um modelo probatório fundado no princípio da *persuasão racional* proíbe a tarifação de provas, competindo ao magistrado valorar as provas de acordo com a força probante que entender adequada ao caso concreto. Este mandamento normativo consta, inclusive, do art. 371 do CPC. De outro lado, na ausência de critérios legais objetivos para atestar o grau de suficiência probatória em relação a uma hipótese de fato, a doutrina brasileira, mais recentemente, inspirada em lições estrangeiras, vem desenvolvendo uma teoria para estipular critérios de decisão com essa finalidade, os quais, por sua vez, são denominados *standards probatórios* (ou *modelos de constatação*)[188].

---

187 Alguns tribunais brasileiros têm jurisprudência no sentido de que a ação rescisória fundada no art. 966, inc. VIII, do CPC, só tem cabimento quando o erro de fato for notório. Por exemplo, o TJMG já decidiu que "*identificado notório erro de fato no julgamento*, a procedência do pedido rescisório é medida que se impõe" (TJMG - Ação Rescisória 1.0000.18.130713-3/000, Relator: Des. Pedro Bernardes de Oliveira, 9ª Câmara Cível, julgamento em 30/09/2020, publicação da súmula em 08/10/2020) e também o TJSP já se manifestou que "alegada violação à norma jurídica e erro de fato. Insubsistência. Em se tratando de demanda fundada no artigo 966, incisos V e VIII, do Código de Processo Civil, é necessário que a interpretação dada pela r. sentença rescindenda seja de tal modo aberrante, que viole norma jurídica manifestamente, *ou implique em notório erro de fato*, o que não se verificou no caso em exame" (TJSP; Ação Rescisória 2160456-55.2021.8.26.0000; Relator: Natan Zelinschi de Arruda; Órgão Julgador: 4ª Câmara de Direito Privado; Foro Regional VI - Penha de França - 4ª Vara Cível; Data do Julgamento: 02/09/2021; Data de Registro: 02/09/2021). Como se pode perceber, mesmo sem expressa referência nesse sentido, a notoriedade é utilizada como um *standard* probatório que atesta a suficiência da demonstração ou não do erro de fato para fins rescindentes.

188 Sobre o tema, na doutrina brasileira, cfr. KNIJNIK, Danilo. Os standards do convencimento judicial: paradigmas para o seu possível controle. *Revista Forense*, v. 97, n. 353, p. 15-52, jan.-fev. 2001, p. 31-48; KNIJNIK, Danilo. *A prova nos juízos cível, penal e tributário*. Rio

Não é possível confundir o *standard* probatório com o *ônus da prova*, pois a decisão sobre o *standard* probatório aplicável ao caso é anterior à decisão com base no ônus da prova[189]. Em primeiro lugar, define-se o *standard* probatório para estabelecer o *grau de suporte* necessário à comprovação de uma alegação fática daquele processo; em segundo lugar, apenas se não foi atingido o grau de suficiência probatória definido no *standard*, utiliza-se o ônus da prova enquanto *regra de julgamento* para decidir aquele caso. Há uma relação de preliminariedade entre as duas categorias na medida em que o atingimento do *standard* probatório impede a utilização do ônus da prova como regra de julgamento[190].

Os mais conhecidos *standards* probatórios propostos pela doutrina são o da *prova preponderante*, o da *prova clara e convincente* e o da *prova além da dúvida razoável*. Um salto no raciocínio poderia levar à impressão de que a notoriedade também funcionaria como um critério desta natureza, no sentido de ser um fato incontestável, impossível de negar, salvo de má-fé.

A notoriedade de um fato, por sua vez, é correspondente a um atributo de um evento ocorrido no mundo fenomênico que está disseminado na cultura média de uma determinada esfera social. Por conta disso, a lei processual dispensa a prova desse fato em juízo, nos termos do art. 374, inc. I, do CPC. O ônus da prova opera quanto ao fato notório na sua *dimensão subjetiva*, funcionando enquanto *regra de atividade* que busca "dar conhecimento a cada parte de sua parcela de responsabilidade na formação do material

---

de Janeiro: Forense, 2007; COSTA, Guilherme Recena. Livre convencimento e standards de prova. In: ZUFELATO, Camilo Zufelato; YARSHELL, Flávio Luiz (orgs.). *40 anos da teoria geral do processo no Brasil: passado, presente e futuro*. São Paulo: Malheiros, 2013, p. 356-381; ÁVILA, Humberto. Teoria da prova: standards de prova e os critérios de solidez da inferência probatória. *Revista de Processo*, v. 43, n. 282, p. 113-139, ago. 2018; BADARÓ, Gustavo Henrique. *Epistemologia judiciária e prova penal*. São Paulo: Revista dos Tribunais, 2019; PEIXOTO, Ravi. *Standards probatórios no direito processual brasileiro*. Salvador: Juspodivm, 2021.

189 Assim, os dois institutos se completam, embora não se confundam, como afirma PEIXOTO, Ravi. *Standards probatórios no direito processual brasileiro*, p. 64-65.

190 Para uma conceituação de preliminariedade, embora formulada no contexto de outras categorias do direito processual, cfr. BARBOSA MOREIRA, José Carlos. Questões prejudiciais e questões preliminares. In: *Direito processual civil: ensaios e pareceres*. Rio de Janeiro: Forense, 1971, p. 70-93; LEITE, Clarisse Frechiani Lara. *Prejudicialidade no processo civil*. São Paulo: Saraiva, 2008, p. 39-44.

probatório destinado à construção do juízo de fato"[191]. Trata-se de uma etapa anterior, até mesmo, à definição do *standard* probatório.

Como se pode notar, fato notório e *standard* probatório são categorias *inconfundíveis* entre si e existem de maneira independente uma da outra[192]. A notoriedade de um fato não pode ser considerada um *standard* probatório justamente para não legitimar o seu uso equivocado como um critério de decisão em matéria fática. Caso contrário, estaríamos retornando ao processo inquisitório do direito canônico da Idade Média em que o *notorium* estava acima das provas plenas e semiplenas, dispensando a produção de prova.

1.7. CONCLUSÃO PARCIAL

O conceito de fato notório adotado pela doutrina majoritária no Brasil tem basicamente seguido as ideias disseminadas por Piero Calamandrei em seu clássico ensaio de 1925. Nele, o jurista italiano discorda do conceito de fato notório que Francesco Carnelutti pretendia incorporar ao CPC italiano e estabelece uma definição própria nos seguintes termos: "consideram-se notórios os fatos cujo conhecimento faz parte da cultura normal de um determinado círculo social no tempo em que a decisão é proferida".

São dois os pilares fundamentais do conceito de fato notório desenvolvido por Calamandrei e incorporado pela doutrina brasileira: (i) em primeiro lugar, a *relatividade* do fato notório no tempo e no espaço, entendida como

191 Sobre o tema, cfr. BARBOSA MOREIRA, José Carlos. Julgamento e ônus da prova. In: *Temas de direito processual: segunda série*. São Paulo: Saraiva, 1988, p. 73-82. Ainda, sobre a dupla dimensão do ônus da prova entre subjetiva (regra de atividade) e objetiva (regra de julgamento), cfr. MICHELI, Gian Antonio. *La carga de la prueba*. Trad. Santiago Santis Melendo. Buenos Aires: EJEA, 1961; RAMOS, Vitor de Paula. *Ônus da prova no processo civil: do ônus ao dever de provar*. 2ª ed. São Paulo: Revista dos Tribunais, 2018; CARPES, Artur Thompsen. *Ônus da prova no novo CPC: do estático ao dinâmico*. São Paulo: Revista dos Tribunais, 2017. Criticando essa distinção, cfr. YARSHELL, Flávio Luiz. *Antecipação da prova sem o requisito da urgência e direito autônomo à prova*. São Paulo: Malheiros, 2009, p. 65.

192 Isso porque "o notório não é um *standard* de prova (que existe ou se define como 'certeza pacífica' ou algo semelhante). Mas sim é apresentado na ausência dele. No quadro de uma concepção racional ou objetiva da prova, recorrer ao notório seria uma brecha de indeterminação e subjetivismo (mesmo quando o notório é compartilhado por determinado grupo, geralmente difícil de limitar). Não se trata de aplicar qualquer *standard* de prova no caso do fato notório, pois se fosse aplicado não faria sentido distinguir os enunciados notórios daqueles que não o são" (SOBA BRACESCO, Ignacio M. El hecho notorio. Dos problemas actuales. *Diario La Ley*, nº 10065, mayo de 2022 - tradução livre).

a possibilidade de variação da notoriedade de acordo com o círculo social em que o fato é conhecido e o tempo em que a decisão é proferida; (ii) em segundo lugar, a ideia de que o fato notório pertence a uma *cultura média*, por ele compreendida como o complexo de conhecimento empíricos que são extraídos da *experiência* e da *tradição*.

Esse conceito de notoriedade foi suficiente para diferenciá-lo de categorias afins do direito processual - o conhecimento privado do juiz, as máximas de experiência, as presunções, o costume e o notório judicial - e significou um avanço importante para um tratamento científico adequado de temas importantes ao processo judicial, especialmente ao direito probatório.

No entanto, o conceito parte de uma premissa, implícita, de que esse conhecimento pertencente à cultura média de um determinado círculo social seria unívoco, homogêneo e objetivo. Seria *unívoco* porque não admitiria diferentes interpretações; seria *homogêneo* porque dotado de uma única estrutura; e, por fim, seria *objetivo* porque passível de conhecimento imparcial sem afetação arbitrária por subjetivismos pessoais.

Esse conceito, portanto, precisa ser testado à luz dos tempos atuais, sobretudo por causa dos significativos impactos da era digital na concepção de conhecimento e devido às alterações promovidas pela tecnologia na disseminação e na divulgação de fatos.

Se a concepção de fato notório desenvolvida no século passado influenciou decisivamente o seu regime processual, com reflexo nas legislações processuais latino-americanas, o Brasil incluso, o advento de eventuais mudanças em elementos essenciais do seu conceito tornaria necessário repensar a estrutura do fato notório no processo judicial.

Capítulo 2

FATO NOTÓRIO E O PARADOXO DO CONHECIMENTO DOS FATOS NA MODERNIDADE

2.1. FATO NOTÓRIO E ESFERA SOCIAL

Trabalharemos, a partir daqui, com o conceito de fato notório desenvolvido PIERO CALAMANDREI, testando a sua aplicabilidade nos tempos atuais, na medida em que o mencionado conceito, amplamente disseminado em muitos países da Europa e também em países sul-americanos durante o século XX, é utilizado majoritariamente pela doutrina processual e pela jurisprudência brasileira, sem maiores variações[1]. Sua definição utiliza dois termos que merecem ser revistados, quais sejam, a ideia de *esfera social*[2] e de *cultura*.

O conceito de esfera social corresponderia a um círculo de pessoas com *comunhão de interesses* que estão ligadas entre si por diferentes razões: "de tempo, de lugar, de profissão, de religião, de condição econômica e assim por diante"[3]. Esse conhecimento sobre o fato, porque compartilhado entre os membros dessa esfera social, daria ao juiz a certeza acerca da sua veracidade, daí porque poderia ser qualificado como notório.

Desse modo, segundo os critérios de CALAMANDREI, seriam notórios, por exemplo, os fatos conhecidos pela população na terra em 2022 ou pela população brasileira na década de 90 (esfera social segundo o critério de tempo e de lugar), os advogados ou médicos (esfera social segundo o critério de profissão), os católicos ou protestantes (esfera social segundo o critério

---

1 Apenas a título exemplificativo, o jurista uruguaio LORENZO CARNELLI já dizia, sobre a teoria de fato notório de CALAMANDREI, que "nenhuma outra, no âmbito do sistema, desfruta de igual crédito nem tem igual significação" (CARNELLI, Lorenzo. *O fato notório*, p. 206). Já PAOLO COMOGLIO, por sua vez, destaca a influência do pensamento de CALAMANDREI na doutrina sulamericana sobre o fato notório, cf. COMOGLIO, Paolo. *Nuove tecnologie e disponibilità della prova*, p. 173.

2 Tradução livre da expressão italiana *chercia social.*

3 CALAMANDREI, Piero. Per la definizione del fatto notorio. *Rivista di Diritto Processuale*, v. 2, n. 1, p. 273-304, 1925.

de religião), o grupo de pessoas com renda familiar de um salário-mínimo (esfera social segundo o critério de condição econômica). Os exemplos já dão o tom de como o conceito de esfera social pode ser problemático.

Essa noção não foi mais desenvolvida e especificada com precisão por Calamandrei e não foram poucas as críticas até mesmo por autores que escreveram ainda na virada da metade do século passado. Giuseppe De Stefano, por exemplo, dizia que a ideia de esfera social "oscila, portanto, sem uma especificação, entre uma noção logicamente definida, mas muito ampla, e uma noção mais restrita, mas insuscetível de uma definição rigorosa"[4] e que isso foi fruto de uma "infeliz tentativa de nivelar, sob a reflexão jurídico-processual, máximas da experiência e fatos notórios"[5]. Já Lorenzo Carnelli, concordando quanto à nebulosidade da expressão, dizia que a noção de esfera social "equivale a uma mutilação arbitrária", feita mediante "um corte transversal e externo"[6], e que era "imprecisa e multíplice no seu significado e que, a julgar pelas suas aplicações, poderia ser o distrito, a categoria, o lugar ou a circunscrição"[7]. Trata-se de expressão que é demasiadamente "vaga e elástica"[8].

O primeiro problema da expressão *esfera social* é que o seu significado tem uma conotação parecida ao significado de classe ou estrato social, muito disseminado na linguagem comum e também na sociologia[9]. E, bem vistas as coisas, essa ideia representaria um fenômeno mais complexo,

---

4 DE STEFANO, Giuseppe. *Il notorio nel processo civile*, p. 34 – tradução livre.

5 DE STEFANO, Giuseppe. *Il notorio nel processo civile*, p. 35 – tradução livre.

6 CARNELLI, Lorenzo. *O fato notório*, p. 230-231.

7 CARNELLI, Lorenzo. *O fato notório*, p. 211-212.

8 Como diz REIS, José Alberto dos. *Código de Processo Civil anotado*, vol. III, p. 260.

9 Neste sentido, cfr. DE STEFANO, Giuseppe. *Il notorio nel processo civile*, p. 32. O debate em torno do conceito de *classe social* é um dos mais relevantes da sociologia. Assim, "no seu sentido mais geral, conjunto não-institucionalizado de pessoas, entre as quais existem certas categorias em comum. Segundo os autores, temos deste modo classes sociais definidas por uma certa comunidade de cultura, de nível de vida, de função ou de interesses econômicos, e até mesmo por um sentimento de vinculação comum" (DEVILLÉ, Anne. Classe social. In: ARNAUD, André-Jean (coord.). *Dicionário enciclopédico de teoria e de sociologia do direito*. 2ª ed. Trad. Patrice Charles, F. X. Willaume. Rio de Janeiro: Renovar, 1999, p. 96-98). Apenas para citar dois relevantes sociólogos, temos: (i) a noção de classe social em Karl Marx que é pensada a partir da divisão social do trabalho em uma sociedade capitalista, composta, de um lado, pela burguesia (classe dominante) e, de outro, pelo proletariado (classe dominada); e (ii) a noção de classe social em Max Weber, que não é pensada a partir do trabalho, subdivide-se a partir do prestígio social, econômico e político. Sobre o tema, cfr. verbete

como, por exemplo, o de identificar o que seria a classe burguesa, a nobreza, a aristocracia, com subdivisões entre operários, camponeses, latifundiários, dentre outros grupos que compõe a pirâmide social de uma determinada comunidade. Se assim fosse compreendido o conceito de esfera social, os critérios econômicos ou de prestígio social seriam, ainda que de forma implícita, os únicos válidos para representá-lo, o que não é correto de acordo com a própria fórmula apresentada por CALAMANDREI. Sem contar ainda que seria necessário realizar aportes de estudos científicos da sociologia para que a classificação de esfera social correspondesse à realidade atual[10]. Por exemplo, o conceito de burguesia no período anterior à Revolução Francesa, como casta da sociedade desfavorecida e que não tinha acesso aos privilégios dos nobres, é completamente diferente do conceito atual de burguesia, que remete a uma ideia elitizada e aristocrática.

O segundo problema da expressão *esfera social* é sua utilização a partir de critérios territoriais ou geográficos[11]. As divisões de uma coletividade em municípios, estados, países e continentes têm origem política para fins de organização administrativa e delimitação da soberania estatal, mas nem sempre corresponderão aos laços sociológicos, antropológicos e culturais de determinados grupos e comunidades[12]. Esses laços, por sua vez, prescindem de fronteiras territoriais ou geográficas e a história da civilização tem inúmeros exemplos dessa afirmação. Também não auxilia utilizar critérios *jurídicos* no lugar de critérios *geográficos*, como alguma parcela da doutrina ventila como solução do problema[13], tampouco limitar a notoriedade minimamente aos sujeitos processuais como a "menor esfera social" possível"[14]. Um fato pode ser notório mesmo desconhecido em determinada comarca ou tribunal e mesmo que os sujeitos processuais o desconheçam.

O terceiro problema é que o próprio conceito de *sociedade* não é unívoco, o que, de certa maneira, repercute também no conceito de esfera ou grupo

---

"classe social" em JOHNSON, Allan G. *Dicionário de sociologia: guia prático da linguagem sociológica*. Trad. Ruy Jungmann. Rio de Janeiro: Zahar, 1997.

10 DE STEFANO, Giuseppe. *Il notorio nel processo civile*, p. 33.

11 Neste ponto, basta lembrar-se da intensa confusão e dificuldade de precisão que enfrentaram (e, de certo modo, ainda enfrentam) a doutrina e a jurisprudência brasileira para conceituar dano local, regional e nacional para fins de fixação da competência de processos coletivos, a partir do art. 93 do CDC.

12 CARNELLI, Lorenzo. *O fato notório*, p. 230-231.

13 Como propõe REIS, José Alberto dos. *Código de Processo Civil anotado*, vol. III, p. 261.

14 MENDES, João de Castro. *Do conceito de prova em processo civil*, p. 633-634.

social[15]. Isso porque a fórmula que Calamandrei usa para se referir a uma esfera social evoca, ao mesmo tempo, a ideia de *sociedade* enquanto uma comunidade de indivíduos e uma delimitação de uma parte de indivíduos dessa sociedade por algum vínculo que os mantém unidos[16]. Sendo assim, uma definição precisa do conceito de sociedade é pressuposto para uma definição do que venha ser esfera social, já que um está inserido no outro.

Anthony Elliot e Bryan S. Turner[17], partindo do pressuposto de que o conceito de sociedade não é bem definido nem mesmo entre os próprios sociólogos, identificam três grandes correntes teóricas que buscam defini-la.

a) Em primeiro lugar, temos a *sociedade como estrutura*[18], aquela baseada na ideia de que a sociedade corresponde a um discurso de ordem social, normas e estruturas que priorizam o conjunto em detrimento do indivíduo. A sociedade como estrutura busca fortalecer a ideia de Estado-nação com base em ideias de ordem e controle, desprezando a singularidade dos indivíduos;

b) Em segundo lugar, temos a *sociedade como solidariedade*[19], aquela fundamentada na ideia de que é possível a construção de uma comunidade com interesses e ideais comuns, os quais, por sua vez, estariam aptos a fortalecer uma esfera pública que compartilhe ideais, valores e instituições. A sociedade como solidariedade é fortemente caracterizada pela identidade cultural e pelo consenso;

c) Em terceiro lugar, temos a *sociedade como criação*[20], aquela lastreada na era digital em que as relações sociais entre indivíduos não são vinculadas a um determinado território e, via de consequência, a uma

15 A inspiração, nesse ponto, é na construção de litígios coletivos de Edilson Vitorelli, que utilizou as diferentes compreensões acerca do conceito de sociedade em debate na sociologia, com base na obra de Anthony Elliot e Bryan S. Turner, para identificar, no campo do direito processual coletivo, a verdadeira titularidade de direitos transindividuais (VITORELLI, Edilson. *O devido processo legal coletivo: dos direitos aos litígios coletivos*. São Paulo: Revista dos Tribunais, 2019, p. 35-51). O raciocínio pode, em alguma medida, também ser utilizado para o fato notório: a tensão entre os diferentes conceitos de sociedade na sociologia acaba repercutindo em qual grupo ou esfera social possui verdadeiramente o conhecimento de determinados fatos.

16 DE STEFANO, Giuseppe. *Il notorio nel processo civile*, p. 32.

17 ELLIOT, Anthony; TURNER, Bryan S. *On society*. Cambridge: Polity Press, 2012.

18 ELLIOT, Anthony; TURNER, Bryan S. *On society*, p. 29-64.

19 ELLIOT, Anthony; TURNER, Bryan S. *On society*, p. 65-99.

20 ELLIOT, Anthony; TURNER, Bryan S. *On society*, p. 100-153.

nação. Há uma mutação da sociedade que a torna descentralizada, indeterminada e fluida.

Com base nessas premissas, pode-se afirmar que a utilização da *esfera social* como elemento constitutivo do conceito de fato notório desenvolvido por Calamandrei parte da ideia de *sociedade como solidariedade*. Isso porque determinados grupos sociais dentro dessa sociedade compartilhavam uma identidade cultural que constitui o patrimônio comum do qual há o conhecimento acerca do fato notório, o que fica claro quando ele afirma que entre esses agrupamentos sociais "existe comunhão de interesses e comunhão de cultura"[21].

No entanto, a sociedade contemporânea tem mais semelhanças com a ideia da *sociedade como criação*. Os impactos que a globalização[22] e a *internet*[23] têm causado no conceito de territorialidade acabam tornando-o volátil e fluído para fins de configuração de uma determinada esfera social. A intensa circulação de pessoas, bens, tecnologia e serviços, acelerada e facilitada pela *internet*, tem feito com que as relações sociais e jurídicas da era digital nasçam e se desenvolvam à revelia de uma concepção de espaço físico.

---

21 CALAMANDREI, Piero. Per la definizione del fatto notorio. *Rivista di Diritto Processuale*, v. 2, n. 1, p. 273-304, 1925.

22 Esse fator tem repercutido também no direito processual: ao mesmo tempo em que exige a criação de tribunais supranacionais para resolução de controvérsias de natureza transfronteiriça, tem desmistificado a ideia de que as normas jurídicas são vinculadas a um determinado território. Para uma releitura da territorialidade como atributo da jurisdição, mais voltada à perspectiva da globalização, cfr. GONÇALVES, Marcelo Barbi. *Teoria geral da jurisdição*, p. 274-301.

23 Não só no plano das relações jurídicas do direito material, mas também no plano das relações jurídicas de direito processual, a desvinculação a um espaço físico é atualmente uma realidade, por meio dos chamados tribunais *on-line* e demais ODR's (*Online Dispute Resolution*), como o "Juízo 100% Digital" criado pelo CNJ por meio da Resolução nº 345/2020. Essas ideias têm sido pioneiramente desenvolvidas por SUSSKIND, Richard. *Online Courts and the Future of Justice*. Oxford: Oxford University Press, 2019. Para um exame dos impactos que a era digital causa na ideia de territorialidade como atributo da jurisdição, cfr. LAUX, Francisco de Mesquita. *Redes sociais e limites da jurisdição: planos da territorialidade e efetividade*. São Paulo: Revista dos Tribunais, 2021; SQUADRI, Ana Carolina. O princípio da aderência da jurisdição ao território na era digital. *Revista de Processo*, v. 47, n. 323, p. 473-483, jan. 2022.

A grande questão que deve ser objeto de reflexão é que a utilização da expressão *esfera social* tem causado mais confusão do que o desejado para fins científicos de definição do conceito de fato notório. Se a notoriedade de um fato é definida pela cultura de uma determinada esfera social, e a precisão do que é essa *esfera social* oscila bastante entre os extremos, sendo ora muito abrangente, ora muito restrita[24], é porque se trata de uma noção que não contribui para definição do que é um fato notório.

2.2. FATO NOTÓRIO E CULTURA

O conceito de fato notório desenvolvido por Piero Calamandrei e amplamente replicado pela doutrina brasileira tem como um de seus elementos centrais o conceito de *cultura.*

Assim como as máximas de experiência, os fatos notórios integrariam o patrimônio de noções e experiências de um determinado círculo social que geralmente são conhecidas como cultura. Calamandrei falava de uma "cultura em lato senso", chegando até mesmo a defini-la como "rudimentar", composta não só de noções que as pessoas aprendem na escola ou que resultam de estudos científicos mais aprofundados, mas, sobretudo, de um "complexo de conhecimentos empíricos, tirados da experiência ou da tradição, que qualquer homem que vive em sociedade possui"[25].

Como se pode perceber, Calamandrei partia da ideia de que a cultura média de uma comunidade era fundada em acordos e consensos entre os membros desse grupo sobre a ocorrência de um determinado fato. Desse modo, a confiabilidade das informações repassadas pela cultura média era suficiente para atestar a notoriedade de um fato, de modo a evitar que decisões judiciais fossem proferidas à revelia do *senso comum.* Afinal, o juiz não é um ser humano completamente isolado e afastado do mundo externo, pelo contrário, é um cidadão com valores, ideologia e princípios, com conhecimento não somente jurídico adquirido durante o seu desenvolvimento e formação intelectual. Não por isso, tem conhecimento prévio de

24 Assim, "a ideia de esfera social cai, portanto, sem poder especificar, entre uma noção que é logicamente definitiva, mas muito ampla, e uma noção mais restrita, mas não suscetível de uma definição estrita" (DE STEFANO, Giuseppe. *Il notorio nel processo civile*, p. 33). Em igual sentido, cfr. COMOGLIO, Paolo. *Nuove tecnologie e disponibilità della prova*, p. 192 – tradução livre).

25 CALAMANDREI, Piero. Per la definizione del fatto notorio. *Rivista di Diritto Processuale*, v. 2, n. 1, p. 273-304, 1925.

determinadas questões que conformam o seu patrimônio cultural. Assim, o raciocínio judicial sempre estará situado e contextualizado na cultura e na experiência do tempo e lugar da decisão[26].

A questão que se coloca, no entanto, é se essa noção de cultura a que se refere CALAMANDREI, uma noção pertencente ao contexto europeu da primeira metade do século XX, ainda encontra correspondência atualmente.

Embora a noção de cultura fuja dos domínios estritamente jurídicos, sendo um conceito mais intimamente ligado à antropologia e à sociologia, é interessante notar como ela atravessa o direito processual civil em diversas frentes. Parcela da doutrina brasileira, por exemplo, busca analisar o processo como um fenômeno cultural, concebendo a disposição de técnicas processuais não como um fator neutro e escolhido arbitrariamente pelo legislador; mas, pelo contrário, como um método de resolução de controvérsia moldado pelas crenças, valores, hábitos, costumes e princípios de um determinado povo[27].

O termo *cultura* é polissêmico. Pode corresponder, em uma perspectiva *subjetiva* e *individual*, à ideia de civilidade e educação de um determinado sujeito. Pode significar também, em uma perspectiva *objetiva* e *coletiva*, a evolução social e os estágios da vida em sociedade. Uma definição precisa do que é cultura inclui "ideias, valores e normas tradicionais que são amplamente compartilhados em um grupo social" que pode ser veiculada por

---

26 TARUFFO, Michele. Senso comum, experiência e ciência no raciocínio do juiz. *Revista Forense*, v. 97, n. 355, p. 101–118, maio/jun., 2001. Neste ensaio, TARUFFO diferencia o senso comum que dá origem às máximas de experiência do senso comum que dá origem aos fatos notórios, ambos, porém, reconduzíveis à cultura do homem médio.

27 Prova disso é a conformação distinta que o processo possui em diferentes países e tradições jurídicas. De um lado, alguns sistemas processuais privilegiam a resolução consensual do litígio, apostando em uma justiça multiportas como mais adequada ao jurisdicionado; de outro, alguns sistemas processuais não possuem maiores preocupações e deixam de impor óbices mais severos ao ajuizamento do processo, sendo a solução adjudicada o único caminho para tratamento do conflito. Nesta perspectiva, cfr., com grande proveito, LACERDA, Galeno. Processo e cultura. *Revista de Direito Processual Civil*, v. 2, n. 3, p. 74-86, jan./jun. 1961, para quem cultura é "o conjunto de vivências de ordem espiritual e material, que singularizam determinada época da sociedade". Igualmente, cfr. ALVARO DE OLIVEIRA, Carlos Alberto. *Do formalismo no processo civil: proposta de um formalismo-valorativo*. 3ª ed. São Paulo: Saraiva, 2009, p. 71-76. Mais recentemente, MITIDIERO, Daniel. *Colaboração no processo civil: pressupostos sociais, lógicos e éticos*. 3ª ed. São Paulo: Revista dos Tribunais, 2015, p. 21-52; OSNA, Gustavo. *Processo civil, cultura e proporcionalidade: análise crítica da teoria processual*. São Paulo: Revista dos Tribunais, 2017, p. 43-53.

meio de "proposições sobre crenças normativas (<<matar é errado exceto quando autorizado pelo Estado>>) e cognitivas (<<a Terra é redonda>>)"[28].

No conceito de fato notório, Calamandrei utilizava a cultura no sentido objetivo e coletivo como um fator capaz de conferir segurança e certeza acerca da veracidade de um determinado fato[29]. Trata a cultura como um verdadeiro patrimônio cognitivo que uma determinada esfera da sociedade vai acumulando ao longo dos tempos. E o simples fato de pertencer ao patrimônio cultural de um determinado círculo social acabava tornando uma determinada informação revestida de verdade, dispensando a produção de prova, em razão da convicção moral acerca da sua ocorrência. É possível dizer que a cultura funcionava verdadeiramente como um *oráculo*, sendo apta a dizer o que é um fato verdadeiro e o que é um fato falso.

Contudo, não existe um critério de autoridade para determinar o que é cultura e o que não é, assim como também não existe um critério de autoridade uniforme para determinar quais indivíduos, grupos ou membros são inseridos em ou excluídos de uma determinada cultura[30]. Não é fácil a tarefa de definir limites e identificar uma unidade social para fins de caracterização de uma cultura[31]. Além disso, é preciso levar em consideração que "o conhecimento é em si mutável, diverso, imbuído dos valores culturais do momento. O mundo é diversificado demais para qualquer sistema único de classificação funcionar para todos, em todas as culturas, o tempo todo"[32]. Não se pode falar de *uma só cultura*. Como adverte Taruffo, "pode-se duvidar

---

28 CHASE, Oscar G. *Direito, ritual e cultura: sistema de resolução de conflitos no contexto da cultura comparada*. Trad. Sérgio Arenhart e Gustavo Osna. São Paulo: Marcial Pons, p. 26.

29 O próprio Calamandrei afirmava que "as noções que compõem esse patrimônio [cultural] adquirem, assim, uma autoridade que a afirmação individual não pode ter, porque elas trazem consigo a garantia do valor e do controle coletivo" (CALAMANDREI, Piero. Per la definizione del fatto notorio. *Rivista di Diritto Processuale*, v. 2, n. 1, p. 273-304, 1925 – tradução livre).

30 Como alerta a doutrina, "o conceito de cultura que se oferece é tão vasto, que estando qualquer fato ao 'alcance' da pessoa, seu alcance da pessoa, seu alcance pode se tornar incomensurável" (CABAÑAS GARCÍA, Juan Carlos. Premisas básicas para una posible redefinición de la teoría procesal sobre el hecho notorio. *Justicia Revista de Derecho Procesal*, p. 582).

31 CHASE, Oscar G. *Direito, ritual e cultura*, p. 27.

32 WEINBERGER, David. *A nova desordem digital: os novos princípios que estão reinventando os negócios, a educação, a política, a ciência e a cultura*. Trad. Alessandra Mussi Araújo. Rio de Janeiro: Elsevier, 2007, p. 57.

que mesmo em países politicamente e culturalmente menos heterogêneos haja realmente uma cultura"[33]. O multiculturalismo é, hoje, uma realidade.

Desse modo, a utilização da cultura como elemento fundamental do conceito de fato notório parte de dois problemas: um teórico e outro prático[34].

No *aspecto teórico*, a cultura como elemento constitutivo do conceito de fato notório parte da premissa, ainda que não explicitada dessa maneira por CALAMANDREI, de que o conhecimento de um fato por determinado círculo social, por integrar o patrimônio cultural de quem julga, é mais do que suficiente para atestar a sua veracidade. O escrutínio da crítica social seria suficiente para tanto. Até mesmo por isso seria desnecessário produzir qualquer tipo de prova para comprovar a verdade daquele fato, afinal, existe um *consenso* entre os integrantes daquele círculo social de que o fato é verdadeiro. Nesse ponto, há um processo de *objetivação* do fato notório, menos ligado à percepção individual de um sujeito e mais conectado ao patrimônio cultural de uma dada coletividade.

Além do aspecto teórico, também é o caso de analisar o *aspecto prático* que envolve a utilização da cultura como elemento constitutivo da notoriedade. E, nesse quesito, o aspecto prático adota uma visão *pragmática* acerca da apuração dos fatos no processo judicial diante da imensa disponibilidade de informações e dados na *internet*[35]. *Com a internet*, "qualquer pessoa agora pode acessar rapidamente uma imensa e indeterminada quantidade de informações" e não existe mais um "conjunto – limitado e de domínio comum – de fontes de informação"[36]. Todos podem discordar de todos na *internet*, havendo aquilo que especialistas tem chamado de um *perpétuo desacordo*[37].

---

33 TARUFFO, Michele. Cultura e processo. *Rivista Trimestrale di Diritto e Procedura Civile*, v. 63, n. 1, p. 63-92, mar., 2009.

34 Parte-se aqui da análise feita em dupla perspectiva por COMOGLIO, Paolo. *Nuove tecnologie e disponibilità della prova*, p. 192-193.

35 Correlacionado os temas, CHRISTIAN FUCHS diz que "a cultura, como sistema de produção e reprodução de significados, valores, definição de vida e estilos de vida, está dialeticamente relacionada à *internet*" (FUCHS, Christian. *Internet and society: social theory in the information age*. London: Routledge, 2008, cap. 9 – tradução livre). No mesmo sentido, PAOLO COMOGLIO denuncia que "no mundo analógico o conceito de cultura era ambíguo e incerto. Além das dificuldades de definição, é ainda difícil identificar tipologias ou classificações entre culturas" (COMOGLIO, Paolo. *Nuove tecnologie e disponibilità della prova*, p. 193 – tradução livre).

36 TARUFFO, Michele. Fatti e prove. In: *La prova nel processo civile*, a cura di Michele Taruffo. Milano: Giuffrè, 2012, p. 51.

37 DAVID WEINBERGER diz que "toda ideia é contrariada em algum lugar na web. Nós todos nunca vamos concordar, mesmo quando o acordo é generalizado, exceto talvez

O advento da *internet* permitiu a criação de conexões não vinculadas a aspectos espaciais ou temporais. O paradigma cultural, assim, muda por completo. Agora o que existe são grupos socialmente auto-organizados, o que é uma característica típica da sociedade da informação. Essas comunidades virtuais são extremamente *dinâmicas*, na medida em que suas "práticas e estruturas culturais se produzem e reproduzem permanentemente em laços auto-referenciais"[38], mas também são intensamente *dialéticas* porque envolvem "a produção mútua permanente de práticas e estruturas que produzem e recriam mente (ideias, valores, afetos, significados, gostos) e corpo com a ajuda de tecnologia computacional em rede que permite transcender as fronteiras espaciais e ocorre de forma síncrona ou assíncrona"[39].

Essa dialeticidade pode produzir grupos com culturas diferentes40. Uma primeira hipótese é a existência de uma comunidade virtual com cultura cooperativa, em que existe uma socialização entre os seus membros que permite o compartilhamento de valores e ideias em comum a partir de consensos e interesses homogêneos. Um exemplo contemporâneo dessa comunidade virtual cooperativa é a enciclopédia virtual denominada Wikipedia cujo funcionamento será explorado mais detalhadamente a seguir. Já uma segunda hipótese é a existência de uma comunidade virtual com cultura competitiva. Marcada pela alienação, fragmentação e isolamento dos seus membros, os valores e as ideias são barreiras que os separam. Enquanto na primeira espécie de comunidade virtual é a diversidade que faz a sua unidade; a segunda espécie é caracterizada por uma unidade sem diversidade, e, ao mesmo tempo, por uma diversidade sem unidade.

O que fica claro é que a noção de cultura de Calamandrei está muito longe da noção de cultura do mundo contemporâneo, tratando-se de uma cultura sui generis[41]. O chamado patrimônio cultural de uma determinada

---

em alguns fatos menos interessantes. Assim como a sobrecarga de informações se tornou um fato do nosso ambiente, o mesmo acontece com o fato do desacordo perpétuo. Podemos também concluir que mesmo as ideias que nós mesmos sustentamos com mais firmeza estão sujeitas a debate, embora haja evidências (que consideraremos mais tarde) de que a *internet* pode estar nos levando a manter nossas posições com mais firmeza" (WEINBERGER, David. *Too big to know: rethinking knowledge now the facts aren't the facts, experts are everywhere, and the smartest person in the room is the room.* New York: Basic Books, 2012, p. 12 – tradução livre).

38 FUCHS, Christian. *Internet and society: social theory in the information age*, cap. 9.

39 FUCHS, Christian. *Internet and society: social theory in the information age*, cap. 9.

40 FUCHS, Christian. *Internet and society: social theory in the information age*, cap. 9.

41 Como foi chamada por CARNELLI, Lorenzo. *O fato notório*, p. 232-234.

comunidade ou grupo não reflete um conhecimento homogêneo e estável, mas, em sentido absolutamente contrário, um conhecimento heterogêneo e em permanente tensão.

Dessa forma, como confiar que a notoriedade de um fato pode ser compartilhada por um grupo social a ponto de atestar a sua veracidade? No processo judicial, é preciso abrir caminhos para uma investigação que determine confiabilidade dessas informações e, via de consequência, da veracidade desses fatos.

2.3. *INTERNET* E SOCIEDADE EM REDE

A virada do século XX para o século XXI inseriu a sociedade naquilo que especialistas têm denominado de a *Quarta Revolução Industrial*[42]. Profundamente impactada pelo desenvolvimento de novas tecnologias que são criadas, melhoradas, inventadas e fundidas em grande velocidade (como, por exemplo, a inteligência artificial e a *internet* das coisas), a Quarta Revolução Industrial tem causado mudanças políticas, econômicas, sociais e culturais significativas em diversos setores da sociedade.

A *Revolução Industrial* ocorrida na Inglaterra em meados do século XVIII, e que posteriormente se espalhou por todo o mundo, é a primeira revolução, o verdadeiro ponto de partida, sendo caracterizada pelo uso de máquinas e motores a vapor e pela mecanização dos processos de produção de maneira geral. A *Segunda Revolução Industrial*, do final século XIX, era representada por avanços tecnológicos e científicos que permitiram uma maior expansão da industrialização, a exemplo da eletricidade e do uso de diferentes fontes de energia. Já a *Terceira Revolução Industrial*, que começa a ocorrer no século XX, por volta da década de 60, é marcada primordialmente pelo desenvolvimento das telecomunicações e da informática, iniciando, assim, uma revolução digital.

No entanto, a Quarta Revolução Industrial possui características que são marcantes em comparação às revoluções anteriores. Em primeiro lugar, são três razões que sustentam essa nova fase: a *velocidade*, a *profundidade* e o *impacto* sistêmico exponencialmente maiores que ela produz em comparação às revoluções anteriores. Isso ocorre a ponto de não ser possível dimensionar o seu real e efetivo impacto na sociedade de maneira geral, já que as discussões em torno do impacto dessas tecnologias estão em andamento paralelamente

42 A famosa expressão é originalmente cunhada por SCHWAB, Klaus. *A quarta revolução industrial*. São Paulo: Edipro, 2016, p. 13.

ao seu desenvolvimento. Em segundo lugar, é uma fase caracterizada pela fusão de novas e diferentes tecnologias que permitem uma interação nunca vista entre os ambientes físico, digital e biológico.

Não à toa, SCHWAB divide as novas tecnologias em três categorias que são interrelacionadas: a) a *categoria física*, responsável por englobar tecnologias tangíveis ligadas à *internet* das coisas, como, por exemplo, veículos autônomos, impressão 3D, robótica avançada e novos materiais; b) a *categoria digital*, responsável por englobar tecnologias como redes sociais e plataformas que modificam a interação entre pessoas, grupos, países, governos, serviços, possibilitando, ainda, o rastreamento e o monitoramento tanto desses produtos, quanto de pessoas e grupos; e, por fim, c) a *categoria biológica*, responsável por englobar tecnologias que alteram concepções sobre a genética e a biologia, o que, invariavelmente, traz consigo uma série de dilemas éticos e morais.

Como se pode perceber, trata-se, verdadeiramente, da imposição de um *novo paradigma*[43], uma nova realidade social e cultural de interação entre indivíduos, grupos, organizações e instituições, e não somente da verificação de um desdobramento de fases anteriores em relação ao progresso tecnológico.

Dentro desse contexto, podemos dizer igualmente que vivemos uma *sociedade em rede*[44], hiper conectada pela *internet*, fruto dessa revolução tecnológica. A sociedade encontra-se inserida em uma forma de conexão que, alimentada pelas novas tecnologias da informação, altera toda a morfologia

---

43 Paradigma, nesse ponto, é expressão utilizada como "as realizações científicas universalmente reconhecidas que, durante algum tempo, fornecem problemas e soluções modelares para uma comunidade de praticantes de uma ciência" (KUHN, Thomas. *A estrutura das revoluções científicas.* 5ª ed. São Paulo: Editora Perspectiva S.A, 1997, p. 13). Em sentido semelhante, MANUEL CASTELLS fala em um novo paradigma que ele denomina de *paradigma da tecnologia da informação* (CASTELLS, Manuel. *A sociedade em rede – a era da informação: economia, sociedade e cultura.* Trad. Roneide Venâncio Majer. São Paulo: Paz e Terra,1999, vol. 1, p. 107-113), caracterizado pelas seguintes propriedades: *a)* a informação é uma matéria-prima, de modo que as tecnologias são utilizadas para agir sobre a informação e não a informação que é utilizada para agir sobre as tecnologias, como nas revoluções anteriores; *b)* a penetrabilidade dos efeitos das novas tecnologias, já que todas as interações humanas, sejam elas individuais, sejam elas coletivas, são moldadas por elas; *c)* a lógica das redes que é usada em qualquer sistema ou conjunto de interação entre pessoas; *d)* a flexibilidade porque as organizações e instituições que interagem em rede são perfeitamente modificáveis a qualquer tempo, havendo uma capacidade de reconfiguração; e *e)* uma crescente convergência entre diferentes tecnologias (telecomunicações, informática, eletrônica etc.) para um sistema integrado.

44 CASTELLS, Manuel. *A sociedade em rede – a era da informação*, p. 565.

social com impacto direto e significativo nas relações de poder, comportamento e cultura. Trata-se efetivamente de um novo paradigma porque a rede representa conexões entre pessoas e grupos que não estão ligados mais por vínculos institucionais, que podem surgir e se reformular instantaneamente.

Essas redes possuem heterogeneidade de conteúdo (social, econômico, cultural e político) e de formas (local, regional, nacional e global) e, ao mesmo tempo em que refletem culturas diferentes, acabam criando novas culturas a partir dessa cultura de virtualidade real[45]. A ubiquidade da *internet* – e das relações digitais de maneira geral – permite essa constante interação em rede, não necessariamente marcada por vínculos institucionais e por sistemas pré-definidos. Os vínculos e as interações na *internet*, por sua vez, acabam criando determinadas *comunidades virtuais* que são especializadas/funcionais e, ao mesmo tempo, amplas/solidárias[46].

Toda essa interação entre o mundo real e o mundo virtual acaba gerando novas formas de conexão e, consequentemente, novas estratégias dos indivíduos e dos grupos na busca por informações e conhecimento sobre determinados fatos. Atualmente, quem procura uma informação, procura na *internet*. Quem quer tornar pública uma informação, publica na *internet*. Quem quer esconder uma informação, tem que retirá-la da *internet*. Mais do que uma mera transformação em relação ao *local* onde se encontra uma informação, trata-se de uma mudança significativa no modo pelo qual nós buscamos informações sobre fatos e, consequentemente, na forma pela qual adquirimos conhecimento sobre esses fatos. É uma mudança de paradigma cultural[47]. Agora, a busca por conhecimento não passa por reduzir as fontes

---

45 CASTELLS, Manuel. *A sociedade em rede – a era da informação*, p. 415.

46 "São comunidades, porém não são comunidades físicas, e não seguem os mesmos modelos de comunicação e interação das comunidades físicas. Porém, não são 'irreais', funcionam em outro plano da realidade" (CASTELLS, Manuel. *A sociedade em rede – a era da informação*, p. 444-445).

47 Como alerta MANUEL CASTELLS, "o que caracteriza o novo sistema de comunicação, baseado na integração em rede digitalizada de múltiplos modos de comunicação, é sua capacidade de inclusão e abrangência de todas as expressões culturais" (CASTELLS, Manuel. *A sociedade em rede – a era da informação*, p. 460-461). PIERRE LEVY diz que virtual e real não são antônimos e, portanto, não antagonizam entre si. O virtual é, efetivamente, real, uma continuidade da realidade. Cria propriamente a realidade. No entanto, o virtual se opõe ao conceito de atual, e não ao conceito de real. Isso porque a virtualização altera por completo as concepções de espaço, já que ocorre um processo de desterritorialização, e de tempo, devido ao desprendimento do aqui e agora. Assim, a informação e o conhecimento, dentro dessas reformulações, estão situados em um espaço comum a todos e não estão sujeitos a uma apropriação exclusiva de determinados

de conhecimento (*knowing-by-reducing*), e sim por ampliá-las (*knowing-by-including*).[48]

Diante de todas essas mudanças, a ideia de notoriedade é impactada porque a aquisição de informação e de conhecimento sobre determinados fatos por um grupo de pessoas é igualmente alterada, seja porque as relações sociais não respeitam mais os códigos e diretrizes do passado, seja por causa da intensa mudança no processo cultural e cognitivo de comunicação e aquisição de conhecimento. Dizer que um determinado fato é notório para determinado grupo parte de uma premissa implícita de que os membros daquele grupo são homogêneos e compartilham valores e conhecimento que podem ser perfeitamente identificados.

Com essa premissa em mente, não só o conceito de conhecimento é colocado em xeque, como também o próprio conceito de *cultura*. A ideia de que valores podem ser compartilhados por uma determinada comunidade sem divergências, a partir de uma base homogênea, é completamente alterada pela difusão digital de informações na sociedade em rede da Quarta Revolução Industrial.

2.4. *BIG DATA* E SOBRECARGA DE INFORMAÇÕES

Muitas informações *on-line*, muitas informações para tomada de decisão.

É bastante difundida a ideia de que, nos últimos anos, com a *internet* e o desenvolvimento exponencial de tecnologias, a produção e o armazenamento de dados alcançaram patamares nunca vistos na história da humanidade[49]. Informações que antes eram de difícil acesso agora estão a um simples clique no *Google* e em outras ferramentas de busca e pesquisa. Uma página da *internet* sobre determinado assunto, por meio de *hyperlinks*, permite a

---

indivíduos, grupos ou instituições. (LEVY, Pierre. *O que é virtual?* Trad. Paulo Neves. São Paulo, Ed. 34, 1996).

48 Sobre esse ponto: "é o reconhecimento de conexão - a rede - que está mudando nossa estratégia mais antiga e básica de conhecimento. Em vez de 'conhecer-reduzindo' ao que cabe na minha biblioteca ou revista científica, agora estamos 'conhecendo-incluindo cada rascunho de cada ideia em redes vastas e frouxamente conectadas. E isso significa que o conhecimento não é o mesmo que era. Nem para ciência, nem para negócios, nem para governo, nem para nenhum de nós" (WEINBERGER, David. *Too big to know*, p. 5 – tradução livre).

49 Verificar, a título exemplificativo, WEINERBERGER, David. *Too big to know*, p. 5-13; COMOGLIO, Paolo. *Nuove tecnologie e disponibilità della prova*, p. 233-234.

navegação para outros diversos espaços que tratam de assuntos correlacionados. Dados e informações invariavelmente entrecruzam-se e geram ainda mais dados e informações. Até mesmo a solução encontrada para organizar esses dados e informações originará a criação de mais dados, os chamados metadados[50]. Nosso mundo não pode mais ser considerado líquido e volátil, mas, verdadeiramente, é um mundo cada vez mais sólido e rastreável[51].

Estamos na chamada era do *Big Data*, termo que pode ser criticado por não traduzir a complexidade do fenômeno, mas pode ao mesmo tempo ser utilizado para traduzir a ideia de uma sociedade com acesso massivo, veloz e progressivo a um grande volume de dados e informações[52].

O fenômeno da *Big Data* é usualmente explicado a partir de três características, conhecidas como os "3 V's"[53]: (i) a primeira característica é o *volume*, porque se trata de um fenômeno caracterizado pela avassaladora produção e armazenamento de uma enorme quantidade de dados; (ii) a segunda característica é a *velocidade*, porque esses dados são constantemente criados e em tempo real; e (iii) a terceira característica é a *variedade*, porque esses dados são criados não só por instituições estruturadas, mas também por instituições semiestruturadas e não estruturadas.

A era do *Big Data* tem gerado aquilo que especialistas denominam de *information overload*, expressão da língua inglesa que pode ser traduzida

---

50 WEINERBERGER, David. *Too big to know*, p. 185-187.

51 FERRARIS, Maurizio. L'esplosione della registrazione. In: Luca Taddio and Gabriele Giacomini (eds.). *Filosofia del digitale*. Milan: Mimesis, 2020.

52 Sobre o tema, cfr. BOYD, Danah; CRAWFORD, Kate. Critical questions for Big Data: provocations for a cultural, technological, and scholarly phenomenon. *Information, Communication & Society*, vol. 15, n. 5, june, 2022, p. 662-679.

53 Conforme LANEY, David. 3D Data Management: Controlling Data Volume, Velocity and Variety. *META Group Research Note*, 6, 2001. Outras propriedades já foram utilizadas para explicar o *Big Data*, como, por exemplo: (i) a exaustividade (um sistema inteiro é capturado, n = todos, em vez de ser amostrado); (ii) ser granular (na resolução) e exclusivamente indexical (na identificação); (iii) a relacionalidade (contendo campos comuns que permitem a junção de diferentes conjuntos de dados); (iv) a extensionalidade (pode adicionar/alterar novos campos facilmente) e a escalabilidade (pode expandir em tamanho rapidamente); (v) a veracidade, já que os dados podem ser confusos, ruidosos, contendo incertezas e erros; (vi) o valor (muitos insights podem ser extraídos e os dados reaproveitados); (vii) a variabilidade, pois os significados dos dados podem estar em constante mudança em relação ao contexto em que são gerados, o que impacta na análise desses dados (KITCHIN, Rob; MCARDLE, Gavin. What makes Big Data, Big Data? Exploring the ontological characteristics of 26 datasets. *Big Data & Society*, jan.-jun., 2016: 1-10).

como "sobrecarga ou excesso de informações", o que dá origem à incapacidade de o indivíduo processar e filtrar as informações disponíveis para atingir determinada finalidade, geralmente uma tomada de decisão. Embora essa sensação de angústia diante da explosão de informações e de conhecimento não seja propriamente nova[54], e a sua utilização não tenha nascido originalmente na área jurídica, o seu emprego pode ser importante para esclarecer o processo de tomada de decisão em um determinado processo judicial, seja em relação ao agir estratégico das partes, seja em relação às decisões proferidas por juízes e tribunais[55].

A *internet*, de maneira geral, tem sido apontada como a principal causa para a disponibilidade em excesso de informações, ocasionando uma série de consequências que reconfiguram a busca por informações e pelo conhecimento[56]. Selecionar e separar as informações relevantes das irrelevantes no intuito de buscar conhecimento sobre determinado fato ou assunto pode ser uma tarefa guiada por controle social ou... por algoritmos. Atualmente, é amplamente conhecida e debatida a existência de filtragem realizada pelos algoritmos, sobretudo em redes sociais, que tende a direcionar o indivíduo para selecionar informações unicamente compatíveis com seus interesses e ideologias, eliminando outras informações que poderiam ser úteis para a tomada de decisão, mas que, em sentido contrário, vão de encontro à perspectiva traçada inicialmente.

O problema que, à primeira vista, pode parecer quantitativo, na verdade é qualitativo. Isso porque o fenômeno do *Big Data* é menos sobre a quantidade de dados disponíveis, e muito mais sobre a capacidade de identificar, selecionar e sistematizar dados relevantes para deles retirar uma informação

---

54 Peter Burke, por exemplo, faz uma análise histórica desse fenômeno e denuncia que a explosão de informação e conhecimento já aconteceu em outros momentos; o que muda, porém, é a rápida expansão e a fragmentação, cfr. BURKE, Peter. *Uma história social do conhecimento II: da Enciclopédia à Wikipedia*. Trad. Denise Bottmann. Rio de Janeiro: Zahar, 2012, p. 311-313, ver também, especialmente, a análise histórica do autor sobre a coleta e a análise do conhecimento (parte I, caps. 1 e 2).

55 Demonstrando como o incremento (virtuoso) de informações pode melhorar o processo de tomada de decisão no direito processual civil, à luz da teoria dos *nudges* oriunda da economia comportamental, vale conferir ABREU, Rafael Sirangelo de. *Incentivos processuais: economia comportamental e* nudges *no processo civil*. São Paulo: Revista dos Tribunais, 2020, p. 133-137.

56 WEINBERGER, David. *Too big to know*, p. 9-11.

confiável[57]. Em outras palavras, é propriamente uma mudança na forma pela qual buscamos por conhecimento. Há uma reformulação, em escala ainda maior, de como entendemos os sistemas de comunicação e as redes de relacionamento entre indivíduos e grupos. Portanto, a própria ideia de comunidade é alterada[58].

No entanto, o aumento do número de dados e informações disponíveis não necessariamente equivale a dizer que houve também uma melhora epistêmica em relação à qualidade e confiabilidade dessas informações encontradas no ambiente digital. Uma das características da *Big Data* e do excesso de informações é que muitos dados podem ser errados e confusos, gerando, via de consequência, incertezas e erros sobre a veracidade de determinados fatos. Todas as informações disponíveis na rede são interpretáveis e a confiabilidade dessas informações pode enviesar a compreensão sobre determinados fatos. Na era do *Big Data*, diante da imensa carga de informações, são perdidos ou, pelo menos, tornam-se nebulosos, fatores importantes na interpretação de dados, como *objetividade* e *precisão*.

Essa é uma questão muito relevante para a apuração de fatos no processo judicial. Como os caminhos seguidos para busca de informações e conhecimento sobre fatos mudou significativamente com a sociedade digital, também não é diferente com os sujeitos do processo. Trata-se, a bem da verdade, de mais um elemento que *fragiliza* o controle extraprocessual da notoriedade de um determinado fato. Se são alteradas noções como cultura, comunidade e conhecimento, são igualmente modificados conceitos fundamentais e constitutivos da noção de notoriedade.

2.5. FATOS E HIPER DOCUMENTAÇÃO

57 Sendo assim, "Big Data é menos sobre dados que são grandes do que sobre a capacidade de pesquisar, agregar e fazer referência cruzada de grandes conjuntos de dados" (BOYD, Danah; CRAWFORD, Kate. *Critical questions for Big Data*, p. 663 – tradução livre). Também citado COMOGLIO, Paolo. *Nuove tecnologie e disponibilità della prova*, p. 234).

58 Afinal, é preciso entender que "Big Data não se refere apenas a conjuntos de dados muito grandes e às ferramentas e procedimentos utilizados para manipulá-los e analisá-los, mas também a uma virada computacional no pensamento e na pesquisa", ou seja, "Big Data emergiu um sistema de conhecimento que já está mudando os objetos de conhecimento, ao mesmo tempo em que tem o poder de informar como entendemos as redes humanas e a comunidade", razão pela qual "Big Data reformula questões-chave sobre a constituição do conhecimento, os processos de pesquisa, como devemos nos envolver com a informação, a natureza e a categorização da realidade" (BOYD, Danah; CRAWFORD, Kate. *Critical questions for Big Data*, p. 665 – tradução livre).

A grande produção e armazenamento de dados tem origem no desenvolvimento de novas técnicas de documentação de informações potencialmente relevantes. É possível falar até mesmo em hiper documentação.

Embora o desenvolvimento de técnicas de documentação de fatos não seja uma novidade na história da humanidade, pois essas técnicas estão a todo o momento sendo melhoradas de acordo com as tecnologias disponíveis nos respectivos momentos da história, trata-se de um fenômeno que ganhou contornos absolutamente diferentes e inovadores nos tempos atuais, em que o mundo está inserido em uma revolução digital, com o advento e incremento de novas tecnologias ligadas por meio da rede mundial de computadores, a *internet*.

A história demonstra que uma série de mudanças de paradigmas surge de tempos em tempos e impacta diretamente na documentação e no registro de fatos[59]. Primeiro, a passagem do *volumen* (pergaminho romano) para o *codex* (livro encadernado); depois, a invenção da impressão por Gutenberg e a sua ampla difusão a partir do século XV, mudança que foi posteriormente reforçada e significativamente influenciada com a invenção das prensas no século XIX, com a progressiva difusão dos jornais[60]. Em seguida, a Revolução Industrial ocorrida no final do século XIX, marcada pela invenção do cinema e da fotografia, e depois a invenção da máquina de escrever e a da máquina fotocopiadora, também pode ser considerada um momento fundamental. Finalmente, a revolução digital foi iniciada, primeiro com a invenção do computador, depois, com a invenção e difusão dos celulares e da *internet*, o que foi seguido pelo uso generalizado de *smartphones* e *tablets* conectados em rede.

Todas essas novas modalidades de documentação e registro de fatos e acontecimentos são inovadoras e disruptivas para a época em que foram concebidas. Na verdade, o que ocorre atualmente é que a revolução digital proporciona, mediante intensa velocidade, o desenvolvimento de novas tecnologias que permitem uma documentação imediata e instantânea de vários fatos e acontecimentos do mundo cotidiano, como, por exemplo,

---

59 Todos os marcadores temporais citados a seguir foram identificados por COMOGLIO, Paolo. *Nuove tecnologie e disponibilità della prova*, p. 237-238.

60 O historiador Peter Burke, versando sobre a importância da disseminação do conhecimento, aduz que "se a primeira revolução gráfica no Ocidente se deu em meados do século XV, com o trabalho de Gutenberg e colegas, no começo do século XIX ocorreu uma segunda revolução, quando a impressora a vapor – inventada por outro alemão, Friedrich Koenig – começou a operar" (BURKE, Peter. *Uma história social do conhecimento II: da Enciclopédia à Wikipedia*, p. 128-129).

"digitalização; computação em tempo real; o microprocessador; o computador pessoal, e-mail; redes locais e de longa distância que levam à *internet*; a evolução do software, que 'bloqueou' a edição contínua como uma função quase universal; a *World Wide Web*; e, claro, as pessoas e sua técnica"[61].

O fenômeno pode ser ilustrado por simples exemplos do cotidiano. Além das técnicas antigas e usuais de registro como a caneta, o papel, a tinta – hoje consideradas até mesmo como rudimentares –, todos nós temos à disposição um aparelho celular que permite por meio de rápido acesso e cliques o registro de fatos. Esses fatos podem ser registrados por meio de simples telefonemas, fotografias e gravação de vídeos. Os aplicativos que podem ser baixados nos celulares também fornecerem inúmeros dados devidamente documentados. Para cadastro nesses aplicativos são fornecidas informações pessoais e financeiras. Para atualização de redes sociais podem ser marcadas localizações e pessoas. Para realizações de compras são emitidas notas fiscais digitais, são utilizados cartões de crédito. Todos os dias, todas as horas, todos os minutos, milhares e milhares de registros e documentos são produzidos. Depois de as empresas buscarem incessantemente diminuir o tamanho (físico) do celular, buscaram ampliar exponencialmente o seu tamanho (digital) mediante aumento e aprimoramento das telas, das memórias e das possibilidades de gravação. Os celulares, com capacidade de verdadeiros computadores, viraram bibliotecas inteiras[62].

Atualmente, existem imensas e imprevisíveis possibilidades de registrar e arquivar documentos, acontecendo uma verdadeira *explosão* de documentação dos fatos, notadamente por causa da *internet*[63].

É da própria essência da tecnologia o registro documental[64]. A expressão, que busca designar o fenômeno da "explosão (em grande parte imprevista) das possibilidades de registrar, arquivar e analisar os documentos que os humanos realizam no mundo", é fundada em dois pilares essenciais que se encontram na "intersecção entre o aumento da documentalidade (que se tornou preliminar e automático no digital) e o da imediatidade (que no digital não é mais um-para-muitos, mas muitos-para-muitos)"[65]. Trata-se de

61 PAUL, George L.; BARON, Jason R. Information inflation: can the legal system adapt? *Richmond Journal of Law and Technology*, vol. 3, issue 3, article 2, 2007.

62 FERRARIS, Maurizio. Documental violence. in P. Bojanic (ed.), *La violence extrême, la violence institutionnelle*, Editions EuroPhilosophie, Toulouse, 2014, p. 285-307.

63 FERRARIS, Maurizio. *L'esplosione della registrazione*, 2020.

64 FERRARIS, Maurizio. Documental violence, p. 285-307.

65 FERRARIS, Maurizio. *L'esplosione della registrazione*, 2020.

uma verdadeira revolução porque as relações sociais não mais se baseiam na comunicação, e sim no registro, no texto escrito, no documento[66].

Documento que, enquanto coisa representativa de um fato, pode ser encarada sob três diferentes perspectivas: a histórica, a informativa ou, finalmente, a jurídica[67]. A noção histórica de documento designa "tudo o que parece relevante para a reconstrução do passado"; a noção informativa de documento designa "tudo o que veicula informação, mais ou menos no sentido em que '.doc' é o formato dos arquivos de escrita do Word"; e a noção jurídica de documento designa "o que tem valor legal". As noções históricas e informativas de documento sempre foram compreendidas de forma mais ampla em comparação à jurídica, embora derivadas da própria linguagem jurídica[68].

Isso ocorre na medida em que os sistemas jurídicos, sobretudo aqueles ligados à tradição do *Civil Law*, sempre compreenderam o documento como sinônimo de *escritura*, ou seja, a representação *escrita* de um determinado fato, feita por meio do papel e quando a fonte da informação nele aposta fosse um *ser humano*. Desse modo, os documentos só seriam assim considerados porque teriam aptidão para representar uma manifestação do pensamento humano de forma *permanente* e *imediata*[69].

Nas antigas legislações processuais brasileiras, o CPC/1939 e o CPC/1973 não faziam maiores distinções entre documentos escritos e não escritos,

---

66 Essa, inclusive, que é uma das 11 teses do filósofo italiano Maurizio Ferraris, conforme se extrai de FERRARIS, Maurizio. *Documentalità: perché è necessario lasciar tracce*. Roma-Bari: Laterza, 2009, p. 358-362.

67 Identificação feita por FERRARIS, Maurizio. *L'esplosione della registrazione*, 2020, nota de rodapé n.º 70.

68 Como afirma Paolo Comoglio, "isso também por causa de uma mudança qualitativa na pesquisa histórica que era inicialmente limitada a grandes homens e grandes eventos históricos, mas gradualmente estendida a todos os homens, com uma consequente nova hierarquia mais ou menos implícita nos documentos. Em suma, passamos de uma história que transforma monumentos em documentos para uma história que transforma documentos em monumentos (COMOGLIO, Paolo. *Nuove tecnologie e disponibilità della prova*, p. 238-239 – tradução livre). Essa distinção referida entre *documentos* e *monumentos*, por sua vez, é de LE GOFF, Jacques. Documento / Monumento. In: *História e Memória*. 7ª ed. Campinas: Unicamp, 2013, para quem teria ocorrido um triunfo do documento já que "a sua objetividade parece opor-se à intencionalidade do monumento. Além do mais, afirma-se essencialmente como um testemunho escrito".

69 Uma resenha do estado da arte sobre as características atribuídas pela doutrina processual ao *documento* pode ser encontrada em RAMOS, Vitor de Paula. *Prova documental: do documento aos documentos, do suporte à informação*. Salvador: Juspodivm, 2021, p. 25-30.

tampouco mencionam a possibilidade de a fonte da informação constante do documento ser de outra coisa diferente do ser humano. Fortemente influenciados pela doutrina italiana[70], esses Códigos, e a doutrina da época, tratavam documento praticamente como sinônimo de documento escrito[71].

No processo civil brasileiro atual, o CPC, embora de forma tímida, evoluiu no tratamento da matéria regulamentando o *documento eletrônico* nos arts. 439-441. No entanto, não fez maiores distinções entre documentos escritos e não escritos. A doutrina, contudo, acompanha uma noção mais ampla de documento, seja aceitando o documento como "todo ser composto de uma ou mais superfícies portadoras de símbolos capazes de transmitir ideias e demonstrar a ocorrência de fatos"[72], seja compreendendo o docu-

---

70 Como afirma Michele Taruffo, a influência era da legislação unitária de 1865, dizendo "a prova é considerada essencialmente um fenômeno atinente ao desenvolvimento do contrato (na fase judicial que esse pode experimentar), sendo provada obrigação, sendo apenas excepcionalmente instrumento apto para a prova de outros objetos", razão pela qual sobressaía-se "o papel privilegiado reservado à prova escrita ou às provas que supostamente remontam à vontade dispositiva das partes (como a confissão e o juramento)" (TARUFFO, Michele; MITIDIERO, Daniel. *A Justiça Civil: da Itália ao Brasil, dos Setecentos a hoje*, p. 151). Daí porque Chiovenda dizia que, "em sentido amplo, é toda representação material destinada a reproduzir determinada manifestação do pensamento, como uma voz fixada duradouramente (vox mortua)" e que "como, porém, o meio comum de representação material do pensamento é a escrita, os documentos desde longo tempo mais importantes são os escritos" (CHIOVENDA, Giuseppe. *Instituições de direito processual civil.* Trad. da 2ª ed. italiana por J. Guimarães Menegale. São Paulo: Saraiva, 1965, vol. III, p. 127).

71 José Frederico Marques, por exemplo, praticamente não fazia distinção entre as espécies, dizendo que "o documento é prova histórica real, visto que representa fatos e acontecimentos pretéritos em um objeto físico, servindo assim de instrumento de convicção" e que "o documento escrito sob três formas se apresenta: a) como documento dispositivo; b) como documento constitutivo; c) como documento probatório (principal ou acessória)", cfr. MARQUES, José Frederico. *Instituições de direito processual civil*, vol. III, p. 389-390. Moacyr Amaral dos Santos, porém, já criticava essa ideia e conferia ao documento uma concepção mais ampla: "é de convir-se que não só por meio de escritos se apresentam os documentos representativos da manifestação do pensamento e dos fatos", na medida em que a fixação do fato "pode dar-se por escrito ou por processos semelhantes: tantos são os meios de fixação permanente do fato ou da ideia as *escrituras*, que os narram ou os focalizam, como as *plantas, cartas topográficas, desenhos*, que os traduzem em linguagem técnica embora não escrita" (SANTOS, Moacyr Amaral. *Prova judiciária no cível e comercial.* 2ª ed. São Paulo: M. Limonad, 1954, vol. IV, p. 34-35).

72 Cândido Rangel Dinamarco entende por documento "símbolos [que] podem ser trazidos por coisas e normalmente são veiculados por papeis na modalidade escrita, mas também podem ser trazidos por pessoas e não necessariamente seriam veiculados na forma escrita em papeis". O que há em comum entre esses documentos, de acordo

mento como "um objeto, corpóreo ou não, em que são apostos signos, por humanos ou máquinas"[73].

Essa concepção mais ampla da noção jurídica de documento tem acompanhado os recentes impactos socioculturais causados pela *internet*. Assim, tem sido contrastada, de um lado, uma noção *forte* de documento (no caso, a noção jurídica tradicional), caracterizada por uma concepção objetiva e teórica focada nas características constitutivas do documento, ou seja, no modo pelo qual a informação é registrada, e de outro, uma noção *fraca* de documento, mais disseminada na linguagem comum, caracterizada por uma concepção subjetiva ou pragmática (adotada por parte da doutrina processual mais contemporânea) segundo a qual será documento qualquer coisa com finalidade informativa[74].

Compreender o documento em um sentido fraco, ou seja, como qualquer coisa, corpórea ou não, que veicula uma informação, independentemente da fonte, e perceber que essa noção já vem sendo abraçada por parte da doutrina processual, também impacta nessa nova estratégia epistêmica de obtenção de informações e conhecimento sobre fatos, principalmente quando pensada no contexto da era *Big Data*. A hiper documentação de fatos, somada à sobrecarga de informações, remodela a atividade cognitiva e epistêmica em um processo judicial. Não é possível simplesmente ignorar a realidade virtual que permite ao julgador e aos tribunais o acesso instantâneo e imediato a uma série de informações.

Isso ocorre, primordialmente, por causa de uma inversão: no *mundo analógico*, primeiramente, o fato é conhecido e somente depois ele é ou, melhor dizendo, pode vir a ser documentado; no *mundo digital*, primeiro o fato é documentado e somente depois vem a ser conhecido[75]. A documenta-

---

com Dinamarco, é que "sempre expressam ideias de uma pessoa, a serem captadas e interpretadas por outras" (DINAMARCO, Cândido Rangel. *Instituições de direito processual civil*, vol. III, p. 657-658). Em igual sentido, LEITE, Clarisse Frechiani Lara. *Comentários ao Código de Processo Civil – artigos 405 a 441: da prova documental*. São Paulo: Saraiva, 2020, vol. VIII, t. II.

73 RAMOS, Vitor de Paula. *Prova documental*, p. 141. Para o autor, não são traços distintivos do documento a sua capacidade de representar ou tornar cognoscível um fato, tampouco a possibilidade que represente em caráter permanente esse fato. Podem ser considerados documento coisas, corpóreas ou não, cujos signos foram apostos por um ser humano ou por uma máquina (por exemplo, uma carta, fotografia, uma gravação em vídeo, e-mails, um exame de sangue, um arquivo ".doc").

74 COMOGLIO, Paolo. *Nuove tecnologie e disponibilità della prova*, p. 242-243.

75 FERRARIS, Maurizio. *L'esplosione della registrazione*, 2020.

ção precede o conhecimento do fato. Antes, a documentação era necessária, muitas vezes, para propiciar o conhecimento do fato, da informação ou da mensagem; agora, a documentação é ontologicamente anterior ao conhecimento do fato, da informação ou da mensagem.

Desse modo, a atividade probatória no contexto de um processo judicial deve ser reconfigurada. A busca pela veracidade de um determinado fato não mais passa exclusivamente pela comprovação do fato diretamente representado, mas pela comprovação da *confiabilidade* da informação que vem documentada. Essa informação documentada pode perfeitamente ser uma informação extraída da *internet*. A discussão recairá, assim, sobre a *metaprova*[76], ou seja, uma prova sobre a atividade probatória, uma prova sobre a autenticidade e integridade da prova. Não há comprovação do fato propriamente dito[77], mas da prova que pode ser direta ou indiretamente

---

76 O tema da *metaprova* tem sido estudado no contexto da *cadeia de custódia* da prova, principalmente no processo penal, cujo objetivo é o de "assegurar a integridade dos elementos probatórios", cfr., por todos, PRADO, Geraldo. *A cadeia de custódia da prova no processo penal*. São Paulo, Marcial Pons, 2019. Ver, ainda, mais recentemente, SALGADO, Daniel de Resende. *A metaprova no processo penal: seu perfil conceitual e funcional e o controle racional da fiabilidade da prova*. 2ª ed. São Paulo: JusPodivm, 2023. Sobre a metaprova, Antonio do Passo Cabral esclarece que "cresce em importância, de um lado, analisar o procedimento de produção da prova, especialmente quando produzida por entes privados. E, de outro lado, indagar a respeito da integridade dos elementos de prova colhidos, cuidando para que os registros não sejam adulterados (com inserção de dados falsos, do rosto de pessoas que nunca estiveram naquele local etc.). Fala-se, na práxis, em investigar a cadeia de custódia da prova, perquirindo o caminho da produção à juntada da prova em juízo" (CABRAL, Antonio do Passo. Processo e tecnologia: novas tendências. In: LUCON, Paulo Henrique dos Santos et al. (coord.). *Direito, processo e tecnologia*. São Paulo: Revista dos Tribunais, 2020). No processo civil, não há previsão no CPC sobre a necessidade de preservar a cadeia de custódia da prova. Por sua vez, no CPP, com a alteração promovida pela Lei nº 13.964/2019, a necessidade de preservação da cadeia de custódia vem expressa e extensamente regulada nos arts. 158-A a 158-F.

77 Como assinala Carnelutti, "o objeto da representação é, pois, o próprio objeto da percepção: *um fato*, ou seja, *uma atitude concreta (determinada no espaço e no tempo) do mundo exterior*". (CARNELUTTI, Francesco. *A prova civil*, p. 133). Na prova documental, é preciso diferenciar o fato representativo do fato representado, por exemplo, o documento-fotografia é o fato representativo da existência de uma casa, que é o fato representado. Ou, ainda, o instrumento contratual é o fato representativo da existência de uma compra e venda, que é o fato representado (LEITE, Clarisse Frechiani Lara. *Comentários ao Código de Processo Civil*, vol. VIII, t. II, p. 24).

representativa de um fato[78]. Por conta disso, a metaprova é considerada uma prova de segundo grau.

2.6. NOTORIEDADE E CRISE DO CONHECIMENTO

A relação entre fato notório e conhecimento é íntima[79]. Os autores que buscaram definir o fato notório abraçaram, em maioria, a ideia de que o fato notório é aquele que é ou tem aptidão de ser *conhecido* pela generalidade das pessoas, e não aqueles que *interessam* à maioria das pessoas. Então, o potencial conhecimento é aspecto fundamental para definição do fato notório.

Em primeiro lugar, não se pode confundir *conhecimento* com *informação*. A informação é algo "relativamente 'cru', específico e prático", já o conhecimento serve para "denotar o que foi 'cozido', processado ou sistematizado"[80]. Enquanto a informação consiste apenas na verificação de um dado da realidade, o conhecimento é resultado de um processo de significação que é atribuído a esse dado da realidade. O fato notório não é uma informação que está à disposição do juiz na realidade, pronto para ser capturado. O fato notório é resultado de um processo da qualificação de um determinado evento ocorrido na realidade e que passa a ser notório a partir do momento em que um determinado grupo de pessoas conhecem esse fato de forma generalizada. O juiz não só sabe que o fato ocorreu, mas elabora a ideia de que esse fato integra o patrimônio coletivo e cultural de uma determinada esfera social a ponto de não precisar ser provado em juízo. É feita, portanto, uma qualificação jurídica desse fato como notório[81].

---

78 Carnelutti separa provas diretas das indiretas segundo um critério de *percepção do juiz sobre o fato a ser provado* (CARNELUTTI, Francesco. *A prova civil*, p. 81-84). O critério é alvo de críticas, por exemplo, de Michele Taruffo, para quem uma prova pode ser classificada como direta ou indireta levando em consideração a relação entre o fato a ser provado e o objeto da prova. Desse modo, "a prova é direta quando versa diretamente sobre o fato a provar" e "se estará diante uma prova indireta quando o objeto da prova é constituído por um fato distinto daquele a ser provado que deve ser juridicamente relevante para os efeitos da decisão" (TARUFFO, Michele. *La prueba de los hechos*. 2ª ed. Trad. Jordi Ferrer Beltrán. Madrid: Editorial Trotta, 2005, p. 453-458).

79 Como afirma Giuseppe de Stefano: "que um fato seja notório significa pelo menos isto: que o próprio fato é conhecido, isto é, objeto do conhecimento. O conhecimento é, sem dúvida, a categoria geral à qual a notoriedade deve se referir" (DE STEFANO, Giuseppe. *Il notorio nel processo civile*, p. 21 – tradução livre).

80 BURKE, Peter. *Uma história social do conhecimento I: de Gutenberg a Diderot*. Trad. Plínio Dentzien. Rio de Janeiro: Zahar, 2003, p. 19.

81 Em última instância, é a diferença que existe entre *verdade* e *significado* a que se refere Ovídio A. Baptista da Silva: "o processo não cuida de fatos tratados em sua pura

Em segundo lugar, deve-se ter em mente que o conhecimento não é um fenômeno unívoco e homogêneo, pois é medido em graus e pode ter diferentes modalidades. A notoriedade é usualmente empregada para se referir a um determinado *grau* de conhecimento, aquele que é compartilhado por uma determinada comunidade a ponto de ser evidente. Pode ser notório tanto o conhecimento vulgarizado quanto o conhecimento científico. Essa é uma conclusão que dependerá inevitavelmente do referencial que está sendo utilizado. Embora o conhecimento acerca da existência de algumas leis possa ser considerado científico para quem é do ramo jurídico, será um conhecimento vulgarizado entre aqueles que não são do ramo jurídico, por exemplo. O conhecimento científico, portanto, não antagoniza o conhecimento notório. Pouco importa a classificação do conhecimento para fins da configuração da notoriedade, nos termos estabelecimento pela definição clássica do termo, mas se ele é disseminado naquela comunidade de maneira tal que não precisa ser demonstrado.

A notoriedade não é uma qualidade do fato. Fatos brutos existem ou não, independentemente da qualidade de notório. Na verdade, a notoriedade é uma qualidade do conhecimento, ou seja, é a percepção que um sujeito tem acerca de um determinado fato. Por isso é que a notoriedade é um conhecimento de valor qualificado[82]. Se o sujeito verifica que a veracidade de determinado fato está disseminada em uma determinada comunidade, ele afirmará a sua notoriedade. Ocorre, no entanto, que essa percepção do sujeito acerca da notoriedade de um determinado fato pode estar comprometida por uma série de fatores.

Com o impacto de novas tecnologias, sobretudo o advento da *internet* e a consolidação de um ambiente digital, muito se fala atualmente em *crise do conhecimento*. Estamos diante de um verdadeiro paradoxo[83]: ao mesmo tempo em que a *internet* democratiza e aumenta exponencialmente o acesso

---

materialidade, e sim de 'fatos jurídicos', ou fatos juridicizados. Em última análise, o que se busca no processo é o 'significado' a ser atribuído aos fatos, O juiz não labora com a simples descrição empírica dos fatos. Ele deve interpretar tanto a norma legal quanto atribuir aos fatos 'significados' que haverão de ser qualificados como jurídicos" (BAPTISTA DA SILVA, Ovídio A. Verdade e significado. *Revista Magister de Direito Civil e Processual Civil*, v. 1, n. 5, p. 76-97, mar./abr. 2005).

82 Assim, "o notório constitui um conhecimento de valor qualificado" (DE STEFANO, Giuseppe. *Il notorio nel processo civile*, p. 22 – tradução livre).

83 O paradoxo em questão é denunciado por ANSANELLI, Vincenzo. L'utilizzazione dell'intelligenza artificiale nel processo: strategie conoscitive e principi processuali nell'epoca di internet. *Revista de Processo*, v. 45, n. 302, p. 403-412, abr. 2020.

à informação, ela também acaba gerando uma sobrecarga de informação que não vem acompanhada de filtros adequados para gerenciar esses dados. Não é possível saber quando uma informação é confiável e nem quando ela é consistente, justamente porque os filtros que acompanhavam o conhecimento tradicional, nos termos acima mencionados, simplesmente não operam mais no ambiente digital. Muda-se, portanto, a perspectiva epistêmica de indivíduos, grupos e organizações na busca por informações e conhecimento.

Quando falamos de conhecimento tradicional, devemos pensar que antigamente existia uma estratégia de busca de informações para atestar a veracidade de um determinado fato que reunia, basicamente, quatro características[84]:

> *(i)* em primeiro lugar, o conhecimento tradicional parte da ideia de que, existindo apenas uma realidade, também existe apenas um mesmo conhecimento para todos. Ou seja, o conhecimento tradicional não admite que ideias contraditórias entre si possam conviver normalmente na medida em que apenas uma percepção da realidade é válida e a outra não pode ser certa;
>
> *(ii)* em segundo lugar, o conhecimento tradicional parte da ideia de que ele deve ser exato e não comporta ambiguidades;
>
> *(iii)* em terceiro lugar, o conhecimento tradicional é tão grande que precisamos de pessoas que realizam o papel de filtros para compreendê-lo. Nesse contexto é que os *experts* exercem a sua função, sistematizando a complexidade de uma determinada informação e traduzindo-a em conhecimento;
>
> *(iv)* em quarto lugar, o conhecimento tradicional se deve a instituições sociais que validam e certificam especialistas para filtrar o que é e o que não é conhecimento. Nessa perspectiva, as instituições de ensino e pesquisa, bem como os títulos acadêmicos, servem como credenciais para que se possa dizer, com autoridade, aquilo que deve ser compreendido por conhecimento.

Hoje em dia, o advento da tecnologia, o impacto da *internet* e a sobrecarga de informações praticamente neutralizam todas essas características constitutivas do conhecimento tradicional. Isso porque o conhecimento da

---

84 Conforme diagnóstico feito por WEINBERGER, David. *A nova desordem digital*, p. 101-102.

internet é dotado de características absolutamente diferentes do conhecimento tradicional[85]. A crise do conhecimento exige uma reformulação na estratégia epistêmica de busca por informações e critérios de confiabilidade para alcançar a verdade dos fatos. Temos o seguinte cenário, portanto:

> *(i)* em primeiro lugar, como a ideia tradicional é pautada numa dimensão física, e não digital, do conhecimento, somente uma realidade pode prevalecer, ignorando completamente a duplicidade e sobreposições de realidades disponíveis na rede;
>
> *(ii)* em segundo lugar, a miscelânea causada pelo mundo digital na categorização do conhecimento acaba trazendo *ambiguidades* e *incertezas* para a significação dos fatos do mundo, dificultando sobremaneira esse processo de maturação e compreensão que desembocaria na validação do conhecimento;
>
> *(iii)* em terceiro lugar, o papel dos especialistas na construção tradicional do conhecimento é altamente desvalorizado em proveito de uma rede de conexões que é interativa, conectada, globalizada e compartilha informações de forma assustadoramente veloz;
>
> *(iv)* em quarto lugar, como essa rede é aberta e muitas vezes é alimentada pelos próprios usuários, caem por terra os filtros de instituições sociais para validar o grande número de informações que é despejada na *internet*, tornando cada vez mais difícil a identificação tradicional daquilo que é conhecimento válido ou inválido.

Ocorre, no entanto, que a *internet* é uma realidade contra a qual não podemos lutar. Ela existe, ela é utilizada, ela fornece informações. As pessoas vão acessá-la e vão consultá-la. O conhecimento entra em crise diante das profundas divergências culturais inauguradas pelo advento da *internet* e da conexão em rede, mas é necessário pavimentar novos caminhos para atestar a confiabilidade e a veracidade das informações adquiridas.

2.7. FATOS, IMPRENSA E OPINIÃO PÚBLICA

Também é possível analisar a crise sobre a percepção de notoriedade dos fatos a partir da sua relação com a *opinião pública*. O parentesco entre os dois fenômenos tem sido assumido por parte da doutrina que aponta a

85 WEINBERGER, David. *Too big to know*, p. 173.

origem em comum na psicologia social como fator de ligação entre ambos[86]. Isso porque notoriedade e opinião pública possuiriam semelhanças, já que extraídas da consciência coletiva de um determinado grupo social, embora não possam ser confundidas entre si.

A notoriedade, para alguns, representaria a verdade de um fato decorrente da sua objetividade enquanto patrimônio cultural desse grupo social; a opinião pública, por sua vez, traduziria um estado de incerteza e dúvida ainda ligado à subjetividade dos indivíduos que compõe o grupo social[87].

O conceito de opinião pública é objeto de embate e pode ser alvo de diferenças a partir da perspectiva de análise com a qual é feita, ora na própria psicologia social, ora na ciência política, ora na sociologia. No entanto, vale dizer: a opinião pública não é uma categoria jurídica propriamente dita e não possui, por assim dizer, uma definição normativa. No entanto, como o sistema jurídico não é enclausurado em si e encontra-se aberto a influxos de outras áreas do conhecimento, é possível analisar o conceito de opinião pública, ainda que em termos gerais, para fins de exame da sua relação com institutos jurídicos.

Com essa premissa em mente, é possível conceituar opinião pública, em termos gerais, como a expressão do modo de pensar de um determinado grupo social ou da sociedade como um todo acerca de um determinado assunto ou acontecimento[88].

A opinião pública não é a opinião da maioria, tampouco pressupõe concordância entre todos os membros do grupo, mas reflete uma *tendência central* daquele grupo social sobre um determinado assunto, ainda que

86 Analisando as semelhanças e diferenças dos fenômenos, cfr. CARNELLI, Lorenzo. *O fato notório*, p. 238-242 e 260-262.

87 DE STEFANO, Giuseppe. *Il notorio nel processo civile*, p. 47-49. O processo de maturação da opinião pública poderia ser formal e institucionalmente introduzido no processo judicial, por exemplo, por meio da notoriedade, como afirmado "às vezes a opinião, que é um fato natural e espontâneo, é imediatamente elevada ao nível de uma instituição: isso ocorre pelo que foi dito sobre fama e notoriedade" (TIRANTI, Vittorio Emanuele. *L'opinione pubblica nei suoi rapporti con la prova*. Pisa: Spoerri, 1903, p.72).

88 A opinião pública "exprime um julgamento coletivo sobre um fato ou uma problemática elaborada por uma determinada sociedade", razão pela qual o seu estudo "coloca em jogo processos de interação complexos entre indivíduos, grupos e estruturais sociais", cfr. DEVILLÉ, Anne. Opinião(ões). In: ARNAUD, André-Jean (coord.). *Dicionário enciclopédico de teoria e de sociologia do direito*. 2ª ed. Trad. Patrice Charles, F. X. Willaume. Rio de Janeiro: Renovar, 1999, p. 551-552.

antagônicas e heterogêneas as opiniões individuais dos seus membros[89]. Ainda que os estudos sobre a opinião pública revelem sua incidência desde os tempos primórdios, trata-se de fenômeno cuja intensidade é mais fácil de ser visualizada na chamada sociedade de massa em que ocorre, por conta disso, uma *comunicação de massa*[90].

No processo de formação da opinião pública, historicamente, sempre foi ressaltado o papel da imprensa, assim compreendida a mídia tradicional (como a televisão, o rádio e os jornais)[91]. Não à toa, a imprensa já foi denominada de "quarto poder"[92] justamente por causa da sua força perante a opinião pública. A imprensa tem papel importante na disseminação de fatos, pensamentos e ideias, capazes, portanto, de influenciar e moldar a opinião pública. A notoriedade de um fato está intimamente ligada ou à maneira como ele ocorreu ou à maneira como ele foi divulgado[93]. Antes, acreditava-se que essa divulgação acontecia por meio de publicações oficiais, de ciências históricas ou da imprensa. Hoje, como já vimos, a *internet* revoluciona o modo de divulgação desses fatos, porém, não fica excluído o papel da imprensa.

---

89 Termo utilizado por BLUMER, Herbert. The mass, the public and the public opinion. *American Sociological Review*, vol. 13, n. 5 (oct., 1948), p. 542-549. Também em ABDO, Helena. *Mídia e processo*. São Paulo: Saraiva, 2011, p. 74.

90 John B. Thompson critica o termo *massa* no contexto da *comunicação de massa* e da *sociedade de massa*. A uma, porque "evoca a imagem de uma vasta audiência de muitos milhares e até milhões de indivíduos", quando, na verdade, isso seria aplicável aos mais modernos e populares produtos da mídia, como jornais, filmes e programas de televisão; a audiência de outros produtos da mídia como livros e revistas é menor e especializada, tanto no presente quanto no passado. A outra, porque "sugere que os destinatários do produto da mídia se compõem de um vasto mar de passivos e indiferenciados indivíduos" e teriam "um grande impacto negativo na visa social, moderna, criando um tipo de cultura homogênea e branda", quando, na verdade, seria uma mera pressuposição, já que o modo pelo qual as pessoas recebem, interpretam e incorporam os produtos da mídia às suas vidas seria mais complexo. Sobre o ponto, cfr. THOMPSON, John B. *A mídia e a modernidade: uma teoria social da mídia*. 5ª ed. Trad. Wagner de Oliveira Brandão. Petrópolis: Vozes, 1998, p. 30-32.

91 Neste sentido, "a imprensa tem sido considerada como uma verdadeira 'tecnologia intelectual', capaz de permitir a acumulação e a formalização do conhecimento, transformando em profundidade o pensamento individual e coletivo" (COMOGLIO, Paolo. *Nuove tecnologie e disponibilità della prova*, p. 194 – traduçao livre).

92 Para uma análise neste sentido, cfr. BRIGGS, Asa; BURKE, Peter. *Uma história social da mídia: de Gutenberg à Internet*. 2ª ed. Trad. Maria Carmelita Pádua Dias. Rio de Janeiro: Jorge Zahar Editora, 2006, p. 192-214.

93 STEIN, Friedrich. *El conocimiento privado del juez*, p. 173.

No Brasil, a comunicação social é regulamentada na própria Constituição, assegurando pilares fundamentais e regulamentando o seu exercício a partir da liberdade de imprensa (art. 220), da produção de programação das emissoras de rádio e televisão (art. 221), propriedade de empresa jornalística, de rádio e TV (art. 222) e a concessão de serviços de TV aberta e radiodifusão (art. 223). Todo esse arcabouço normativo no sistema jurídico-normativo brasileiro colabora, ao menos em tese, para a centralização da produção de informação e, consequentemente, um domínio de determinados agentes privados da mídia no debate público para fins de formação da opinião pública[94].

Ocorre que, atualmente, a opinião pública é significativamente impactada pelas novas formas de comunicação digital e avanços tecnológicos. Toda a lógica que informa o processo de produção da informação nos dias atuais, e, via de consequência, da opinião pública, é completamente alterada pelas novas tecnologias. Antes, as mídias tradicionais monopolizavam esse espaço de produção da informação, mas hoje elas disputam esse espaço com outros atores que são igualmente produtores da informação, sobretudo em redes sociais, de modo que a formação da opinião pública é disputada por uma pluralidade de agentes que respeitam códigos de condutas diferentes.

Se a divulgação de fatos pela imprensa profissional deve respeitar, ao menos em tese, determinados princípios éticos e de interesse público, o mesmo não pode ser dito de outros agentes produtores de informação e divulgação de fatos que, por serem desvinculados da mídia tradicional, podem perseguir interesses outros que não aqueles ligados ao interesse público, mas interesses privados, sejam eles lícitos, sejam eles ilícitos.

Daí porque, nos dias de hoje, é impossível analisar o processo de formação da opinião pública de forma dissociada de dois conceitos que, embora diferentes, são interligados entre si: as *fake news* e a pós-verdade[95].

---

94 Ponto criticado por Virgílio Afonso da Silva, em comentários aos dispositivos constitucionais citados, no sentido de que "a imprensa brasileira ainda é menos plural do que poderia e deveria ser. Os maiores jornais, revistas e emissoras de rádio e TV pertencem a poucas empresas, muitas delas dirigidas pela mesma família há décadas" (SILVA, Virgílio Afonso da. *Direito constitucional brasileiro*. São Paulo: Edusp, 2021, p. 632-633).

95 Relacionando os temas, vale conferir FARIAS, Luis Alberto de; CARDOSO, Ivelise; NASSAR, Paulo Roberto. Comunicação, opinião pública e os impactos da revolução digital na era da pós-verdade e *fake news*. *Revista Brasileira de Comunicação Organizacional e Relações Públicas*, v. 3, n. 34, p. 71-81, set./dez., 2020; POZOBON, Rejane de Oliveira; KEGLER, Bruno. *Fake news*, pós-verdade e os limites (ou desafios) da opinião pública na sociedade da plataforma. *Revista Brasileira de Comunicação Organizacional e Relações*

As *fake news* consistem em um fenômeno de alteração ou distorção deliberada de fatos com propósito de atingir determinado objetivo. Não se trata, porém, de mera divulgação de informações falsas, mas de algo mais grave que corresponde a uma verdadeira fabricação de informação dolosamente distorcida e/ou sabidamente falsa e posterior veiculação *como se notícia fosse*[96].

A desinformação, no entanto, é um fenômeno mais amplo porque não necessariamente diz respeito à fabricação fraudulenta de uma notícia falsa. Pode-se dizer que a *fake news* é uma espécie da qual a desinformação é gênero[97].

A desinformação pode ser conceituada em termos simples como uma *informação enganosa*. Em primeiro lugar, ela é uma *informação* porque consiste em enunciado que, de alguma maneira, representa algo no mundo. Ela, portanto, tem um conteúdo semântico. Em segundo lugar, ela também é *enganosa*, no sentido de que o seu objetivo é criar falsas crenças em alguém.

A desinformação não precisa alcançar o objetivo de efetivamente enganar alguém, já que as qualidades que possui independem do resultado alcançado. É possível disseminar desinformação sem que os destinatários de fato acreditem na informação enganosa. A informação tem que, ao me-

---

Públicas, v. 18, n. 34, p. 48-57, set./dez., 2020. Para uma interessante abordagem do conhecimento privado do juiz à luz da pós-verdade, inclusive com referência ao fenômeno das *fake news*, cfr. SALES, Ivan Borges. *Factos notórios e máximas de experiência: o conhecimento privado do juiz na "era da pós-verdade"*, especialmente o cap. 3.

96 SILVA, Virgílio Afonso da. *Direito constitucional brasileiro*, p. 632-633.

97 Outras espécies podem ser identificadas, como, por exemplo, (i) *desinformação não-intencional*: são meras informações equivocadas que são usualmente disseminadas por indivíduos que confiam na fonte e buscam repassar a informação a outas pessoas sem intenção de enganá-las; (ii) *desinformação intencionalmente disseminada*: informações sabidamente equivocadas que são usualmente disseminadas por grupos coordenados que buscam atingir o objetivo de sua agenda com essa propagação da informação; (iii) *rumor*: informação ainda não verificada que pode ser verdadeira ou falsa, são os boatos; (iv) *crowdturfing*: informações lançadas por uma plataforma para atingir a popularidade de um sujeito, grupo ou organização; (v) *spam*: informações não solicitadas e indesejadas que sobrecarregam injustamente seus destinatários, geralmente veiculadas por e-mail ou mídias sociais; (vi) *troll*: informações que objetivam perturbar e irritar pessoas em grupos de discussão, não são focadas no convencimento dos seus destinatários, mas em tensionar o debate; (vii) *discurso de ódio*: informações cujo alvo são pessoas ou grupo de pessoas, geralmente minorias, com mensagem preconceituosas e ameaçadoras (WU, Liang; MORSTATTER, Fred; CARLEY, Kathleen M.; LIU, Huan. Misinformation in social media: definition, manipulation, and detection. *SIGKDD Explor*, vol. 21, n. 2, p. 80-90, 2019).

nos, ter a *propensão* de enganar. Isso quer dizer que a pessoa, o grupo ou a instituição que veicula a informação ou tem a *intenção* de enganar ou tem condições de prever que a informação pode enganar. Em outras palavras, a desinformação pode perfeitamente ser *acidental*. O traço distintivo da desinformação, portanto, é a *função*, e não somente a *intenção*, de enganar alguém[98].

Porém, não se pode confundir a desinformação com simples equívocos de comunicação e interpretação das mensagens, o que pode ser fruto, inclusive, da sobrecarga de informação típica da era do *Big Data*. Nessas situações, quando não há intenção de enganar, nem potencial possibilidade de enganar, não é possível falar em desinformação[99].

A divulgação e comunicação de fatos feita pela mídia tradicional parte da premissa de que a informação tem que se pautar em critérios de verdade, completude e objetividade[100]. Quanto ao primeiro requisito (verdade), exige-se que a divulgação de determinado fato seja narrada de forma correspondente à realidade e não fruto de invenção ou mentira; quanto ao segundo requisito (completude), exige-se que a divulgação de determinado fato seja narrada de forma completa, sem omissão de circunstâncias que possam comprometer o fato noticiado ou que possam influenciar em determinada direção a opinião do receptor da notícia sobre aquele fato noticiado; por fim, quanto ao terceiro ponto (objetividade), exige-se que a divulgação de determinado

98 Como defende FALLIS, Don. What is disinformation? *Library Trends*, vol. 63, n. 3, p. 401-426, 2015.

99 Por conta disso, os termos em inglês *desinformation* e *misinformation* são melhores para diferenciar os fenômenos. No entanto, os termos podem aparecer como sinônimos: "Vivemos em uma era de desinformação (nota: utiliza a expressão *misinformation*] – uma era de spin, marketing e mentiras. É claro que mentir não é novidade, mas a propagação deliberada de informações falsas ou enganosas explodiu no século passado, impulsionada tanto pelas novas tecnologias de divulgação de informações – rádio, televisão, *internet* – quanto pela crescente sofisticação daqueles que nos enganariam" (O'CONNOR, Cailin; WEATHERALL, James Owen. *The misinformation age: how false beliefs spread*. New Haven, Yale University Press, 2019, p. 9 – tradução livre). Utilizando a *intenção* como critério que diferencia *desinformation* e *misinformation*, embora usando *misinformation* em sentido amplo para incluir todas as informações falsas ou imprecisas divulgadas nas mídias sociais, cfr. WU, Liang; MORSTATTER, Fred; CARLEY, Kathleen M.; LIU, Huan. Misinformation in social media, 2019.

100 Tanto a doutrina do processo civil quanto a doutrina do processo penal têm apontado essas três características da informação por ocasião da análise do princípio da publicidade processual, cfr. VIEIRA, Ana Lúcia Menezes. *Processo penal e mídia*. São Paulo: Revista dos Tribunais, 2003, p. 45-48; ABDO, Helena. *Mídia e processo*, p. 114-120; YARSHELL, Flávio Luiz. *Curso de direito processual civil*, vol. I, p. 134.

fato seja imparcial e neutra, sem juízos valorativos e sensacionalistas que incutam no receptor da notícia um significado já pré-estabelecido sobre o fato noticiado.

O fenômeno das *fake news*, porque não ligado ao interesse público e sem compromissos éticos na divulgação do fato noticiado, não precisa respeitar nenhum desses três requisitos. A bem da verdade, as *fake news* muitas vezes atuam em zonas cinzentas ora em relação a esses três requisitos, ora em relação a somente alguns deles, justamente para descredibilizar o fato noticiado ou gerar uma narrativa que atinja o objetivo a que se propõe.

Conceitos como desinformação e *fake news*, por sua vez, são intimamente ligados ao conceito de *pós-verdade*. Pode-se dizer, inclusive, que há uma relação de causa e consequência porque a desinformação e as *fake news* são instrumentos que resultam nesse processo de degeneração da verdade, completude e objetividade dos fatos. Indivíduos e grupos sociais simplesmente ignoram a verdade objetivamente verificável, correspondente à realidade dos fatos, focando em suas crenças e naquilo que eles acreditam ser a verdade[101]. Trata-se de uma verdade construída por conveniência e consensos de grupos sociais, o que é aumentado exponencialmente com a *internet*, notadamente as redes sociais. Uma percepção subjetiva da realidade, produto desse processo de transformação da comunicação altamente impactado pelas novas tecnologias. Nesse ponto, a concepção de *verdade por consenso* triunfa sobre a concepção da *verdade por correspondência*.

Embora a livre circulação de ideias e informação na *internet* possa, em princípio, parecer contribuir para uma visão democrática e pluralista da divulgação de informação e dos fatos, a total ausência de controle e critérios para apuração da veracidade desse fluxo de informações no meio digital não ratifica ser essa uma alternativa viável à imprensa tradicional. Além disso, é amplamente conhecido hoje que a circulação de ideias no meio digital não é totalmente livre porque é induzida por algoritmos e inteligência artificial

---

101 Assim, pode-se dizer que "a pós-verdade nos introduz no campo da percepção subjetiva da realidade, em que as crenças e as convicções individuais pesam mais do que a objetividade dos fatos comprovados" (BLANCO ALFONSO, Ignacio. Posverdad, percepción de la realidad y opinión pública: una aproximación desde la fenomenologia. *Revista de Estudios Politicos*, n. 187, p. 167-186, enero/marzo 2020 – tradução livre). Isso porque "era da Pós-verdade impõe lidar com um ambiente onde informações são compartilhadas, inclusive para dentro da classe judicial, sob contexto de lógica formal interna e autorreferenciada sujeitas à aceitação com capacidade de reforçar perspectivas do mundo preexistentes" (SALES, Ivan Borges. *Factos notórios e máximas de experiência: o conhecimento privado do juiz na "era da pós-verdade"*, p. 58).

das grandes corporações privadas que hoje dominam as redes sociais, de forma a induzir comportamentos e opiniões sobre essas informações de acordo com as *bolhas digitais* em que os indivíduos e grupos sociais estão inseridos. Nessas bolhas digitais, verdadeiras *câmaras de eco*, a verdade derivada das crenças pessoais sobrepõe-se à verdade factual que corresponde à realidade[102]. Desse modo, é absolutamente artificial a ideia de pluralidade fruto dessa livre circulação de ideias no meio digital, seja em relação ao número de veículos de divulgação da informação, seja em relação ao conteúdo da informação em si[103].

Por conta disso, se a percepção de notoriedade de um fato tem sua origem na mesma fonte de conhecimento da opinião pública - a saber, a consciência coletiva de um determinado grupo social ou da sociedade como um todo, conforme já dito anteriormente –, é possível que essa mesma percepção seja *contaminada*, em maior ou menor grau, pelos sentidos outorgados pela opinião pública àqueles mesmos fatos. Sendo assim, a notoriedade deixa de ser um veículo que atribui certeza à veracidade do fato e passa a ser um veículo de introdução de incerteza[104]. O critério amplamente aceito para a dispensa de prova para fatos notórios, como se sabe, é baseada justamente na certeza sobre a ocorrência e a veracidade de um determinado fato, razão pela qual esse processo de contaminação é mais um fator de deslegitimação da notoriedade no mundo contemporâneo.

---

102 Esse fenômeno tem sido denominado de "câmaras de eco" (*eco chambers*, no original em inglês): "grupos que se dividem tão firmemente que incluem apenas pessoas que concordam com eles são chamadas de 'câmaras de eco'. Se as pessoas vivem em câmaras de eco na *internet*, não importa quantas diferenças, desacordos e pontos de vista estejam presentes fora de cada câmara. Se estamos nos escondendo com pessoas que pensam exatamente como nós, então o conhecimento está se escondendo da diversidade, excluindo mais diferenças do que nunca" (WEINBERGER, David, *Too big to know*, p. 81 - tradução livre).

103 SILVA, Virgílio Afonso da. *Direito constitucional brasileiro*, p. 179.

104 O crédito concedido à opinião pública enquanto fenômeno dotado de autoridade, ainda que com ressalvas, pode ser percebido no seguinte trecho: "a opinião pública não coincide com a verdade, precisamente por ser opinião, por ser *doxa* e não *episteme*; mas, na medida em que se forma e fortalece no debate, expressa uma atitude racional, crítica e bem informada" (MATTEUCCI, Nicola. Opinião pública. In: BOBBIO, Norberto; MATTEUCCI, Nicola; PASQUINO, Gianfranco. *Dicionário de política*. Trad. Carmen C. Varriale *et all*. Brasília: Editora Universidade de Brasília, 1998, p. 842-845).

Estabelecendo uma ligação entre essas considerações e a apuração e acertamento de fatos no processo judicial[105], faz-se necessária uma reformulação do regime processual do fato notório. Se assumirmos a premissa de que o conhecimento sobre fatos pode ser indireto, de que esses fatos nos dias de hoje estão amplamente documentados, de que as partes narram esses fatos e o juiz os conhecerá por meio da narrativa das partes e, havendo dúvida, por meio da produção de provas, haverá a necessidade de que até mesmo os fatos alegados como notórios sejam submetidos a uma comprovação.

A concepção de notoriedade muda o cenário porque o conhecimento de determinado grupo social acerca daquele fato se mostra insuficiente para certificar a sua ocorrência e veracidade. O controle da notoriedade que era feito de forma externa ao processo passa a ser débil e exige um controle interno, processual, de sua verificação.

2.8. NOTORIEDADE E *WIKIPEDIA*

A *Wikipedia* pode ser considerada uma enciclopédia *on-line* de fatos notórios?[106]

À primeira vista, essa pergunta merece uma resposta negativa, afinal, as antigas enciclopédias físicas nunca foram compreendidas como verdadeiros repositórios de fatos notórios. Logo, atribuir esse encargo à *Wikipedia* não parece ser um caminho a ser tomado sem reflexão crítica. No entanto, é pertinente indagar se os fatos e as informações relatadas nos verbetes da *Wikipedia*, já que estão sujeitos ao controle comunitário e ao respectivo conhecimento de todos, podem ser considerados fatos notórios por integrar o patrimônio cultural comum de uma determinada esfera social. Isso porque, se houver uma compreensão nesses termos, os fatos e informações dos verbetes da *Wikipedia* se enquadrariam perfeitamente no conceito de notoriedade desenvolvido por CALAMANDREI ainda no século passado.

---

105 É preciso ter em mente que "fatos inverídicos, crenças infundadas, meias verdades e suposições não podem servir de critério de decisão", razão pela qual "no processo judicial, dados comprovados não podem ser desconsiderados diante de concepções pessoais, calcadas em juízos particulares e em experiências individuais" (CAMBI, Eduardo; SCHMITZ, Nicole Naiara. Pós-verdade, pós-democracia e processo. *Revista de Processo*, v. 45, n. 301, p. 35–75, mar., 2020).

106 Essa pergunta foi lançada por COMOGLIO, Paolo. Internet, wikipedia e la crisi del notorio. *Revista Iberoamericana de Derecho Procesal*, vol. 9, p. 141-173, jan./jun. 2019.

Antes, porém, cabe uma breve explicação do que é e de como funciona a *Wikipedia*. Segundo consta da sua página oficial[107], trata-se de "um projeto de enciclopédia colaborativa, universal e multilíngue estabelecido na *internet* sob o princípio wiki" cujo propósito é o de "fornecer um conteúdo livre, objetivo e verificável, que todos possam editar e melhorar". Estima-se que são mais de 45 milhões verbetes publicados em mais de 280 idiomas.

Dessa forma, "todos podem publicar conteúdo on-line desde que criem uma conta e sigam as regras básicas, como verificabilidade ou notoriedade". Enquanto os *critérios de verificabilidade* significam que "pessoas lendo e editando a enciclopédia podem checar se a informação provém de uma fonte confiável"[108], os chamados *critérios de notoriedade*, que também são conhecidos como critérios de relevância ou de notabilidade, são "recomendações aprovadas pela comunidade e que visam a estabelecer que tipos de artigos deverão ser considerados relevantes, de forma a guiar posteriores discussões de eliminação de artigos"[109].

A *Wikipedia* tem duas características que são bem representativas da grande mudança nos tempos atuais em relação à gestão compartilhada do conhecimento: ela é uma enciclopédia *aberta* e *livre*[110]. Trata-se de um

---

107 Disponível em <https://pt.wikipedia.org/>. Acesso em 10.04.2022.

108 Extraído de <https://pt.wikipedia.org/wiki/Wikip%C3%A9dia:Verificabilidade>. Acesso em 10.04.2022. Desse modo, "a Wikipédia não publica pesquisa inédita; todo seu conteúdo é determinado pela informação previamente publicada ao invés de se basear apenas nas opiniões, crenças e experiências de seus editores. Mesmo se você tem certeza de que algo é verdadeiro, isto deve ser verificável através das fontes da informação antes de você adicioná-lo".

109 Extraído de <https://pt.wikipedia.org/wiki/Wikip%C3%A9dia:Crit%C3%A9rios_de_notoriedade>. Acesso em 10.04.2022. Assim, "o critério geral é que um tópico é presumido como notável se recebeu cobertura significativa de fontes reputadas e independentes do assunto tratado. Entretanto, também é presumido como notável se cumprir algum critério de notoriedade temático. O conjunto dos critérios define-se como suficiente: havendo cumprimento de algum deles e existência de fontes secundárias de qualidade que permitam a redação de um artigo completo, garantindo a exigência de verificabilidade, existe a presunção sobre a pertinência enciclopédica do assunto. O conceito de notoriedade é diferente do conceito de fama, importância ou popularidade, embora estes possam ter uma correlação positiva com a notoriedade".

110 PACCAGNELLA, Luciano. La gestione della conoscenza nella società dell'informazione: il caso di Wikipedia. *Rassegna Italiana di Sociologia*, anno 2007, vol. 48, fascicolo 4, p. 653-680, 2007. Segundo DAVID WEINBERGER, a *Wikipedia* é uma miscelânea representativa da própria *internet*, com imenso impacto na noção de conhecimento: "A *Wikipedia* consiste numa tela tecida por *hiperlinks*. Como a própria Web, não se parece com uma árvore, pois é uma estrutura muito, muito mais complexa. Entretanto, é discutível

exemplo de cooperação em uma comunidade virtual auto-organizada[111]. Em primeiro lugar, é possível dizer que a *Wikipedia* é *aberta* porque todos os seus verbetes são alimentados por contribuições voluntárias de quaisquer pessoas com interesse de criá-los, inserir novas informações ou modificar os já existentes. Ainda que existam alguns procedimentos para impedir atos de deturpação dolosa das informações constantes em tais verbetes, essa absoluta abertura para uma colaboração comunitária de inserção de informações é o que gera a confiança necessária ao projeto da *Wikipedia*. Em segundo lugar, é possível dizer que a *Wikipedia* é *livre* porque o acesso ao conteúdo dos verbetes é permitido sem quaisquer limitações de cadastro e sem exigências de custos financeiros. Além disso, os conteúdos dos verbetes podem ser utilizados, inseridos e replicados em outros espaços e publicações sem maiores restrições, tendo em vista que não há qualquer impedimento de direitos autorais nesse sentido.

A grande questão que se coloca atualmente deve ser enxergada por um viés eminentemente pragmático, e não epistêmico[112]: as pessoas de maneira geral consultam a *Wikipedia* quando buscam informações sobre fatos e ignorar esse ponto é ignorar, em última instância, um dado da própria realidade. Da mesma maneira, é absolutamente possível que juízes e membros dos tribunais busquem informações relevantes para apuração dos fatos em determinados processos judiciais. Dessa forma, é preciso reposicionar a pergunta para outra direção porque não se trata mais de uma questão sobre saber se a consulta à *Wikipedia* é feita ou não, afinal, ela é feita, ou às claras ou às escondidas.

A questão fundamental é investigar se as informações da *Wikipedia* são confiáveis. No contexto de uma sociedade em rede e de um mundo digital com sobrecarga de informações oriundas da *internet* na sua grande maioria, em que milhares de dados surgem a cada momento, aos quais se somam ainda dados de mídias antigas e novas, a questão fundamental é desenvolver

---

que sua forma, livre das duas dimensões do papel, represente com mais propriedade a enorme diversidade dos insights e interesses humanos" (WEINBERGER, David. *A nova desordem digital*, p. 100).

111 FUCHS, Christian. *Internet and society*, cap. 9.

112 Neste sentido, argumenta-se que "uma abordagem pragmática funciona muito melhor do que uma abordagem epistêmica para explicar nossa prática comum de consultar a Wikipédia", cfr. GOODWIN, Jean. The authority of Wikipedia. In: *Argument Cultures*, edited by Juho Ritola. Windsor, ONT: Ontario Society for the Study of Argumentation, 2010 – tradução livre.

ferramentas cognitivas para processar tais informações e atestar o seu grau de confiabilidade e idoneidade[113].

Analisando sob essa perspectiva, no intuito de averiguar se as informações são verdadeiramente confiáveis, pode-se dizer que a *Wikipedia* coloca em xeque dois elementos fundamentais na gestão do conhecimento sobre fatos e informações: a *autoridade* e a *especialização*. Na *Wikipedia*, a *autoridade* do conteúdo das informações e fatos constantes de seus verbetes não é fruto de um processo de seleção *ex ante*, mas de uma análise *ex post*. Além disso, quanto à *especialização*, o conteúdo não é inserido nos verbetes necessariamente por especialistas que possuem expertise e domínio técnico no assunto. Isso ocorre justamente por causa de um dos pilares fundamentais da *Wikipedia*: não existe nenhum filtro, barreira ou seleção para inserção de conteúdo nos verbetes e qualquer pessoa pode voluntariamente inserir, modificar ou até mesmo suprimir dados e informações. Por conta disso, as informações estão em constante revisão e reconstrução por seus colaboradores e contam com uma espécie de "autocrítica" já que permite avisos sobre a (ausência de) neutralidade dos verbetes e a necessidade de citações adicionais para corroboração das informações[114].

Nesse ponto, a *Wikipedia* parece confiar na *sabedoria das multidões*[115], ou seja, na ideia de que a intensa e constante troca e fluxo de informações entre membros de uma comunidade é fator indispensável à construção evolutiva do conhecimento. O problema em torno dessa ideia é que ela parte do pressuposto, ainda que implícito, de certa homogeneidade e correspondência

---

113 PACCAGNELLA, Luciano. La gestione della conoscenza nella società dell'informazione: il caso di Wikipedia. *Rassegna Italiana di Sociologia*, anno 2007, vol. 48, fascicolo 4, p. 653-680, 2007.

114 A *Wikipedia*, enquanto enciclopédia *on-line*, é bem diferente das enciclopédias impressas por alguns fatores: a) é maior; b) está em constante revisão e reconstrução; c) é feita por colaboradores voluntários. Para uma análise neste sentido, cfr. BURKE, Peter. *Uma história social do conhecimento II*, p. 341-342.

115 O termo é de SUROWIECKI, James. *A sabedoria das multidões*. Trad. Alexandre Martins. Rio de Janeiro: Record, 2006. Para uma análise epistêmica do termo no contexto do *Wikipedia*, como uma das razões para confiar nas informações dos seus verbetes, cfr. GOODWIN, Jean. The authority of Wikipedia. In: *Argument Cultures*, edited by Juho Ritola. Windsor, ONT: Ontario Society for the Study of Argumentation, 2010. Para uma análise do termo no contexto do fato notório, cfr. COMOGLIO, Paolo. *Nuove tecnologie e disponibilità della prova*, p. 191-215 e COMOGLIO, Paolo. Internet, wikipedia e la crisi del notorio. *Revista Iberoamericana de Derecho Procesal,* vol. 9, p. 141-173, jan./jun. 2019; SOBA BRACESCO, Ignacio M. El hecho notorio. Dos problemas actuales. *Diario La Ley*, 2022.

entre os membros da coletividade[116]. Ou, então, que as opiniões divergentes podem ser agregadas em torno de uma opinião comum.

É o mesmo pressuposto que fundamenta o conceito de notoriedade desenvolvido por Calamandrei, como se a percepção de notoriedade sobre um fato pudesse ser assegurada por pertencer a uma esfera social dotada de determinada cultura. Contudo, a edição dos verbetes da *Wikipedia* parte da premissa do interesse. Não são todos os membros da coletividade que alimentam o verbete com dados e informações, mas somente aqueles efetivamente interessados naquele tema[117]. Outro ponto crucial é que não é possível garantir que as informações dos verbetes da *Wikipedia* estejam imunes de erros. A inserção, modificação e supressão de dados não necessariamente pode causar a melhora do conteúdo; mas, efetivamente, pode piorá-lo[118].

Como se pode perceber, não é possível garantir que as informações constantes da *Wikipedia*, de um lado, representem o efetivo conhecimento de uma determinada coletividade acerca de determinado fato (sua notoriedade), ou, de outro, representem a verdade factual sobre determinado fato (sua veracidade).

2.9. EPISTEMOLOGIA DA NOTORIEDADE

Se Calamandrei estava certo ao dizer que um fato será considerado notório quando pertencer ao patrimônio cultural de uma determinada coletividade, estamos diante de um cenário em que um grupo, por ele chamado

---

116 Como parece acreditar David Weinberger, ao dizer que "novos tópicos continuam a ser acrescentados à *Wikipedia* e os antigos editados, porém não no ritmo dos anos anteriores. Muitas das grandes discussões já foram esclarecidas. Ocorre um pequeno e contínuo aprimoramento dos artigos mais populares, mas grandes alterações se tornaram mais raras. Assim, a *Wikipedia* constitui o acervo do conhecimento sobre o qual concordamos. A *Wikipedia* está fazendo com o conhecimento o que os almanaques fazem com os fatos" (WEINBERGER, David. *A nova desordem digital*, p. 219).

117 O que aproxima o conceito de notoriedade do critério do *interesse*, conforme desenvolvido por Carnelutti, nos termos percebidos por COMOGLIO, Paolo. *Nuove tecnologie e disponibilità della prova*, p. 208-209.

118 Como alertado por Andrea Miconi, "a ideia de que o trabalho das comunidades conduz necessariamente a um 'melhor' resultado, se é que alguma coisa, é uma daquelas convicções nunca demonstradas, obstinadamente enraizadas no senso comum, profundamente ideológicas, e ainda mais insidiosas precisamente porque se apresentam como 'não ideológica'." (MICONI, Andrea. Il web senza qualità. I limiti di Wikipedia e la microfisica dell'informazione. *Problemi dell'informazione*, vol. 35, nº. 4, 2010, p. 409-426 – tradução livre). Igualmente, COMOGLIO, Paolo. *Nuove tecnologie e disponibilità della prova*, p. 204.

de esfera social, é responsável pela transmissão de conhecimento sobre esses fatos. E a qualificação desse conhecimento sobre os fatos como notório é algo que existe *de per si* na linha de raciocínio de CALAMANDREI porque o mero fato de pertencer a ele é suficiente para conotá-lo como notório. Então o sujeito do processo que busca se valer de um fato notório, afirmando a sua existência com o objetivo de dispensar a produção de prova, necessita tão somente dizer que o conhecimento sobre esse fato em um determinado grupo é disseminado e, por conta disso, não precisaria ser comprovado.

No entanto, como o conhecimento sobre um fato é transmitido para um sujeito do processo que faz a afirmação de que ele é notório? Quais são as razões em que esse sujeito do processo acredita para confiar que o conhecimento sobre esse fato é verdadeiro naquela esfera social?

Temas como transmissão de conhecimento e razões para crer que esse conhecimento transmitido é confiável são objetos de estudo da *epistemologia*. A epistemologia, portanto, estuda o que é o conhecimento e como as pessoas podem adquiri-lo. A sua relação com o direito processual não é nova e tem sido cada vez mais explorada, afinal, o processo judicial consiste em um método de resolução de controvérsias que busca o conhecimento sobre determinados fatos para resolver o litígio de forma justa.

O direito probatório, por exemplo, é lugar de destaque em termos de abordagens epistemológicas. MICHELE TARUFFO foi um dos processualistas que apontou a existência de uma "dimensão epistêmica do processo" na medida em que trata de um método estruturado cuja finalidade é colher elementos para obter conhecimento verídico sobre determinados fatos para fins de resolução de controvérsias[119]. Assim, embora a apuração da verdade dos fatos seja uma condição essencial para a *justiça* da decisão, não é apenas esse o fim que o processo persegue[120].

---

119 TARUFFO, Michele. *Uma simples verdade*, p. 159-163. Nos estudos sobre *raciocínio probatório*, a abordagem *epistemológica* inegavelmente tem ocupado uma posição de destaque, cfr., por exemplo, FERRER BELTRÁN, Jordi. *Prueba y verdade em el derecho*, 2005; GASCÓN ABELLÁN, Marina. *Los hechos en el derecho: bases argumentales de la prueba*. 3ª ed. Madrid, Marcial Pons, 2010. No Brasil, cfr., por todos, RAMOS, Vitor de Paula. *Ônus da prova no processo civil: do ônus ao dever de provar*. 2ª ed. São Paulo: Revista dos Tribunais, 2018.

120 Neste ponto, vale mencionar a tensão que existe entre *escopo jurídico* e *escopo social* do processo, o primeiro prestigiando a finalidade do processo de aplicação da norma jurídica que regula o caso concreto, o segundo prestigiando a pacificação do conflito, conforme desenvolvimento de DINAMARCO, Cândido Rangel. *A instrumentalidade do processo*. 3ª ed. São Paulo: Malheiros, 1993, p. 224-236, para quem "o conhecimento

O conhecimento pode ser transmitido e adquirido de diversas maneiras e uma das formas de adquirir conhecimento sobre fatos é por meio de um testemunho. Na epistemologia, o testemunho pode ser encarado de uma forma mais abrangente em comparação ao direito, havendo uma diferença entre o *testemunho em sentido amplo* e o *testemunho jurídico* em si. De um lado, enquanto a epistemologia está mais preocupada com a transmissão ordinária de conhecimento, de outro, o testemunho jurídico deve seguir uma série de regras às quais o testemunho em sentido amplo não está preso, como, por exemplo, regras de direito probatório quanto à *pessoa* que testemunha e quanto ao *objeto* do testemunho. Por isso a diferença.

O testemunho, enquanto ato de fala que busca transmitir conhecimento, pode ser feito por um indivíduo, o que constitui a hipótese de mais fácil visualização, mas também pode ser feito por um grupo. A epistemologia parece não discordar desse ponto, desligando-se de um *individualismo epistêmico*[121] e abraçando a ideia de que o grupo pode, sim, ser fonte de conhecimento. Não é incomum no dia a dia nos depararmos com afirmações cujas fontes são grupo ou entidades coletivas: *a manifestação do sindicato* sobre a administração da classe; o *pronunciamento do tribunal* sobre a constitucionalidade de uma lei; a *opinião de um grupo de debate* sobre determinada série televisiva; a *crença de uma família* sobre questões do cotidiano. Geralmente, esse *estado cognitivo coletivo* é atribuído a um grupo já estabelecido por um vínculo formal ou também pode derivar de grupos que não têm qualquer vínculo pré-estabelecido formalmente[122].

A questão, porém, é averiguar se o conhecimento adquirido por meio do testemunho de um grupo tem a maioria dos indivíduos do grupo enquanto fonte desse conhecimento ou se o grupo em si poderia ser considerado a fonte do conhecimento. E a epistemologia tem duas visões sobre isso.

---

não tem valor absoluto e as exigências de bem conhecer cedem ante certas situações em que a sua radicalização viria a prejudicar os bons resultados da jurisdição" (op. cit., p. 231). Conforme Flávio Yarshell alerta, "a consciência acerca desta contraposição é fundamental. O equilíbrio entre esses dois diferentes aspectos é busca constante e constitui o grande desafio do Legislador, cujas opções ora prestigiam o escopo jurídico, ora pendem para o escopo social" (YARSHELL, Flávio Luiz. *Curso de direito processual civil*, p. 69-70).

121 O termo é de TOLLEFSEN, Deborah. Group testimony. *Social Epistemology: A Journal of Knowledge, Culture and Policy*, 21:3, 299-311, 2007.

122 Tradução livre da expressão "collective cognitive states" que é utilizada por GILBERT, Margareth. Collective epistemology. *Episteme*, n. 1, p. 95-107.

A primeira delas é a de uma *abordagem somativa* do testemunho coletivo. Segundo essa abordagem, o conhecimento do grupo é transmitido pelos membros do grupo, todos eles ou a sua maioria, que confiam na validade do testemunho prestado coletivamente. Nessa hipótese, se os membros do grupo tivessem a oportunidade de testemunhar individualmente, todos ou a grande maioria deles relatariam exatamente o que o grupo relatou.

Essa abordagem do testemunho coletivo é alvo de críticas por ser muito *restritiva*[123], ou seja, por desconsiderar que o testemunho coletivo é digno de ser creditado como epistemicamente confiável independentemente da posição dos seus membros. Para a abordagem somativa, seria necessário e prudente analisar as posições individuais dos membros do grupo para dar credibilidade ao testemunho do grupo em vez de considerar o testemunho coletivo como confiável em si. O problema é que nem sempre os indivíduos do grupo são munidos de informações suficientes para justificar a validade epistêmica do testemunho coletivo, razão pela qual justificar a crença individual de cada membro ou da maioria dos membros nada dirá sobre a validade epistêmica do relator coletivo[124].

A segunda visão é uma *abordagem não somativa* que, por sua vez, acredita que o testemunho é prestado pelo grupo em si considerado, e não pelos seus membros. Por isso, ela também é conhecida como não reducionista, já que acredita que os membros do grupo não exercem influência no testemunho coletivo.

Na epistemologia, prevalece uma abordagem não somativa do testemunho coletivo. Contudo, ela também não é livre de críticas, havendo quem a considere muito *permissiva* ao não fornecer critérios para dar credibilidade epistêmica ao testemunho coletivo, bastando o relato do grupo em si[125]. Não à toa existe uma corrente intermediária que desenvolve uma abordagem *deflacionária* do testemunho coletivo[126], buscando demonstrar que adotar uma visão não somativa não necessariamente implica rejeitar por completo a visão somativa. A questão mais importante é focar na *confiabilidade* da declaração transmitida pelo grupo em detrimento da *confiabilidade* que os membros do

---

123 TOWNSEND, Leo. The epistemology of collective testimony. *Journal of Social Ontology*, vol. 6, n. 2, 2020, p. 187-210.

124 TOLLEFSEN, Deborah. *Group testimony*, p. 305.

125 TOWNSEND, Leo. The epistemology of collective testimony. *Journal of Social Ontology*, vol. 6, n. 2, 2020, p. 187-210.

126 LACKEY, Jennifer. A deflationary account of group testimony. In: *Essays in Collective Epistemology* (ed. by Jennifer Lackey). Oxford: Oxford University Press, 2014, p. 64-94.

grupo atribuem a essa declaração. É possível dizer que essa corrente busca se afastar de uma concepção subjetiva do testemunho em grupo em prol de uma concepção objetiva. O que importa é que a declaração seja confiável.

Diante das possíveis abordagens sobre quem é a verdadeira fonte do conhecimento no testemunho coletivo de um grupo, é possível avançar para um outro ponto. Partindo da premissa de que o grupo pode transmitir conhecimento, quais são as credenciais epistêmicas desse testemunho coletivo que geram razões para confiar na verdade desse conhecimento? O que torna o testemunho coletivo digno de ser um relato com validade epistêmica?

O testemunho coletivo, por pertencer a um grupo, não tem validade epistêmica *de per si*. A vantagem de adotar uma posição em relação à validade epistêmica da declaração de um grupo é que a pergunta a ser feita se altera. Em vez de questionar quais são as razões que os membros do grupo ou o grupo fornece para dar confiabilidade à declaração, é o caso de perguntar quais os critérios para dar validade epistêmica à própria declaração em si. Adotar cegamente uma abordagem não somativa do testemunho coletivo é dizer que o mero pertencimento do conhecimento ao grupo é suficiente para dar credibilidade à declaração por ele emitida.

Quando um sujeito do processo (autor, réu ou juiz) *afirma* que determinado fato é notório, está afirmando, ainda que implicitamente, que um determinado grupo possui conhecimento disseminado sobre esse fato e que, portanto, ele pode ser qualificado como notório. Não explica, porém, quais são as razões para *confiar* que o conhecimento sobre esse fato é disseminado no grupo. Apenas há uma *afirmação* que, pelas regras de direito processual, sequer precisa ser comprovada. Ou seja, o processo *aceita* que um fato é notório não porque existem *boas razões* para acreditar que ele é notório, mas pelo simples fato de ele é afirmado como tal.

Em qualquer abordagem adotada, seja ela somativa ou não somativa, o transporte dessas premissas para um exame da notoriedade enquanto testemunho de um determinado grupo (chamado por Calamandrei de esfera social) indica ser bastante razoável a conclusão de que a *qualidade epistêmica* da notoriedade é muito baixa.

O primeiro problema que pode ser verificado é que o grupo que detém o conhecimento sobre determinado fato *não* transmite esse conhecimento por meio de um ato de fala. É um sujeito do processo que *captura* esse conhecimento e o *afirma* no processo judicial. Essa afirmação pode ser *aceita* ou *impugnada* pela parte adversa, ou, até mesmo, ser *contestada* pelo próprio juiz da causa. No entanto, como se pode perceber, não há propriamente um ato de fala do grupo, não há uma transmissão da mensagem que o grupo conhece. Em outras palavras, o sujeito do processo faz uma *afirmação indireta* sobre o conhecimento de um determinado fato por um grupo (esfera social) e ele passa a ser considerado notório por conta disso.

Isso muda completamente de panorama quando é percebida a mudança de paradigma causada pela *internet* em relação à busca por conhecimento. Antes, "as estratégias cognitivas do homem pressupuseram e quase sempre pressupõem confiar (pelo menos em parte) em conhecimentos prévios transmitidos por outros"[127]. Atualmente, primeiro a informação é obtida (muitas vezes documentada, como vimos) e só depois é que se procura saber se ela é uma informação confiável ou não. O critério de autoridade para fins de confiabilidade da informação não é mais *ex ante*, mas *ex post*.

O segundo problema, mesmo partindo do pressuposto de que o grupo poderia testemunhar mediante transmissão de um ato de fala, é que grupos usualmente prestam testemunhos sobre assuntos que lhe interessam, ao contrário de indivíduos que podem testemunhar sobre qualquer assunto[128]. E os interesses de um grupo são, muitas vezes, interesses que lhe dizem respeito e não necessariamente são interesses ligados à qualidade do conhecimento transmitido[129]. Nesse ponto, a teoria do fato notório de Carnelutti parece ter antecipado que a notoriedade respeita o *interesse* da esfera social sobre aquele fato, e não o conhecimento em si daquele fato[130].

---

127 COMOGLIO, Paolo. *Nuove tecnologie e disponibilità della prova*, p. 245 – tradução livre.

128 TOLLEFSEN, Deborah. *Group testimony*, p. 303: "Os grupos prestam testemunho apenas sobre assuntos que lhes interessam ou que se enquadrem no seu domínio de especialização. Eles falam sobre uma gama limitada de questões. Compare isso com um indivíduo que pode ser solicitado a testemunhar sobre uma série de assuntos – a hora, o clima, sua data de nascimento e assim por diante - não relacionados a qualquer conhecimento ou interesse que possam ter" – tradução livre.

129 Sobre esse problema, Paolo Comoglio alerta que "fatos interessantes podem não suscitar curiosidade epistêmica ou, em sentido contrário, fatos desinteressantes podem interessar epistemicamente" (COMOGLIO, Paolo. *Nuove tecnologie e disponibilità della prova*, p. 209-210).

130 Como bem identificado por Paolo Comoglio ao dizer que "essas considerações acabam confirmando de alguma maneira a previsão de Carnelutti sobre o conceito de fato notório, o qual era por ele considerado como aquele fato de interesse geral dos quais todo homem de cultura média não tem tanto a possibilidade quanto tem o estímulo de conhecer". E continua: "Segundo Carnelutti, um fato se tornaria notório através da crítica social somente se for de interesse público, ou seja, somente se for um fato capaz de interessar a população e provocar uma reação. Esse é propriamente o aspecto que prejudica a confiabilidade dos artigos da Wikipédia, porque se um fato não interessa

Até mesmo por conta disso é que a *Wikipedia* pode ser considerada um *agente epistêmico imaturo*, pois os verbetes são alimentados por colaboradores e as informações ali constantes serão qualitativamente mais confiáveis quando mais interesse houver dos colaboradores naquele verbete[131]. É preciso ser cauteloso em relação à validade epistêmica de uma informação da *Wikipedia* justamente por questões de *confiabilidade* da informação, no sentido de avaliar a reputação da fonte de conhecimento, e de sua *plausibilidade*, no sentido de avaliar se as informações constantes dos verbetes aparentam ser corretas do ponto de vista do *estilo* e do *conteúdo*[132].

Dessa forma, ao contrário do que a doutrina processual sempre acreditou, não é o caso de apostar na *alta* qualidade epistêmica da notoriedade como um fator que confere *status* de veracidade ao fato afirmado em juízo, sobretudo diante da massiva disponibilidade de informações no mundo contemporâneo. É o caso, porém, de aceitar a *baixa* qualidade epistêmica da notoriedade afirmada em juízo e a sua impossibilidade, em muitas situações, de conferir *certeza* à ocorrência ou inocorrência de um fato.

2.10. NOTORIEDADE, VERDADE E CERTEZA

Diante de todos esses fatores, é inevitável examinar a relação entre notoriedade e verdade. A baixa qualidade epistêmica da notoriedade de um fato para obtenção da verdade é ainda maior quando levada em consideração a difusão digital de conhecimento, notadamente por causa da mudança

---

a população ninguém se preocupará em verificar se o mesmo é verdadeiro ou não e, portanto, ninguém se preocupará em tomar medidas para contestar se alguém fizer uma declaração falsa sobre esse fato. Carnelutti parece acreditar que a capacidade de despertar o interesse público representa uma característica intrínseca e objetiva do fato" (COMOGLIO, Paolo. *Nuove tecnologie e disponibilità della prova*, p. 209).

131 Segundo Deborah Tollefsen: "a *Wikipedia*, então, inclui uma mistura de testemunhos individuais e testemunhos de grupo. É apenas quando os artigos amadurecem e passam por um longo processo de edição que parece plausível vê-los como o testemunho da *Wikipedia*. Antes disso, os verbetes podem ser vistos como o testemunho de um indivíduo ou de algum pequeno subgrupo que chegou a um consenso sobre o conteúdo, mas cujo conteúdo não foi sancionado pela comunidade maior da Wikipédia. A falta de estabilidade de grande parte do testemunho da Wikipédia deve nos levar a nos preocuparmos se as crenças baseadas no testemunho da Wikipédia são ou não justificadas" (TOLLEFSEN, Deborah P. Wikipedia and the Epistemology of Testimony. *Episteme*, vol. 6, issue 1, February, 2009, p. 8-24 – tradução livre).

132 Analisando criticamente a validade epistêmica da informação da *Wikipedia*, cfr. MAGNUS, P.D. Epistemology and the Wikipedia. Presented at the North America Computing and Philosophy Conference in Troy, New York, august, 8-2006.

operada pela *internet* na estratégia empregada por indivíduos, grupos e organizações na obtenção de informações. A imensa carga de informações disponíveis na rede mundial de computadores, somada a fenômenos contemporâneos que esfumaçam a percepção da realidade dos fatos, coloca em xeque a confiabilidade dessa intermediação entre fato e verdade pelo instituto da notoriedade[133].

Antes, era possível dizer que havia uma espécie de presunção de veracidade do fato notório decorrente de uma *regra da experiência* de que os fatos notórios geralmente correspondem à verdade porque a crítica coletiva seria suficiente para atestá-la. Atualmente, essa presunção de veracidade não tem mais razão de ser e isso tem implicações processuais significativas.

O tema da verdade é cercado de debates e dissensos na filosofia, no direito, e mais especificamente no direito processual, no entanto, é possível identificar algumas premissas fundamentais para a sua compreensão.

A primeira premissa diz respeita à impossibilidade de ser alcançada uma *verdade real*[134]. Essa designação, presa a um paradigma filosófico que não parte de pressupostos racionais, parte de uma equivocada distinção entre verdades absolutas e verdades relativas. E a verdade absoluta é inalcançável para os limites impostos ao mundo humano.

Se não é possível acessar diretamente a verdade, o que se pode obter é um *conhecimento* sobre a verdade. A questão, portanto, é completamente reconfigurada e a epistemologia assume papel de maior relevância porque fornecerá critérios para estabelecer quando esse conhecimento é confiável e

---

133 Esse fato não passou despercebido para ARAKEN DE ASSIS que alerta para "não perder contato com a vida prática, firmando um armistício e, se for o caso, regulando a forma de convivência com o fato notório. E avulta um dado bem contemporâneo e muito perturbador: a difusão do conhecimento na rede mundial de computadores, que banaliza a percepção de toda espécie de fatos" (ASSIS, Araken de. *Processo civil brasileiro*, vol. 2, item 1.318).

134 Não são poucas as críticas da doutrina estrangeira e brasileira à busca da verdade real. No processo civil, cfr., por todos, TARUFFO, Michele. *Uma simples verdade*, p. 106-107. Para uma crítica filosófica com repercussões no direito, cfr. STRECK, Lenio Luiz. O que é isto – a verdade real?: uma crítica ao sincretismo jusfilosófico de *terrae brasilis*. *Revista dos Tribunais*, v. 101, n. 921, p. 359-392, jul. 2012. No Brasil, a verdade real chegou a ser alçada à condição de um princípio, cfr., por exemplo, THEODORO JR., Humberto. A garantia do devido processo legal e a busca da verdade. *Revista Magister de Direito Civil e Processual Civil*, v. 13, n. 77, p. 28-48, mar./abr. 2017, para quem "embora a verdade real, em sua substância absoluta, seja um ideal inatingível pelo conhecimento limitado do homem, o compromisso com sua ampla busca é o farol que, no processo, estimula a superação das deficiências do sistema procedimental".

racional. Esse conhecimento, por sua vez, não está sujeito a graus de confirmação. Um enunciado não é mais ou menos verdadeiro. Ou ele é verdadeiro ou ele é falso, e o critério será a *correspondência* à realidade.

Desse modo, o conhecimento verdadeiro sobre fatos é marcado por duas características: ele será *objetivo* e *relativo*[135]. Será *objetivo* porque a verdade existe fora do sujeito e pode ser verificada por meio de razões que justificam o convencimento de acordo com os dados cognoscitivos disponíveis (no processo, as provas), não dependendo das preferências pessoais e subjetivas de um determinado sujeito (no processo, o juiz). Será *relativo* porque a justificativa desse conhecimento sobre a verdade sempre dependerá de um contexto de investigação e dos instrumentos à disposição para apurá-la.

Uma consequência natural dessa concepção de verdade é a segunda premissa, que consiste em rechaçar a classificação entre, de um lado, a verdade *formal* ou *processual*, e, de outro, a verdade *substancial* ou *material*[136]. A primeira designaria a verdade obtida dentro do processo, como sendo um produto de regras processuais observadas na atividade probatória. Já a segunda representaria a verdade obtida *fora* do processo, portanto, livre de regras processuais que limitariam a descoberta da verdade. Seria, em outras palavras, a própria busca da verdade real. Contudo, como se pode perceber, o cerne do problema não está em distinguir duas verdades, mas apenas de estabelecer os limites que o processo judicial impõe para a sua apuração[137]. Afinal, na célebre frase de CARNELUTTI, "a verdade é como a água: ou é pura ou não é verdade"[138].

Com base nessas premissas, é possível estabelecer relação entre as alegações fáticas feitas no processo, a apuração de sua veracidade e o papel desempenhado pela notoriedade quanto a esse ponto.

---

135 TARUFFO, Michele. *Uma simples verdade*, p. 105-106. Na filosofia, destacando o aspecto objetivo do conhecimento sobre a verdade, cfr. BAZARIAN, Jacob. *O problema da verdade: teoria do conhecimento*. 4ª ed. São Paulo: Editora Alfa-Omega, 1994, p. 133-135.

136 TARUFFO, Michele. *Uma simples verdade*, p. 106-108; FERRER BELTRÁN, Jordi. *Prova e verdade no direito*, p. 65-72; MARINONI, Luiz Guilherme; ARENHART, Sérgio. *Prova e convicção*, p. 35-37.

137 Até mesmo por isso, parcela da doutrina defende que a obtenção da verdade não é a finalidade do processo judicial, cfr., por exemplo, DIMOULIS, Dimitri; LUNARDI, Soraya Gasparetto. A verdade como objetivo do devido processo legal In: *Teoria do processo: panorama doutrinário mundial*. Salvador: JusPodvim, 2010, vol. 2, p. 815-832.

138 CARNELUTTI, Francesco. Verdade, dúvida e certeza. *Gênesis: Revista de Direito Processual Civil*, v. 3, n. 9, p. 606-609, jul./set. 1998.

No processo judicial, as alegações fáticas das partes são enunciados *hipotéticos* realizados com *pretensão de veracidade*[139]. São hipotéticas porque consistem em proposições que *enunciam* uma descrição de um determinado fato, isto é, descrevem como, quando e onde ele ocorreu. Em outros termos, são enunciados que projetam como teria ocorrido um evento da realidade, porém, não são enunciados que atestam como esse evento da realidade efetivamente aconteceu. São planos distintos, como se pode notar. Essas alegações fáticas também são feitas pelas partes com pretensão de veracidade porque são enunciadas com base na *crença* de que correspondem à realidade. Por conta dessas duas características, é incerto o *status* epistêmico das alegações das partes sobre fatos em um processo porque ainda deverá ser averiguado se elas são verdadeiras ou falsas, ou seja, se *correspondem* à realidade de acordo com as provas produzidas no processo.

Geralmente, o estado de incerteza dos enunciados hipotéticos sobre fatos é resolvido pelo juiz na decisão final e depende do êxito ou não das provas produzidas no processo. O objetivo da prova, portanto, é o de estabelecer a veracidade ou a falsidade de um enunciado fático quando ele for controvertido no processo. A relação entre prova e verdade é *teleológica*, na medida em que a atividade probatória consiste no conjunto de técnicas processuais cujo objetivo é a obtenção do conhecimento sobre a verdade dos fatos alegados no processo[140].

A verdade tem um valor social e consiste em um imperativo ético e político do Estado Democrático de Direito[141]. O direito processual civil, por sua vez, é estruturado de uma maneira que a obtenção da verdade passa a ser um requisito à prolação de uma decisão justa e efetiva. A leitura conjunta de

---

139 TARUFFO, Michele. *Uma simples verdade*, p. 196-200; MARINONI, Luiz Guilherme; ARENHART, Sérgio. *Prova e convicção*, p. 60-62. Em sentido semelhante, é o que ROBERT ALEXY chama de *pretensão de correção* do discurso jurídico, diferenciando-o do discurso prático geral, porque os seus participantes fundamentam suas proposições com a pretensão de que elas sejam corretas (ALEXY, Robert. *Teoria da argumentação jurídica: a teoria do discurso racional como teoria da fundamentação jurídica*. 3ª ed. Trad. Zilda Hutchinson Schild Silva. Rio de Janeiro, Forense, 2011, p. 211-214). Aplicando a ideia de pretensão de correção ao direito processual civil, cfr. ZANETI JR., Hermes. A *constitucionalização do processo: o modelo constitucional da justiça brasileira e as relações entre processo e Constituição*. 2ª ed., São Paulo: Atlas, 2014, p. 99-102; BRASIL JR., Samuel Meira. *Justiça, direito e processo*: *a argumentação e o direito processual de resultados justos*. São Paulo: Atlas, 2007, p. 72-73.

140 Por todos, cfr. FERRER BELTRÁN, Jordi. *Prova e verdade no direito*, p. 72-77; RAMOS, Vitor de Paula. *Ônus da prova no processo civil*, p. 32-33.

141 TARUFFO, Michele. *Uma simples verdade*, p. 115-120.

diferentes dispositivos do Código deixa clara a orientação neste sentido. Isso começa já na fase postulatória em que constitui dever dos sujeitos processuais expor os fatos conforme a verdade (art. 77, inc. I, do CPC) e são considerados litigantes de má-fé aqueles que alteram a verdade dos fatos (art. 80, inc. II, do CPC). O autor, já na sua petição inicial, tem que indicar as provas que pretende produzir para demonstrar a verdade de suas alegações (art. 319, inc. VI, do CPC). Com a fase instrutória, é direito das partes empregar todos os meios de provas lícitos e moralmente legítimos para demonstrar a verdade dos fatos que são afirmados para o autor formular o seu pedido ou réu deduzir a sua defesa (art. 369 do CPC). Enfim, todos os sujeitos processuais devem colaborar com o Poder Judiciário para descoberta da verdade (art. 378 do CPC). A importância dada à verdade sobre os fatos no processo judicial é significativa ao ponto de que a autoridade da coisa julgada não recai sobre ela (art. 504, inc. II, do CPC) e que decisões transitadas em julgado com lastro em erros de fato podem ser rescindidas (art. 966, inc. VIII, § 1º, do CPC).

É claro que a verdade não consiste em um fim em si mesmo para o direito processual civil[142]. Outras técnicas processuais indicam que o processo judicial se contenta com a verdade *possível* de ser obtida na tomada final de decisão, como, por exemplo, as presunções e o ônus da prova. Não sendo absoluta a verdade, o que se alcança no processo judicial é uma aproximação em maior ou menor grau da realidade[143]. Além disso, são diversas as limitações procedimentais à busca da verdade, de modo que o *formalismo processual* impõe limites tanto ao método, quanto aos instrumentos disponíveis para sua obtenção[144].

---

142 Neste sentido já alertava CÂNDIDO RANGEL DINAMARCO: "o processualista moderno sabe que a verdade não constitui escopo processual e, no conhecimento, a sua descoberta é somente um passo (importante passo) para o pronunciamento jurisdicional acerca da vontade concreta do direito, ou seja, sobre a existência, inexistência ou modo-de-ser de relações jurídicas. Que o juiz julgue *segundo a verdade e a justiça*, mas não se pense que a verdade seja, no processo, um fim em si mesma" (DINAMARCO, Cândido Rangel. *A instrumentalidade do processo*, p. 271-279).

143 "Não é nem mesmo a *verdade*, mas a *verossimilhança* – a verdade contextual e possível – que preside a atividade processual, tanto do juiz quanto, especialmente, dos litigantes" (BAPTISTA DA SILVA, Ovídio A. Verdade e significado. *Revista Magister de Direito Civil e Processual Civil*, v. 1, n. 5, p. 76-97, mar./abr. 2005).

144 O ponto já vinha sendo percebido por ALVARO DE OLIVEIRA, Carlos Alberto. *Do formalismo no processo civil*, p. 177-185, para quem o formalismo "passa a colocar limites ao método, ao objeto, aos instrumentos e à duração da investigação da verdade, restrições estabelecidas principalmente em função de diversas exigências inerentes à

Ocorre que a notoriedade sempre funcionou como uma verdadeira *ponte* entre fato e verdade, permitindo que fosse realizado um *salto* direto do fato à verdade. Trata-se de um mecanismo processual que facilita a demonstração daquele fato em juízo. Por isso a prova do fato notório é dispensada. Não haveria necessidade de demonstrar a ocorrência de um fato notório porque o escrutínio social da coletividade era suficiente para conferir *certeza* ao juiz sobre a sua ocorrência. A dúvida sobre o fato não existiria porque haveria uma crença, decorrente do conhecimento generalizado de um determinado grupo social, de que o fato era verdadeiro. Se, de um lado, a notoriedade de um fato poderia ser questionada, de outro, a sua veracidade jamais poderia sê-lo, pois bastaria o primeiro atributo do fato (notoriedade) para que o segundo surgisse automaticamente (verdade).

Esse, inclusive, é o vaticínio que foi feito desde sempre por Piero Calamandrei, para quem "as razões pelas quais os fatos notórios são utilizáveis na decisão, sem necessidade de prova, não estão no seu real conhecimento por parte do juiz, mas na crítica coletiva que os avaliou, fora do processo, a ponto de criar, em um determinado círculo social, uma pacífica opinião comum em torno de sua verdade"[145]. Como se pode perceber, o *consenso* de um grupo social seria responsável por gerar a *certeza* ao juiz sobre a verdade de um determinado fato, e não a sua efetiva *correspondência* à realidade.

O que se percebe, portanto, é que a disputa sobre as teorias da verdade está na base da compreensão do fato notório, afinal, o conceito de Calamandrei, embora não faça maiores referencias de forma expressa, prefere a teoria da *verdade por consenso* em detrimento da teoria da *verdade por correspondência*[146].

Nas teorias da *verdade por correspondência*, existe uma conexão entre verdade e realidade[147]. Afirmar que algo é verdadeiro é afirmar que algo corresponde à realidade. Como se pode perceber, é a realidade que funciona como critério de referência para determinar a veracidade ou a falsidade de uma afirmação factual. Essa ideia remonta à clássica lição de Tarski que,

---

própria administração da justiça (tutela das partes, defesa de valores fundamentais, rapidez do processo etc.)" (op. cit., p. 177).

145 CALAMANDREI, Piero. Per la definizione del fatto notorio. *Rivista di Diritto Processuale*, v. 2, n. 1, p. 273-304, 1925.

146 COMOGLIO, Paolo. *Nuove tecnologie e disponibilità della prova*, p. 192.

147 Afinal, "a ideia raiz da verdade por correspondência é que a verdade envolve uma relação com a realidade" (GOLDMAN, Alvin I. *Knowledge in a social world*. Oxford: Clarendon Pres, 1999, p. 59).

aderindo a uma concepção semântica de verdade, afirma que a frase "a neve é branca" será verdadeira se, e somente se, a neve for branca[148]. Um enunciado será verdadeiro, portanto, apenas quando corresponder à realidade, isto é, ao que consta do mundo lá fora[149].

Na teoria da *verdade do consenso*, por sua vez, o que existe é o consentimento de que uma afirmação factual é verdadeira. Trata-se, a bem da verdade, de uma crença que gera o consenso. Essa crença, no entanto, deriva de um estado subjetivo e psicológico sem necessidade de correspondência com a realidade[150]. Um enunciado será verdadeiro, portanto, se os indivíduos concordarem com a verdade sobre ele. Porém, o fato de que membros de um determinado grupo concordam que a Terra é plana não quer dizer que a Terra seja plana...

Transportando esse raciocínio para a ideia de fato notório, temos o seguinte cenário: *a)* se o fato notório for compreendido à luz da *verdade por consenso*, a dispensa de produção de prova para comprovar a sua veracidade *é justificada* porque o escrutínio da crítica social de um determinado grupo seria suficiente para atestá-lo como verdadeiro. O consenso formado entre os indivíduos de uma comunidade seria suficiente para atribuir *certeza* à veracidade daquele fato, oportunidade em que pode ser qualificado como notório; *b)* se o fato notório for compreendido à luz da *verdade por correspondência*, a dispensa de produção da prova *não é justificada* porque o

---

148 TARSKI, Alfred. The semantic conception of truth. *Philosophy and Phenomenological Research*, vol. 4, n 3, p. 341-376, mar., 1944, esp. p. 343.

149 O desenvolvimento do conceito de verdade por correspondência de forma ampla, bem como das suas teorias, foge dos escopos deste trabalho e a bibliografia sobre o tema é vasta tanto na epistemologia, quanto na filosofia do direito e no direito processual, notadamente a bibliografia especializada em direito probatório. Inclusive, os autores, majoritariamente, aderem ao conceito de verdade por correspondência em detrimento do conceito de verdade por consenso. Portanto, recomenda-se conferir, com proveito, a título exemplificativo, TARUFFO, Michele. *Uma simples verdade*, p. 101; FERRER BELTRÁN, Jordi. *Prueba y verdade em el derecho*, p. 18. Na doutrina brasileira, cfr. RAMOS, Vitor de Paula. *Ônus da prova no processo civil*, p. 23-29; BADARÓ, Gustavo. *Epistemologia judiciária e prova penal*, p. 84-92; PEIXOTO, Ravi. *Standards probatórios no direito processual brasileiro*, p. 50-58.

150 Isso porque "uma teoria consensual da verdade parece errada desde o início, pelo menos como uma explicação de nosso conceito comum. Não só a verdade de uma proposição não requer consenso total, como também não exige que ninguém acredite nela" (GOLDMAN, Alvin I. *Knowledge in a social world*, p. 12 – tradução livre). É uma ideia de *verdade negociada* a que se refere TARUFFO, Michele. Verdade negociada? *Revista Eletrônica de Direito Processual – REDP*, vol. 13, n. 13, p. 634-657, 2014.

escrutínio da crítica social de um determinado grupo não bastaria e seria insuficiente para atestá-lo como verdadeiro. Seria necessário, adicionalmente, produzir e reunir elementos probatórios para demonstrar que a afirmação de notoriedade daquele fato corresponde à realidade.

No raciocínio desenvolvido por Calamandrei, a ideia de notoriedade sempre esteve conectada à ideia de *certeza*, conceito atrelado, por sua vez, a uma noção de *verdade por consenso*[151]. Pode-se afirmar, assim, que a certeza sempre foi considerada um elemento propriamente constitutivo da *fattispecie* da notoriedade[152]. Partindo do pressuposto de que o controle da notoriedade é feito exclusivamente *fora do processo* porque a sua fonte é o patrimônio cultural de uma determinada esfera social, seria desnecessária a produção de prova para demonstração daquele fato *dentro do processo*[153]. Calamandrei chega a dizer que "o grau de certeza moral, que brota da notoriedade de um fato, deve ser, na consciência do juiz, razoavelmente superior àquele que brota da prova"[154].

A prova é uma técnica processual cuja função precípua é a eliminação de uma *dúvida* que surgiu no decorrer do processo por causa da controvérsia

151 Segundo Jordi Ferrer Beltrán, "a noção de certeza, de seu turno, é utilizada pela doutrina processualista de forma oscilante, podendo ser reconduzida, em alguns casos, de forma clara à crença" (FERRER BELTRÁN, Jordi. *Prova e verdade no direito*, p. 88). A certeza também é comumente associada à segurança jurídica que, sob o seu aspecto quantitativo, reflete um estado ideal e absoluto de previsibilidade acerca do conteúdo das normas jurídicas, cfr. ÁVILA, Humberto. *Teoria da segurança jurídica*. 3ª ed. São Paulo: Malheiros, 2014, p. 181-183.

152 DE STEFANO, Giuseppe. *Il notorio nel processo civile*, p. 23.

153 Assim, "o notório não é de todo o tema da apuração, mas sim um dos meios externos que a tornam possível, contribuindo para a produção do estado de certeza" (DE STEFANO, Giuseppe. *Il notorio nel processo civile*, p. 13 – tradução livre).

154 CALAMANDREI, Piero. Per la definizione del fatto notorio. *Rivista di Diritto Processuale*, v. 2, n. 1, p. 273-304, 1925. Igualmente, atrelando a notoriedade à certeza, cfr. CARNELUTTI, Francesco. Massime d'esperienza e fatti notori. *Rivista di Diritto Processuale*, vol. XIV, 1959, p. 639-640. Taruffo, por sua vez, critica a exigência de uma *certeza moral* por parte do juiz em relação à veracidade de um fato, aproximando-a do modelo de *intima convicção*, já que "o uso desses adjetivos indica que se espera que o juiz obtenha um grau elevado de certeza, ou mesmo que ele deva estar <<moralmente>> certo daquilo que pensa (seguindo, obviamente, incerto o que é uma certeza <<*moral*>>)", cfr. TARUFFO, Michele. *Uma simples verdade: o juiz e a construção dos fatos*. Trad. Vitor de Paula Ramos. São Paulo: Marcial Pons, 2012, p. 109. Em sentido aproximado, criticando a ideia de que a finalidade da atividade probatória é produzir um estado mental de crença ou convicção no juiz, cfr. FERRER BELTRÁN, Jordi. *Prova e verdade no direito*, p. 86-95.

em torno de uma alegação de fato. Na linguagem de CARNELUTTI, as partes alegam *pontos de fato* que, uma vez controvertidos pela parte adversa, tornam-se *questões de fato* que, por sua vez, constituem o *objeto da prova*[155]. Por conta disso é que o Código prevê que, na decisão de saneamento e organização do processo, serão delimitadas as questões de fato sobre as quais recairá a atividade probatória (art. 357, inc. II, do CPC) e o juiz, na fundamentação da sentença, resolverá as questões de fato a partir das provas produzidas no processo (art. 489, inc. II, do CPC).

Desse modo, para a teorização do fato notório que toma por base a ideia de verdade por consenso, se o conhecimento sobre um fato estiver disseminado na cultura de determinado grupo social, não haveria dúvida a ser eliminada diante da *certeza* de sua veracidade[156]. É uma crença, compartilhada coletivamente, de que aquele fato é verdadeiro porque, afinal, é notório. Confia-se, portanto, na *communis opinio.*

Ocorre, no entanto, que a *certeza* sobre a ocorrência ou inocorrência de um determinado fato não necessariamente corresponde à verdade. A verdade é *objetiva* e não depende da *crença* ou *convicção* do juiz sobre ela. Já certeza é *subjetiva* e ligada ao estado psicológico do juiz, ao seu convencimento sobre a veracidade de um determinado enunciado fático. Desse modo, um sujeito pode ter certeza de que um determinado fato notório é verdadeiro sem que isso corresponda à realidade dos fatos[157].

---

155 Sobre as noções de ponto e questão, cfr. CARNELUTTI, Francesco. *Sistema de direito processual civil.* Trad. Hiltomar Martins Oliveira. São Paulo: Classic Book, 2000, vol. 2, p. 39. Sobre pontos e questões de fato no contexto do objeto de prova, cfr. DINAMARCO, Cândido Rangel. *Instituições de direito processual civil*, vol. III, p. 64.

156 Assim, para GIUSEPPE DE STEFANO, a notoriedade "fornece ao juiz a certeza quanto à existência dos fatos relevantes em questão" (DE STEFANO, Giuseppe. *Il notorio nel processo civile.* Milano: Giuffrè, 1947, p. 22 – tradução livre). Também neste sentido, JOÃO CASTRO MENDES diz que "só estamos em face duma afirmação notória quando o *quantum* de convicção do juiz acerca da mesma for suficiente para decisão" (MENDES, João de Castro. *Do conceito de prova em processo civil*, p. 634).

157 Nestes termos, tratando da relação entre prova e verdade, cfr. TARUFFO, Michele. *Uma simples verdade*, p. 108-111; FERRER BELTRÁN, Jordi. *Prueba y verdade em el derecho.* 2ª ed. Madrid: Marcial Pons, 2005, p. 80-88. Para uma análise das fontes de notoriedade e os graus de verdade, cfr. CABAÑAS GARCÍA, Juan Carlos. Premisas básicas para una posible redefinición de la teoría procesal sobre el hecho notorio. *Justicia: Revista de Derecho Procesal*, p. 574-575. Afirmando que "«notoriedade e verdade» são coisas diferentes, embora tendam a coincidir, parece claro que os factos notórios também devem ser provados quando há dúvida sobre a sua existência (e, consequentemente, sobre a sua notoriedade)", cfr. GASCÓN ABELLÁN, Marina. *Los hechos en el derecho*, p. 182 – tradução livre.

Nem sempre notoriedade será sinônimo de verdade[158]. E isso tem repercussão significativa no regime processual do fato notório. Se o controle extraprocessual da notoriedade pela cultura média de um determinado grupo não é suficiente para atestar a veracidade daquele fato, é preciso repensar a dispensa de produção probatória para essa finalidade. Adotar uma visão pragmática, e não epistêmica, da notoriedade parece ser o caminho a ser seguido nesse ponto.

2.11. CONCLUSÃO PARCIAL

As conclusões alcançadas com esse capítulo podem ser resumidas nos seguintes enunciados: (i) o advento da *internet* e das novas tecnologias fragiliza o controle extraprocessual da notoriedade de um fato diante das intensas divergências culturais produzidas com a comunicação em rede; (ii) as maneiras pelas quais são realizadas buscas por informação e por aquisição de conhecimento sobre fatos foram significativamente alteradas na estratégia cognitiva e epistêmica dos indivíduos; (iii) no contexto do processo judicial, a apuração da verdade dos fatos não pode ignorar a realidade da disponibilidade de informação na *internet*, exigindo uma reformulação acerca do regime processual do fato notório não baseada em critérios epistêmicos, mas estritamente pragmáticos.

158 "Verdade e notório nem sempre estão de acordo. Muitas vezes estão em desacordo. A cultura elementar, a cultura das massas, contém muitos erros que passam por verdades notórias" (PALAIA, Nelson. *O fato notório*, p. 44-45).

Capítulo 3

NOTORIEDADE E INFORMAÇÕES EXTRAÍDAS DE FONTES DA INTERNET

3.1. PROPOSTA DE CLASSIFICAÇÃO DA NOTORIEDADE

3.1.1. Escolha de um critério pragmático

Com base nos capítulos anteriores, foi possível verificar que o fato notório teve um desenvolvimento científico até aqui cujas premissas são fortemente alteradas por uma série de fatores típicos do mundo contemporâneo, como, principalmente, a difusão digital de conhecimento e informações acerca de fatos. No entanto, é preciso pensar em uma nova definição, ou melhor, em uma nova classificação que leve em consideração o paradoxo dos fatos na modernidade e como esse paradoxo impacta no regime da notoriedade no processo judicial.

A tentativa de uma empreitada *conceitual* do fato notório fracassou até aqui, seja porque desprovida de critérios confiáveis, seja porque baseada em categorias alteradas por um novo contexto. Na presente quadra, é mais útil e relevante para o processo judicial estabelecer uma classificação que permita, de forma pragmática e operativa, trabalhar com uma série de fatos que são afirmados como notórios, explorando as consequências processuais derivadas dessa classificação.

Como já referido, não existem classificações certas ou erradas, mas tão somente classificações úteis ou inúteis. E a classificação que ora será proposta, acredita-se, suprirá uma série de problemas antes denunciados que são ligados à questão da notoriedade. A bem da verdade, um problema da notoriedade que conta com pouca ou quase nenhuma atenção até aqui, qual seja, se as informações da *internet* podem ser consideradas fatos notórios e como devem ser utilizadas no processo. Sempre é válido lembrar que propor uma classificação é, sobretudo, explicitar de forma fundamentada e coerente um critério que justifique a decomposição de um fenômeno em categorias que auxiliam sua identificação e explicação.

Diante dessas premissas, podemos dizer que a notoriedade pode ser direta ou indireta[1]. O critério de classificação adotado para separar essas duas espécies de notoriedade é o modo de percepção do fato pelos indivíduos de maneira geral. Ou seja, o conhecimento sobre os fatos pode ser *direto* ou *indireto*, justificando a assertiva acerca da sua notoriedade.

Trata-se de um critério confessadamente *pragmático* acerca da notoriedade[2], e não um critério *epistêmico*[3], o que vem justificado por três razões.

A *primeira razão* é, como vimos nas premissas anteriores, a alteração na estratégia cognitiva dos indivíduos, grupos, organizações governamentais, empresas e da sociedade de maneira geral na busca por informações e por conhecimento sobre fatos na contemporaneidade, notadamente com o advento da *internet* e mediante o emprego de novas tecnologias. A utilização de informações disponíveis digitalmente na rede mundial de computadores faz parte da vida em sociedade e simplesmente não pode ser ignorada como um dado da realidade que repercute no direito processual. Em muitas ocasiões, o primeiro contato para obter conhecimento sobre fatos atualmente feito por meio de consultas à *internet*. Esse conhecimento pode ser posteriormente

---

1 Em sentido aproximado a DE STEFANO, Giuseppe. *Il notorio nel processo civile*, p. 55-59.

2 Em interessante abordagem, IVAN BORGES SALES identifica duas correntes quanto ao uso do conhecimento privado do juiz no processo (valendo o registro de que, para ele, conhecimento privado é gênero das espécies fatos notórios e máximas de experiencia): (i) a *corrente cética* que "aponta os riscos decorrentes do uso do conhecimento privado e que, reconhecendo seu caráter técnico-instrumental, se propõe a reestruturar taxonomicamente as formas de seu exercício pautada em critérios de justiça no manejo desse instituto"; e (ii) a *corrente pragmático/otimista* que "agrupa tanto a parcela doutrinária que reconhece a função prática resolutória no manejo do Conhecimento Privado a despeito dos riscos, por vezes, identificados, quanto a parcela doutrinária que entende que o uso do Conhecimento Privado é uma premissa para o atingimento de valores políticos e sociais pela jurisdição". O autor insere este trabalho dentro de uma "abordagem cética" que "utiliza da estratégia de decupagem dos Factos Notórios com consistentes críticas em tentativa feliz de traçar um meio de utilização da espécie face desafios da contemporaneidade". (SALES, Ivan Borges. *Factos notórios e máximas de experiência: o conhecimento privado do juiz na "era da pós-verdade"*, cap. 2.4).

3 Nessa esteira, PAOLO COMOGLIO diz que "é possível afirmar que o conceito de notoriedade não é tanto epistêmico, mas essencialmente pragmático para adaptar o fenômeno processual contexto específico em que deve operar", podendo "fornecer um novo enquadramento sistemático para o conceito de naturalidade, valorizando essa função específica no sentido de que o processo não pode fornecer uma solução contrária ao simples bom senso" (COMOGLIO, Paolo. *Nuove tecnologie e disponibilità della prova*, p. 312-313).

aprimorado ou refinado, ou pode ser até mesmo desmentido, mas consultar informações sobre fatos na *internet* é uma conduta racional do comportamento humano que não podemos mais simplesmente desconsiderar[4].

A *segunda razão*, que também é um alargamento do próprio fundamento comumente utilizado para emprego do fato notório no processo judicial, mediante dispensa de prova (e ainda das regras experiência), consiste no fato de que o fenômeno processual também deve ser visto à luz da sua dimensão social e antropológica. A decisão judicial deve ser proferida no processo de forma mais aderente possível à verdade dos fatos, o que representa dizer que não pode ir de encontro à realidade do mundo. Hoje, inevitavelmente, a verdade dos fatos, considerada como aquela correspondente à realidade e com *menor* probabilidade de erros, é aquela que deve levar em consideração as informações disponíveis na *internet*. Não podemos ignorar também que os juízes são cidadãos com formação cultural prévia à investidura no cargo e que capturam informações sobre fatos devido à condição inerente de seres humanos e cidadãos concomitantemente à função judicante, de modo que a construção do raciocínio judicial inevitavelmente passará por consultas à *internet*[5]. Elementos externos que vem do mundo exterior ao processo judicial, como as fontes de prova, são de grande utilidade porque "o processo mesmo não vive isolado da realidade da vida, sendo por isso indispensável

---

4 No contexto das informações da *internet*: "E não há atalhos: uma proibição efetiva do juiz de consultar a *internet* não é imaginável; não se pode recusar, se o fez, a menos que a instituição das incompatibilidades seja ainda mais ampla, do que uma certa *nouvelle vague* doutrinária já hoje alegada; nem, ainda, o fenômeno pode ser ignorado, afirmando farisaicamente que o juiz terá que julgar como se não tivesse conhecimento daquele fato, obtido não das partes, mas da 'rede'" (DITTRICH, Lotario. La ricerca della verità nel processo civile: profili evolutivi in tema di prova testimoniale, consulenza tecnica e fatto notorio. *Rivista di Diritto Processuale*, 2011, p. 108-125 – tradução livre).

5 Lorenzo Carnelli já advertia de que "o processo destaca uma realidade própria, já que tem que prover conhecimentos e justificar atuações da lei, na observância da ordem pública, mas sem desligar-se essencialmente da outra realidade que a todos nos contém, formada pela vida e pelo mundo" (CARNELLI, Lorenzo. *O fato notório*, p. 140). Mais contemporaneamente, Paolo Comoglio contextualiza o fenômeno à luz das informações *on-line* disponíveis: "a acessibilidade cada vez mais difundida e economicamente não onerosa da informação, sobretudo através da *internet* e das redes de computadores, torna a regra que impede o juiz de considerar a informação publicamente acessível e facilmente disponível, cada vez menos justificável, tanto em termos de economia processual como de legitimidade social, pelo simples fato de não ter sido adquirido no processo" (COMOGLIO, Paolo. *Nuove tecnologie e disponibilità della prova*, p. 321 – tradução livre).

captar esses elementos capazes de refletir realidades exteriores ou de afinal influir sobre elas"[6].

A *terceira razão* é a baixa qualidade epistêmica da notoriedade quando o controle da veracidade do fato é exercido extraprocessualmente pela cultura de uma determinada esfera social. Uma decisão judicial, para ser mais aderente possível à realidade dos fatos, precisa abandonar a *crença* de que o *consenso* de um determinado grupo ou comunidade seria suficiente para revelar a notoriedade de um determinado fato. É preciso relembrar que a noção de cultura enquanto a existência de um patrimônio compartilhado de noções, ideias e valores, vem sendo cada vez mais modificado, e de forma substancial, pelo advento da *internet*. As intensas divergências e debates sobre a realidade dos fatos é algo que podemos perceber em debates do cotidiano, de modo que hoje não é mais possível mais extrair de determinados grupos sociais uma manifestação consensual sobre a ocorrência, inocorrência ou modo de ser de determinados fatos.

Portanto, mais do que reformular ou excluir categorias conceituais da definição de fato notório, a melhor solução é a de propor uma classificação que busca *incorporar* novas tendências produzidas pela tecnologia para permitir o controle processual da afirmação de fatos notórios no processo, notadamente quando informações são extraídas da *internet*.

3.1.2. Notoriedade direta e indireta

A notoriedade pode ser dividida em duas espécies[7].

Por *notoriedade direta* entende-se o conhecimento sobre fatos que advém de uma experiência imediata da percepção de indivíduos pela comunidade sem a *intermediação* de outros fatos, no momento em que a decisão é proferida. A fonte da notoriedade direta é a própria percepção imediata dos indivíduos, sem intermediação de outros fatos. O maior exemplo desta categoria são os fatos históricos e os fatos de grande repercussão, como um grande acidente ambiental, um ataque terrorista, um acontecimento político

---

6 DINAMARCO, Cândido Rangel. *Instituições de direito processual civil*, vol. II, p. 717.

7 Posteriormente à 1ª edição deste trabalho surgiram também outras propostas de classificação da notoriedade, com algumas semelhanças. Por exemplo, a proposta de classificação da notoriedade entre (i) fatos conhecidos (*hechos conocidos*); e (ii) fatos facilmente conhecíveis (*hechos fácilmente cognoscibiles*) (UMPIÉRREZ BLENGIO, Camila. Los hechos notorios en el razonamiento probatório. Dissertação (Mestrado em Raciocínio Probatório), Universitat de Girona. Girona, Espanha, 2023, cap. 3.1).

ou econômico. O momento da experiência coletiva, nesse ponto, coincide com o momento da própria atualidade.

Geralmente, os fatos notórios enquadrados dentro da categoria referente à notoriedade direta são abstratos e gerais e dificilmente são aptos a produzir efeitos jurídicos no processo. Isso ocorre porque, muito embora esses fatos sejam notórios, não são notórios os efeitos que eles produzem *concretamente* em determinadas relações jurídicas[8]. Vários são os exemplos deste cenário[9]: uma crise econômica pode ser considerada um fato notório, mas a sua repercussão *concreta* na atividade de uma determinada empresa não é; um desastre ambiental pode ser considerado um fato notório, mas os danos causados em uma determinada residência de forma *concreta* não são; a pandemia da COVID-19 é um claro exemplo de fato notório[10], mas o mesmo não se pode dizer das consequências sanitárias, sociais e econômicas *concretas* nas relações jurídicas entre pessoas, empresas e governos[11].

---

8 Como já dizia Stein, "apenas as características amplas das coisas podem ser notórias, nunca suas peculiaridades" (STEIN, Friedrich. *El conocimiento privado del juez*, p. 179 – tradução livre). No mesmo sentido, cfr. CAPELO, Maria José. Os factos notórios e a prova dos danos não patrimoniais. *Revista de Legislação e de Jurisprudência*, a. 143, n. 3985, Coimbra Editora, Coimbra, março/abril 2014, p. 286-304, esp. p. 299-300. Em sentido aproximado, dizendo que "a questão, portanto, é identificar a repercussão que esses fatos externos terão sobre o litígio particular" (APRIGLIANO, Ricardo de Carvalho. *Comentários ao Código de Processo Civil*, vol. VIII, t. I, p. 189).

9 De forma certeira, dizendo que "pode-se dizer que fatos notórios são aqueles que são conhecidos – ou podem ser conhecidos – por todos e, consequentemente, também pelo juiz; por exemplo, o evento de uma inundação, uma epidemia, um terremoto, o rompimento de uma barragem, um acidente de avião, uma greve, etc." (GASCÓN ABELLÁN, Marina. *Los hechos en el derecho*, p. 181 – tradução livre).

10 Problematizando a relação entre notoriedade e a pandemia, vale cfr. JARAMILLO, José Luis González. Los hechos notorios en la dogmática probatoria. A propósito del COVID-19 y sus efectos jurídicos. *Revista Diálogos de Derecho y Política*, n. 25, a. 10, enero-abril, 2020, p. 36-60.

11 Como acertadamente alerta William Santos Ferreira: "na medida em que os fatos vão se especificando, há uma individualização do plano fático envolvendo as partes, separando-os dos elementos gerais do que é e do que ocorre durante a pandemia", afinal, "afirmar que todos os negócios foram impactados negativamente e de forma homogênea está errado. Se alguém afirma rigoroso impacto econômico negativo deve produzir provas nesse sentido, caso isso lhe seja útil" (FERREIRA, William Santos. Levando a sério os conceitos de prova do fato, fato notório, indícios, presunções, máximas da experiência e ônus da prova nos casos envolvendo os impactos da pandemia do COVID-19. In: Alexandre David Malfatti; Paulo Henrique Ribeiro Garcia; Sérgio Seiji Shimura. (orgs.). *Direito do Consumidor: reflexões quanto aos impactos da pandemia de Covid-19*. São Paulo: Escola Paulista da Magistratura - EPM, 2021, v. 2, p. 711-738).

Em sentido aproximado, a Corte Especial do STJ, em mais de uma oportunidade, entendeu que "a pandemia, a despeito de ser fato notório, não serve para justificar – sem a oportuna juntada de documento idôneo– a eventual e circunstancial suspensão de expediente forense, situação, como se sabe, que ocorreu de formas e em períodos variados nos diversos Estados da Federação"[12]. Ou seja, a notoriedade pode até atingir fatos mais gerais, porém, dificilmente terá a mesma eficácia perante fatos mais específicos, como é o caso a suspensão dos prazos e expedientes durante a pandemia em diferentes localidades[13].

Por *notoriedade indireta* entende-se o conhecimento sobre fatos que advém de uma experiência sobre um determinado fato que é mediado por outros fatos, geralmente documentados, que são de ciência pública. A fonte da notoriedade indireta não é a percepção imediata dos indivíduos, mas uma percepção mediada por outros fatos que permitem, ao menos potencialmente, o seu amplo conhecimento, e garantem, efetivamente, a sua ciência em caráter público por um determinado grupo ou comunidade. Stein, por sua vez, já dizia que um fato será convertido em notório ou por causa da maneira como ele aconteceu, ou por causa do modo como ele foi divulgado[14].

Atualmente, em razão da sobrecarga de informação, da difusão digital do conhecimento e do fenômeno da hiper documentação, é possível dizer que, no caso da notoriedade indireta, a maioria desses fatos de segunda ordem, que promovem a intermediação com os fatos de primeira ordem, está devidamente documentada e plenamente acessível na rede mundial de computadores. Nesse ponto, é possível fazer uma intersecção entre a notoriedade indireta e a ampla disponibilidade e publicidade de informa-

---

12 AgInt nos EAREsp n. 1.859.291/RJ, relatora Ministra Laurita Vaz, Corte Especial, julgado em 21/3/2023; AgInt nos EREsp n. 1.639.523/CE, relator Ministro Herman Benjamin, Corte Especial, julgado em 23/5/2023.

13 Ainda dentro desta ideia de não invocar a notoriedade de fatos gerais como elemento de dispensa de prova de fatos específicos, a 2ª Turma do STJ já afirmou que "não se sustenta a alegação de que se trata de fato notório que impede a condenação à reparação ambiental. A Administração Pública não pode invocar genericamente, como 'fato notório', a cláusula da reserva do possível a fim de justificar a frustração do direito fundamental ao meio ambiente sadio" (AgInt no AREsp n. 1.890.696/RJ, relator Ministro Herman Benjamin, Segunda Turma, DJe de 30/6/2022).

14 STEIN, Friedrich. *El conocimiento privado del juez*, p. 173. O autor alemão falava de três fontes de conhecimento dos acontecimentos: (i) a publicação oficial; (ii) a ciência histórica em seu sentido amplo (incluindo literatura, geografia, antropologia etc.); e (iii) a imprensa (STEIN, Friedrich. *El conocimiento privado del juez* p. 174-175).

ções extraídas da *internet*[15]. Em outras palavras, pode-se perceber que a notoriedade indireta nada mais é do que a notoriedade da própria prova, a exemplo de uma metaprova. Admitir a possibilidade de produzir prova da notoriedade é importante para trazer a informações *on-line* para a dialética processual das partes. Nesses casos, portanto, é aportada ao processo apenas a demonstração daquela notoriedade diante da publicidade que é veiculada em fontes *on-line*, o que ocorre, geralmente, mediante simples indicação do *link* de acesso[16].

---

15 A referência à *internet* e à pesquisa de fontes *on-line* para configuração de fatos notórios já vinha sendo percebida pela doutrina. MICHELE TARUFFO já alertava que "a introdução da *internet* mudou profundamente essa situação. Por um lado, qualquer pessoa agora pode acessar rapidamente uma imensa e indeterminada quantidade de informações: portanto, deixa de ser verdadeira a suposição de que todos, inclusive o juiz, podem contar com o mesmo conjunto - limitado e de domínio comum - de fontes de informação. As fontes de informação são agora muito numerosas e diversificadas, e a informação disponível é substancialmente infinita, pelo que todos podem consultar alguma informação, mas certamente não todas. Por outro lado, a confiabilidade das informações obtidas usando um ou outro 'motor de busca' não é garantida de forma alguma. Em particular, nada garante que esta informação pertença a qualquer património comum de conhecimento e, portanto, tenha fundamento para tal. Em todos estes casos, que já pertencem aos hábitos quotidianos, não se pode aplicar a regra tradicional segundo a qual se considera notório o fato que pode ser conhecido pelos meios normais de informação, pois os atuais meios comuns de conhecimento não são mais capazes de fornecer um conhecimento confiável do fato em questão. Consequentemente, surge também a necessidade de uma prova específica destes fatos, idônea para apurar a sua veracidade" (TARUFFO, Michele. Fatti e prove. In: *La prova nel processo civile*, p. 50 – tradução livre). Também a proposta de prova da notoriedade à luz das novas tecnologias e da *internet* está presente em COMOGLIO, Paolo. *Nuove tecnologie e disponibilità della prova*, cap. 5.3. Igualmente, MARIA JOSÉ CAPELO afirma sobre o fato notório que "a possibilidade de colmatar facilmente esta 'ignorância', através dos meios acessíveis a comum das pessoas (ex: *internet*), não o descaracteriza ou impede que seja utilizado num processo" (CAPELO, Maria José. Os factos notórios e a prova dos danos não patrimoniais. *Revista de Legislação e de Jurisprudência*, p. 299).

16 O STJ já tem decisões neste sentido. Por exemplo, em um julgado a 3ª Turma considerou ser "fato notório a caracterização do Banco Itaucard S/A como banco de varejo, pois integrante do conglomerado Itaú Unibanco Holding S/A, um dos maiores conglomerados de instituições financeiras de varejo do país" (EDcl no REsp n. 1.946.388/SP, relator Ministro Paulo de Tarso Sanseverino, Terceira Turma, DJe de 3/5/2022), citando expressamente o link do site oficial do Banco Central do Brasil com o objetivo de demonstrar a notoriedade do fato. Em outro caso, a 2ª Seção admitiu a possibilidade de obter uma determinada informação na *internet*, com indicação do respectivo link, sob o fundamento de que é "fato notório a existência de cláusula de assistência à saúde no acordo coletivo celebrado com a empresa ora embargada por se tratar de empresa pública amplamente conhecida pela população, cujos acordos coletivos são documentos

Por isso é que o critério *temporal* é fundamental na definição da notoriedade como direta ou não[17]. Hoje, a notoriedade sobre um determinado fato pode ser direta porque os indivíduos daquela comunidade *testemunharam* o fato e não precisam fazer referência a outros fatos para afirmá-lo e prová-lo em juízo. Quando se fala aqui em testemunhar o fato, não se fala em testemunhar diretamente o fato, como o indivíduo que viu um ato ilícito ocorrer em sua frente, por exemplo. Até mesmo porque vimos que uma das características do fato notório, tal qual exposto por Calamandrei e acolhido por quase toda a doutrina, é a desnecessidade de relação direta entre o sujeito e o fato. Quando se fala em testemunhar o fato na notoriedade direta está-se utilizando um sentido mais abrangente, no sentido de vivenciar a experiência coletiva diante do mencionado acontecimento fático. Porém, no futuro, a notoriedade sobre esse mesmo fato pode ser indireta, porque o decorrer do tempo faz com que os indivíduos possam não ter presenciado o fato, razão pela qual a referência a outros fatos para afirmá-lo e comprová-lo em juízo – como matérias jornalísticas e *sites* da *internet* – é necessária.

A diferença entre as categorias se assemelha, de algum modo, àquela que os glosadores do direito comum desenvolveram entre, de um lado, o *notorium facti permanentis* e, de outro, o *notorium facti transeuntis* e *notorium facti interpolati*. No primeiro grupo estariam englobados os fatos de existência contínua que são facilmente constatáveis por todos de forma imediata. Já no segundo grupo estariam abrangidos os fatos ocorridos no passado, e até mesmo fatos ocorridos no passado que são reiterados no presente, que estão devidamente incorporados à memória coletiva da comunidade.

Em ambos os casos, seja na notoriedade direta, seja na notoriedade indireta, exige-se um ônus de alegação da parte. No entanto, como a notoriedade indireta funciona como um fato base para a presunção de veracidade

públicos, de amplo conhecimento para quem milita no foro em demandas sobre plano de saúde" (EDcl no CC n. 165.863/SP, relator Ministro Paulo de Tarso Sanseverino, Segunda Seção, DJe de 3/8/2020).

17 A questão foi precisamente identificada por Luiz Guilherme Marinoni e Sérgio Arenhart: "Quanto ao momento, cabe esclarecer que um fato pode se tornar, ou mesmo ter sido, notório. Por isso, a notoriedade deve ser relacionada com o momento da decisão. Um fato pode ser: i) presenciado pelo público ao ocorrer; ii) mais tarde ser transmitido ao conhecimento do público; ou, ainda, iii) restar esquecido. Note-se que os meios de comunicação de massa podem transmitir um fato ao vivo ou levar o acontecimento à população, motivo pelo qual importam tanto para a imediata notoriedade, quanto para a sua posterior formação" (MARINONI, Luiz Guilherme; ARENHART, Sérgio Cruz. *Prova e convicção*, p. 135-136).

do fato desconhecido – com base na máxima de experiência de que a fonte da *internet* da qual a informação foi extraída é amplamente disseminada e comumente acertada, razão pela qual existem razões suficientes para confiar na sua credibilidade – também há um ônus de alegação da regra de experiência e um ônus de indicação da fonte da *internet*. Somente com a afirmação da presunção e com a indicação da fonte da *internet* é que é possível o controle intersubjetivo, tanto pela parte adversa, quanto pelo juiz.

Nota-se que a regra de experiência em torno da informação extraída na *internet* não é lastreada na simplória afirmação de que todas as informações de lá extraídas são verdadeiras, o que é amplamente conhecido pela frase popular de que "se está na *internet*, então, é verdade". Essa presunção é perfeitamente falseável, como foi demonstrado no capítulo referente à divergência cultural no âmbito da desinformação, das *fake news* e da *Wikipedia*[18]. O caso é justamente o contrário, porque a regra de experiência diz respeito à credibilidade e à confiabilidade da fonte do endereço eletrônico na *internet*, e não pelo simples fato ser extraído dela.

Com essa classificação da notoriedade, podemos notar que dois problemas são resolvidos.

O primeiro problema diz respeito à utilização arbitrária e sem controle pela decisão judicial das informações disponíveis da *internet*. Permitir a aquisição processual dessas informações enquanto fatos de notoriedade indireta é jogar luzes sobre o conhecimento que pode influenciar o resultado da decisão judicial com o propósito de tornar possível o seu controle intersubjetivo, o que é melhor do que a proibição em absoluto da utilização dessas informações. Bem vistas as coisas, é perfeitamente possível que o juiz consulte informações sobre fatos na *internet* e decida o caso em julgamento influenciado justamente por essas informações, mas não explicite na fundamentação que fez essa consulta. A classificação proposta elimina esse problema e torna a consulta passível de controle.

O segundo problema corresponde à utilização discricionária e sem critério de fontes da *internet*. Partindo do pressuposto de que é possível a utilização de informações disponíveis *on-line*, é o caso de avançar no desenvolvimento de critérios para dizer quando essa informação é confiável e quando não é. O controle da notoriedade indireta não pode ser feito a partir

---

18 O que pode ser bem traduzido na ideia de "o facto notório é evidente, mas nem todas as evidências gozam de notoriedade. Esta máxima de experiência deverá guiar a Justiça" (CAPELO, Maria José. Os factos notórios e a prova dos danos não patrimoniais. *Revista de Legislação e de Jurisprudência*, p. 304).

da simples menção à disponibilidade da informação na *internet*, como se o simples disponibilidade e acessibilidade do fato fosse suficiente para atestar a sua verdade[19]. É necessário fazer uma correção da máxima de experiência empregada, que também é passível de controle: não é porque uma informação está na *internet* que ela será verdadeira, mas porque há confiabilidade e credibilidade da fonte da *internet* da qual a informação foi extraída.

Uma vez fixada a classificação da notoriedade, e devidamente explicitado o seu critério de viés eminentemente pragmático, é o caso de se estabelecer limites para utilização dessas informações retiradas da *internet* pelos sujeitos processuais, notadamente o órgão julgador.

3.2. NOTORIEDADE INDIRETA E *JUDICIAL NOTICE*

3.2.1. Fatos notórios na *Rule 201* da *Federal Rules of Evidence*

Considerando a notoriedade indireta dos fatos, é preciso reconstruir o regime processual dos fatos notórios a partir dessa nova possibilidade de afirmação e comprovação da notoriedade em juízo. Uma inspiração pode ser encontrada nos sistemas jurídicos dos países inseridos na tradição do *Common Law,* em que a possibilidade de conhecimento e utilização no processo de fatos notórios usualmente vem regulamentada de forma minuciosa pelo instituto da *judicial notice.*

A ligação entre fatos notórios e o instituto da *judicial notice* do *Common Law* não é certamente novidade para a tradição do *Civil Law*[20], embora a

---

19 Na Itália, por exemplo, a relação entre notoriedade e informações extraídas da *internet* não vem escapando do enfrentamento da jurisprudência e da doutrina de forma mais consistente, cfr. NERI, Adriana. Fatti notori e informazioni pervenute da internet. In: *Giurisprudenza di merito*, n. 10, p. 2569-2577, 2007; MORA, Andrea. Questioni in tema di fatto notorio. In: *Studi in onore di Giovanni Iudica.* Milano: Università Bocconi: EGEA, 2014, p. 895-406; FERRARI, Francesca. Il fatto notorio e la rete internet: un rapporto difficile. In: QUERZOLA, Lea (org.). *Problemi relativi alla prova nel processo civile.* Bologna 2016, p. 87-115; GIGLIOTTI, Fulvio. Fatto notorio e informazioni accessibili in rete. In: *Giustizia civile*, n. 4, p. 839-865, 2019.

20 Na Itália, por exemplo, a associação é muito comum, cfr. CAVALLONE, Bruno. Le iniziative probatorie del giudice: limiti e fondamento. Ispezione giudiziale e consulenza tecnica, In: *Il giudice e la prova nel processo civile*, Padova: Cedam, 1991, p. 179-261; TARUFFO, Michele. Fatti e prove. In: La prova nel processo *civile*, a cura di Michele Taruffo. Milano: Giuffrè, 2012, p. 50, nota de rodapé 167; PANZAROLA, Andrea. Il notorio, la judicial notice e "concetti" di prova. *Rivista di Diritto Processuale*, vol. 71, n. 3, 2016, p. 610-636; FERRARI, Francesca. Il fatto notorio e la rete internet: un rapporto difficile. In: QUERZOLA, Lea (org.). *Problemi relativi alla prova nel processo civile.*

análise comparativa entre os institutos seja bastante rara no Brasil. A própria doutrina norte-americana utiliza como fundamento da *judicial notice* a máxima *notoria non egent probatione*, oriunda do *Civil* Law e do direito canônico[21].

Em uma perspectiva etimológica, a *judicial notice* quer representar o fato pelo qual o juiz notifica as partes acerca do conhecimento de um determinado fato que dispensa o júri de proceder à sua respectiva investigação, ficando, portanto, fora da disputa. É preciso, no entanto, deixar claro como ocorre a formação da decisão nos processos cíveis do sistema jurídico norte-americano: enquanto o juiz é responsável pela definição acerca das questões de direito, o júri é responsável pela apuração das questões de fato[22].

A *judicial notice* tem um "pedigree antigo"[23]. Podemos identificar três grandes momentos sobre a discussão doutrinária e aplicação jurisprudencial da *judicial notice* nos EUA[24].

O primeiro momento corresponde ao final do Século XIX, encabeçado pelo desenvolvimento do tema a partir da doutrina de John B. Thayer[25] e de

---

Bologna, 2016, p. 87-115; COMOGLIO, Paolo. *Nuove tecnologie e disponibilità della prova*, p. 215-232. Mais recentemente, UMPIÉRREZ BLENGIO, Camila. *Los hechos notorios en el razonamiento probatório*, p. 9-10.

21 "A máxima de que *manifesta* (ou *notoria*) *non indigent probatione* pode ser traçada no direito civil e canônico; na verdade, é provavelmente coevo com o próprio procedimento legal. Nós a encontramos como uma máxima em nossos próprios livros, e ela é aplicada em todas as partes do nosso direito" (THAYER, James Bradley. Judicial notice and the law of evidence. *Harvard Law Review*, v. 3, n. 1/8, p. 285-312, apr./mar. 1889/1890 – tradução livre).

22 Sobre a divisão juiz/júri em matéria de conhecimento de fatos, cfr. TARUFFO, Michele. *Uma simples verdade*, p. 208-221. Para conhecer em maiores detalhes o processo civil norte-americano, remetemos o leitor a HAZARD JR., Geoffrey C.; TARUFFO, Michele. *American civil procedure: an introduction*. London: Yale University Press, 1993; GODOY, Arnaldo Sampaio de Moraes. Direito processual civil nos Estados Unidos. *Revista de Processo*, v. 30, n. 127, p. 107-116, set. 2005; ZACLIS, Leonel. Direito processual civil estadunidense. In: CRUZ E TUCCI, José Rogério (coord.). *Direito processual civil americano contemporâneo* São Paulo: Lex, 2010, p. 165-210. Em específico, sobre o direito probatório norte-americano, cfr. DAMASKA, Mirjan R. *El derecho probatório a la deriva*. Madrid: Marcial Pons, 2015.

23 BELLIN, Jeffrey; FERGUSON, Andrew G. Trial by Google: judicial notice in the information age. *Northwestern University Law Review*, vol. 108, n. 4, 2014, p. 1137-1182, esp. 1142.

24 Ver, com proveito, COMOGLIO, Paolo. *Nuove tecnologie e disponibilità della prova*, cap. 3.5.

25 THAYER, James Bradley. Judicial notice and the law of evidence. *Harvard Law Review*, v. 3, n. 1/8, p. 285-312, apr./mar. 1889/1890.

John H. Wigmore[26], a ponto de ser denominada de "Thayer-Wigmore doctrine"[27]. A *judicial notice* não era tratada como um tema do direito probatório[28] e tinha um escopo bem amplo e abrangente, podendo ser aplicada não só quanto aos fatos notórios, mas também quanto às regras de direito (*iura novit curia*), inclusive as estrangeiras, e às máximas de experiência, oportunidade em que se assemelhava bastante à construção do direito comum.

Nesse primeiro momento, a *judicial notice* era aplicável a fatos tão notórios que dispensavam comprovação, a circunstâncias que deveriam ser conhecidas pelo juiz e a circunstâncias que, muito embora fossem pouco conhecidas, poderiam ser demonstradas de forma imediata e inquestionável. A ideia era que o instituto seria apto a funcionar como um *atalho* para o julgamento, promovendo maior eficiência e precisão no acertamento dos fatos geográficos, fatos científicos, fatos históricos, fatos locais e fatos para cumprir reponsabilidades judiciais na aplicação de leis estaduais, federais e estrangeiras, como também fatos comumente conhecidos[29].

O segundo momento concerne ao intenso debate ocorrido em torno da proposta de codificação das regras sobre provas no processo federal norte-americano. O sistema jurídico dos EUA, no início do Século XX, passou por um intenso processo de codificação de regras processuais. O debate em torno da *judicial notice* teve como base a regulamentação do tema pelo *Model Code of Evidence*, proposto pelo *American Law Institute - ALI* no ano de 1942[30].

---

26 WIGMORE, John Henry. *A treatise on the anglo-american system of evidence in trials at Common Law, including the statutes and judicial decisions of all jurisdictions of the United States and Canada*. Boston: Little, Brown & Company, 1923.

27 MORGAN, Edmund M. Judicial notice. *Harvard Law Review*, vol. 57, n. 3 (Jan., 1944), p. 269-294.

28 "Em que lugar do direito pertence a doutrina da notificação judicial [no original, *judicial notice*]? Não pertence peculiarmente ao direito probatório [no original, *law of evidence*]. De fato, encontra na região da prova uma aplicação frequente e conspícua; mas o hábito de considerar este tópico como um mero título no direito probatório tende a obscurecer a verdadeira concepção de ambos os assuntos" (THAYER, James Bradley. Judicial notice and the law of evidence. *Harvard Law Review*, p. 287 – tradução livre).

29 Uma descrição desses fatos pode ser encontrada em BELLIN, Jeffrey; FERGUSON, Andrew G. Trial by Google: judicial notice in the information age. *Northwestern University Law Review*, vol. 108, n. 4, 2014, p. 1137-1182, esp. 1143-1152.

30 Um panorama do debate pode ser visto por meio dos seguintes artigos: MORGAN, Edmund M. Judicial notice. *Harvard Law Review*, vol. 57, n. 3 (Jan., 1944), p. 269-294; KEEFE, Arthur J.; LANDIR JR., William B.; SHAAD, Robert B. Sense and nonsense about judicial notice. *Stanford Law Review*, vol. 2, n. 4 (Jul., 1950), p. 664-690; DAVIS, Kenneth C. Judicial notice. *Columbia Law Review*, vol. 55, n. 7 (nov., 1955), p. 945-984.

A primeira crítica era referente ao caráter restritivo da regulamentação que foi atribuído à *judicial notice*, se comparado à prática usual do instituto até então[31]. Isso porque no *Model Code of Evidence* constava que somente poderiam ser objeto de *judicial notice* os fatos que "não podem razoavelmente ser objeto de disputa" e os fatos que "são capazes de determinação imediata e precisa pelo recurso a fontes facilmente acessíveis de precisão indiscutível", o que, segundo a doutrina crítica da disciplina normativa, limitava o instituto a uma área de abrangência muito menor.

Por outro lado, a redução da sua abrangência era defendida por uma parcela considerável da doutrina que questionava a doutrina "Thayer-Wigmore"[32]. Essa parcela da doutrina separava de forma bem delimitada o papel

31 "As críticas aqui feitas são seis: (1) Os materiais legais que podem ser notados são indevidamente restringidos. (2) A ideia dominante que limita a notificação judicial [no original, *judicial notice*] a fatos que 'não podem razoavelmente ser objeto de disputa' e a fatos que 'são capazes de determinação imediata e precisa pelo recurso a fontes facilmente acessíveis de precisão indiscutível' limita a notificação judicial [no original, *judicial notice*] a um número muito menor área do que os tribunais a confinaram. (3) As disposições são fundamentalmente defeituosas ao não reconhecer que os tribunais vão além do registro de fatos relacionados à lei e à política em uma extensão muito maior do que fazem para fatos sobre as partes e suas atividades. (4) As disposições não reconhecem que as práticas de notificação judicial [no original, *judicial notice*] dos tribunais variam de acordo com as diferentes funções que os tribunais desempenham; constatar culpa ou inocência em um processo criminal não é necessariamente o mesmo que apurar fatos para fins de aplicação de sentença ou para criar ou moldar leis. (5) As disposições não refletem a prática judicial costumeira de usar fatos extra-registrados incorporados em regras de direito que declaram proposições de fato. (6) As disposições não permitem exceção à exigência de que as partes sejam notificadas antecipadamente da intenção de notificar judicialmente, embora tal notificação seja geralmente uma completa perda de tempo. Os tribunais devem continuar sua prática atual, segundo a qual geralmente tomam conhecimento dos fatos sem primeiro notificar as partes da intenção de fazê-lo e sob a qual exercem um poder discricionário para permitir que as partes em circunstâncias apropriadas contestem os fatos notados" (DAVIS, Kenneth C. Judicial notice. *Columbia Law Review*, vol. 55, n. 7 (nov., 1955), p. 945-984 – tradução livre).

32 Por exemplo, na pergunta de Edmund M. Morgan: "As decisões que se recusam a receber provas contrárias a uma questão objeto de notificação judicial [no original, *judicial notice*] são explicáveis em qualquer teoria consistente com a doutrina Thayer-Wigmore? Nenhum desses mestres afirmaria que uma disputa quanto ao teor de uma regra de direito interno poderia ser resolvida por meio de provas" (MORGAN, Edmund M. Judicial notice. *Harvard Law Review*, vol. 57, n. 3 (Jan., 1944), p. 269-294) e KEEFE, Arthur J.; LANDIR JR., William B.; SHAAD, Robert B. Sense and nonsense about judicial notice. *Stanford Law Review*, vol. 2, n. 4 (Jul., 1950), p. 664-690 – tradução livre.

do juiz em relação às questões de direito e em relação às questões de fato[33]. No tocante às questões de direito, o juiz teria o dever de conhecer e, caso não conhecesse, ele teria o dever de adquirir esse conhecimento. Além disso, na aplicação do direito, o juiz não ficaria vinculado às proposições das partes e poderia de forma irrestrita fazer suas investigações para alcançar uma conclusão[34]. O mesmo não poderia ser dito em relação às questões de fato, na medida em que nem o juiz e nem o júri têm conhecimento sobre as circunstâncias fáticas e nem podem realizar qualquer investigação nesse sentido[35]. Afinal, não seria papel do juiz descobrir a verdade dos fatos.

E isso levava à segunda crítica, que era referente à possibilidade de investigação judicial para apuração de fatos que não são objeto de disputa razoável, o que pode ser demonstrado mediante indicação de fontes facilmente acessíveis. Alertava-se para os perigos de uma utilização discricionária e sem critérios da *judicial notice* por parte do juiz, alertando não ser um papel do julgador imiscuir-se em questões fáticas[36].

---

33 Sobre esse ponto, vale cfr. STRAHORN JR. John S. The process of judicial notice. *Virginia Law Review*, vol. 14, n. 7 (May, 1928), p. 544-563: "A notificação judicial [no original, *judicial notice*] dos fenômenos jurídicos, se existir como um conceito separado, deve significar nada mais do que um pronto reconhecimento do direito do caso. (...) A notificação judicial [no original, *judicial notice*] faz parte da função judicial na medida em que seus aspectos tangíveis são exercidos pelos juízes de primeira instância. Quanto aos fenômenos jurídicos, é o exercício normal dessa função. Quanto aos fatos do júri, é uma extensão permitida para o domínio do júri" - tradução livre.

34 Afinal, "ao juiz incumbe o dever de conhecer o direito interno" e "ao determinar o conteúdo ou a aplicabilidade de uma norma de direito interno, o juiz é irrestrito em sua investigação e conclusão" (MORGAN, Edmund M. Judicial notice. *Harvard Law Review*, vol. 57, n. 3 (Jan., 1944), p. 269-294 - tradução livre).

35 "A situação quanto às questões de fato contestadas e discutíveis é diferente. Nem juiz, nem júri, são obrigados a ter conhecimento sobre questões de fato discutíveis; nenhum deles está autorizado a fazer uma investigação independente. Ambos devem se contentar em usar o material apresentado no curso do processo" (MORGAN, Edmund M. Judicial notice. *Harvard Law Review*, vol. 57, n. 3 (Jan., 1944), p. 269-294 - tradução livre).

36 MORGAN, Edmund M. Judicial notice. *Harvard Law Review*, vol. 57, n. 3 (Jan., 1944), p. 269-294; KEEFE, Arthur J.; LANDIR JR., William B.; SHAAD, Robert B. Sense and nonsense about judicial notice. *Stanford Law Review*, vol. 2, n. 4 (Jul., 1950), p. 664-690.

O terceiro momento, finalmente, diz respeito à consolidação da disciplina referente à *judicial notice* na *Rule 201* das *Federal Rules of Evidence*, as quais, editadas em 1972, entraram em vigor somente no ano de 1975:

> Rule 201 – Judicial Notice of Adjudicative Facts
>
> (a) Scope. This rule governs judicial notice of an adjudicative fact only, not a legislative fact.
>
> (b) Kinds of Facts That May Be Judicially Noticed. The court may judicially notice a fact that is not subject to reasonable dispute because it:
>
> (1) is generally known within the trial court's territorial jurisdiction; or
>
> (2) can be accurately and readily determined from sources whose accuracy cannot reasonably be questioned.
>
> (c) Taking Notice. The court:
>
> (1) may take judicial notice on its own; or
>
> (2) must take judicial notice if a party requests it and the court is supplied with the necessary information.
>
> (d) Timing. The court may take judicial notice at any stage of the proceeding.
>
> (e) Opportunity to Be Heard. On timely request, a party is entitled to be heard on the propriety of taking judicial notice and the nature of the fact to be noticed. If the court takes judicial notice before notifying a party, the party, on request, is still entitled to be heard.
>
> (f) Instructing the Jury. In a civil case, the court must instruct the jury to accept the noticed fact as conclusive. In a criminal case, the court must instruct the jury that it may or may not accept the noticed fact as conclusive.

Em primeiro lugar (a), a regulamentação diz que a *judicial notice* é aplicada apenas em relação aos *adjuditicative facts*, e não se estende aos *legislative facts*[37].

Os fatos adjudicativos são aqueles relativos à aplicação da lei no processo judicial e que dizem respeito a "quem fez o quê, onde, quando, como e com que motivo ou intenção", versando sobre as "partes, suas atividades, suas propriedades, seus negócios". Já os fatos legislativos são aqueles que "ajudam o tribunal a determinar o conteúdo da lei e da política e a exercer seu julgamento ou poder discricionário na determinação de qual curso de ação tomar"[38]. A semelhança dos *adjudicative facts* é muito grande com o

---

37 A distinção é comumente apontada com origem doutrinária em DAVIS, Kenneth C. Judicial notice. *Columbia Law Review*, vol. 55, n. 7 (nov., 1955), p. 945-984.

38 Ao lado desses tipos convencionais de fatos, Posner também fala dos *background facts*, como sendo aqueles "destinados a aumentar a compreensão do leitor de um caso,

conceito de fatos primários típico dos sistemas de *Civil Law*, mas não tanto com os fatos secundários, embora seja possível dizer que os *legislative facts* não são essenciais à resolução da controvérsia.

Em segundo lugar (b), a regulamentação diz que os tribunais somente poderão aplicar a *judicial notice* quando o fato adjudicativo não for alvo de uma disputa razoável, seja porque ele é geralmente conhecido na jurisdição territorial da Corte, seja porque ele pode ser conhecido com precisão e rapidez a partir de fontes que não podem ser razoavelmente questionadas. Quanto à primeira hipótese de cabimento, percebe-se que a regra consolidou a visão da doutrina tradicional de que os fatos "generally known" podem ser objeto de *judicial notice*. Já no tocante à segunda hipótese de cabimento, nota-se que a regra incorporou a possibilidade de *judicial notice* a fatos que poderiam ser verificados em fontes razoavelmente sem disputa, e, em contrapartida, ofereceu garantias de proteção processual às partes quanto a esse ponto[39].

Sob alguns aspectos, é possível ver uma semelhança com a construção da notoriedade oriunda da tradição do *Civil Law*[40]. Um, devido à referência ao conhecimento do fato pela generalidade dos cidadãos, como consta da proposta de CARNELUTTI no art. 297 do seu projeto de CPC italiano que trabalha justamente com essa ideia de que o fato é notório quando conhecido pela "generalidade dos cidadãos no tempo e no local em que ocorre a decisão". Dois, com a possibilidade de recorrer a fontes externas para demonstração da notoriedade, o que é expressamente citado por CALAMANDREI no seu célebre ensaio.

Entretanto, é nesse segundo ponto que é possível ver uma diferença de premissa. Enquanto a construção da notoriedade no *Civil Law* é fundada na certeza sobre a ocorrência do fato, a disseminação do conhecimento em uma determinada esfera social acaba trazendo um tom de inevitabilidade à sua certificação no processo. Desse modo, não é a consulta a fontes externas que demonstra a notoriedade, mas porque o conhecimento sobre o fato está disseminado no grupo social.

---

colocando os fatos adjudicativos em um contexto esclarecedor" e dos *"coloring-book" facts*, ou seja, aqueles "destinados a tornar uma decisão judicial um pouco mais viva e colorida do que aquela a que os advogados e juízes estão acostumados" (POSNER, Richard A. Judicial opinions and appellate advocacy in Federal Courts - one judge's views. 51 *Duquesne Law Review* 3 (2013).

39 O diagnóstico quanto isso se deve a BELLIN, Jeffrey; FERGUSON, Andrew G. Trial by Google: judicial notice in the information age. *Northwestern University Law Review*, vol. 108, n. 4, 2014, p. 1137-1182, esp. 1143-1152, esp. 1154.

40 COMOGLIO, Paolo. *Nuove tecnologie e disponibilità della prova*, p. 227.

No *Common Law*, porém, a notoriedade é trazida para a discussão endoprocessual, tanto é verdade que é estabelecido um procedimento referente ao modo e ao momento de utilização do instituto, bem como à necessidade de submetê-lo ao contraditório entre as partes. Isso ocorre porque há uma *desconfiguração* do modo pelo qual os fatos são investigados, geralmente um papel do júri e que o juiz não adentra. É por isso que, em terceiro lugar (c), a regulamentação diz que o Tribunal pode valer-se do instituto da *judicial notice* de ofício ou a requerimento das partes, sendo que, nessa última hipótese, deve a parte fornecer as informações necessárias quando fizer o requerimento; que, em quarto lugar (d), o Tribunal pode tomar conhecimento do fato por meio da *judicial notice* em qualquer fase do processo; e que, em quinto lugar, as partes têm o direito de serem ouvidas não só sobre a possibilidade de aplicação da *judicial notice*, mas também em relação à natureza do fato objeto da *judicial notice*. Adverte-se, ainda, que se o Tribunal utilizar da *judicial notice* antes de ouvir a parte, ela terá o direito de ser ouvida depois.

Por fim, em quinto e último lugar (f), a regulamentação diz que nos processos cíveis o Tribunal instruirá o júri a aceitar como conclusivo o fato que foi objeto da *judicial notice*, o que não ocorrerá nos processos criminais em que o júri poderá ou não aceitar o fato objeto da *judicial notice* como conclusivo.

Como percebeu a doutrina norte-americana, as *Federal Rules of Evidence* têm prós e contras a serem levados em consideração[41]. De um lado, a *Rule* 201 limitou os tipos de fatos que poderiam ser objeto do instituto e promoveu uma série de garantias processuais às partes, notadamente o contraditório. De outro lado, porém, a *Rule* 201 não resolveu o grande problema sobre a ampliação ou a restrição do seu uso.

Observando a história da minuciosa regulamentação do instituto da *judicial notice*, tomando o processo civil federal norte-americano como parâmetro, é possível verificar duas diferenças metodológicas fundamentais entre as tradições jurídicas, uma referente ao *conceito*, outra referente ao *procedimento*.

Quanto ao *conceito*, enquanto os sistemas jurídicos inseridos na tradição do *Civil Law* ficaram mais preocupados, mediante uma abordagem positiva, em definir o que é um fato notório, no *Common Law* a preocupação, mediante uma abordagem negativa, era verificar quais fatos dispensam

41 BELLIN, Jeffrey; FERGUSON, Andrew G. Trial by Google: judicial notice in the information age. *Northwestern University Law Review*, vol. 108, n. 4, 2014, p. 1137-1182, esp. 1143-1152, esp. 1153.

prova para definir o que não é fato notório[42]. Essa abordagem positiva ou negativa do fato notório influencia na diferença metodológica em relação ao *regime processual* da notoriedade: os sistemas jurídicos inseridos na tradição do *Civil Law* tratam de forma muito sucinta o tema, fazendo, na grande maioria dos casos, uma menção à dispensa de prova do fato notório ou, quando muito, falando do regime de sua alegação. Já os sistemas jurídicos da tradição do *Common Law*, a exemplo dos EUA, marcados que são pelo seu caráter pragmático, evoluíram para uma disciplina processual mais consistente e detalhada.

3.2.2. *Judicial notice* e informações da *internet*

Nos EUA, a investigação judicial feita de forma independente junto à *internet*, no intuito de buscar de informações que dizem respeito aos fatos do litígio em disputa, tem sido debatida em duas frentes: a doutrina, de um lado, tem analisado o tema no âmbito da aplicação da *judicial noticie*, buscando critérios para confiabilidade das fontes da *internet*; porém, o tema também tem levantado questionamentos éticos no exercício da função judicial, razão pela qual entidades têm buscado examinar o tema à luz da deontologia profissional[43].

Vamos analisar, primeiro, o aspecto ético.

Em 2007, a ABA – American Bar Association[44] editou um *Model Code of Judicial Conduct* que traz uma série de regras éticas aos juízes no exercício da atividade jurisdicional[45]. A Regra 2.9 (c) prevê que "um juiz não deve

---

42 Esse ponto foi identificado por Paolo Comoglio, para quem: "A doutrina europeia, em primeiro lugar a alemã e depois a italiana, há muito luta para identificar os requisitos positivos para definir o fato notório; A doutrina anglo-saxônica, por outro lado, segue um procedimento substancialmente oposto, perguntando-se antes de tudo, por assim dizer negativamente, em quais casos é possível prescindir de provas e daí derivar a definição de notoriedade" (COMOGLIO, Paolo. *Nuove tecnologie e disponibilità della prova*, p. 219 – tradução livre).

43 De maneira bastante crítica, no aspecto ético, cfr. THORNBURG, Elizabeth G. The curious appellate judge: ethical limits on independent research, 28 *Litigation Review*. 131 (2008).

44 A ABA – American Bar Association é uma associação privada fundada em 1878 que é responsável pelo controle da advocacia nos Estados Unidos da América. O papel por ela desempenhado é comumente comparado à OAB - Ordem dos Advogados do Brasil. No entanto, para o exercício da advocacia nos EUA, não é necessário filiar-se à ABA. Disponível em <https://www.americanbar.org/>.

45 No Brasil, o Código de Ética da Magistratura Nacional foi editado pela Resolução nº 60/2008 do Conselho Nacional de Justiça.

investigar os fatos de uma questão de forma independente, e deve considerar apenas as provas que são apresentadas e os fatos que podem apurados judicialmente de forma adequada"[46].

Posteriormente, em 2017, a ABA - American Bar Association editou a *Formal Opinion 478* sobre "Independent factual research by judges via the internet" em que a Regra 2.9 (c) acima mencionada foi esmiuçada quanto à possibilidade de juízes realizarem buscas na *internet* para colher informações sobre fatos relacionados aos casos que estão julgando. Na conclusão, é expressamente asseverado que juízes não devem buscar em fontes da *internet* informações sobre fatos adjudicativos, salvo quando essas informações estiverem sujeitas à *judicial notice*, devendo relegar essa tarefa às partes quando essas informações puderem ser facilmente pesquisadas por elas[47].

Ambos os documentos seriam enquadrados juridicamente no Brasil como *soft law* em matéria processual[48], na medida em que verdadeiramente estabelecem um manual de boas práticas quanto ao tema e têm o objetivo de promover o aperfeiçoamento da prestação jurisdicional[49].

Agora, podemos falar sobre a relação entre a *judicial notice* e os fatos cujas fontes são extraídas da *internet*[50].

---

46 Model Code of Judicial Conduct. *American Bar Association*. Disponível em: <https://www.americanbar.org/groups/ professional_responsibility/publications/model_code_of_judicial_conduct/>. Acesso em 10.05.2022.

47 A opinião é resumida nos seguintes termos, em tradução livre: "O fácil acesso a uma vasta quantidade de informações disponíveis na *Internet* expõe os juízes a potenciais problemas éticos. Os juízes correm o risco de violar o Código Modelo de Conduta Judicial ao pesquisar na *Internet* informações relacionadas a participantes ou fatos de um processo. A investigação independente de fatos adjudicativos geralmente é proibida, a menos que a informação esteja devidamente sujeita a notificação judicial. A restrição à investigação independente inclui indivíduos sujeitos à direção e controle do juiz". Disponível em <https://www.americanbar.org/>. Acesso em 20.05.2022.

48 Sobre a *soft law* enquanto fontes de normas processuais, inclusive citando os Códigos Modelos internacionais como exemplos, cfr. DIDIER JR., Fredie. *Curso de direito processual civil*, vol. 1, p. 86; DIDIER JR., Fredie; FERNANDEZ, Leandro. *O Conselho Nacional de Justiça e o direito processual: administração judiciária, boas práticas e competência normativa*. Salvador: Juspodivm, 2022, p. 69-70.

49 Neste sentido, cfr. DIDIER JR., Fredie; FERNANDEZ, Leandro. *O Conselho Nacional de Justiça e o direito processual*, cap. 3; DIDIER JR., Fredie; FERNANDEZ, Leandro. Introdução ao estudo das boas práticas na administração da justiça: a relevância dogmática da inovação. *Direitos Fundamentais e Justiça*, v. 15, n. 45, p. 165-198, jul./dez. 2021.

50 Recentemente, o tema tem sido muito debatido na doutrina norte-americana e dos países inseridos na tradição do *Common Law* de maneira geral, valendo conferir

O impacto da internet no conceito de *notoriedade* e no que se entende por *conhecimento comum* também tem sido apontado como causa para um novo olhar em torno da *judicial notice*, sobretudo quanto aos fatos que podem ser conhecidos e verificados a partir de fontes que não podem ser razoavelmente questionadas, nos termos da *Rule* 201 (b) (2), das *Federal Rules of Evidence*. Isso levando em conta que o significado de *comunidade* deve ser expandido para alcançar não só as comunidades físicas, mas também as comunidades virtuais. Além disso, merece destaque que o número e os tipos de fatos disponíveis *on-line* também são modificados com o advento de novas tecnologias[51].

A utilização de informações extraídas de fontes *on-line* e a respectiva citação em decisões judiciais tem sido alvo de preocupação da doutrina porque trata de um problema que pode repercutir na confiança na população acerca da autoridade da decisão tomada pelos Tribunais[52]. Afinal, se um fato em disputa for relevante para o julgamento e uma informação acerca

---

BARGER, Coleen M. On the internet, nobody knows you're a judge: appellate courts' use of internet materials. *The Journal of Appellate Practice and Process*, vol. 4, issue 2, article 7, 2002, p. 417- 419; BURGESS Paul. The application of the doctrine of judicial notice to *on-line* sources. *Queensland Law Student Review*, 2010, vol. 3, 1-24; JUDGE, Elizabeth F. Curious Judge: Judicial notice of facts, independent judicial research, and the impact of the internet. *Annual Review of Civil Litigation*, 2012, p. 325-350; BARGER, Coleen M. Challenging judicial notice of facts on the internet under Federal Rule of Evidence. *University of San Francisco Law Review*, 201, vol. 48, 2013, p. 43-70; BELLIN, Jeffrey; FERGUSON, Andrew G. Trial by Google: judicial notice in the information age. *Northwestern University Law Review*, vol. 108, n. 4, 2014, p. 1137-1182; JOSEPH, Gregory P. Judicial notice of internet evidence. The United States Law Week Case Alert & Legal News, 2014, 1-14; GODWIN, Erin G. Judicial notice and the internet: defining a source whose accuracy cannot reasonably be questioned. *Cumberland Law Review*, vol. 46, n. 1, 2015, p. 219-254.

51 Sobre esse ponto, cfr. JUDGE, Elizabeth F. Curious Judge: Judicial notice of facts, independent judicial research, and the impact of the internet. *Annual Review of Civil Litigation*, 2012, p. 344, para quem "notoriedade é um termo notoriamente escorregadio" e "o conhecimento da comunidade é altamente contextual e varia de acordo com o tempo e o lugar" - tradução livre.

52 Assim: "quando, no entanto, um tribunal supostamente baseia seu entendimento da lei ou da aplicação da lei aos fatos do caso em uma fonte que não pode ser localizada ou confirmada posteriormente, o significado da citação para essa fonte torna-se mais ameaçador. Se os leitores atuais da opinião não puderem determinar quanto peso persuasivo foi ou deve ser concedido à fonte indisponível, eles têm poucas razões para depositar muita confiança na autoridade da opinião" (BARGER, Coleen M. On the internet, nobody knows you're a judge: appellate courts' use of internet materials. *The Journal of Appellate Practice and Process*, p. 430 – tradução livre).

da sua veracidade ou falsidade for extraída da *internet*, a decisão perderá legitimidade se a citação à fonte *on-line* na decisão não puder ser verificada.

Ocorre, no entanto, que a *Rule* 201 nada menciona e não fornece qualquer tipo de guia para a utilização de fontes da *internet* para aplicação da *judicial notice*[53]. No entanto, a sua utilização pelos tribunais norte-americanos tem se expandido cada vez mais e, ao mesmo tempo em que é louvada, também gera preocupações porque existem prós e contras a serem levados em consideração[54].

Ainda assim, a doutrina sobre o tema tem defendido que não há necessidade de modificação do texto normativo da *Rule* 201 para disciplinar o uso de fontes *on-line* extraídas da internet para a aplicação do instituto[55]. Até mesmo porque a mudança consolidada na *Rule* 201, ainda que trate basicamente dos mesmos fatos anteriormente considerados para utilização do instituto, "alterou o foco da judicial notice do fato para a fonte do fato" e "sutilmente muda o locus de autoridade para notificação judicial do juiz para as fontes disponíveis"[56].

A utilização da *judicial notice* para notificar o júri acerca da existência de fatos relevantes para o julgamento extraídas de fontes disponíveis *on-line* é louvada por causa de características inerentes à *internet*, como a facilidade e a gratuidade de acesso às informações *on-line*. Afinal, fatos importantes para a resolução da controvérsia poderão ser confirmados para o julgamento em tempo razoável e sem custos financeiros. Isso faz com que a dupla finalidade da *judicial notice* seja atendida, promovendo ao mesmo tempo uma maior *eficiência* e uma maior *precisão* no julgamento[57]. O processo será muito mais eficiente porque se desenvolverá de maneira mais célere e sem custos em relação à certificação de fatos relevantes para o julgamento, e, além disso, os jurados serão munidos de mais informações sobre o caso em disputa, o que contribuirá para que a decisão tomada seja mais bem informada[58].

---

53 BARGER, Coleen M. Challenging judicial notice of facts on the internet under Federal Rule of Evidence. *University of San Francisco Law Review*, p. 45.

54 BARGER, Coleen M. Challenging judicial notice of facts on the internet under Federal Rule of Evidence. *University of San Francisco Law Review*, p. 44-45.

55 BARGER, Coleen M. Challenging judicial notice of facts on the internet under Federal Rule of Evidence. *University of San Francisco Law Review*, p. 46.

56 BELLIN, Jeffrey; FERGUSON, Andrew G. Trial by Google: judicial notice in the information age. *Northwestern University Law Review*, p. 1155 – tradução livre.

57 GODWIN, Erin G. Judicial notice and the internet. *Cumberland Law Review*, p. 230.

58 BELLIN, Jeffrey; FERGUSON, Andrew G. Trial by Google: judicial notice in the information age. *Northwestern University Law Review*, p. 1165-1166.

Ao mesmo tempo, outras características inerentes à *internet* também acabam gerando preocupação, como o caráter transitório com que várias dessas informações ficam disponíveis *on-line* e a própria confiabilidade das informações constantes da rede mundial de computadores[59]. Dessa forma, tem sido defendido o caráter problemático de citações em decisões judiciais das seguintes fontes: (i) *sites* cujo conteúdo evoluiu para algo diferente do originalmente citado; (ii) *sites* cujo conteúdo migrou para um novo local; (iii) *sites* cujo conteúdo desapareceu; (iv) *sites* que exigem assinaturas ou senhas de acesso ao conteúdo; e (v) *sites* que contém erros de ortografia, tipografia, transcrição ou edição[60].

Isso sem contar que a aplicação da *judicial notice* para notificar o júri sobre esses fatos disponíveis *on-line* acaba removendo os obstáculos que normalmente a aquisição de *provas* extraídas da *internet* enfrentaria para ingressar no processo, a partir das regras de exclusão da *authentication* e da *hearsay*[61]. Dessa forma, aspectos importantes como precisão e confiabilidade da informação acabam sendo colocados em xeque[62].

---

59 BARGER, Coleen M. Challenging judicial notice of facts on the internet under Federal Rule of Evidence. *University of San Francisco Law Review*, p. 51-52.

60 BARGER, Coleen M. On the internet, nobody knows you're a judge: appellate courts' use of internet materials. *The Journal of Appellate Practice and Process*, p. 439-445.

61 A preocupação com esses dois pontos é bastante disseminada, cfr. BARGER, Coleen M. Challenging judicial notice of facts on the internet under Federal Rule of Evidence. *University of San Francisco Law Review*, p. 57; BELLIN, Jeffrey; FERGUSON, Andrew G. Trial by Google: judicial notice in the information age. *Northwestern University Law Review*, p. 1157-1158; GODWIN, Erin G. Judicial notice and the internet. *Cumberland Law Review*, p. 225-226.

62 A *hearsay* (*Rules* 801 a 807) e a *authentication* são mencionadas nas *Federal Rules of Evidence* como regras de exclusão da prova (chamadas de *exclusionary rules*), isto é, hipóteses em que as provas não podem ser admitidas no processo. De um lado, a *hearsay* trata da declaração oral ou escrita feita fora da audiência ou do júri e que é apresentada no processo com a pretensão de comprovar a veracidade de um fato. Etimologicamente, a palavra diz respeito ao testemunho que é fruto de boato, ou seja, do "ouvi dizer". De outro lado, a *authentication* diz respeito à necessidade daquele que apresenta a prova sustentar evidências suficientes de que ela é válida e verdadeira. Segundo as *Federal Rules of Evidence*, a *hearsay* não é, em tese, uma prova admissível no processo federal norte-americano. Sobre o direito probatório no *Common Law*, mencionando as regras de exclusão, cfr. DAMASKA, Mirjan R. *El derecho probatório a la deriva*, p. 30-33 e 60-64. Sobre o tema das limitações probatórias, vale conferir, no Brasil, GUEDES, Clarissa Diniz. *Persuasão racional e limitações probatórias: enfoque comparativo entre os processos civil e penal*. Tese (Doutorado) - Faculdade de Direito da Universidade de São Paulo, São Paulo, 2013; GRECO, Leonardo. Limitações probatórias no processo civil. *Revista Eletrônica de Direito Processual - REDP*, vol. IV, 2009, p. 4-28.

Por conta deste cenário, a doutrina tem buscado desenvolver uma teoria da *judicial notice* adequada à era da informação que busque modernizar a *Rule* 201 das Federal *Rules of Evidence*[63]. Uma teoria preocupada não só com a necessidade de verificar a qualidade nas fontes disponíveis *on-line*, mas também consciente da necessidade de que a própria pesquisa na *internet* seja feita com qualidade[64]. Afinal, tão importante quanto a verificação da qualidade das fontes *on-line* (resultado) é a realização de forma hígida e prudente do ato em si de pesquisar na *internet* (atividade), já que este prejudica aquele.

Assim, recente proposta busca estabelecer critérios para juízes e tribunais examinarem a confiabilidade e a precisão de uma informação extraída da *internet* para fins de *judicial notice*[65], sendo que:

> (i) em primeiro lugar, o tribunal deverá analisar se a informação retirada da *internet* foi produzida por quem possui *conhecimento do assunto* ("knowledge of the subject matter"). É necessário que a informação do *site* tenha sido produzida por um indivíduo ou entidade que tem expertise no tema tratado, de modo que *sites* regulamentados por autores ou entidades desconhecidas ou anônimas deverão ser desconsiderados;
>
> (ii) em segundo lugar, o tribunal deverá examinar se a informação retirada da *internet* foi produzida com a *independência de enviesamento* ("independence from relevant bias"). Isso porque, muito embora a fonte possa ter conhecimento sobre o assunto, pode existir um conflito de interesses que torne nebulosa a confiabilidade da informação, bem como a apresentação pode ser exposta de um modo enganoso;
>
> (iii) em terceiro lugar, o tribunal deverá verificar se existe alguma *motivação* para garantir a precisão da informação constante da *internet* ("motivation to ensure the accuracy of the posted information"). Isso porque, ainda que a fonte tenha conhecimento sobre o assunto, livre de qualquer enviesamento, ainda é possível que divulgue informações imprecisas porque funciona à base de incentivos (frequentemente, monetários).

---

63 A expressão é de BELLIN, Jeffrey; FERGUSON, Andrew G. Trial by Google: judicial notice in the information age. *Northwestern University Law Review*, p. 1141: "the proposed theory seeks to modernize the federal rule on judicial notice".

64 JUDGE, Elizabeth F. Curious Judge: Judicial notice of facts, independent judicial research, and the impact of the internet. *Annual Review of Civil Litigation*, 2012, p. 345.

65 BELLIN, Jeffrey; FERGUSON, Andrew G. Trial by Google: judicial notice in the information age. *Northwestern University Law Review*, p. 1167-1172.

Os critérios em questão são meramente exemplificativos e outros podem ser adicionados, como, por exemplo, o *histórico* de erros daquele *website* para fins de confiabilidade da fonte da *internet* e o *histórico* de aplicação da *judicial notice* para aquele *website* em precedentes de outros tribunais. Ou, ainda, o critério baseado na *natureza* do *website* (*sites* públicos *vs.* *sites* privados; *sites* controlados por terceiros *vs.* *sites* não controlados por terceiros; *sites* de terceiros confiáveis *vs.* *sites* de terceiros não confiáveis) ou na *natureza da informação* extraída da *internet* (*sites* corporativos, conteúdo regulamentado)[66].

Diante de todo o processo de verificação da precisão e da confiabilidade de fontes de informação disponível *on-line*, também se busca estabelecer critérios para que as partes possam desafiar a aplicação da *judicial notice*, questionando, por exemplo, aspectos ligados ao próprio fato em si: (i) se o fato é de conhecimento geral na jurisdição territorial do tribunal de primeira instância; (ii) se o fato está sujeito a uma disputa razoável; (iii) se o fato não pode ser determinado com precisão a partir da fonte citada; e (iv) se a precisão da fonte pode ser razoavelmente questionada[67].

Portanto, como se pode perceber, seja no aspecto ético, seja no aspecto normativo, a utilização de informações extraídas de fontes da *internet* é fruto de amplo debate na doutrina do *Common Law* por meio da aplicação do *judicial notice*. O foco, de acordo com o que visto, é voltado ao exame da precisão e da confiabilidade da informação *on-line*. A solução da *judicial notice*, por sua vez, parece ser capaz de "frear a entrada descontrolada no processo de dados fornecidos pela *internet*"[68].

3.3. PODERES INSTRUTÓRIOS DO JUIZ E NOTORIEDADE INDIRETA

3.3.1. Poderes instrutórios: premissas gerais

O tema dos poderes instrutórios do juiz sempre foi cercado de muita polêmica na história do direito processual civil brasileiro e também de outros

66 Proposta feita por JOSEPH, Gregory P. Judicial notice of internet evidence. *The United States Law Week Case Alert & Legal News*, 2014, 1-14. Ver também GODWIN, Erin G. Judicial notice and the internet. *Cumberland Law Review*, p. 249-250.

67 BARGER, Coleen M. Challenging judicial notice of facts on the internet under Federal Rule of Evidence. *University of San Francisco Law Review*, p. 56.

68 PANZAROLA, Andrea. Il notorio, la judicial notice ei "concetti" di prova. *Rivista di Diritto Processuale*, vol. 71, n. 3, 2016, p. 610-636.

países. São diversas e contrastantes as interpretações em torno do incremento dos poderes instrutórios outorgados aos juízes.

De um lado, uma parcela da doutrina defende os poderes instrutórios e busca situá-los como uma reação ao processo civil liberal clássico, que era marcado predominantemente pelo princípio dispositivo, e que relegava exclusivamente às partes o ônus de provar os fatos relevantes ao processo. O incremento dos poderes instrutórios representaria, por assim dizer, o alvorecer de uma nova fase metodológica do processo, de tônica verdadeiramente publicista, superando a concepção privatista do processo como coisa das partes. Essa visão publicista do processo não admite a figura de um juiz meramente expectador, razão pela qual os poderes instrutórios do juiz contribuem para a própria efetividade do processo na busca da verdade dos fatos, a fim de que seja proferida uma decisão justa[69]. Porém, a ideia dessa corrente nunca foi que o juiz pudesse exercer atividade probatória de forma discricionária e sem limites, mas efetivamente em conjunto com as partes, jamais em substituição a elas, com requisitos relacionados ao contraditório, à imparcialidade e à preclusão.

De outro lado, outra parcela da doutrina advoga contra os poderes instrutórios do juiz a partir de uma leitura de que haveria uma outorga de excessivo poder ao juiz capaz de criar um exacerbado protagonismo judicial. Criticam esse movimento classificando-o como hiper publicista, além de inseri-lo dentro de um contexto de socialização processual[70], marcado por características inquisitoriais e que encontraria nos poderes instrutórios uma técnica com o propósito de alcançar os objetivos estatais na figura do juiz em detrimento das garantias processuais das partes. Apontam, principalmente, violação à imparcialidade do juiz que atuaria por iniciativa própria em bus-

---

69 Neste sentido, cfr. na doutrina brasileira, por todos, BEDAQUE, José Roberto dos Santos. *Poderes instrutórios do juiz*. São Paulo: Revista dos Tribunais, 1991; MATTOS, Sérgio Luís Wetzel de. Da iniciativa probatória do juiz no processo civil. Rio de Janeiro: Forense, 2001; CABRAL, Trícia Navarro Xavier. *Poderes instrutórios do juiz no processo de conhecimento*. Brasília: Gazeta Jurídica, 2012. O incremento de poderes probatórios do juiz nesta perspectiva publicista é uma tendência de muitos sistemas processuais, notadamente os europeus, conforme relatado por TARUFFO, Michele. Poteri probatori delle parti e del giudice in Europa. *Rivista Trimestrale di Diritto e Procedura Civile*, v. 60, n. 2, p. 451-482, giugno 2006.

70 O termo é utilizado para se referir a um movimento que se iniciou na primeira metade do século XX, inspirado por Anton Menger e Franz Klein, passando pelo Projeto Florença de acesso à justiça no segundo pós-guerra e culminando no chamado "neoliberalismo processual brasileiro (da pseudo-socialização)", cfr. NUNES, Dierle José Coelho. *Processo jurisdicional democrático: uma análise crítica das reformas processuais*. Curitiba: Juruá, 2008.

ca de provas e, ao final, acabaria auxiliando uma das partes, o que, por sua vez, desrespeitaria a igualdade no processo. Alguns autores, notadamente aqueles adeptos do garantismo processual, chegam a tachar de autoritários, antidemocráticos e antiliberais os sistemas processuais que permitem o uso dos poderes instrutórios pelo juiz[71].

Historicamente, o contraste entre as duas visões sobre os poderes instrutórios acabou gerando uma polarização ideológica e maniqueísta do debate[72], que, muitas vezes, ocorre de forma equivocada e mal colocada[73].

---

71 No estrangeiro, cfr. MONTERO AROCA, Juan. *Los principios políticos de la nueva Ley de Enjuiciamiento Civil: los poderes del juez y la oralidad.* Valencia: Tirant lo Blach, 2001, p. 72; ALVARADO VELLOSO, Adolfo. *La prueba judicial (reflexiones críticas sobre la confirmación procesal).* Valencia: Tirant Lo Blanch, 2006, p. 147, para quem "o juiz deve se comportar com genuína imparcialidade tanto na tarefa de processar quanto na de sentenciar; que, em virtude disso, deve abster-se de realizar todo e qualquer trabalho de natureza probatória". No Brasil, cfr. COSTA, Eduardo José da Fonseca. *Processo e garantia.* Londrina: Thoth, 2021, vol. I, p. 27-32; SPERANDIO, Pedro Lube. *Contra os poderes instrutórios do juiz: a prova* ex officio *e a quebra de imparcialidade judicial.* Belo Horizonte: Letramento: Casa do direito, 2021. Michele Taruffo contesta essa posição, chamando-a de infundada, por dois motivos: (i) o primeiro motivo é de caráter histórico-comparatista, já que modelos processuais da tradição anglo-saxã recentemente passaram a conferir um papel ativo ao juiz no tocante à produção de provas e não se tornaram, por conta disso, autoritários, antiliberais e antidemocráticos; (ii) o segundo motivo é de caráter sistemático, pois fundado no fato de que os poderes instrutórios do juiz não atentam contra o princípio dispositivo e contra a garantia do direito à prova e do princípio do contraditório (TARUFFO, Michele. *Uma simples verdade*, p. 207-208). Barbosa Moreira chegou a denominar essa corrente de "neoprivatismo", como se vê em BARBOSA MOREIRA, José Carlos. O neoprivatismo no processo civil. *Revista de Processo*, v. 30, n. 122, p. 9-21, abr. 2005. No Brasil, defendendo que os poderes instrutórios do juiz estão em conformidade com o modelo constitucional de processo, dotados, portanto, de legitimidade democrática, cfr. CÂMARA, Alexandre Freitas. Poderes instrutórios do juiz e processo civil democrático. *Revista de Processo*, v. 32, n. 153, p. 33-46, nov. 2007.

72 Como muito bem notado por Robson Godinho: "os poderes instrutórios do juiz, nesse contexto, assumem peculiar importância no debate cultural do processo atual, com nítidas posturas ideológicas que não raro obnubilam o entendimento, com discursos maniqueístas que não contribuem para a compreensão do tema. Trata-se, na verdade, de discussão que dominou boa parte do século passado, mas, inegavelmente, é renovada a partir da própria modificação sócio-cultural que, forçosamente, afeta o modelo de processo compatível com o Estado Constitucional" (GODINHO, Robson Renault. Reflexões sobre os poderes instrutórios do juiz: o processo não cabe no "Leito de Procusto". *Revista de Processo*, v. 39, n. 235, p. 85-120, set. 2014).

73 Para usar a expressão de PICÓ I JUNOY, Joan. La iniciativa probatoria del juez civil: un debate mal planteado. *Revista Uruguaya de Derecho Procesal*, n. 3, 2007, p. 573-590.

Trata-se uma disputa que não raro é feita ora em perspectiva mais reduzida, comparando o modelo inquisitorial e o modelo adversarial de instrução do processo, ora em perspectiva mais ampla, engendrando um debate entre o publicismo e o privatismo no direito processual de maneira geral, até mesmo em nível comparatístico entre as tradições do *Civil Law* e do *Common Law*.

Inegavelmente, a estruturação do modelo de processo adotado em cada sistema jurídico é influenciada diretamente por fatores sociais, políticos, ideológicos e culturais, de modo que a maior ou a menor extensão dos poderes instrutórios do juiz constitui apenas um ponto dentro de um debate que é maior e muito mais complexo[74].

Esse antagonismo sobre os poderes instrutórios do juiz levou à construção de visões mais moderadas, buscando equilibrar, de um lado, o risco de quebra da imparcialidade do juiz e a segurança do direito de defesa das partes, e, de outro, a efetividade do processo e o interesse público na busca da verdade dos fatos. No entanto, nem mesmo essa terceira corrente é composta por visões homogêneas[75]. Comum a todos eles, porém, é a ideia de

---

74 Escrutinar as premissas, fundamentos e desdobramentos dos modelos processuais não é tarefa que cabe ao objeto do presente trabalho, valendo conferir, amplamente, DAMASKA, Mirjan R. *The faces of justice and state authority: a comparative approach to the legal process*. London: Yale University Press, 1986. No Brasil, a contribuição de Barbosa Moreira é inquestionável, cfr., por exemplo, BARBOSA MOREIRA, José Carlos. O juiz e a prova. *Revista de Processo*, v. 9, n. 35, p. 178-184, jul./set. 1984; BARBOSA MOREIRA, José Carlos. A função social do processo civil moderno e o papel do juiz e das partes na direção e na instrução do processo. In: *Temas de direito processual: terceira série*. São Paulo: Saraiva, 1984, p. 43-56; BARBOSA MOREIRA, José Carlos. O problema da "divisão do trabalho' entre juiz e partes: aspectos terminológicos. In: *Temas de direito processual: quarta série*. São Paulo: Saraiva, 1989, p. 35-44; BARBOSA MOREIRA, José Carlos. Correntes e contracorrentes no processo civil contemporâneo. *Revista de Processo*, v. 29, n. 116, p. 313-323, jul./ago. 2004; BARBOSA MOREIRA, José Carlos. Breves reflexiones sobre la iniciativa oficial en materia de prueba. In: *Temas de direito processual: terceira série*. São Paulo: Saraiva, 1984, p. 79-86; BARBOSA MOREIRA, José Carlos. Os poderes do juiz na direção e na instrução do processo. In: *Temas de direito processual: quarta série*. São Paulo: Saraiva, 1989 p. 45-51; BARBOSA MOREIRA, José Carlos. Sobre a "participação" do juiz no processo civil. In: *Temas de direito processual: quarta série*. São Paulo: Saraiva, 1989, p. 53-66; BARBOSA MOREIRA, José Carlos. O processo civil brasileiro entre dois mundos. In: *Temas de direito processual: oitava série*. São Paulo: Saraiva, 2004, p. 41-52; BARBOSA MOREIRA, José Carlos. Reformas processuais e poderes do juiz. In: *Temas de direito processual: oitava série*. São Paulo: Saraiva, 2004, p. 53-67; BARBOSA MOREIRA, José Carlos. Duelo e processo. In: *Temas de direito processual: oitava série*. São Paulo: Saraiva, 2004, p. 211-221.

75 Como bem identificado por DIDIER JR., Fredie; BRAGA, Paula Sarno; OLIVEIRA, Rafael Alexandria de. *Curso de direito processual civil*, vol. 2, p. 102-103.

que os poderes instrutórios do juiz são permitidos pelo sistema processual brasileiro, desde que sejam exercidos com uma série de limites.

No processo civil brasileiro, os poderes instrutórios do juiz estão expressamente previstos no art. 370 do CPC. O dispositivo permite que o magistrado determine, *de ofício* ou a requerimento das partes, a produção de provas necessárias ao julgamento do mérito. Além disso, os tribunais brasileiros, sobretudo o STJ, aceitam amplamente o uso de poderes instrutórios[76].

Também não é possível que seja ignorado o debate em torno da (in) constitucionalidade dos poderes instrutórios do juiz, tampouco a discussão em torno de diversas correntes que buscam interpretar a abrangência desses poderes instrutórios. Porém, o presente trabalho parte da premissa de que *o dispositivo é constitucional* porque, em abstrato, não viola os direitos fundamentais processuais previstos na Constituição Federal de 1988. Porém, uma interpretação adequada do seu conteúdo depende da fixação de critérios para a sua correta aplicação em casos concretos, afinal, "a utilização eletiva e arbitrária da instrução oficial pode configurar um grave problema, como se a iniciativa probatória fosse uma roleta processual"[77].

É possível estabelecer os seguintes critérios: a) a natureza do direito material, bem como a sua (in)disponibilidade, é indiferente ao uso dos poderes instrutórios pelo juiz; b) a natureza do fato objeto de investigação também não é capaz de autorizar ou não o emprego dos poderes instrutórios; c) os poderes instrutórios são um dever-poder, e não uma faculdade do juiz.

Em primeiro lugar, a *natureza do direito material* em disputa não influencia a possibilidade de exercício dos poderes instrutórios do juiz[78]. O fato de o direito ser disponível ou indisponível não consiste em critério seguro

---

76 Neste sentido, cfr., ilustrativamente, AgInt nos EDcl no AREsp n. 1.817.742/SP, relator Ministro Luis Felipe Salomão, Quarta Turma, DJe de 18/10/2021; AgInt no AREsp n. 1.525.948/SP, relator Ministro Luis Felipe Salomão, Quarta Turma, DJe de 25/3/2021; EDcl no REsp n. 806.235/ES, relator Ministro Herman Benjamin, relator para acórdão Ministro Mauro Campbell Marques, Segunda Turma, DJe de 19/12/2018.

77 A falta de critérios na utilização dos poderes instrutórios foi acertadamente alvo de crítica por GODINHO, Robson Renault. Reflexões sobre os poderes instrutórios do juiz: o processo não cabe no "Leito de Procusto". *Revista de Processo*, v. 39, n. 235, p. 85-120, set. 2014.

78 BEDAQUE, José Roberto dos Santos. *Poderes instrutórios do juiz*, p. 137-150; contra, afirmando que a indisponibilidade do direito material justifica uma maior intervenção do juiz em matéria probatória, cfr. DINAMARCO, Cândido Rangel. *Instituições de direito processual civil*, vol. III, p. 56-62; YARSHELL, Flávio Luiz. *Antecipação da prova sem o requisito da urgência e direito autônomo à prova*, p. 118-125.

porque, se admitida a possibilidade de iniciativa probatória do juiz somente no caso de direitos indisponíveis, seria afirmado, em sentido contrário, que é permitida indiferença com o resultado fático do processo que discuta direitos disponíveis. E essa não parece ser uma premissa compartilhada pelo modelo constitucional de processo do Código que, em vários dispositivos, indica a verdade dos fatos como norteadora da atividade processual das partes e do juiz, a exemplo dos já mencionados art. 77, inc. I, art. 80, inc. I, art. 319, inc. I, art. 369, art. 378, todos do CPC.

Em segundo lugar, o exercício dos poderes instrutórios variará de acordo com a *natureza do fato* objeto de investigação. Isso porque, em relação aos *fatos primários*, o juiz apenas poderá exercer poderes instrutórios de forma supletiva e complementar à iniciativa probatória das partes. Primeiro, deve ser respeitado o encargo legal atribuído às partes de acordo com as regras de distribuição do ônus da prova, nos termos do art. 373 do CPC. Segundo, porque apenas depois de facultado às partes o ônus de comprovar os fatos constitutivos dos seus respectivos interesses é que o juiz exercerá seus poderes instrutórios. E não poderá fazê-lo de forma discricionária, mas fundamentada na existência de *dúvida* constante de elementos do processo acerca de fato considerado relevante para o julgamento da causa. Diferentemente, o juiz pode exercer poderes instrutórios em relação a *fatos secundários*, considerados aqueles *indícios* constantes de elementos dos autos, oportunidade em que estará ladeando a iniciativa probatória das partes.

Em terceiro lugar, os poderes instrutórios do juiz não são uma faculdade, ao contrário do que o STJ tem equivocamente entendido[79], mas um *dever-poder do juiz*[80]. *O juiz não tem faculdades processuais porque não pode simplesmente escolher* se usará ou não seus poderes, dentre eles os poderes

---

79 Neste sentido, a Primeira Turma do STJ, ainda à luz do CPC/1973, decidiu que "os arts. 130 e 1.107 do CPC, mitigando o Princípio da Demanda, conferem poderes instrutórios ao Juiz, mas não lhe impõem o dever da investigação probatória. Mesmo porque, nos fatos constitutivos do direito o ônus da prova cabe ao autor (CPC, art. 333, I) A faculdade outorgada para instrução probatória do Juízo milita em favor duma melhor formação da convicção do Magistrado. No entanto, o Juiz não pode substituir as partes nos ônus que lhe competem, inda mais quando a perícia não se realizou por inércia da parte no pagamento dos honorários do perito" (STJ, REsp n. 471.857/ES, relator Ministro Humberto Gomes de Barros, Primeira Turma, DJ de 17/11/2003).

80 Neste sentido, cfr. DINAMARCO, Cândido Rangel. *Instituições de direito processual civil*, vol. III, p. 59-60; FERREIRA, William Santos. *Princípios fundamentais da prova cível*, p. 223-260; LUCCA, Rodrigo Ramina de. *Disponibilidade processual*, p. 62-64.

instrutórios, sendo imperativa a iniciativa probatória oficial quando houver fundada dúvida constante dos elementos do processo.

3.3.2. Léxico probatório e notoriedade da prova

O exercício dos poderes instrutórios para verificação da notoriedade da prova, assim compreendida a notoriedade indireta de fatos, depende de precisão conceitual em torno da palavra *prova*. Como amplamente debatido por toda a doutrina especializada sobre o tema, trata-se de um conceito polissêmico, extremamente vago e ambíguo, cujo significado pode ser diferente a depender do contexto em que é utilizado[81].

Primeiro, falaremos do conceito primário do fenômeno probatório que é o conceito de prova, tendo como critério a sua finalidade no processo judicial. Segundo, faremos a distinção analítica entre prova como *fonte*, prova como *meio* e prova como *elemento*. Depois, a partir das bases anteriores, falaremos da divisão entre a prova enquanto *atividade* e a prova enquanto *resultado*.

A ideia de prova remonta à reconstrução de fatos ocorridos no passado, havendo intensa discussão se essa ocorre de forma *demonstrativa* ou *argumentativa*[82]. As visões são complementares, já que a prova, ao mesmo tempo em que serve à demonstração da verdade ou falsidade de uma alega-

81 A necessidade de um léxico adequado para o termo "prova" sempre foi alvo de preocupação da doutrina nacional (sem pretensão de exaurir as referências, cfr. GUERRA, Marcelo Lima. Sobre as noções probatórias básicas. In: *Processo de conhecimento: provas*. Salvador: Juspodvim, 2015, p. 73-157; GODINHO, Robson Renault. *Negócios processuais sobre o ônus da prova no novo Código de Processo Civil*, p. 158-165; MARINONI, Luiz Guilherme; ARENHART, Sérgio. *Prova e convicção*, p. 69-73; GOMES FILHO, Antonio Magalhães. Notas sobre a terminologia da prova (reflexões no processo penal brasileiro). In: *Estudos em homenagem à professora Ada Pellegrini Grinover*. São Paulo: DPJ, 2005, p. 303-318) e também da doutrina estrangeira (cfr., por todos, TARUFFO, Michele. *La prueba de los hechos*, p. 439-517).

82 Uma contraposição entre, de um lado, as características do modelo de direito probatório que adota a *prova como argumento*, e, de outro, as características do modelo de direito probatório que adota a *prova como demonstração*, pode ser visto em ZANETI JR., Hermes. O problema da verdade no processo civil: modelos de prova e de procedimento probatório. *Revista de Processo*, v. 29, n. 116, p. 334-371, jul./ago. 2004 e ZANETI JR., Hermes. A *constitucionalização do processo*, p. 84-93. O tema é bastante discutido também na doutrina italiana, cfr. GIULIANI, Alessandro. *Il concetto di prova: contributo ala logica giuridica*. Milano Giuffrè, 1971; TARUFFO, Michele. Modelli di prova e di procedimenti probatorio. *Rivista di Diritto Processuale*, v. 45, n. 2, p. 420-48, apr./giugno, 1990; CARRATA, Antonio. Funzione demonstrativa della prova: verità del fatto nel processo e sistema probatorio. *Rivista di Diritto Processuale*, v. 56, n. 1, p. 73-102, 2011.

ção fática, também serve como um argumento em prol de uma das versões narradas no processo[83].

Ademais, também é relevante estabelecer uma diferenciação entre os conceitos de *fonte de prova* e de *meio de prova* à adequada compreensão do fenômeno probatório.

Fontes de prova são as pessoas ou coisas das quais são extraídas informações aptas a comprovar a veracidade de um enunciado fático. As fontes de prova são sempre externas ao processo e se faz necessária a utilização de técnicas processuais aptas e capazes de extrair as informações dessas fontes.

Meios de prova, por sua vez, são justamente as técnicas processuais destinadas à reconstrução dos fatos relevantes para o julgamento da causa. É a prova documental, a prova testemunhal, a prova pericial, a inspeção judicial etc. Ao contrário das fontes, os meios de prova são sempre internos ao processo, já que constituem o conjunto de técnicas disciplinadas na lei processual para extrair as informações das fontes de prova.

Assim, a *testemunha* enquanto *pessoa* é fonte de prova, a *prova testemunhal* é meio de prova. Por isso, quando o CPC fala de admissibilidade nos arts. 442, 444 e 445, está disciplinando a *prova testemunhal*, ou seja, o meio de prova. Por sua vez, quando o art. 447 do CPC fala de testemunhas incapazes, impedidas e suspeitas, refere-se à pessoa, ou seja, à fonte de prova. Igualmente, enquanto o *documento* (um e-mail, um contrato ou uma nota fiscal) é fonte de prova, a *prova documental* é meio de prova; enquanto uma *coisa* ou uma *pessoa* (um prédio, um corpo humano ou registros contábeis) é fonte de prova, a *prova pericial* ou a *inspeção judicial* é meio de prova.

Somado a esses dois, ainda podemos falar de outro conceito essencial à compreensão do fenômeno probatório: o *elemento de prova*. Podemos defini-lo como toda e qualquer informação extraída de uma fonte de prova por um meio de prova que seja apto a comprovar a veracidade de um enunciado fático[84]. Adota-se aqui, conscientemente, um conceito abrangente do que

---

83 Não à toa, a decisão judicial que não enfrenta todas as provas relevantes produzidas no processo é nula por falta de fundamentação, já que a expressão "argumento" constante do art. 489, § 1º, inc. IV, do CPC, pode ser utilizada ora como questão de direito, ora como questão probatória, conforme defendemos em PEREIRA, Carlos Frederico Bastos. *Fundamentação das decisões judiciais*, p. 133-137.

84 "Assim, na terminologia do processo, a palavra *prova* serve também para indicar cada um dos *dados objetivos* que confirmam ou negam uma asserção a respeito de um fato que interessa à causa. É o que se denomina elemento de prova (*evidence*, em inglês). Constituem *elementos de prova*, por exemplo, a declaração de uma testemunha sobre determinado

se entende por elemento de prova, partindo da premissa de que quaisquer informações capazes de influenciar o convencimento do magistrado sobre fatos relevantes da causa, independentemente da fonte da qual ela é extraída, podem ser consideradas elemento de prova.

Esses três conceitos, quando compreendidos conjuntamente, fornecem um instrumental adequado à correta interpretação da prova enquanto atividade e da prova enquanto resultado. A prova enquanto *atividade* diz respeito à efetiva realização de atos legalmente previstos no procedimento probatório específico de um determinado meio de prova com o propósito de extrair a informação da fonte de prova.

A prova enquanto *resultado* é fruto de um processo de interpretação e inferências extraídas dos elementos de prova. Para compreendê-la, é possível fazer uma analogia com a diferença entre texto e norma no processo de interpretação jurídica, na medida em que o texto é objeto da interpretação e a norma é resultado da interpretação. No fenômeno probatório, a prova enquanto elemento (= informação) é objeto do raciocínio probatório que visa à certificação da ocorrência ou inocorrência de determinado fato, enquanto a prova enquanto resultado é simplesmente a conclusão desse raciocínio[85].

---

fato, a opinião de um perito sobre a matéria de sua especialidade, o conteúdo de um documento etc." (GOMES FILHO, Antonio Magalhães. *Notas sobre a terminologia da prova (reflexões no processo penal brasileiro*, p. 307). Ademais, como bem ilustra Flávio Yarshell, correlacionado meios e elementos de prova: "na ótica tradicional, *meios de prova* são concebidos como instrumentos ou atividades pelos quais os elementos de prova (ou 'dados probatórios') são introduzidos e fixados *no processo*, ou, ainda, como os 'canais de informação' de que se serve *o juiz*", ressaltando que "*meios de prova* podem e devem ser entendidos como 'canais de informação' de que se servem *os interessados*, quando a produção da prova se dá ou fora do processo, ou, ao menos, fora do processo cujo objeto é a declaração do direito" (YARSHELL, Flávio Luiz. *Antecipação da prova sem o requisito da urgência e direito autônomo à prova*, p. 33-34).

85 "Sob outro aspecto, a palavra *prova* pode significar a própria conclusão que se extrai dos diversos elementos de prova existentes, a propósito de um determinado fato; é o *resultado da prova* (*proof*, em inglês), que é obtido não apenas pela soma daqueles *elementos*, mas sobretudo por meio de um procedimento intelectual feito pelo juiz, que permite estabelecer se a afirmação ou negação do fato é verdadeira ou não" (GOMES FILHO, Antonio Magalhães. *Notas sobre a terminologia da prova (reflexões no processo penal brasileiro)*, p. 308).

3.3.3. Notoriedade, informações *on-line* e documentos eletrônicos

Na linguagem processual, a informação extraída de um site da *internet* com o objetivo de ser utilizada no processo judicial para fins de convencimento do juiz deve ser considerada um *elemento de prova* colhido de uma *fonte de prova* situada em ambiente digital, valendo-se da prova documental enquanto *meio de prova* para aportar essa informação ao processo. A fonte da *internet* de onde é extraída a informação, portanto, tem natureza jurídica de um *documento* que deve ser qualificado como *eletrônico*[86], *nos termos dos arts. 439 a 441 do CPC.*

Documento eletrônico é "uma representação numérica da informação, independente e autônoma do meio físico em que esteja momentaneamente gravado, sendo definido como uma sequência de bits que, traduzida por um programa de computador, seja representativa de um fato"[87].

86 FABRÍCIO, Adroaldo Furtado. Iniciativa judicial e prova documental procedente da internet. In: *Estudos de direito processual civil: homenagem ao Professor Egas Dirceu Moniz de Aragão*. São Paulo: Revista dos Tribunais, 2005, p. 292-301. Neste sentido, ainda sob a vigência do CPC/1973, a Corte Especial do STJ já havia decidido que documento extraído da *internet* para comprovar a suspensão de prazo processual é válido: "as cópias de atos relativos à suspensão dos prazos processuais, no Tribunal de origem, obtidas a partir de sítios eletrônicos da Justiça, contendo identificação da procedência do documento, ou seja, endereço eletrônico de origem e data de reprodução no rodapé da página eletrônica, e cuja veracidade é facilmente verificável, juntadas no instante da interposição do recurso especial, possuem os requisitos necessários para caracterizar prova idônea, podendo ser admitidas como documentos hábeis para demonstrar a tempestividade do recurso, salvo impugnação fundamentada da parte contrária" (STJ, AgRg no Ag n. 1.251.998/SP, relator Ministro Luis Felipe Salomão, Corte Especial, DJe de 19/11/2010).

87 O conceito, no contexto do CPC, é de MARCACINI, Augusto Tavares Rosa. Comentários ao art. 439. In: *Breves comentários ao Código de Processo Civil*. São Paulo: Revista dos Tribunais, 2015, p. 1119. O autor já tinha desenvolvido essa ideia anteriormente em MARCACINI, Augusto Tavares Rosa. O documento eletrônico como meio de prova. *Revista de Direito Imobiliário*, v. 22, n. 47, p. 70-102, jul./dez. 1999. O conceito, por sua vez, é expressamente adotado e citado por replicado também por MARQUES, Antônio Terêncio G. L. *A prova documental na internet: validade e eficácia do documento eletrônico*. Curitiba: Juruá, 2005, 126-127; LEITE, Clarisse Frechiani Lara. *Comentários ao Código de Processo Civil*, vol. VIII, t. II, p. 263-264; DIDIER JR., Fredie; BRAGA, Paula Sarno; OLIVEIRA, Rafael Alexandria de. *Curso de direito processual civil*, vol. 2, p. 243. Vitor Paula de Ramos, por sua vez, recomenda "atualizar a legislação, eliminando distinções inúteis entre documentos escritos, reproduções mecânicas e documentos eletrônicos, por não se tratar de categorias que estejam no mesmo plano" (RAMOS, Vitor de Paula. *Prova documental*, p. 276).

As informações colhidas em fontes da *internet* são comumente denominadas de *provas digitais*, *provas eletrônicas* ou *provas informáticas*, sem maiores precisões conceituais[88]. Duas questões merecem atenção sobre o uso dessas expressões para não causar confusão na utilização dessas informações.

Primeiro, o termo "prova" deve ser compreendido nessa ocasião como sinônimo de uma fonte de prova porque representa uma *coisa* de onde é extraída a informação. Logo, deve ser considerada a informação *on-line* verdadeiramente um *documento*, afinal, a *coisa* representativa de um fato não necessariamente tem que ser uma coisa *corpórea* para ser enquadrada juridicamente como documento[89], como é o caso, por exemplo, da comunicação eletrônica via e-mail[90]. Dessa forma, a noção de documento digital ou eletrônico acaba assumindo um sentido predominantemente pragmático[91].

---

88 Esclarecendo o significado dos termos: "o adjetivo 'eletrônico' remete a tudo quanto seja relativo ao ramo do conhecimento de mesmo nome, a Eletrônica. Trata-se de ciência exata que estuda e desenvolve aplicações que lidam com controle de fluxo de elétrons e da corrente elétrica. É arraigado uso desse vocabulário em expressões como correio eletrônico, comunicação eletrônica, processo eletrônico, ou como título desta Seção [Seção VIII – Dos Documentos Eletrônicos, no CPC/2015], documento eletrônico. Toda tecnologia que lide com fluxo controlado de elétrons e da corrente elétrica, como se vem utilizando desde os primeiros aparelhos de rádio, pode ser chamado de *eletrônica*. Há, porém, aparelhos eletrônicos analógicos e *digitais*. A revolução informática é baseada na introdução das modernas tecnologias *digitais*, que normalmente empregam a eletrônica, mas também podem se valer de outras tecnologias em seu funcionamento, como óticas ou ainda incipientes tecnologias quânticas. O avanço da computação trouxe como traço fundamental, que o distingue, o uso de números para representação de toda e qualquer informação. Computadores e demais dispositivos informáticos convertem todas as informações processadas para as formas sequências numéricas, que, desse modo, são armazenadas, gerenciadas, transmitidas e até mesmo assinadas. Isso provoca uma quebra de paradigmas em comparação com documento físico tradicional, de modo que a compreensão de alguns meandros da informática tem se tornado cada vez mais necessária, tanto pelos operadores do direito, como pela população em geral" (MARCACINI, Augusto Tavares Rosa. Comentários ao art. 439. In: *Breves comentários ao Código de Processo Civil*, p. 1118).

89 RAMOS, Vitor de Paula. *Prova documental*, p. 141.

90 O STJ já aceitou a comunicação eletrônica (e-mail) como prova pré-constituída para impetrar mandado de segurança (STJ, RMS n. 29.073/AC, relator Ministro Benedito Gonçalves, Primeira Turma, DJe de 28/6/2010). Sobre o tema, cfr. ainda, em tom crítico, MOREIRA, Fernando Mil Homens. Observações sobre a eficácia probatória do e-mail no processo civil brasileiro. *Revista de Processo*, v. 36, n. 193, p. 203-230, mar. 2011.

91 Como defendem alguns documentalistas, inclusive, BUCKLAND, Michael. J. What is a "digital document"? *Journal of the American Society for Information Science*, vol. 48, n. 9, sept. 1997, p. 804-809.

Segundo, os termos "digital", "eletrônica" ou "informática" são normalmente empregados como sinônimos[92] para indicar que a informação é extraída *on-line*, isto é, de um ambiente virtual. No entanto, é possível afirmar que não há uma diferença *ontológica* entre o documento físico e o documento eletrônico que justifique falar em *prova digital, eletrônica* ou *informática*, em razão de que há uma verdadeira *desmaterialização* do suporte em que a informação é veiculada[93]. Se nos documentos físicos a estabilidade e permanência da informação são verificadas de maneira geral por meio do *suporte* em que ela se encontra, geralmente um suporte *escrito*, nos documentos eletrônicos a estabilidade e permanência são verificados a partir do próprio *conteúdo* da informação, dado o caráter ocasional ou fungível do suporte em que ela pode ser veiculada[94].

Firmada a premissa de que informações extraídas de fontes da *internet* são caracterizadas como documentos eletrônicos, é o caso de averiguar como ocorre o procedimento de aporte dessa informação ao processo. Analisaremos os aspectos relacionados a esses pontos a partir dos *momentos* da prova, quais sejam o de admissibilidade, produção e valoração[95].

Levando em consideração que o documento, e também o documento eletrônico, é uma prova *pré-constituída*, o seu momento de produção se

---

92 Para uma explicação destes conceitos quando aplicados ao direito processual, cfr., com muito proveito, PIMENTEL, Alexandre Freire. Diagnóstico sobre a imprecisão das designações sobre o direito processual tecnológico: processo informático, eletrônico, telemático, digital, virtual ou cibernético? *Revista de Processo*, v. 44, n. 296, p. 353-375, out. 2019. O autor defende que "no âmbito da tecnologia processual, a expressão 'digital' logra um sentido próprio e um sentido restrito. Em sentido próprio, consiste na possibilidade de criação, tratamento e transporte da informação processual independentemente de qualquer meio físico ou analógico, é nesse sentido que se pode falar em documento processual genuinamente digital. O sentido restrito representa a mera transformação de um documento físico em documento digital, o qual também recorre ao uso da lógica simbólica binária, mas apenas para transmudar o que era físico e impresso em papel em notações algorítmicas. É nesse último sentido que se pode falar em digitalização de documentos, ou seja, no escaneamento de documentos impressos".

93 MARQUES, Antônio Terêncio G. L. *A prova documental na internet*, p. 130; CABRAL, Antonio do Passo. A eficácia probatória das mensagens eletrônicas. *Revista de Processo*, v. 31, n. 135, p. 97-131, maio 2006.

94 LEITE, Clarisse Frechiani Lara. *Comentários ao Código de Processo Civil*, vol. VIII, t. II, p. 264-265. Em sentido similar, MARQUES, Antônio Terêncio G. L. *A prova documental na internet*, p. 124-125.

95 Para uma análise individual sobre cada uma dessas fases, DINAMARCO, Cândido Rangel. *Instituições de direito processual civil*, vol. III, p. 100-104; MARINONI, Luiz Guilherme; ARENHART, Sérgio. *Prova e convicção*, p. 128-133.

confunde com o momento de sua própria admissibilidade. Diferentemente da prova testemunhal e pericial, que são provas *constituendas*, cuja admissibilidade é um momento que *precede* ao de sua produção, na prova documental o momento de admissibilidade e produção são concomitantes.

Dessa forma, uma vez juntada ao processo a informação de uma fonte da *internet*, a parte contrária tem o direito de questionar a sua *autenticidade* e a sua *integridade*[96], bem como tem o direito de produzir a contraprova. Por exemplo: uma informação retirada da *Wikipedia*, uma localização geográfica indicada segundo o *Google Earth*, um estudo científico sobre a eficácia de um medicamento, o valor de um automóvel segundo a Tabela FIPE. Todas essas informações, facilmente encontradas *on-line*, podem ter a sua autenticidade e a sua integridade questionadas, bem como é facultado à parte adversa o direito de produzir prova contrária ao seu conteúdo.

Quanto à admissibilidade dessas informações enquanto documentos eletrônicos, o direito positivo brasileiro tem uma série de regras que, lidas conjuntamente, levam à conclusão de que não existem maiores restrições à utilização no processo para comprovar a veracidade de fatos. Isso porque um dos princípios caros ao direito probatório brasileiro é aquele que versa sobre a *atipicidade* dos meios de prova[97]. De acordo com o art. 369 do CPC, todos os meios de prova moralmente legítimos e que podem influir de forma eficaz no convencimento judicial podem ser empregados pelas partes.

Especificamente em relação aos documentos eletrônicos, o art. 441 do CPC encerra uma *cláusula geral* de admissibilidade[98], muito embora a condicione à observância de requisitos de produção e conservação que devem ser regulamentados por legislação específica. Portanto, é possível

---

96 Assim, "para que se possa atribuir valor probatório aos documentos eletrônicos, é fundamental avaliar o grau de segurança e de certeza que se pode ter, sobretudo quanto à sua *autenticidade*, que permite identificar a sua autoria, e à sua *integridade*, que permite garantir a inalterabilidade do seu conteúdo. Somente a certeza quanto a esses dados é que poderá garantir a eficácia probatória desses documentos" (DIDIER JR., Fredie; BRAGA, Paula Sarno; OLIVEIRA, Rafael Alexandria de. *Curso de direito processual civil*, vol. 2, p. 243). Igualmente, MARQUES, Antônio Terêncio G. L. *A prova documental na internet*, p. 132-138; MARIANI, Rômulo Greff. O documento eletrônico como meio de prova no processo civil. *Revista Síntese de Direito Civil e Processual Civil*, v. 12, n. 79, p. 72-100, set./out. 2012.

97 Quanto ao tema, BARBOSA MOREIRA, José Carlos Barbosa. Provas atípicas. *Revista de Processo*, v. 19, n. 76, p. 114-126, out./dez. 1994; AMARAL, Paulo Osternack. *Provas: atipicidade, liberdade e instrumentalidade*. 2ª ed. São Paulo: Revista dos Tribunais, 2017.

98 LEITE, Clarisse Frechiani Lara. *Comentários ao Código de Processo Civil*, vol. VIII, t. II, p. 276.

concluir que as informações extraídas da *internet*, ao menos abstratamente, são perfeitamente admissíveis no sistema processual brasileiro.

Finalmente, algumas considerações merecem ser feitas quanto à eficácia probatória de informações *on-line* extraídas de fontes da *internet* e que são utilizadas no processo judicial como documento eletrônico.

No modelo probatório brasileiro vige o princípio da persuasão racional das provas, segundo o qual o juiz não está vinculado a regras legais de tarifação probatória e pode formar o seu convencimento acerca dos fatos de acordo com o peso concreto e específico que atribuir às provas produzidas no processo[99]. A questão vem estampada de forma categórica no art. 371 do CPC, porque o juiz tem o dever de valorar a prova independentemente do sujeito que a tiver promovido e expor na fundamentação as razões do seu convencimento. É verdade, porém, que a persuasão racional das provas é apenas uma regra, já que o sistema processual brasileiro prevê uma série de tarifações legais que devem ser observadas pelo juiz, ao menos *prima facie*, sobretudo em matéria de prova documental. São, por assim dizer, "pequenas ilhas de prova legal em um mar de valoração racional"[100].

Nada impede, todavia, o questionamento da *autenticidade* e da *integridade* de informações disponíveis *on-line* como forma de calibrar a sua respectiva eficácia probatória. Enquanto a primeira está relacionada à *autoria* da informação *on-line*, a segunda está preocupada justamente com a possibilidade de preservação e alteração do *conteúdo* dessa informação.

A investigação acerca da *autoria* da informação *on-line* utilizada no processo é essencial para que seja feito um juízo de credibilidade no momento de sua valoração sobre o seu respectivo conteúdo. É buscar a autoria identificável, com grau de certeza, sobre a manifestação de vontade ou de ciência feita no documento disponível *on-line*.

Isso porque, com o avanço da tecnologia, a autoria de um documento eletrônico não necessariamente será proveniente de um *ser humano*, mas também pode ser derivada de *máquinas* que, por sua vez, podem ser dotadas até mesmo de *inteligência artificial*. A autoria de informações disponíveis *on-line* também pode variar e repercutir na própria idoneidade da infor-

---

99 Por conta disso, WILLIAM SANTOS FERREIRA afirma que "o sistema processual civil brasileiro, como em geral os demais, não adota nem o sistema da prova legal, nem o da livre convicção" (FERREIRA, William Santos. *Princípios fundamentais da prova cível*, p. 287).

100 Ponto bem percebido por LEITE, Clarisse Frechiani Lara. *Comentários ao Código de Processo Civil*, vol. VIII, t. II, p. 36-39.

mação, a depender de quem a emitiu e disponibilizou *on-line*, por exemplo, se foi um indivíduo com ou sem expertise sobre o assunto; se é oriunda de uma instituição pública ou se é proveniente de uma empresa privada; se é uma informação direta ou indireta sobre o fato[101].

Igualmente, a investigação acerca da *integridade* do conteúdo é absolutamente fundamental para que seja preservado o *controle* sobre a sua fiabilidade e idoneidade das informações *on-line*. Como se sabe, uma das grandes características da *internet* reside no fato de que a maioria das fontes de informação é aberta, acessível gratuitamente e passível de modificação. No ensejo de utilizar informações *on-line* em processos judiciais, algumas precauções devem ser tomadas para que seja possível *consultar*, *verificar* e *controlar* a sua veracidade e a possibilidade de um eventual corrompimento[102]. Por exemplo, a indicação da fonte da *internet* com transcrição do *link* e indicação da data de acesso são condutas fundamentais.

3.3.4. Garantias processuais e critérios para pesquisa judicial na *internet*

A iniciativa judicial de pesquisar fatos disponíveis *on-line*, quando desprovida de critérios que promovam o controle e a legitimação dessa atividade e também do resultado alcançado, pode ocasionar alguns riscos ao devido processo legal. A utilização dos poderes instrutórios precisa ser legitimada junto às partes, sobretudo quando envolve o aporte de fatos ao processo, sob pena de transformar o juiz em um verdadeiro investigador judicial de caráter inquisitório[103]. Não é esse o propósito com as ideias aqui lançadas, muito pelo contrário.

---

101 MARQUES, Antônio Terêncio G. L. *A prova documental na internet*, p. 133.

102 MARQUES, Antônio Terêncio G. L. *A prova documental na internet*, p. 134-135. O autor acrescenta ainda a necessidade de se analisar os requisitos da *tempestividade*, compreendida como a data em que o documento digital foi produzido, e a *perenidade*, entendida como a impossibilidade de alteração do conteúdo das informações no documento digital, no entanto, entende-se que a verificação de ambas está englobada dentro do requisito da *integridade*.

103 Dinamarco, por sua vez, afirma que a iniciativa probatória do juiz é desaconselhável "sempre que as alegações de uma parte sejam por lei dispensadas de prova – como em caso de notoriedade do fato ou presunções legais", o que seria "uma superafetação ou contrariedade ao sistema e aos intuitos do legislador" (DINAMARCO, Cândido Rangel. *Instituições de direito processual civil*, vol. II, p. 61). Note-se, porém, que há referência genérica à notoriedade, sem menção à notoriedade indireta, nos termos propostos por este trabalho.

O primeiro risco é de violação ao *princípio do contraditório*. Como essa pesquisa judicial, geralmente, é feita de ofício e revelada tão somente no momento em que a decisão é proferida, via de consequência, esses fatos – ou melhor dizendo, a prova desses fatos –, também surge pela primeira vez quando a decisão é proferida ou quando o julgamento da matéria é realizado. É evidente, portanto, a decisão-surpresa e a violação ao art. 10 do CPC. Em última instância, há verdadeira inobservância da garantia constitucional do contraditório, prevista no art. 5º, inc. LV, da CF. Afinal, as partes não têm o direito de se manifestar sobre essa pesquisa *on-line* e tampouco sobre esses fatos aportados ao processo, nem sobre a atividade da pesquisa, nem sobre o resultado dela. Em resumo, fica sonegado às partes o direito de influenciar a decisão judicial, concepção contemporânea do contraditório que deve ser maximizada, e não minimizada. Questões relevantes para a decisão, pouco importa de onde são retiradas, devem ser submetidas ao contraditório. Sempre.

O segundo risco é de violação ao *direito à prova*. A pesquisa judicial *on-line* pode aportar ao processo questões fático-probatórias relevantes para o raciocínio judicial e para o próprio resultado do processo. A parte prejudicada pelo fato ou prova aportados não tem direito à contraprova, sendo que, nos termos do art. 369 do CPC, todos têm direito de empregar os meios de prova adequados para comprovar a verdade dos fatos. O direito à prova, como decorrência do direito de ação e defesa, e também como um corolário do princípio do contraditório, preserva à parte a possibilidade de argumentar provando. E, quando uma alegação que lhe prejudica é controvertida, ela tem o direito, assegurado constitucionalmente, de produzir a prova que entender idônea e adequada à demonstração da sua alegação. Com a pesquisa *on-line* feita pelo juiz aparecendo no momento da decisão, sobretudo quando recebe a alcunha da notoriedade pelo simples fato de estar publicada na internet, o direito à prova simplesmente torna-se uma garantia esvaziada. Por exemplo, se uma informação retirada do *Wikipedia*, com caráter técnico, for utilizada em uma decisão judicial, deveria ser dada à parte contrária o direito de produzir prova sobre esse fato.

O terceiro risco é de violação à *imparcialidade judicial*. O juiz, na condição de sujeito responsável pela solução heterocompositiva do conflito, deve preservar uma equidistância dos interesses das partes e dos fatos levados à sua apreciação por elas para que a sua decisão seja dotada da isenção necessária a um julgamento justo. E isso ocorre em duas perspectivas diferentes. A primeira diz respeito aos perigos decorrentes do viés de confirmação. Como a pesquisa judicial *on-line* geralmente não é documentada e o caminho percorrido pela atividade de busca não é disponibilizada às partes, o juiz, ao menos tendencialmente, fará pesquisa que buscará confirmar hipóteses por ele já levantadas como corretas. Muito dificilmente a pesquisa *on-line* será feita para buscar argumentos contrários com o propósito de infirmar determinada conclusão. E isso, como é obvio, é um problema para a justiça da decisão. A segunda perspectiva decorre dos perigos provenientes da ausência de neutralidade da rede. A pesquisa judicial *on-line*, muitas vezes, não será absolutamente neutra porque sofrerá influência dos algoritmos que direcionam os motores de busca *on-line* de acordo com as preferências dos usuários. Como essa tendência de só mostrar ao usuário aquilo que ele quer ou gosta de ver ou pesquisar na internet, não fica assegurada a completude e muito menos fiabilidade das informações extraídas da internet para fins de utilização no processo judicial. A bem da verdade, pouco importa a perspectiva adotada, o risco de enviesamento e, via de consequência, de mácula da imparcialidade, é muito grande.

O quarto risco é de violação ao *dever de fundamentação das decisões judiciais*. A pesquisa judicial *on-line*, na grande maioria das vezes, não é acompanhada de uma justificação acerca da fonte *on-line* de onde foi extraída determinada informação sobre fatos que repercutem na resolução da controvérsia. Sem essa justificação, não é possível aferir a confiabilidade e credibilidade da fonte de prova, o que desrespeita de forma muito clara o dever de fundamentação. Como se sabe, a fundamentação de uma decisão judicial não é limitada apenas às questões jurídicas, como a interpretação e a aplicação de normas, mas também diz respeito às questões fático-probatórias, relacionadas à demonstração de que determinadas provas são suficientes ou não para comprovar a alegação feita pela parte no processo. Sites, redes sociais, blogs, portais de notícias são diferentes entre si e confiabilidade e credibilidade de determinadas informações podem variar a depender de onde são extraídas. Existem sites pagos e gratuitos, sites patrocinados e sites independentes. Tudo isso deveria vir devidamente motivado pela decisão do juiz para fins de controle intersubjetivo do ato decisório.

Como é possível notar, são muitos os riscos na realização de pesquisa judicial independente quando feita sem critérios e sem uma preocupação de legitimar esse resultado, com potencial violação a direitos fundamentais processuais que deveriam estar sendo observados para que as partes não sejam prejudicadas.

O presente trabalho propõe que sejam observados cumulativamente quatro critérios para que o juiz realiza pesquisa judicial na *internet* de ofício: a) a utilização da informação *on-line* como *regra de instrução*, e não como regra de decisão; b) a limitação da investigação judicial na *internet* aos *fatos secundários*, ficando proibida em relação aos fatos principais; c) o exercício do *contraditório* pelas partes sobre as informações extraídas de fontes *on-line*; e d) a necessidade de *fundamentação específica* da decisão judicial sobre a credibilidade da fonte da *internet* a partir dos critérios da expertise, do enviesamento, da motivação e da controvertibilidade.

É o caso de analisar, separadamente, cada uma dessas diretrizes.

O *primeiro critério* diz respeito à utilização da informação *on-line* como regra de instrução, e não como regra de decisão. É muito comum que essa pesquisa judicial na *internet* seja feita em gabinete, de ofício, e apareça pela primeira vez no processo quando a decisão judicial é proferida, sem qualquer manifestação prévia das partes. Estipular esse limite é fazer com que o juiz submeta a informação *on-line* ao contraditório e ao *procedimento probatório*, notadamente trazendo o elemento de prova colhido de fonte da *internet* para o debate processual entre as partes e, mais do que isso, permitindo que elas possam influenciar a decisão judicial. Trata-se de barreira insuperável que, se não for observada, impede qualquer discussão posterior sobre essas informações no processo. Caso contrário, seria admitido que o juiz utilizasse informações da *internet* que não constam originalmente dos autos do processo como fundamento da sua decisão sem submeter ao contraditório prévio entre as partes.

Nesse caso, a violação ao contraditório enquanto garantia constitucional do processo é evidente (art. 5º, inc. LIV, CF/1988; arts. 9º e 10, CPC). Afinal, haveria a utilização de elementos extraprocessuais para resolver a controvérsia, o que não se pode admitir diante da previsão do art. 371 do CPC que o juiz deve decidir somente com base no alegado e provado nos autos do processo. Portanto, se o magistrado, ainda que de ofício, trouxer esses elementos de prova extraídos de fontes da *internet* ao processo, estará autorizado a decidir com eles, desde que não surpreenda as partes no momento da decisão com a utilização dessa informação.

Inclusive, esses fatos de notoriedade indireta, quando extraídos de fontes da *internet*, podem ser enquadrados juridicamente como *fatos supervenientes*, atraindo a incidência do regime jurídico disposto nos arts. 493 e 933 do CPC, com observância do contraditório para manifestação prévia das partes. Inclusive, corrobora o argumento ainda que fatos supervenientes não necessariamente são aqueles que ocorreram depois da propositura da demanda, mas também aqueles que, mesmo tendo ocorrido antes, as partes ou o juiz dele tomam conhecimento depois da propositura da demanda. São os chamados *fatos de notícia nova*.

Segundo esses dispositivos do Código, quaisquer fatos constitutivos, modificativos ou extintivos do direito em disputa, caso influam decisivamente no julgamento de mérito da causa, devem ser levados em consideração de ofício pelo juiz. No entanto, o próprio dispositivo, no seu parágrafo único, disciplina a questão como uma regra de instrução porque exige que as partes sejam previamente ouvidas antes da decisão.

Inclusive, o mesmo regime jurídico no tocante a fatos de notoriedade indireta, quando extraídos de fontes da *internet*, é aplicável em grau recursal. De acordo com o art. 933 do CPC, se constatada de ofício a ocorrência de um fato superveniente, caberá ao relator intimar as partes para se manifestarem previamente, ou, se constatado quando do pedido de vista por um dos membros do colegiado, o processo será remetido ao relator para tomar as mesmas providências.

O *segundo critério* a ser observado é que somente informações da *internet* que digam respeito a *fatos secundários* podem ser aportadas ao processo por meio dos poderes instrutórios[104]. Trata-se, nesse ponto, de um corolário da própria compreensão de poderes instrutórios, cujas premissas foram assentadas anteriormente, com base na sua supletividade e complementariedade. Caso contrário, estar-se-ia permitindo que o juiz aportasse ao processo fatos notórios que, burlando a regra da correlação, "conformam pretensões diversas daquelas abarcadas na manifestação de vontade da demandante"[105].

Permitir uma livre e irrestrita utilização de poderes instrutórios pelo juiz, alcançando também os fatos primários, subverte a divisão de trabalho entre juiz e partes em matéria probatória. Compete às partes, segundo as regras de distribuição do ônus da prova, produzir provas relevantes e aptas à comprovação dos fatos que são constitutivos dos seus direitos. Em um modelo cooperativo de processo, a decisão de mérito justa, efetiva e tempestiva

---

104 No contexto do uso de informações da *internet*: "em primeiro lugar, deve ficar claro que a alegação dos fatos primários permanece na disponibilidade das partes: aqui o problema não é de prova, mas de disponibilidade do direito material; em segundo lugar, parece-me que será difícil negar a entrada por meio de prova dos fatos secundários, que chegaram ao conhecimento do magistrado através da rede e adquiridos em forma documental" (DITTRICH, Lotario. La ricerca della verità nel processo civile: profili evolutivi in tema di prova testimoniale, consulenza tecnica e fatto notorio. *Rivista di Diritto Processuale*, 2011, p. 108-125 – tradução livre).

105 LEITE, Clarisse Frechiani Lara. *Fatos e provas novos no processo civil: momentos da alegação e da prova. Ação rescisória. Ação revisional. Renovação da ação coletiva.* São Paulo: Revista dos Tribunais, 2023, p. 138.

será alcançada quando respeitados os espaços de atuação das partes e do juiz, e não quando um sujeito se imiscuir na função do outro, sem critérios.

O *terceiro critério* corresponde à necessidade imperativa de o juiz possibilitar o exercício do *contraditório* pelas partes sobre as informações extraídas de fontes *on-line* da *internet*[106]. Esse ponto já foi ressaltado por ocasião do primeiro critério, mas é o caso de reiterar a proibição de que decisões judiciais utilizem informações *on-line* na fundamentação sem prévia manifestação das partes, sob pena de configurar decisão-surpresa (arts. 9º e 10, CPC). Afinal, não há que se falar em incompatibilidade entre a iniciativa probatória do juiz e o princípio do contraditório, já que ambos os sujeitos - partes e juiz - atuam de forma conjugada no acertamento dos fatos[107].

O contraditório do *modelo constitucional de processo*[108], renovado pela força normativa que adquiriu com diversas disposições infraconstitucionais do CPC, não representa somente uma bilateralidade de audiência, ou seja, um direito de informação e reação em relação ao alegado pela parte contrária. Essa dimensão formal do contraditório restrita às partes é complementada por uma dimensão substancial que envolve o juiz como sujeito do contraditório. As partes, mais do que o direito de debater de forma dialética sobre todas as questões de fato e de direito relevantes ao processo, têm o direito de influenciar o convencimento do juiz sobre essas questões por meio do exercício do contraditório[109].

---

106 No contexto do uso de informações da *internet*: "em terceiro lugar, fica claro que, onde isso acontecer, o juiz terá que provocar o contraditório, dando às partes a possibilidade de contra argumento, com observância do direito de defesa e na aplicação do art. 183, p. 7º, do CPC [italiano, no caso]" (DITTRICH, Lotario. La ricerca della verità nel processo civile: profili evolutivi in tema di prova testimoniale, consulenza tecnica e fatto notorio. *Rivista di Diritto Processuale*, 2011, p. 108-125 - tradução livre).

107 Neste sentido cfr. MATTOS, Sérgio Luís Wetzel de. *Da iniciativa probatória do juiz no processo civil*, p. 82-83; BEDAQUE, José Roberto dos Santos. *Poderes instrutórios do juiz*. 7ª ed. São Paulo: Revista dos Tribunais, 2013, p. 165.

108 Sobre o modelo constitucional de processo, a literatura jurídica brasileira é extensa, valendo conferir, por todos, GRINOVER, Ada Pellegrini. *Os princípios constitucionais e o Código de Processo Civil*. São Paulo: J. Bushatsky, 1975; ALVARO DE OLIVEIRA, Carlos Alberto. O processo civil na perspectiva dos direitos fundamentais. *Revista de Processo*, v. 29, n. 113, p. 9-21, jan./fev. 2004; ZANETI JR., Hermes. *A constitucionalização do processo*, cap. 4; BUENO, Cassio Scarpinella. O "modelo constitucional do direito processual civil": um paradigma necessário de estudo do direito processual civil e algumas de suas aplicações. *Revista de Processo*, v. 33, n. 161, p. 261-270, jul. 2008.

109 O contraditório, mais que bilateralidade de audiência entre as partes, também é exercido para influenciar a decisão do juiz. Sobre o tema, cfr. ALVARO DE OLIVEIRA, Carlos

Essa tônica fica bem demonstrada quando o Código prevê que o juiz não pode decidir em grau algum de jurisdição sem ouvir previamente as partes, mesmo em relação a questões cognoscíveis de ofício (arts. 9º e 10 do CPC). Quando, na fundamentação da decisão judicial, o juiz tem que enfrentar todos os argumentos e provas que podem alterar a sua conclusão, em nítido entrelaçamento com o princípio do contraditório (art. 489, § 1º, inc. IV, do CPC). E também quando prescreve que o juiz, no momento de decidir, pode levar em consideração fatos supervenientes desde que ouça previamente as partes (art. 493, p. único, do CPC).

A informação on-line relevante a um determinado processo enquanto fato secundário pode consistir em indício que permite ao juiz, por meio de inferências probatórias, concluir pela de ocorrência ou inocorrência de fatos primários. Não permitir que as partes se manifestem sobre esses indícios consiste em grave cerceamento de defesa e pode gerar a nulidade da decisão por violação ao contraditório.

Quanto a esse ponto, é importante verificar que a proposta de classificação deste trabalho sobre a notoriedade do fato entre direta e indireta, acolhendo, nesta última categoria, os fatos oriundos de fontes da *internet*, abre espaço para o debate processual acerca da notoriedade que envolva todos os sujeitos processuais. Isso porque a doutrina clássica sobre o fato notório, em sua grande maioria, sempre dizia que o importante é que o fato fosse notório para o juiz, como se somente ele fosse um agente capaz de *captar* a notoriedade e trazê-la ao processo. Portanto, no final, era a autoridade do juiz em dizer quando o fato era notório ou não que contava[110]. Na verdade,

---

Alberto. O juiz e o princípio do contraditório. *Revista de Processo*, v. 18, n. 71, p. 31-38, jul./set., 1993; ALVARO DE OLIVEIRA, Carlos Alberto. A garantia do contraditório. *Revista da Faculdade de Direito da Universidade Federal do Rio Grande do Sul*, n. 5, p. 7-20, 1998; DINAMARCO, Cândido Rangel. O princípio do contraditório e sua dupla destinação. In: *Fundamentos do processo civil moderno*. 4ª ed., v. 1, São Paulo: Malheiros, 2001, p. 124-135; ZANETI JR., Hermes. *A constitucionalização do processo*, p. 179-183. Mais recentemente, cfr., por todos, CABRAL, Antonio do Passo. Il principio del contraddittorio come diritto d'influenza e dovere di dibattito. *Rivista di Diritto Processuale*, anno 60, n. 2, p. 449-463, apr./giu. 2005.

110 Isso foi percebido tanto na doutrina antiga da *judicial notice* do *Common Law*, pois "a legitimidade da notificação judicial [no original, *judicial notice*] vinha mais da autoridade do juiz do que da fonte da informação (...) O juiz atuava, assim, como um procurador do conhecimento geral da comunidade. As fontes poderiam apoiar ou confirmar o conhecimento geral preexistente do juiz, mas não alteraram a premissa subjacente de que o conhecimento do juiz controlava" (BELLIN, Jeffrey; FERGUSON, Andrew G. Trial by Google: judicial notice in the information age. *Northwestern University Law*

como se entendia que a notoriedade era formada fora do processo, pouco importava se as partes controvertessem o fato notório, podendo o juiz conhecê-lo de ofício, a despeito de manifestação das partes neste sentido. Agora, a questão muda de figura, porque o deslocamento da discussão para a fonte da notoriedade recomenda e exige que todos os sujeitos debatam em contraditório a sua confiabilidade para fins de utilização no processo.

O *quarto requisito* concerne à adoção de uma *metodologia decisória* pelo juiz em sua fundamentação que permita, de forma concreta e específica, realizar um juízo de *credibilidade* sobre a fonte da *internet* de onde está sendo extraída a informação. Essa metodologia passa, em primeiro lugar, pelo dever que o juiz tem de indicar e transcrever no corpo da decisão judicial o *link* referente à fonte da *internet* de onde a informação é colhida, bem como o dever de registrar a data de acesso a ele. Somente assim será possível controlar intersubjetivamente a informação, permitindo não só o acesso ao seu conteúdo, como também quando esse acesso foi realizado, para verificar eventuais alterações e checar a veracidade da informação.

O exame da *credibilidade da prova* consiste em denunciar e revelar na fundamentação do ato decisório qualquer circunstância que interfira na idoneidade e prestabilidade da prova como elemento capaz de comprovar um enunciado fático no processo. TARUFFO expõe que a narrativa fática construída pelo juiz na decisão judicial opera na distribuição de enunciados em quatro níveis distintos: no primeiro nível, os enunciados que descrevem os fatos primários; no segundo nível, os enunciados que descrevem os fatos secundários; no terceiro nível, os enunciados que resultam das provas produzidas; no quarto nível, os enunciados que indicam inferências sobre a credibilidade e a confiabilidade dos enunciados de terceiro nível[111]. Trata-se,

---

Review, p. 1152 – tradução livre), quanto na tradição do *Civil Law:* "mesmo quando as partes não o aceitam de comum acordo e chega a ser discutido, pois o importante é que sua notoriedade pareça clara ao juiz e não à parte contra a qual se opõe" (DEVIS ECHANDIA, Hernando. *Teoria general de la prueba judicial.* Buenos Aires: V.P. de Zavalía, 1972, t. 1, p. 219-220 – tradução livre) e "sendo um conceito jurídico aberto, não especificado, é o juiz realmente quem tem sobre si a responsabilidade de julgar quando um fato é ou não é notório" (CABAÑAS GARCÍA, Juan Carlos. Premisas básicas para una posible redefinición de la teoría procesal sobre el hecho notorio. *Justicia: Revista de Derecho Procesal*, p. 583 – tradução livre).

111 Pela clareza do raciocínio, segue transcrita a lição do processualista italiano: "esses níveis da narrativa não são meramente justapostos segundo uma ordem casual e unidimensional; estão, ao invés disso, ligados entre si com base em inferências de natureza probatória, que podem ser esquematizadas assim: a) os enunciados do segundo nível representam premissas para inferências probatórios idôneas à produção de conclusões

como se pode perceber, de uma etapa prévia à valoração individualizada entre prova e fato, geralmente realizada com base em regras da experiência comum, que repercute diretamente na própria análise que será feita sobre a eficácia da prova[112].

O impacto da credibilidade é fácil de observar quando se fala em outros meios de prova. Na prova testemunhal, por exemplo, o juiz deverá analisar se a testemunha tem algum interesse na causa ou é próxima de algumas das partes, bem como se o seu testemunho, analisado globalmente, tem inconsistências e contradições. Já na prova documental, o juiz tem o dever de revelar se o instrumento escrito é formalmente válido ou se ele apresenta equívocos e vícios de formação. Por fim, na prova pericial, o juiz revelará as credenciais do perito enquanto profissional, sua qualificação técnica para versar sobre o assunto da perícia, assim como a elaboração do próprio laudo pericial em si, por meio da metodologia científica empregada e da coerência entre as premissas e a conclusão alcançada pelo expert.

Como se pode perceber, toda e qualquer fonte de prova está sujeita a críticas acerca da idoneidade e da prestabilidade para comprovação de um determinado fato. É verdade que o sistema processual permite que a credibilidade da prova seja denunciada no momento de sua *admissibilidade* ou de sua *produção*. Por exemplo, na prova testemunhal pode ocorrer a contradita da testemunha por incapacidade, impedimento ou suspeição (art. 457, § 1º, do CPC). Na prova pericial, pode ser arguida a suspeição ou o impedimento do perito (art. 467 do CPC), bem como pode acontecer de haver substituição

---

concernentes a enunciados do primeiro nível. Os fatos secundários, com efeito, são levados em consideração se se apresentam logicamente relevantes como fontes de prova indireta de um fato principal; no caso contrário, eles não entram narrativa dos fatos; b) os enunciados do terceiro nível representam informações úteis para apuração dos fatos descritos no primeiro nível (é o caso da prova direta de um fato principal), ou ainda informações úteis para apuração de fatos descritos no segundo nível (é o caso da prova de um fato secundário, ou seja, da prova indireta de um fato principal); c) por fim, os enunciados do quarto nível representam informações úteis para o controle da confiabilidade dos enunciados probatórios que se colocam no terceiro nível, eventualmente dando fundamento a que se façam inferências com o intuito de verificar o valor de tais informações" (TARUFFO, Michele. *Uma simples verdade*, p. 237-238).

112 Neste sentido, "qualquer circunstância que aponte para a desestabilização da prova deve ser revelada na motivação da sentença, ainda que não interfira na valoração individual da prova ou no resultado do julgamento" e, citando Iacoviello, afirmam que "toda prova, antes de provar, deve ser provada" (MARINONI, Luiz Guilherme; ARENHART, Sérgio. *Prova e convicção*, p. 327-329). Igualmente, sobre a necessidade de avaliar a credibilidade da prova, cfr. TARUFFO, Michele. *A prova*, p. 137.

por falta de conhecimento técnico (art. 468, inc. I, do CPC). Porém, nada impede que a credibilidade seja um critério de *valoração* da prova no momento em que a decisão judicial é proferida, com revelação de circunstância na motivação da decisão para expor o convencimento do juiz e submeter a questão ao controle endoprocessual e extraprocessual (art. 371 do CPC).

A credibilidade da informação *on-line* pode ser averiguada por meio de quatro etapas: *expertise*, *enviesamento*, *motivação* e *controvertibilidade*. Passemos ao exame individual de cada um desses critérios.

Expertise. A fonte *on-line* que produziu a informação deve ter minimamente especialidade na matéria versada ou capacidade técnica de divulgar o conteúdo de forma razoavelmente idônea; caso contrário, será apenas mais uma informação dentro de um oceano de informações *on-line* que não geram nenhuma razão para *crer* e *confiar* na sua veracidade. Pouco importa se o *site* é gerido por um indivíduo, por um órgão governamental ou por empresas ou entidades privadas, a expertise é um critério fundamental para indicar a credibilidade da informação extraída *on-line*. Podemos pensar em vários exemplos: uma informação sanitária constante do *site* da ANVISA, uma informação sobre direitos do consumidor retirada do *site* do Procon ou uma informação técnica divulgada por um profissional de renome nacional na área. A credibilidade da fonte gera a confiabilidade da informação. Essa conclusão é alcançada por meio da regra de experiência de que sujeitos e entidades com expertise em um determinado tema divulgam em seus *sites* informações confiáveis. Porém, somente esse aspecto não é suficiente.

Enviesamento. Ainda que sujeitos e entidades, públicas ou privadas, possam ter expertise quanto ao conteúdo de determinada matéria, é possível que elas divulguem informações que não denotem confiabilidade por causa de eventuais conflitos de interesses existente entre *quem* produziu a informação e o próprio *conteúdo* da informação veiculada *on-line*. Uma empresa farmacêutica pode divulgar em seu *site* estudos científicos sobre a eficácia de um determinado medicamento, mas ela pode ser titular da patente e lucrará com as respectivas vendas. Um órgão governamental pode divulgar informações tendenciosas e distorcidas por motivos políticos escusos. É preciso ter um juízo crítico – de quem quer que seja, juízes ou partes – sobre os reais motivos pelos quais uma determinada informação é compartilhada na *internet*. Se pairar determinada dúvidas sobre as razões que levaram determinado sujeito ou instituição a divulgar um conteúdo ou informação na *internet*, essa dúvida tem que ser revelada e submetida ao debate entre os sujeitos processuais. Até mesmo quando não pairar dúvidas sobre esses pontos, a pesquisa judicial *on-line* ainda assim deve ficar sujeita ao debate porque o próprio contraditório é que poderá ser o responsável por revelar o enviesamento.

Motivação. A terceira etapa diz respeito à indicação de suposta motivação de manter a fiabilidade e a idoneidade da informação *on-line*. Não é um caso de um enviesamento na divulgação da informação, porque a fonte *on--line* não tem qualquer interesse mediato ou imediato no efeito causado pela veracidade ou falsidade da informação. Uma entidade pode não ter *estímulo* em checar a veracidade da informação ou de mantê-la atualizada. Esse ponto não diz respeito aos motivos pelos quais uma informação é compartilhada *on-line*, mas aos incentivos que impulsionam determinada manutenção e atualização da confiabilidade dessa informação. Determinados *sites* podem ser estimulados monetariamente a manter uma atualização ou isso pode ser feito de forma voluntário pelos usuários ou responsáveis.

Controvertibilidade. É possível que informações veiculadas *on-line* tenham sido produzidas por sujeitos e entidades com expertise, sem conflitos de interesses ou destituídas de outra motivação, mas que tenham caráter controverso e, por conta disso, são capazes de gerar desconfiança sobre a credibilidade da informação[113]. Desse modo, a quarta etapa corresponde à verificação de existência de uma fundada e efetiva *controvertibilidade* da informação *on-line* aportada ao processo. Muitas decisões judiciais utilizadas em *sites* da internet para checar informações de cunho técnico e científico como uma forma de ratificar o conhecimento vulgarizado que possuem sem a necessidade de submeter a questão a uma perícia ou outro expediente técnico desta natureza. Na dúvida, é sempre preferível que a prova seja produzida, especialmente se a matéria fática for controversa e importante para a resolução da causa. Adaptando um velho e conhecido brocardo do direito processual penal: *in dubio pro probatione.*

O exemplo mais evidente e representativo da necessidade de cumprimento desse guia de critério é o de utilização em decisões judiciais de informações coletadas em verbetes da *Wikipedia.* Como observado anteriormente, existe uma efetiva preocupação da epistemologia enquanto teoria do conhecimento sobre a confiabilidade das informações veiculadas na *Wikipe-*

113 Neste sentido, a Terceira Seção do STJ já decidiu, em sede de *habeas corpus*, que "não constitui fato notório versão apresentada pelo impetrante aos fatos, a partir de ponto de vista extraído de site de notícias, e sobre a qual repousa controvérsia" AgRg no HC n. 546.793/DF, relator Ministro Leopoldo de Arruda Raposo (Desembargador Convocado do TJ/PE), Terceira Seção, DJe de 17/12/2019).

dia, mas não raro é louvada a metodologia *colaborativa* dessa enciclopédia *on-line* sobre o procedimento de apuração e verificação das informações.

O Poder Judiciário tem citado informações da *Wikipedia* em decisões judiciais em diversas situações diferentes[114]. Embora alguns julgados mani-

---

114 Sem pretensão de exaurir uma pesquisa jurisprudencial, e apenas com o intuito de demonstrar que a consulta ao *Wikipedia* para lastrear afirmações sobre fatos em decisões judiciais já é uma realidade no Poder Judiciário brasileiro, vejamos alguns exemplos. O TJMG utilizou informações da *Wikipedia* para decidir qual especialidade médica é mais recomendável para avaliar o grau de invalidez em uma ação de cobrança de seguro, se neurologia ou psiquiatria (TJMG - Agravo de Instrumento-Cv 1.0702.12.074339-9/001, Relator: Des. Eduardo Mariné da Cunha, 17ª Câmara Cível, julgamento em 12/12/2013). Em outro caso, o TJMG utilizou informações da *Wikipedia* sobre um teste específico válido para diagnosticar o HIV, chamado ELISA (Enzyme Linked Immuno Sorbent Assay), em um julgamento envolvendo indenização por contaminação de paciente por ocasião de doação de sangue (TJMG - Apelação Cível 1.0024.04.537896-5/001, Relatora: Des.ª Vanessa Verdolim Hudson Andrade, 1ª Câmara Cível, julgamento em 07/11/2006). O TJCE censurou o uso da *Wikipedia* em caso de processo em que, discutindo erro médico, o juiz não produziu prova pericial, no sentido de que "havendo controvérsias sobre a conduta médica, o juiz não pode julgar com base em informações extraídas da Wikipédia, sem observar perícia médica que traga informações técnicas que fogem da área de atuação do julgador" (TJCE, Apelação Cível - 0025680-03.2000.8.06.0112, Rel. Desembargador Raimundo Nonato Silva Santos, 4ª Câmara Direito Privado, data do julgamento: 31/08/2021). O TJRJ julgou uma ação rescisória proposta com base em erro de fato que alegava que a decisão transitada em julgado usou informação retirada de consulta ao *Wikipedia* para demonstrar que o trecho era de responsabilidade da empresa condenada. Embora tenha determinado que a "consulta ao sítio da Wikipédia para fundamentar a responsabilidade da LAMSA que deve ser extirpada, posto que não foi dada oportunidade às partes para manifestação", entendeu que a conclusão da decisão permanecia a mesma e julgou improcedente o pedido. (TJRJ, Ação Rescisória 0034449-47.2021.8.19.0000, Des.ª Natacha Nascimento Gomes Tostes Gonçalves de Oliveira - Julgamento: 09/12/2021 - Seção Cível). No TJPR, as informações do *Wikipedia* foram utilizadas para explicar o que é a Escala ou o Índice de Apgar em julgamento de ação indenizatória por erro médico (TJPR - 8ª Câmara Cível - EDC - Foz do Iguaçu - Rel.: Desembargador José Sebastião Fagundes Cunha - J. 24.04.2014). Em outro julgado do TJPR, informações da *Wikipedia* foram utilizadas para atestar a integração de duas instituições financeiras em recurso que julgava a validade da citação (TJPR – 2ª Turma Recursal – 0002655-21.2015.8.16.0026 Campo Largo Rel.: Juiz De Direito De Comarca De Entrância Final Rafael Luís Brasileiro Kanayama J. 16.02.2016). Já o TJRS admitiu a utilização de excerto da *Wikipedia* para "afirmar a urgência do procedimento a que se submeteu o embargado, afastando assim a carência contratual", sob o argumento de que "ainda que não se trate de uma fonte técnica, também não se pode desprezar pura e simplesmente a informação de lá extraída, ainda mais porque a embargante não trouxe qualquer elemento probatório em sentido contrário" (TJRS, Embargos de Declaração, Nº 71004356218, Primeira Turma Recursal Cível, Turmas Recursais, Relator: Pedro

festem ceticismo quanto à credibilidade das informações dos seus verbetes, em alguns casos até mesmo taxando-as de imprestáveis, outros julgadores têm aceitado a sua utilização no processo judicial, classificando-as como indícios em determinadas situações, as quais, por sua vez, poderiam estar sujeitas à contraprova.

Os dois grandes problemas envolvendo a utilização na decisão judicial de informações de verbetes da *Wikipedia* são a *confiabilidade* do conteúdo e a *possibilidade de alteração*.

Diante desse cenário, é possível traçar algumas diretrizes a serem adotadas quando juízes e tribunais pretenderem citar informações retiradas de verbetes da *Wikipedia*[115], *o que se pretende a título de boas práticas*, para *averiguar* a confiabilidade da informação e para *resguardar* o controle em caso de alteração da informação. São eles:

> (i) as informações da *Wikipedia*, quando utilizadas isoladamente, são insuficientes à comprovação da veracidade, falsidade ou modo de ser de um determinado enunciado fático fato quando somente elas forem utilizadas, salvo quando não produzidos no processo outros elementos probatórios pertinentes, mas poderão, por sua vez, ser suficientes à comprovação a veracidade, falsidade ou modo de ser de fatos secundários;
>
> (ii) as informações da *Wikipedia* não poderão ser utilizadas em decisões judiciais quando existirem fontes mais confiáveis que permitam o conhecimento mais acurado sobre determinado fato. O ponto aqui mencionado diz respeito primordialmente a matérias de conteúdo

---

Luiz Pozza, Julgado em: 16-04-2013). No TJSP, as informações da *Wikipedia* sobre os problemas de saúde que as baratas podem causar ao ser humano foram usadas em julgamento de pedido indenizatório referente à aquisição e ingestão de refrigerante com o inseto dentro (TJSP; Apelação Cível 0050135-17.2012.8.26.0577; Relator: Kioitsi Chicuta; Órgão Julgador: 32ª Câmara de Direito Privado; Foro de São José dos Campos - 5ª. Vara Cível; Data do Julgamento: 06/08/2015).

115 Sobre a citação da *Wikipedia* em decisões judiciais nos EUA, vale consultar o artigo PEOPLES, Lee F. The citation of Wikipedia in judicial opinions. *Yale Journal of Law & Technology*, vol. 12, iss. 1, art. 1, 2010, p. 2-51. Além de um estudo empírico, o autor fornece uma série de diretrizes para *coibir* o uso abusivo da *Wikipedia* e, ao mesmo tempo, fortalecer o uso correto das informações. O autor faz um estudo semelhante também em relação à citação de blogs em decisões judiciais, cfr. PEOPLES, Lee F. The citation of blogs in judicial opinions. *Tulane Journal of Technology & Intellectual Property*, vol. 13, 2010, p. 39-80. Ver também, correlacionando as informações extraídas de verbetes da *Wikipedia* com os fatos notórios, COMOGLIO, Paolo. Internet, wikipedia e la crisi del notorio. *Revista Iberoamericana de Derecho Procesal*, vol. 9, p. 141-173, jan./jun. 2019.

técnico e científico, buscando prestigiar outros instrumentos de coleta dessas informações por meios de prova adequados;

(iii) as informações da *Wikipedia* deverão ser previamente avaliadas pelo juiz antes de serem utilizadas na decisão judicial, notadamente se determinado verbete atende padrões mínimos de confiabilidade. A própria *Wikipedia* emite uma série de alertas quanto à confiabilidade do conteúdo, de modo que isso pode ser utilizado para *fortalecer* ou *enfraquecer* o emprego daquela informação;

(iv) as informações da *Wikipedia*, quando utilizadas em decisões judiciais, devem ser acompanhadas da indicação do respectivo *link* da *internet*, bem como do dia e da hora em que o acesso ao *link* ocorreu. Essas informações referentes ao acesso funcionam como verdadeiros "rastros de migalhas de pão para futuros leitores, permitindo-lhes refazer os passos lógicos de um argumento", afinal, "citações precisas e completas são essenciais para desembrulhar argumentos jurídicos, defender sua expansão ou contração em casos futuros e para o desenvolvimento do direito"[116].

Em conclusão, vale ressaltar que toda e qualquer informação *on-line* pode ser questionada. Trata-se de direito da parte, decorrente do princípio do contraditório, fazer alegações e controverter as alegações contrárias, produzindo as provas necessárias para tanto, a chamada contraprova. Não se quer autorizar o uso indiscriminado de informações da *internet* no processo, muito menos a arbitrariedade no uso dessas informações para decisão de casos concretos. Todavia, é importante ter em mente, por um viés eminentemente pragmático, que atualmente é impossível saber se juízes e tribunais consultam informações *on-line* para decidir processos. Inevitavelmente, esse é um percurso que faz parte do processo de pesquisa e estudo de prolação de decisões judiciais. O que se quer é impedir que a utilização de informações *on-line* por juízes e tribunais fique nas sombras, é preciso jogar luzes sobre esse processo.

116 PEOPLES, Lee F. The citation of Wikipedia in judicial opinions. *Yale Journal of Law & Technology*, p. 36 – tradução livre.

3.3.5. Excurso: princípio da conexão no processo do trabalho

No processo do trabalho, a utilização de informação extraída da *internet* tem sido defendida por parcela da doutrina, e acolhida pela jurisprudência de alguns tribunais da Justiça do Trabalho, com base no *princípio da conexão*.

Primeiramente, o princípio da conexão deve ser compreendido de forma mais abrangente como um princípio diretamente ligado ao processo judicial eletrônico, por causa da ideia da conexão em rede[117]. Para os adeptos dessa teoria, o princípio da conexão se apresenta como uma contraposição ao brocardo "o que não está nos autos, não está no mundo", na medida em que a divisão entre mundo real e mundo virtual não mais subsiste[118], abrindo a possibilidade de conexão dos autos com o mundo, principalmente o mundo dos fatos[119].

A aplicação *específica* deste princípio em matéria probatória tem sido utilizada para autorizar a colheita de informações em fontes da *internet* para subsidiar a decisão judicial em relação a questões fáticas[120]. Isso ocorre, segundo a doutrina, porque o princípio da conexão é aquele segundo o qual o mundo real e o mundo virtual se conectam e permite que o juiz utilize

---

117 CHAVES JR., José Eduardo de Resende. O processo em rede. In: *Comentários à lei do processo eletrônico.* São Paulo: LTr, 2010, p. 15-36. Chegando a ser denominado a "mãe de todos os princípios" do processo eletrônico porque "é o princípio que dá sentido a possíveis mudanças na tradicional teoria do processo", de forma que "representa um conceito central na transição do processo tradicional para o e-processo, visto que ele interliga todos os conceitos inovadores que procuram descrever essa transformação" (ROVER, Aires José. O princípio da conexão em rede: perturbações estruturais no processo eletrônico judicial eletrônico. In: *Princípios do processo em meio reticular-eletrônico: fenomenologia, normatividade e aplicação prática.* São Paulo: LTr, 2017, p. 77-86).

118 Citando o filósofo francês Pierre Levy no sentido de que o virtual não se contrapõe ao real, ideia também citada neste trabalho, cfr. CHAVES JR., José Eduardo de Resende. Elementos para uma nova teoria do processo em rede. In: *Estudos aprofundados: magistratura do trabalho*. Salvador: Juspodivm, 2013, p. 749-779.

119 Segundo José Eduardo de Resende Chaves Jr., o processo eletrônico abre "a possibilidade de conexão dos autos com o mundo, tanto com o mundo dos fatos, como dos direitos efetivos, possibilidade essa que, a seu turno, altera e afeta profundamente a racionalidade, as características e a principiologia da teoria geral do processo" (CHAVES JR., José Eduardo de Resende. Processo em rede orientado a dados. In: NUNES, Dierle; LUCON, Paulo Henrique dos Santos; WOLKART, Erik Navarro (coords). *Inteligência artificial e direito processual: os impactos da virada tecnológica no direito processual.* 2ª ed. Salvador: Juspodivm, 2021, p. 655-681).

120 Sobre o tema, vale conferir SILVA JR., Rogério Faustino. O princípio da conexão na processualística probatória trabalhista. *Revista Fórum Trabalhista*, v. 6, n. 27, p. 159-183, out./dez. 2017.

conhecimentos e informações que não necessariamente constam dos autos, mas podem ser extraídos da *internet*. A busca por provas e fatos na *internet* surge porque a virtualidade da conexão permite uma navegação na rede mundial de computadores em busca da verdade. Nota-se que é um princípio com característica fortemente inquisitiva, porque permite o exercício de ofício dos poderes instrutórios por parte do magistrado.

A aplicabilidade do princípio da conexão foi reconhecida até mesmo pelo próprio TST – Tribunal Superior do Trabalho, órgão jurisdicional responsável pela uniformização da interpretação da legislação trabalhista. Segundo a Corte, em julgado que merece atenção, "com recente erupção do processo judicial eletrônico, a vetusta parêmia romana 'non quod est in actis non est in mundo' passou a ter um contraponto representado pelo princípio da conexão (entre os autos e o mundo), o qual, segundo um dos seus descobridores 'com o processo eletrônico, virtual, conectado à *internet*, os autos eletrônicos, virtuais, não estão separados, mas ao contrário, conectados ao mundo'. Assim, aproximou-se a realidade endoprocessual, a verdade que está nos autos, e 'a verdade que está lá fora' por meios dos 'hiperlinks', redes e nuvens na tempestade de informações constantes do espaço cibernético, o que afeta em certa medida a sacralidade do princípio da escritura referido na parêmia romana"[121].

Inclusive, o princípio da conexão, no contexto do processo eletrônico, teria o condão de ampliar o conceito de fato público e notório, passando a abarcar também os fatos *comuns* e *conectáveis* que permitem um amplo acesso pelas partes e magistrados às informações existentes fora dos autos, notadamente aquelas informações constantes da *internet*[122].

---

121 TST, RR-802-95.2014.5.15.0088, 3ª Turma, Relator Ministro Alexandre de Souza Agra Belmonte, DEJT 28/10/2016.

122 Vale transcrição da construção desse raciocínio: "a teoria da prova lançou mão do conceito aberto de 'fato público e notório' para lidar processualmente com os fatos públicos. No mundo da *internet*, a escala do que seja fato de conhecimento público aumenta em proporções gigantescas, já que o decisivo não é o conhecimento do fato, mas a possibilidade de acesso a ele, da conexão. (...) Em sede do processo eletrônico, melhor que se falar em fato 'público e notório', será, portanto, operar com a ideia de fato 'comum e conectável'. Aqui «comum» entendido também como substantivo, fato extra-estatal, não-governamental, com acesso aberto pela rede mundial de computadores" (CHAVES JR., José Eduardo de Resende. Elementos para uma nova teoria do processo em rede. In: *Estudos aprofundados: magistratura do trabalho*. Salvador: Juspodivm, 2013, p. 749-779). Igualmente, cfr. SILVA JR., Rogério Faustino. O princípio da conexão na processualística probatória trabalhista. *Revista Fórum Trabalhista*, p. 161.

O princípio da conexão tem sido aplicado e pensado inicialmente para o processo do trabalho, contudo, pensando o problema à luz da notoriedade indireta, com possibilidade de utilização das informações extraídas da *internet*, o risco de universalização do conceito com lastro na *teoria geral do processo* faz com que a sua utilização deva ser objeto de críticas também no âmbito do processo civil, penal, eleitoral etc.

Isso porque, embora o diagnóstico da doutrina e jurisprudência trabalhista seja correto, no sentido de identificar a possibilidade de investigação judicial para colheita de informações na *internet* que podem ser utilizadas na resolução de casos concretos, não é a solução mais adequada para explicar o fenômeno denominá-lo como um *princípio*.

Em primeiro lugar, porque o princípio da conexão não é um princípio. Princípio é *norma* e, como tal, é um mandamento deôntico que busca orientar comportamentos humanos, estabelecendo de forma imperativa obrigações, proibições ou permissões. Não é isso que parece ser o princípio da conexão, porém. Não é de hoje que a doutrina brasileira vem criticando de forma contundente o uso extremamente volátil, abusivo e indiscriminado de princípios em decisões judiciais como critérios para resolução de casos concretos que, muitas vezes, funcionam como *standards* retóricos para ignorar regras jurídicas expressas em sentido contrário. O fenômeno chegou a ser denominado de *panprincipiologismo*[123]. É certo que a divergência em torno da definição e identificação daquilo que se entende por princípio – muitas vezes com premissas teóricas absolutamente diversas – enfraquece a aplicação correta e adequada desta espécie normativa em decisões judiciais[124].

---

123 STRECK, Lenio Luiz. *Verdade e consenso: Constituição, hermenêutica e teorias discursivas*. 4ª ed. São Paulo: Saraiva, 2011, p. 517-541: "Em linhas gerais, o panprincipiologismo é um subproduto do constitucionalismo contemporâneo que acaba por minar as efetivas conquistas que formaram o caldo de cultura que possibilitou a consagração da Constituição brasileira de 1988. Esse panprincipiologismo faz com que, a pretexto de aplicar princípios constitucionais, haja uma proliferação descontrolada de enunciados para resolver determinados problemas concretos, muitas vezes ao alvedrio da própria legalidade constitucional" (op. cit., p. 50). O autor critica especificamente o princípio da conexão em STRECK, Lenio. Graças ao princípio da conexão, encomendarei um kit de (tecno)verdade. *Consultor Jurídico*, disponível em <https://www.conjur.com.br/2015-jun-18/senso-incomum-gracas-principio-conexao-encomendarei-kit-tecnoverdade>. Publicado em 18.06.2015. Acesso em 09.06.2022.

124 Apenas para exemplificar, no estrangeiro, RONALD DWORKIN trabalha com a ideia de princípios como critério de decisão para casos que não são resolvidos por regra, impedindo a discricionariedade judicial (DWORKIN, Ronald. *Levando os direitos a sério*. 3ª ed., 2ª tiragem. Trad. Nelson Boeira. São Paulo: Martins Fontes, 2014) e ROBERT

No entanto, esse fato não pode servir de autorização para construção de um princípio sem minimamente poder reconduzi-lo ao consenso mínimo do que se entende como tal.

Em segundo lugar, porque o princípio da conexão tem sido utilizado verdadeiramente como uma *regra de decisão*, e não como regra de instrução. Geralmente, essas informações extraídas da *internet* aparecem pela primeira vez no processo quando prolatada a decisão pelo juiz ou tribunal, surpreendendo as partes que não tiveram a oportunidade de debatê-la. A decisão-surpresa, nesse caso, é evidente. Permite-se, então, com base no princípio da conexão, que o juiz, no momento em que profere a sua decisão, utilize informações colhidas da *internet* que não constam dos autos sem que as partes possam exercer o devido contraditório. Trata-se de prática nefasta que esbarra no primeiro critério de exclusão da investigação judicial na *internet*, como visto anteriormente.

A questão do contraditório prévio tem encontrado divergência no âmbito do TST.

Em alguns julgados, o TST tem buscado coibir essa prática baseada no princípio da conexão que não observa o contraditório, anulando acórdão por cerceamento de defesa que invocou acordo coletivo usado em outro processo sem oportunizar o contraditório prévio da parte reclamante. Nesse julgado referido, ficou registrado que "muito embora a utilização, pelo juiz, de documentos colhidos em outros processos similares possa ser defendida com base no princípio da conexão, o fato é que essa utilização deve se subordinar aos postulados insculpidos nos incisos LIV e LV do art. 5.º da Carta Magna, permitindo à parte possa impugnar tais documentos à luz do contraditório e da ampla defesa, sempre em harmonia com o devido

---

Alexy com a ideia de princípios enquanto mandamentos de otimização com razões prima facie, as quais serão satisfeitas em graus variados, dentro das possibilidades fáticas e jurídicas (ALEXY, Robert. *Teoria dos direitos fundamentais*. Trad. Virgílio Afonso da Silva. 2ª ed., 4ª tiragem. São Paulo: Malheiros, 2015, p. 103-108); no Brasil, Humberto Ávila trabalha com a ideia de que o princípio são normas com pretensão de complementariedade que impõe a promoção de um estado de coisas (ÁVILA, Humberto. *Teoria dos princípios: da definição à aplicação de princípios jurídicos*. 15ª ed. São Paulo: Malheiros, 2014, p. 102-109), e Lenio Streck ressalta a necessidade de que os princípios não decorram de um *grau zero de sentido* e surgem da tradição e reconstrução da história institucional do direito (STRECK, Lenio Luiz. *Verdade e consenso*, p. 565-566). Em geral, sobre o impacto das premissas da teoria da analítica e hermenêutica do direito na fundamentação das decisões judiciais no processo civil, cfr. PEREIRA, Carlos Frederico Bastos. *Fundamentação das decisões judiciais*, p. 39-75.

processo legal"[125]. Ainda que não seja recomendável dar lastro normativo ao princípio da conexão, o respeito ao contraditório é alvissareiro.

Em outra oportunidade, porém, o mesmo TST não censurou a busca oficiosa de informações da *internet* que não tenha observado o prévio contraditório. Em caso no qual houve consulta o *Google Street View* para averiguar o local de trabalho da reclamante, a Corte entendeu não haver violação ao contraditório porque o juízo "concluiu que a aproximação dos autos com a verdade real e virtual contida na rede eletrônica é possível com base no princípio da conexão"[126]. Nota-se, portanto, que a questão merece ser amadurecida no TST, já que possui decisões divergentes sobre o tema.

No processo civil, o princípio da conexão, salvo raríssimas exceções[127], não tem adesão doutrinária e a sua utilização pelos tribunais brasileiros é escassa quando, não raro, inexistente. Também no processo civil é possível observar que a utilização de informações da *internet*, sem menção ao fato notório e tampouco ao princípio da conexão, não raro é abordada no contexto de informações *on-line* do próprio *processo eletrônico*[128]. Por exemplo, informações veiculadas *on-line* em andamentos processuais para fins de contagem de prazos processuais. Embora possa ter alguma ligação com os temas, essa abordagem está inserida em um âmbito diferente e muito mais restrito.

---

125 RR-2548-81.2016.5.11.0009, 1ª Turma, Relator Ministro Luiz Jose Dezena da Silva, DEJT 18/02/2020.

126 RR-1017-67.2011.5.03.0005, 6ª Turma, Relatora Ministra Katia Magalhaes Arruda, DEJT 23/06/2017.

127 Cita-se, a título de exemplo, a doutrina de José Miguel Garcia Medina que, em comentários ao art. 374, inc. I, do CPC, defende que as informações disponíveis na *internet* podem ser consideradas fatos notórios e utiliza como fundamento o princípio da conexão. Afirma, neste contexto, que "já estamos, em sede processual, sob o império do novo princípio da conexão" e que "o princípio da conexão torna naturalmente, por outro lado, o processo mais inquisitivo. Em sede da prova, o princípio clássico da escritura – *quod non est in actis non est in mundo* – sempre foi decisivo. Essa separação entre o que está nos autos e o que está no mundo é também um mecanismo de racionalização e organização da produção das provas. No processo de papel, esse princípio é inclusive intuitivo, já que não há como se exigir que o julgador conheça algo fora da realidade materializada e estabilizada nos autos. No processo virtual essa separação é literalmente desmaterializada. As fronteiras entre os autos e o mundo já não são tão claras, pois ambos pertencem ao mundo virtual" (MEDINA, José Miguel Garcia. *Novo Código de Processo Civil comentado*, em comentários ao art. 374).

128 RUBIN, Fernando. *A construção do processo eletrônico justo: a transição do processo físico para o processo eletrônico e os impactos em relação à divisão de tarefas entre as partes e o Estado-juiz no âmbito do direito processual civil*. Porto Alegre: Paixão, 2021, p. 68-72.

3.4. MEIOS DE PROVA E NOTORIEDADE INDIRETA

A prova da notoriedade indireta reclama um exame da relação que possui com alguns meios de prova em especial, notadamente diante da possiblidade de questionamento da autenticidade e integridade da informação *on-line*, bem como em face do direito de produção de contraprova.

É preciso ter cuidado, no entanto, em não tornar o processo de produção de prova da notoriedade indireta deveras complexo, a ponto de subverter a finalidade pragmática para utilização de informação disponível *on-line*. Se o grande trunfo da informação *on-line* é a facilidade e a gratuidade de acesso dos usuários, a sua utilização no processo judicial deve ser alvo de prova que busque apenas promover um esclarecimento acerca da credibilidade e confiabilidade das informações, salvo, obviamente, quando as partes propugnarem de forma expressa e específica a produção de prova sobre aquele fato.

Sendo assim, nessa hipótese, submeter a comprovação de fatos disponíveis *on-line* à produção de prova testemunhal ou pericial, com todos os ônus que lhes são característicos, a exemplo de custos e morosidade, advogaria contra o caráter pragmático do emprego no processo de informações *on-line*.

3.4.1. Fato notório e inspeção judicial

A inspeção judicial é um meio de prova do processo civil brasileiro, previsto nos arts. 481 a 484 do CPC, em que o juiz, a requerimento das partes ou de ofício, em qualquer fase do processo, procederá à verificação *direta* e *pessoal* de pessoas e coisas com o objetivo de esclarecer os fatos relevantes à causa.

Trata-se de meio de prova à disposição do juiz que se mostra *apto* e *eficiente* à documentação da colheita de informações a partir de fontes na *internet* (art. 8º do CPC), valendo-se dos seus poderes instrutórios[129].

---

129 Essa é a proposta feita, no contexto do processo civil italiano, para a possibilidade de colheita de fatos notórios presentes na *internet*, cfr. FERRARI, Francesca. Il fatto notorio e la rete internet: un rapporto difficile. In: QUERZOLA, Lea (org.). *Problemi relativi alla prova nel processo civile.* Bologna, 2016, p. 87-115. Igualmente, mas sem referência à *internet*, cfr. BINA, Massimiliano. Inspection by the court as a means of evidence and the *notorium facti permanentis*: a balance between efficiency and due process of law. In: VAN RHEE, C. H.; UZELAC, Alan (eds). *Truth and efficiency in civil litigation.* Cambridge: Intersentia, 2012, p. 97-116. Em sentido contrário, alegando problemas de ordem prática para inspecionar judicialmente informações na *internet*, COMOGLIO, Paolo, p. 324-325. No Brasil, embora sem abordar o tema à luz do fato notório, há proposta de utilização da inspeção judicial para verificação de fatos constantes em fontes

Independentemente de qual for a forma de realização da inspeção judicial, seja com o deslocamento do magistrado a um determinado lugar, seja com o mero clique de um mouse em frente à tela do computador, haverá uma percepção *direta* do fato de ciência pública. Se é verdade que o fato não necessariamente será considerado notório por conta disso (a notoriedade, no caso, é indireta), a vantagem é trazer para a *dialética processual* entre as partes o debate em torno dessa informação *on-line*[130].

Diferentemente das hipóteses usuais, trata-se de um dever de o magistrado realizar a inspeção judicial para esse propósito[131], visto que consiste em meio de prova cuja características se amoldam perfeitamente à investigação judicial na *internet* pelo juiz sem impor ônus e encargos desnecessários.

Em termos históricos, existe uma relação íntima entre a *notoriedade* e a inspeção judicial que remonta à época medieval[132]. A chamada *inspectio ocularis* consistia em uma *prova direta* do *notorium facti permanentis*, ou seja, um fato pertencente à realidade extraprocessual objeto de conhecimento generalizado por todos que poderiam verificar *in loco* a sua existência.

---

da *internet*, cfr. GARCIA, André Almeida. Inspeção judicial, internet e contraditório. *Revista Dialética de Direito Processual*, n. 52, p. 9-17, jul., 2007.

130 FERRARI, Francesca. Il fatto notorio e la rete internet: un rapporto difficile. In: QUERZOLA, Lea (org.). *Problemi relativi alla prova nel processo civile.* Bologna, 2016, p. 87-115.

131 "A tendência moderna vai no sentido da *oportunidade* desse meio de prova e não da *necessidade*" (NARDELLI, Luis Fernando. *Inspeção judicial*, p. 105). Igualmente, cfr. PONTES DE MIRANDA, Francisco Cavalcanti. *Comentários ao Código de Processo Civil*, t. IV, p. 505; AGUIAR, João Carlos Pestana de. *Comentários ao Código de Processo Civil*, vol. 4, p. 284. Em sentido contrário, sem referir-se à *internet*, mas tão somente à inspeção judicial como um dever, LEONARDO GRECO defende que: "O juiz não pode fechar-se numa redoma, distante dos fatos e das provas. Assim, se a inspeção for útil à apuração dos fatos, ele tem o dever de determiná-la, de modo que a aparente faculdade contida nos artigos 440 e 481 dos dois Códigos é de ser interpretada como verdadeiro dever, nos casos em que a inspeção se apresente conveniente ou relevante para demonstrar a procedência das alegações de uma das partes" (GRECO, Leonardo. *Instituições de processo processual civil.* 3ª ed. Rio de Janeiro: Forense, 2015, vol. II, p. 276).

132 CAVALLONE, Bruno. Le iniziative probatorie del giudice: limiti e fondamento. Ispezione giudiziale e consulenza tecnica, In: *Il giudice e la prova nel processo civile*, Padova: Cedam, 1991, p. 179-261; FERRARI, Francesca. Il fatto notorio e la rete internet: un rapporto difficile. In: QUERZOLA, Lea (org.). *Problemi relativi alla prova nel processo civile.* Bologna, 2016, p. 87-115; BINA, Massimiliano. Inspection by the court as a means of evidence and the *notorium facti permanentis*: a balance between efficiency and due process of law. In: VAN RHEE, C. H.; UZELAC, Alan (eds). *Truth and efficiency in civil litigation.* Cambridge: Intersentia, 2012, p. 97-116.

No processo civil brasileiro, a inspeção judicial foi prevista como meio de prova somente a partir do CPC/1973[133]. No CPC/1939, embora não houvesse previsão expressa neste sentido, parcela da doutrina da época defendia a possibilidade de o juiz realizar inspeção judicial com base nos poderes que a lei lhe conferia. Assim, dentro dessa corrente, buscava-se diferenciar o *exame pericial*, em que o juiz nomeava um perito quando não era habilitado para realizar uma análise técnica da matéria fática controvertida, do *exame judicial*, hipótese na qual o próprio juiz procedia ao exame direto das pessoas, dos lugares ou da coisa[134]. O primeiro claramente configurava uma prova pericial propriamente dita, enquanto o segundo consistia no meio de prova atualmente conhecido como inspeção judicial.

Ocorre que a inspeção judicial não trata de autêntica prova pericial, muito embora as suas características possam causar essa confusão. Uma delas concerne à possibilidade de o juiz ser auxiliado por um ou mais peritos durante a inspeção judicial, nos termos autorizados pelo art. 482 do CPC.

Outra causa de confusão é a proposta de setores da doutrina de que existem duas categorias de inspeção judicial: a direta e a indireta. Seria direta a inspeção judicial quando o próprio juiz procedesse à verificação pessoal da pessoa, do lugar ou da coisa, ou seja, quando o magistrado se desloca em direção ao objeto da inspeção judicial e o examina *in loco*. Seria indireta a inspeção judicial, por sua vez, quando o objeto da inspeção não fosse analisado pessoalmente pelo juiz, mas por técnicos indicados por ele. Assim, a inspeção judicial seria o meio de prova que promoveria um *contato imediato*

---

133 Saudando a inovação no anteprojeto do CPC/1973 e depois no Código então aprovado, cfr. SANTOS, Gildo dos. Inspeção judicial. *Revista dos Tribunais*, São Paulo, v. 61, n. 446, p. 308-311, dez. 1972; AHRENDS, Ney da Gama. A inspeção judicial no Código de Processo Civil de 1973. *Revista Jurídica*, Porto Alegre, n. 82, p. 86-96, 1974; FRANTS, Roberto N. A inspeção judicial no novo Código Processual Civil. *Revista Jurídica*, Porto Alegre, n. 82, p. 100-102, 1974.

134 Por exemplo, cfr. SANTOS, Moacyr Amaral. *Prova judiciária no cível e no comercial*. 2ª ed. São Paulo: Max Limonad, 1955, vol. V, p. 23-27. No entanto, havia divergência na admissibilidade da inspeção judicial enquanto perícia sob a vigência do CPC/1939, como noticia NARDELLI, Luis Fernando. *Inspeção judicial*. São Paulo: Leud, 2007, P. 65-70. PONTES DE MIRANDA, por sua vez, falava em inspeção judicial ao interpretar o art. 136, inc. VI, do Código Civil de 1916, que mencionava a *vistoria* ao lado do *exame*: "Vistoria é inspeção ocular, perícia pela vista, exame é inspeção que vai além da inspeção ocular e se pode prover de experimentação; o arbitramento só escolhe (arbitra) entre valores" (PONTES DE MIRANDA, Francisco Cavalcanti. *Comentários ao Código de Processo Civil*, t. IV, p. 501).

do juiz com o respectivo objeto, mas esse contato poderia ocorrer de forma direta (com a presença do juiz) ou indireta (sem a presença do juiz)[135].

Essa divisão da inspeção judicial é inconsistente e deve ser abandonada. O grande diferencial da inspeção judicial no tocante à formação do convencimento judicial é que ele permite o *contato imediato* do juiz com a *fonte de prova*, oportunidade em que poderá observá-la sem intermediação de terceiros cujos relatos nem sempre são reproduzidos com a fidelidade necessária à descrição dos fatos, como, por exemplo, testemunhas e peritos[136]. Ademais, funciona a inspeção judicial como importante "instrumento de alargamento empírico do juiz"[137] para que a função de julgar não fique autorreferenciada, ensimesmada e desvinculada no mundo lá fora. Possibilitar uma inspeção judicial indireta, ao mesmo tempo em que subverte a própria finalidade desse meio de prova, configura uma via oblíqua de produção de prova pericial sem os encargos que lhe são inerentes, como formulação de quesitos, apresentação de laudo, prestação de esclarecimento, pagamento de honorários etc.[138]

Portanto, realizando uma *adequação* do regramento normativo da inspeção judicial à investigação, colheita e documentação de informações disponíveis *on-line*, podemos observar três características importantes.

Em primeiro lugar, de acordo com o art. 481 do CPC, a inspeção judicial tem cabimento em relação à verificação de *coisas* pelo juiz (*ad rem*) e as informações retiradas da *internet* têm natureza jurídica de bem não

---

135 MARINONI, Luiz Guilherme; ARENHART, Sérgio. *Prova e convicção*, p. 888-889.

136 Neste sentido, DINAMARCO, Cândido Rangel. *Instituições de direito processual civil*, vol. III, p. 704; GRECO, Leonardo. *Instituições de processo processual civil*, vol. II, p. 274; ASSIS, Araken de. *Processo civil brasileiro: parte especial – procedimento comum (da demanda à coisa julgada)*. São Paulo: Revista dos Tribunais, 2015, vol. III, item. 2.041.

137 OLIVEIRA, Lucas Soares de. Inspeção judicial: uma análise propositiva acerca da autorreferência judicial. *Revista de Processo*, v. 42, n. 265, p. 81-103, mar. 2017. Afinal, seu aspecto basilar é a "percepção sensorial do averiguador, o qual, no processo civil, é o juiz. *Quod oculus videt, nemo fideliter negat*, ou seja, o que o olho não vê, ninguém nega fielmente" (AGUIAR, João Carlos Pestana de. *Comentários ao Código de Processo Civil*, vol. 4, p. 283). Igualmente, sobre a percepção sensorial e o conhecimento sensitivo na inspeção judicial, cfr. NARDELLI, Luis Fernando. *Inspeção judicial*, p. 89-93.

138 DIDIER JR., Fredie; BRAGA, Paula Sarno; OLIVEIRA, Rafael Alexandria de. *Curso de direito processual civil*, vol. 2, p. 340.

corpóreo[139], traduzido, por sua vez, na ideia de *documento eletrônico*[140]. É preciso conferir uma interpretação ampliativa para o cabimento da inspeção judicial como sendo "tudo quanto for passível de percepção pelo juiz"[141] e o termo *coisa* deve ser interpretado *lato sensu* para fins de inspeção judicial[142]. A ideia de utilizar a inspeção judicial para informações *on-line* reside em *perenizar*, de forma documentada, o seu respectivo conteúdo em um determinado momento, impedindo que mudanças futuras possam prejudicar o conhecimento dessas informações. Inclusive, nada impede que as partes tomem a iniciativa probatória neste sentido, utilizando a ata notarial como meio de prova para que o tabelião certifique e documente a existência e o modo de ser da informação disponível *on-line* (art. 384 do CPC).

Em segundo lugar, como a inspeção judicial na *internet* não necessita de deslocamento do juiz a um local onde a coisa se encontra, não há necessidade de participação das partes *durante* a inspeção judicial, como está previsto no art. 482, p. único, do CPC. Nesse caso, o contraditório sobre a prova não é necessário na atividade probatória, mas só em relação ao seu *resultado*. O contraditório, portanto, é diferido[143]. Nada impede, porém, que o juiz ou relator no tribunal convoque as partes para, em audiência, realizar a inspeção judicial de fato disponível *on-line* para viabilizar a participação na atividade probatória.

---

139 Afirmando que a inspeção judicial cabe para bens incorpóreos, mas sem mencionar a *internet*, cfr. ASSIS, Araken de. *Processo civil brasileiro*, vol. III, item. 2.045: "Dessa limitação do objeto da inspeção às coisas, estipulada no art. 483, não se infere, absolutamente, a impossibilidade de o juiz perceber as emanações de bens naturalmente incorpóreos. Assim, as energias elétricas, térmicas e eólicas, os gases e os vapores, embora não sejam tangíveis, propiciam experiências sensíveis, e, desse modo, constituem bens inspecionáveis". Igualmente, "a inspeção judicial também pode ter como objeto formas de representação não escritas de representação de fatos ou atos incorporados ao suporte físico ou similar, *e. g.*, fita cassete, filme" (NARDELLI, Luis Fernando. *Inspeção judicial*, p. 114).

140 "A inspeção de documentos eletrônicos é natural no que respeita a dados perceptíveis pela experiência comum. Tratando-se, todavia, de verificar se o programa X, desenvolvido pela empresa A, é idêntico ao programa Y, patenteado pela empresa B, para a mesma função (v.g., busca de sítios na *internet* por afinidade temática), a necessidade de conhecimento especial mostra-se flagrante. Também nesses casos, a exemplo da inspeção pessoal psiquiátrica e corporal, a perícia geralmente é mais útil." (ASSIS, Araken de. *Processo civil brasileiro*, vol. III, item. 2.046.2).

141 ASSIS, Araken de. *Processo civil brasileiro*, vol. III, item. 1.850.

142 NARDELLI, Luis Fernando. *Inspeção judicial*, p. 115.

143 Neste sentido, GARCIA, André Almeida. Inspeção judicial, internet e contraditório. *Revista Dialética de Direito Processual*, n. 52, p. 9-17, jul., 2007.

Em terceiro lugar, a pesquisa judicial de ofício na *internet* aproveitaria a regra do art. 484 do CPC como forma de controle pelas partes. Segundo o disposto nesse comando normativo, o juiz está proibido de realizar inspeção judicial sem documentá-la e juntar ao processo o respectivo auto da inspeção, o que configura um verdadeiro *pressuposto de existência* da inspeção judicial[144]. Caso contrário, o conhecimento obtido pelo juiz não teria valor de prova[145], mas simplesmente configuraria conhecimento privado dos fatos, aportado ao processo de forma *clandestina*[146], e não poderia ser utilizado como fundamento para decidir o caso concreto[147]. A documentação da pesquisa poderia, inclusive, registrar o caminho percorrido pelo juiz até chegar na informação *on-line* que pretende utilizar: o motor de busca consultado (Google, Yahoo, Bing etc.), as palavras-chaves utilizadas, o resultado da pesquisa com a lista de sites. Tudo isso poderia ser objeto do contraditório entre as partes, até mesmo para denunciar que a pesquisa foi enviesada ou influenciada pela distribuição dos algoritmos.

O dispositivo versa também que no auto de inspeção deve constar tudo quanto for útil ao julgamento da causa, o que exige especial atenção no caso de colheita de informações da *internet*. Fundamentalmente, o auto de inspeção não pode prescindir dos seus elementos extrínsecos e intrínsecos[148], de modo que não pode faltar a data e a hora de acesso ao sítio eletrônico, bem como a indicação do respectivo *link*.

3.4.2. Fato notório e prova técnica simplificada

A informação extraída de uma fonte da *internet* pode ter sido produzida por um sujeito ou entidade leigos na matéria, mas também pode ter

---

144 DIDIER JR., Fredie; BRAGA, Paula Sarno; OLIVEIRA, Rafael Alexandria de. *Curso de direito processual civil*, vol. 2, p. 342.

145 Como já decidiu o STJ: "o julgador singular não mandou lavrar auto circunstanciado de sua inspeção (Cod. Proc. Civil 443) que ficou sem o valor de prova" (AgRg no Ag n. 14.646/MG, relator Ministro Garcia Vieira, Primeira Turma, DJ de 5/4/1993, p. 5810).

146 ASSIS, Araken de. *Processo civil brasileiro*, vol. III, item. 2.055.

147 "Sem essa documentação a inspeção judicial não tem valor de prova e as impressões colhidas pelo juiz não podem sequer servir como fundamento da sentença, porque se trata de *ciência privada dos fatos* que o sistema repudia (*quod non est in actis non est in mundo*)" (DINAMARCO, Cândido Rangel. *Instituições de direito processual civil*, vol. III, p. 705). Também neste sentido, cfr. PONTES DE MIRANDA, Francisco Cavalcanti. *Comentários ao Código de Processo Civil*, t. IV, p. 509; NARDELLI, Luis Fernando. *Inspeção judicial*, p. 164-166.

148 Tudo conforme ASSIS, Araken de. *Processo civil brasileiro*, vol. III, item. 2.055.3.

conteúdo técnico ou científico. Nesses casos, é possível a produção de uma *prova técnica simplificada* para prestar esclarecimentos sobre o assunto veiculado *on-line*. Afinal, "a percepção de que diversos documentos possuem conteúdo testemunhal leigo ou *expert* é imprescindível para que se esteja atento, também, às formas de criticar, corroborar ou refutar as informações fornecidas nos documentos"[149].

No processo judicial, se o juiz não possui conhecimento técnico ou científico sobre determinados pontos de fato e essa matéria é relevante para o julgamento da causa, deve determinar a produção de prova pericial. O perito, na condição de agente com os conhecimentos técnicos e científicos que o juiz não possui, prestará esclarecimentos sobre a matéria fática com o objetivo de auxiliá-lo na tomada de decisão para resolução do caso concreto.

Ocorre que, quando a matéria for de menor complexidade, o juiz pode determinar, de ofício ou a requerimento das partes, a produção de uma *prova técnica simplificada* em substituição à perícia. Trata-se de um autêntico *meio de prova* do processo civil brasileiro[150], previsto no art. 464, §§ 2º a 4º, do CPC.

No CPC/1973, a reforma legislativa ocorrida em 1992 permitiu que o perito e os assistentes técnicos fossem inquiridos em juízo "quando a natureza do fato o permitir (...) a respeito das coisas que houverem informalmente examinado ou avaliado" (art. 421, § 2º). Consoante a prescrição desse texto normativo, em que pese alguma dose de confusão na redação, aceitava-se a ideia de uma perícia informal[151], ainda que a repercussão prática não tenha sido tão significativa em razão da tradição brasileira no procedimento comum ser predominantemente escrita[152].

Trata-se de instituto que encontra correspondente semelhante no direito comparado[153], tanto na tradição do *Common Law*, a exemplo da *expert*

---

149 Como alerta RAMOS, Vitor de Paula de. *Prova documental*, p. 284. Sob as lentes da epistemologia da prova, é possível perceber o conteúdo *testemunhal* da prova pericial de maneira geral, cfr., amplamente, VÁZQUEZ, Carmen. *Prova pericial: da prova científica à prova pericial*. Trad. Vitor de Paula Ramos. Salvador: Juspodivm, 2021.

150 DINAMARCO, Cândido Rangel. *Instituições de direito processual civil*, vol. III, p. 690.

151 DINAMARCO, Cândido Rangel. *Instituições de direito processual civil*, vol. III, p. 691; ARAÚJO CINTRA, Antônio Carlos de. *Comentários ao Código de Processo Civil*, vol. IV, p. 210; PONTES DE MIRANDA, Francisco Cavalcanti. *Comentários ao Código de Processo Civil*, t. IV, p. 481-482.

152 ASSIS, Araken de. *Processo civil brasileiro*, vol. III, item. 1.995.

153 Comparando as três figuras do Brasil, dos EUA e da Itália, cfr. AMARAL, Paulo Osternack. *Provas: atipicidade, liberdade e instrumentalidade*, p. 128-136. Ver também, em perspectiva mais ampla da prova pericial, TARUFFO, Michele. *A prova*, p. 87-91.

witness do processo federal norte-americano[154], quanto na tradição do *Civil Law*, com a *consulenza tecnica* do processo civil italiano[155]. Os institutos em referência, no entanto, contêm diferenças importantes muito por conta das características inerentes aos modelos adversarial e inquisitorial, inclusive em relação ao instituto brasileiro[156]. De um lado, a *expert witness* é verdadeiramente a própria prova pericial no sistema processual dos EUA, cabendo às partes indicarem uma "testemunha especialista" para serem ouvidas no processo (*Rules* 702 e 706 das *Federal Rules of Evidence*). De outro lado, na Itália, a *consulenza técnica* não é considerada um meio de prova, mas uma técnica de instrução, preferencialmente de iniciativa do juiz, que auxilia o magistrado, fornecendo conhecimentos técnicos ou científicos para um ato em específico ou para todo o processo que o juiz ordinariamente não possui (arts. 61 a 64 do *Codice de Procedura Civile* de 1940).

No atual Código, a prova técnica simplificada é mais bem regulamentada. Embora semelhante, não se confunde e nem é uma modalidade de prova pericial[157], pois o seu objetivo é apenas promover a "inquirição de especialista" sobre "ponto controvertido da causa que demande especial conhecimento científico ou técnico" configurado como de menor complexidade. O objetivo é municiar o magistrado com subsídios técnicos relevantes para auxiliar a formação do seu convencimento, o que é bem diferente do que ocorre com a prova pericial em que o conhecimento técnico e científico efetivamente *substitui* o conhecimento do juiz.

Duas considerações conceituais merecem atenção em relação à prova técnica simplificada.

---

154 A título comparativo, vale consultar, ainda, DONDI, Angelo. Paradigmi processuali ed "expert witness testimony" nel diritto statunitense. *Rivista Trimestrale di Diritto e Procedura Civile*, v. 50, n. 1, p. 261-285, mar. 1996; DONDI, Angelo. Problemi di utilizzazione delle "conoscenza esperte" come "expert witness testimony" nell'ordinamento Statunitense. *Rivista Trimestrale di Diritto e Procedura Civile*, v. 55, n. 4, p. 1133-1162, dic. 2001.

155 ANSANELLI, Vincenzo. *La consulenza tecnica nel processo civile: problemi e funzionalità*. Milano: Giuffrè, 2011.

156 Como defende, por exemplo, ARAKEN DE ASSIS, para que "essa disposição não se identifica cabalmente com o *expert witness* do sistema da *Common Law*, todavia admissível como prova atípica. É simples variante no procedimento da perícia, designada de "perícia simplificada" (ASSIS, Araken de. *Processo civil brasileiro*, vol. III, item. 1.995.1.1).

157 Já ARAKEN DE ASSIS entende que "o art. 464, § 2.º, simplificou o procedimento da produção da prova pericial; porém, ainda se trata de perícia. A designação de perícia 'simplificada' retrata perfeitamente a variante do meio de prova" (ASSIS, Araken de. *Processo civil brasileiro*, vol. III, item. 1.995.1.1).

Por *menor complexidade* deve-se entender não que a matéria fática é simplória, mas que há *simplicidade na constatação do fato*. Em outras palavras, a dispensa da prova pericial é permitida quando os esclarecimentos técnicos prestados em juízo pelo *especialista* forem suficientes para explicar tecnicamente o fato. Contudo, é importante deixar claro que a simplicidade não é relativa ao conhecimento do especialista, mas à constatação do fato; a simplicidade não é relativa à profundidade da análise pelo especialista, mas à própria forma da sua inquirição[158].

Por *especialista* a ser inquirido em juízo deve-se entender todo profissional dedicado a uma determinada área do conhecimento com expertise suficiente para tratar da matéria. A previsão constante do § 3º do art. 464 do CPC de que o especialista "deverá ter formação acadêmica específica na área objeto de seu depoimento" deve ser interpretada com parcimônia por dois motivos. O primeiro é que formação acadêmica não necessariamente é sinônimo de conhecimento ou de expertise em determinada matéria. O segundo é que muitos profissionais com expertise em determinado assunto trabalham em áreas de atuação diferentes da sua formação acadêmica. O requisito em questão, como se pode notar, não deve ser interpretado literalmente, sob pena de incorrer em reforço de *bacharelismo* absolutamente desvinculado da realidade. Até mesmo porque o próprio sistema de cadastro nomeação de peritos não exige formação acadêmica, conforme estipulado no art. 156, §§ 3º a 5º, do CPC[159].

Essas características da prova técnica simplificada, como se mostra evidente, indicam que a sua utilização é perfeitamente aceitável para corroborar informações técnicas e científicas extraídas de fontes da *internet* de uma forma *eficiente*, mandamento que é norma fundamental do processo civil brasileiro, nos termos do art. 8º do CPC. Nada impede, é verdade, que a parte insista na produção de prova pericial em razão da complexidade da matéria, até mesmo em respeito ao *direito à prova*, o que deverá ser avaliado pelo juiz. Todavia, em muitas situações, a prova técnica simplificada é suficiente para prestar esclarecimentos suficientes e idôneos acerca da informação retirada da *internet*, sem maiores custos.

---

158 MARINONI, Luiz Guilherme; ARENHART, Sérgio. *Prova e convicção*, p. 860.

159 Neste sentido, dizendo ser a regra "absolutamente injustificável", DIDIER JR., Fredie; BRAGA, Paula Sarno; OLIVEIRA, Rafael Alexandria de. *Curso de direito processual civil*, vol. 2, p. 340. Em sentido contrário, CÂMARA, Alexandre. *O novo processo civil brasileiro*. São Paulo: Atlas, 2015, p. 586 e 597.

São vários os exemplos da utilidade desta técnica probatória. Em uma ação que discute a obrigação de fornecimento de um determinado medicamento, é anexado ao processo – seja pela parte, seja pelo juiz – um estudo retirado da *internet* sobre a sua eficácia e paira dúvida se esse é um estudo isolado ou representa um consenso atual da comunidade científica no tema. A inquirição de um especialista poderá sanar essa dúvida sem a necessidade de adentrar a complexa tarefa de uma prova sobre a eficácia do medicamento em si. Ou, então, em uma ação que discuta a evolução da taxa de juros ou da correção monetária em uma relação jurídica contratual, constam do processo informações *on-line* do Banco Central ou de entidades responsáveis pelos índices de correção monetária, mas há incerteza tão somente acerca da correção dos índices utilizados. A inquirição de um especialista no tema poderá prestar os esclarecimentos devidos.

Por fim, cabe ressaltar que a utilização da prova técnica simplificada pode perfeitamente ser combinada com a inspeção judicial como uma forma de conferir maior segurança e confiabilidade ao exame do conteúdo da informação *on-line* que será utilizada no processo.

3.4.3. Fato notório e interrogatório livre

No processo judicial, a parte é quem reúne melhores condições de prestar esclarecimentos sobre os fatos da causa. Ao mesmo tempo, essas informações são tendenciosas em razão dos seus interesses pessoais quanto ao resultado final do processo[160]. O paradoxo é evidente. A parte, ao mesmo tempo em que é a melhor fonte de prova, também é a fonte de prova menos confiável[161].

Isso não quer dizer, contudo, que as informações das partes sobre os fatos discutidos judicialmente não podem funcionar como elemento de prova a ser utilizado na formação do convencimento judicial. No contexto do presente trabalho, essa percepção é particularmente redimensionada quando

---

160 Taruffo adverte que o juiz é o único sujeito do processo com *compromisso epistêmico* com a verdade, enquanto "o que as partes têm interesse em demonstrar é que suas alegações de fato são fundadas, alegações essas feitas com o escopo de mostrar que suas demandas e exceções são fundadas do ponto de vista fático" (TARUFFO, Michele. *Uma simples verdade*, p. 196-199).

161 O alerta é de CAPPELLETTI, Mauro. *La testimonianza della parte nel sistema dell'oralitá (contributo alla teoria della utilizzazione probatória del sapere delle parti nel processo civile)*. 2ª ed. Milano: Giuffrè, 1951, p. 3-4.

são aportadas ao processo informações disponíveis na *internet* sobre fatos que digam respeito às partes e com repercussão no julgamento da causa.

No processo civil brasileiro, o depoimento pessoal da parte é um gênero que comporta duas espécies: o depoimento da parte por provocação e o depoimento da parte mediante interrogatório livre[162].

O primeiro ocorre por meio de requerimento da parte adversa, sendo realizado em um ato solene que é a audiência de instrução e que pode gerar a pena de confissão ficta caso a parte não compareça ou se recuse a depor, quer por negativa frontal, quer por responder de forma evasiva (arts. 385 a 388 do CPC).

O segundo ocorre mediante determinação oficiosa do juiz em qualquer momento do processo, oportunidade em que as partes comparecerão pessoalmente à sua presença para serem inquiridas sobre os fatos da causa, sem incidir, no entanto, a pena de confissão (art. 139, inc. VIII, do CPC)[163].

No CPC/1973, ao contrário do CPC/2015 em que as duas figuras são bem individualizadas, a incorporação do interrogatório livre como uma espécie autônoma, ao lado do depoimento pessoal, era um tema cercado de dúvidas e divergências[164]. Isso porque, no capítulo dedicado ao depoimento,

---

162 DIDIER JR., Fredie; BRAGA, Paula Sarno; OLIVEIRA, Rafael Alexandria de. *Curso de direito processual civil*, vol. 2, p. 172; ASSIS, Araken de. *Processo civil brasileiro*, vol. III, item. 1.853. Em sentido contrário, dizendo que o CPC/1973 "confundia abertamente as duas situações, tratando do interrogatório livre como uma forma de depoimento da parte" (MARINONI, Luiz Guilherme; ARENHART, Sérgio. *Prova e convicção*, p. 432). Há quem defenda a sua inconstitucionalidade, cfr. SOUSA, Diego Crevelin de. Interrogatório livre: o ornitorrinco (?) - inconstitucional (!) - do processo civil brasileiro. *Revista Brasileira de Direito Processual*, v. 25, n. 100, p. 85-112, out./dez. 2017. Igualmente, AGUIAR, João Carlos Pestana de. *Comentários ao Código de Processo Civil*, vol. 4, p. 95-98.

163 Embora alguns autores defendam que possa configurar conduta abusiva da parte, passível de punição por litigância de má-fé, cfr. DIDIER JR., Fredie; BRAGA, Paula Sarno; OLIVEIRA, Rafael Alexandria de. *Curso de direito processual civil*, vol. 2, p. 173.

164 Comentando o art. 342 do CPC/1973, Antonio Carlos de Araújo Cintra, por exemplo, concluiu que "não se vislumbrando, no processo civil brasileiro, lugar para a função assistencial do juiz, da qual o interrogatório livre, de que trata o artigo 117 do Código de Processo Civil italiano, seria instrumento, parece que, a despeito da semelhança da linguagem, a disposição em exame não introduziu aquele instituto no direito nacional" (ARAÚJO CINTRA, Antônio Carlos de. *Comentários ao Código de Processo Civil*, vol. IV, p. 46). João Batista Lopes, ainda no CPC/1973, já defendia a distinção entre os institutos, cfr. LOPES, João Batista. O depoimento pessoal e o interrogatório livre no processo civil brasileiro e estrangeiro. *Revista de Processo*, v. 4, n. 13, p. 86-108, jan./mar. 1979.

o art. 342 previa que o juiz poderia determinar de ofício o comparecimento pessoal das partes para interrogá-las sobre os fatos da causa e, logo em seguida, o art. 343 previa que, quando o juiz não determinasse oficiosamente, competia a cada parte requerer o depoimento pessoal da parte adversa para interrogá-la em audiência de instrução.

A doutrina do direito processual civil é vacilante em classificar o interrogatório livre propriamente como um meio de prova[165]. Para justificar essa posição, faz referência à sua posição no Código dentro do capítulo dos poderes do juiz, e não no capítulo dedicado às provas. Além disso, afirma que a finalidade precípua do interrogatório livre não é efetivamente probatória como o depoimento pessoal que busca a confissão da parte depoente, mas tão somente uma forma de esclarecimento de que o juiz se vale para melhor se inteirar dos fatos.

Ainda assim, parece inconteste o posicionamento de que as informações prestadas em interrogatório livre podem ser utilizadas pelo juiz para formação do seu convencimento acerca dos fatos em disputa no litígio. Quanto a esse ponto, não deixa de ser contraditório negar a função probatória do interrogatório livre e ao mesmo tempo admitir que as informações coletadas sejam utilizadas na fundamentação do juízo sobre os fatos. Ora, é evidente que o interrogatório livre tem, ao menos potencialmente, função probatória, ficando excluída tão somente a possibilidade de aplicação da pena de confesso[166].

As características do interrogatório livre demonstram que a sua utilização como *meio de prova* é um instrumento efetivo de buscar esclarecimentos junto às partes sobre informações disponíveis na *internet* que lhes digam

---

165 MARINONI, Luiz Guilherme; ARENHART, Sérgio. *Prova e convicção*, p. 432; DIDIER JR., Fredie; BRAGA, Paula Sarno; OLIVEIRA, Rafael Alexandria de. *Curso de direito processual civil*, vol. 2, p. 173. Já no processo penal, o interrogatório é um *meio de defesa do acusado*, previsto nos arts. 186-196 do CPP, conforme alteração legislativa trazida pela Lei nº 10.792/2003, o que foi saudado pela doutrina à época, conforme lições de ADA PELLEGRINI GRINOVER: "pode-se afirmar, sem temor de erro, que a nova disciplina do interrogatório vem corrigir o engano clamoroso do Código de Processo Penal de 1940, que o configurava como meio de prova e previa sanções indiretas para o exercício do direito ao silêncio no Código de Processo Penal" (GRINOVER, Ada Pellegrini. O interrogatório como meio de defesa: Lei 10.792/2003. *Revista Brasileira de Ciências Criminais*, v. 13, n. 53, p. 185-200, mar./abr. 2005).

166 De acordo, portanto, com o que defende ARAKEN DE ASSIS: "Sempre nos pareceu inconsequente negar função probatória ao depoimento livre. Ocorre que a prova daí decorrente (a declaração da parte) não discrepa da confissão, embora distinta, no seu valor probatório" (ASSIS, Araken de. *Processo civil brasileiro*, vol. III, item. 1.868).

respeito e são relevantes para a causa, especialmente quando diz respeito a processos que discutam fatos que aconteceram *on-line*[167]. Por exemplo, quando informações em redes sociais são utilizadas para questionar a gratuidade de justiça ou para justificar a necessidade de emprego de medidas executivas atípicas, inquirir as partes e buscar esclarecimentos sobre essas informações *on-line* pode ser crucial para uma melhor tomada de decisão. Ou, ainda, em ação de alimentos, em que o *status* socioeconômico dos envolvidos é uma questão bastante discutida.

O juiz poderá utilizar o interrogatório livre não só de forma retrospectiva, mas também prospectiva. Na primeira hipótese, os esclarecimentos fáticos servirão para *confirmar* ou *derrubar* impressões sobre as partes que podem ter sido originalmente descontextualizadas e parcialmente colocadas em *sites* da *internet* e redes sociais, por exemplo[168]. Na segunda hipótese, o não comparecimento da parte, a recusa ou evasivas nas respostas, quando o juiz solicitar esclarecimento sobre as informações *on-line*, poderão ser avaliadas pelo juiz à luz do princípio da persuasão racional, notadamente por conta do *comportamento processual das partes*[169].

---

167 Afinal, como pontua Pontes de Miranda: "não raro só se pretende captar, com precisão, o conteúdo de alguma afirmação, inserta no pedido, ou posteriormente, de relevante para a decisão, sem o caráter de concordância com as afirmações da parte adversa" (PONTES DE MIRANDA, Francisco Cavalcanti. *Comentários ao Código de Processo Civil*, t. IV, p. 303).

168 Neste sentido, relacionando fato notório, prova eletrônica e redes sociais, e fazendo uma análise bem semelhante à *notoriedade indireta* defendida neste trabalho; "deve ser feita uma distinção entre a existência de uma rede social e seu conteúdo. Quanto à existência, podemos considerá-lo como um fato notório, pois é de conhecimento geral da sociedade e pode ser facilmente acessado. No entanto, o acesso ao conteúdo de cada um dos usuários dependerá de como seus perfis de acesso foram configurados. Mesmo que fosse de natureza pública, isso por si só não determina que seja um fato notório, uma vez que não é assumido como verdadeiro pela sociedade" (PÉREZ DAUDÍ, Vicente. Prueba electrónica y hecho notorio. In: *La prueba electrónica*, p. 459 – tradução livre).

169 O comportamento (comissivo ou omissivo) das partes durante o processo pode servir de prova indiciária, cfr. AMARAL, Paulo Osternack. *Provas: atipicidade, liberdade e instrumentalidade*, p. 98-100. Sobre o tema, vale conferir, RIGHI, Ivan Ordine. Eficácia probatória do comportamento das partes. *Revista da Faculdade de Direito da Universidade do Paraná*, v. 20, n. 20, p. 1-9 1981/1982; CAMBI, Eduardo; HOFFMANN, Eduardo. Caráter probatório da conduta (processual) das partes. *Revista Jurídica*, Porto Alegre, v. 59, n. 399, p. 17-44, jan. 2011; SCARPARO, Eduardo. Ethos e comportamento processual como prova no processo civil. *Revista de Processo*, v. 42, n. 273, p. 43-67, nov. 2017.

Por conta disso, não é possível aceitar que o interrogatório livre seja informal ao ponto de dispensar documentação do ato[170]. A sua informalidade não pode ser sinônimo de arbitrariedade. Se é admitida a função probatória do interrogatório livre, e se é admitido que o comportamento processual das partes nesse ato pode ser valorado pelo juiz como elemento de prova, é imperativo o seu registro e documentação em ata, com posterior anexação ao processo, para permitir o controle não só das partes, como também, eventualmente, dos tribunais. Caso contrário, valendo-se de um elemento de prova extraído do interrogatório livre para fundamentar a sua decisão, o juiz estaria utilizando conhecimento obtido pela ciência privada.

Do mesmo modo, é imprescindível que o interrogatório livre conte com a comunicação e presença dos advogados das partes, o que ocorrerá "não para formularem perguntas, mas apenas para fiscalizarem ou pedirem esclarecimentos"[171].

Não se ignora que, via de regra, "o juiz brasileiro, sobrecarregado de trabalho, exibe pouca disposição para realizar audiências e, muito menos, promover a audiência informal ou solene das partes"[172]. Esse fator de caráter eminentemente pragmático e sociológico da administração judiciária brasileira parece funcionar como uma barreira para atribuir maior funcionalidade ao interrogatório livre. Contudo, é justamente a sua informalidade que permite redimensionar o instituto em novas perspectivas, como a das fontes *on-line*, haja vista que o seu escopo, em comparação com o depoimento pessoal que busca a confissão, é reconhecidamente "mais amplo, versando, indistintamente, o sentido das declarações escritas das partes, feitas pelo representante técnico, e o da prova colhida, a fim de esclarecer o juiz (*ad clarificandum*)"[173].

Por fim, registre-se mais uma vez que a utilização do interrogatório livre pode ser combinada com a inspeção judicial, assim como se defendeu em relação à prova técnica simplificada, para avaliar a credibilidade e a confiabilidade das informações disponíveis *on-line*.

---

170 Em sentido contrário, cfr. ASSIS, Araken de. *Processo civil brasileiro*, vol. III, item. 1.853.

171 LOPES, João Batista. O depoimento pessoal e o interrogatório livre no processo civil brasileiro e estrangeiro. *Revista de Processo*, v. 4, n. 13, p. 86-108, jan./mar. 1979.

172 ASSIS, Araken de. *Processo civil brasileiro*, vol. III, item. 1.853.

173 ASSIS, Araken de. *Processo civil brasileiro*, vol. III, item. 1.858.

3.5. CONCLUSÃO PARCIAL

Depois de firmadas as premissas acerca de um novo paradigma do fato notório com o advento da tecnologia e da *internet*, analisando o seu regramento processual, foi o momento de identificar novas diretrizes em torno do tema.

Partindo de um critério eminentemente pragmático, foi feita uma proposta de classificação da notoriedade em direta e indireta. Será direta a notoriedade quando o conhecimento sobre fatos for proveniente de uma experiência imediata da percepção de indivíduos pela comunidade sem a intermediação de outros fatos. Será indireta a notoriedade quando o conhecimento sobre fatos advém de uma experiência sobre um determinado fato que é mediado por outros fatos de ciência pública.

São abrangidos pela notoriedade indireta os fatos divulgados *on-line* em fontes da *internet*, os quais poderão ser utilizados no processo judicial por meio da regra de experiência de que o fato é de ciência pública por constar da rede mundial de computadores e de que a fonte de onde a informação é extraída é dotada de confiabilidade e credibilidade.

Em seguida, foi examinado que essas informações extraídas de fontes da *internet* devem ser consideradas elementos de prova que podem ser anexadas ao processo a título de documentos eletrônicos.

Faltando, ainda, estabelecer critérios de utilização de informações extraídas de fontes da *internet* no processo judicial por exercício dos poderes instrutórios do juiz, foi proposta a observância das seguintes etapas: (i) a utilização como regra de instrução, e não como regra de decisão; (ii) a restrição somente aos fatos secundários; (iii) o exercício do contraditório para não caracterizar cerceamento de defesa; (iv) a necessidade de fundamentação específica sobre a credibilidade e a confiabilidade da informação.

Por sua vez, os critérios de credibilidade e de confiabilidade da informação extraída da *internet* a serem observados na fundamentação são a expertise da fonte de prova para tratar da matéria, a ausência de enviesamento na produção e divulgação da informação, a motivação de manter a precisão da informação atualizada e a verificação de controvertibilidade da informação. Acredita-se que, cumprido esse *iter*, será possível utilizar informações credíveis e confiáveis no processo judicial ou, pelo menos, permitir o controle da qualidade da informação através da dialética processual e de uma metodologia decisória adequada.

Foi possível notar ainda que a utilização do chamado princípio da conexão no direito processual do trabalho como uma suposta evolução do fato notório que permite a utilização de informações *on-line* é equivocada, seja porque não se trata de um princípio propriamente dito, seja porque é utilizada como regra de decisão.

Por fim, foi desenvolvida a ideia de que as informações extraídas da *internet* podem ser alvo de esclarecimento no processo judicial e confirmação da regra de experiência acerca da credibilidade e confiabilidade, valendo-se de meios de prova adequados e eficientes para demonstração em juízo, a saber, a inspeção judicial, a prova técnica simplificada e o interrogatório livre.

Capítulo 4

RECONSTRUÇÃO DO REGIME PROCESSUAL DO FATO NOTÓRIO

4.1. FATOS E ALEGAÇÕES FÁTICAS

Para compreender a posição que o fato notório ocupa no processo judicial, é imprescindível, em um espectro mais amplo, compreender a posição que os fatos ocupam no processo judicial.

Não é o caso, porém, de adentrar na secular discussão sobre a diferença entre *questões de fato* e *questões de direito*, embora seja uma premissa que não pretendemos contestar a imbricação das categorias no plano ontológico e a sua separação no plano metodológico. Isso porque, de um lado, é inconteste que o direito nasce dos fatos, na esteira do conhecido brocardo *ex facto oritur jus*, e a separação entre fato e direito é uma construção artificial que busca atender a um reclamo estritamente *funcional* e *pragmático* de isolamento das categorias para fins dogmáticos, ponto que interessa, sobretudo, à dogmática processual.

Dessa forma, partindo da premissa de que *fatos* são uma porção da realidade empírica[1], é possível dizer que não são os fatos *brutos* que ingressam no processo. Afinal, fatos são eventos do passado e acessá-los *diretamente* consiste em uma tarefa impossível, pois o que ocorre é o ingresso de fatos *institucionais* no processo[2], isto é, enunciados sobre fatos. Autor e réu, a

---

1 De forma genérica ou aproximada, MICHELE TARUFFO fala em fatos como a "porção da experiência" (TARUFFO, Michele. *La prueba de los hechos*, p. 93).

2 A diferenciação é lugar comum na doutrina estrangeira, cfr., por exemplo, TARUFFO, Michele. *A prova*. Trad. João Gabriel Couto. São Paulo: Marcial Pons, 2014, p. 17-20; FERRER BELTRÁN, Jordi. *Prueba y verdade em el derecho*, p. 20-25. Igualmente, cfr. na doutrina nacional, cfr. DIDIER JR., Fredie; BRAGA, Paula Sarno; OLIVEIRA, Rafael Alexandria de. *Curso de direito processual civil*, vol. 2, p. 63; ASSIS, Araken. *Processo civil brasileiro*, vol. II, item 1.307; DINAMARCO, Cândido Rangel. *Instituições de direito processual civil*, vol. III, p. 63-64: "o *fato* existe ou inexiste, aconteceu ou não aconteceu, sendo portanto insuscetível dessas adjetivações ou qualificações. Não há fatos bons, corretos ou verdadeiros nem maus, incorretos, mendazes. As alegações, sim, é que podem ser verazes ou mentirosas – e daí a pertinência de *prová-las*, ou seja, demonstrar que são boas e verazes".

quem compete narrar os fatos e levá-los ao conhecimento do juiz, enunciam proposições fáticas no processo em suas respectivas postulações. O autor, de um lado, faz uma série de *alegações* fáticas na petição inicial, as quais podem ser reconduzidas a fatos previstos no antecedente da norma jurídica ou podem ser reconduzidas a fatos que se encontram fora dessa previsão normativa[3]. Desta forma, a referência comumente feita a fatos no contexto de um processo judicial deve ser compreendida como uma referência a enunciados sobre fatos. Isso porque, na síntese de MICHELE TARUFFO, "o fato é, em realidade, o que se diz a respeito do fato: é a enunciação de um fato, não o objeto empírico do que é enunciado"[4].

Quando enunciados fáticos são controvertidos pela parte adversa, recaindo dúvida sobre a ocorrência, a inocorrência ou o modo de ser do fato objeto de enunciação, é necessária a produção de provas para que o juiz possa eliminar essa dúvida. Assim, é inevitável concluir que as provas recaem não sobre fatos brutos, mas sobre alegações que as partes fazem sobre esses fatos. Ou seja, as provas buscam estabelecer a verdade ou a falsidade das alegações das partes sobre determinados fatos. Portanto, são objeto de prova os enunciados que autor e réu fazem sobre fatos relevantes para a resolução do caso, desde que controvertidos.

Ocorre, no entanto, que nem sempre enunciados buscam individualizar e descrever fatos ocorridos no mundo empírico. Fatos também podem ser enunciados mediante qualificações jurídicas, o que pode ser chamado de fatos identificados de forma *valorativa*[5].

Porém, a forma como proposições fáticas são enunciadas no processo judicial pode variar por uma série de razões. Em primeiro lugar, é possível conceber que os enunciados fáticos do autor e do réu são recortes condicionados pela visão que os próprios sujeitos que são responsáveis pela enunciação

---

3 A lei processual, no entanto, não proíbe qualquer tipo de alegação fática no processo, já que a matéria vem fundamentada na *liberdade* que as partes possuem de realizar suas alegações fáticas, em razão do princípio da demanda (art. 2º, CPC), conforme LUCCA, Rodrigo Ramina de. *Disponibilidade processual: a liberdade das partes no processo*. São Paulo: Revista dos Tribunais, 2019, p. 271.

4 TARUFFO, Michele. *La prueba de los hechos*, p. 114.

5 Enunciados fáticos valorativos de fatos são amplamente descritos por MICHELE TARUFFO no contexto do raciocínio probatório (TARUFFO, Michele. *La prueba de los hechos*, p. 128-138), com base na distinção de JERZY WRÓBLEWSKI entre *facts determined descriptively* e *facts deteimined evaluatively* (WRÓBLEWSKI, Jerzy. Facts in law. *Archives for Philosophy of Law and Social Philosophy*, vol. 59, n. 2, 1973, pp. 161-178).

da proposição têm daquele evento fático[6]. O sujeito que formula a proposição fática exprime aquilo que apreende da realidade e enuncia linguisticamente no processo judicial. Em segundo lugar, também é possível admitir que, por uma questão de estratégia processual, autor e réu podem enunciar proposições fáticas de formas diferentes com o objetivo de construir uma narrativa que melhor atenda aos seus respectivos interesses quanto ao resultado do processo[7]. Qualquer situação fática, por sua vez, pode ser analiticamente decomposta em uma perspectiva qualitativa e quantitativa[8]. Enquanto na primeira perspectiva são individualizados aspectos distintos de uma situação fática, na segunda perspectiva essa mesma situação fática é analisada em detalhes cada vez mais precisos e determinados. Pensemos, por exemplo, em um acidente de trânsito: qualitativamente, é possível individualizar uma série de circunstâncias fáticas como a velocidade do condutor, as condições climáticas no dia do acidente, o estado da pista, os danos materiais causados, dentre outras várias possibilidades. Quantitativamente, é possível, no que

---

6 AUBERT, Eduardo Henrik. *A impugnação especificada dos fatos no processo civil: retórica, história e dogmática*. São Paulo: Revista dos Tribunais, 2020, p. 213-214.

7 Vale lembrar que autor e réu possuem interesses colidentes no processo, ao menos no plano do direito material, adotando no curso do procedimento várias estratégias processuais que buscam *derrotar* a pretensão da parte contrária, cfr. CALAMANDREI, Piero. Il processo come giuoco. *Rivista di Diritto Processuale*, v. 5, n. 1, p. 23-51 1950. Ainda assim, o princípio da cooperação busca redimensionar essa atuação meramente egoística, ao menos no plano do direito processual, para que as partes contribuam, junto com outros sujeitos processuais, para uma solução de mérito justa, tempestiva e efetiva (art. 6º, CPC). No entanto, essa não é uma visão unânime na doutrina, por exemplo, Fredie Didier Jr. defende que a relação jurídica processual é complexa, um verdadeiro feixe de relações jurídicas envolvendo outros sujeitos processuais (juiz, autor, réu, perito, oficial de justiça, servidores, promotores etc.), e todos eles devem cooperar entre si (DIDIER JR. Fredie. *Curso de direito processual civil: introdução ao direito processual civil, parte geral e processo de conhecimento*. 19ª ed. Salvador: Juspodivm, 2017, vol. 1, p. 136-148); Daniel Mitidiero defende não ser possível que as partes cooperem entre si porque autor e réu defendem interesses antagônicos no processo. Assim, é o juiz que deve cooperar com as partes por meio dos deveres de prevenção, consulta, auxílio e advertência (MITIDIERO, Daniel. *Colaboração no processo civil: pressupostos sociais, lógicos e éticos*. 3ª ed. São Paulo: Revista dos Tribunais, 2015); já Hermes Zaneti Jr., fazendo uma analogia com a questão referente a quem é o destinatário da prova (não só o juiz, mas o processo), defende igualmente que a cooperação não é do juiz, não é das partes, e sim para com o processo (ZANETI JR., Hermes. O princípio da cooperação e o Código de Processo Civil: cooperação para o processo. In: *Processo civil contemporâneo: homenagem aos 80 anos do professor Humberto Theodoro Júnior*. Rio de Janeiro: Forense, 2018, p. 142-153).

8 TARUFFO, Michele. *La prueba de los hechos*, p. 93-94.

tange ao estado da pista, individualizar a pavimentação do asfalto, o tempo de manutenção, as condições decorrentes do clima, dentre outras possibilidades.

O importante é notar que as tipologias sobre fatos não são necessárias e tampouco refletem qualidades intrínsecas do fato. Dizer que um fato é simples ou complexo, individual ou coletivo, positivo ou negativo, nada diz sobre o fato em si considerado. Os enunciados fáticos é que podem ter essas características, de modo que a tipologia vai depender do *sujeito* que promove o enunciado fático (autor, réu, juiz, testemunha etc.), dos *critérios* que o sujeito utiliza para classificá-lo (grau de precisão, forma de enunciação, complexidade etc.) e da *linguagem* empregada para veiculá-lo (linguagem comum ou linguagem jurídica)[9].

Essa percepção é muito importante para reposicionar o *fato notório* no campo dos *enunciados fáticos*, afinal, a notoriedade é um atributo de um enunciado fático[10]. Não necessariamente há o dever de afirmar a notoriedade do fato. A notoriedade do fato é uma qualificação jurídica que incide sobre ele, dispensando a prova. Mas essa qualificação jurídica do fato vai depender do sujeito que o alega, dos critérios que esse sujeito utiliza para classificar esse fato como notório e, por fim, do significado linguístico em que a notoriedade está sendo empregada. Tudo isso torna ainda mais complexa a identificação de um fato notório quando se vê que o CPC não trata de nenhuma dessas questões, apenas da consequência processual que advém da identificação de um fato como notório, qual seja, a dispensa da prova.

---

9 Sobre o ponto, vale transcrever o que diz Michele Taruffo: "não há, então, nada de "necessário" em qualquer definição ou declaração de fato, independentemente do assunto de onde vem. Todo enunciado fático é sempre um dentre muitos enunciados sobre o mesmo fato, que é selecionado e <<preferido>> em relação aos outros enunciados possíveis dependendo dos elementos do contexto em que é usado: ou seja, depende do sujeito que faz a enunciação (definição, hipótese, descrição, etc.), dos critérios utilizados para individualizar o fato (grau de precisão, presença ou ausência de avaliação ou qualificação jurídica) e da linguagem utilizada (comum ou legal, vaga ou precisa, etc.)" (TARUFFO, Michele. *La prueba de los hechos*, p. 116).

10 Assim, "a notoriedade é um atributo da afirmação, mais precisamente da proposição de segundo grau que esta contém" (MENDES, João de Castro. *Do conceito de prova em processo civil*, p. 644)

4.2. PRINCÍPIO DISPOSITIVO E APORTE DE FATOS AO PROCESSO

Papel fundamental no equacionamento da *divisão de trabalho* entre partes e juiz no processo é exercido pelo princípio dispositivo[11]. Embora a expressão seja equívoca, fruto de intenso debate na doutrina processual sobre a extensão e abrangência do seu significado[12], não é possível desconsiderar a sua importância para a estruturação da atividade processual de maneira geral.

O CPC, em vários artigos, enuncia atos dispositivos no processo civil brasileiro, destacando-se, dentre outros, que o processo começará única e exclusivamente por iniciativa da parte (art. 2º), que o juiz não pode conhecer de questões não suscitadas em que a lei reserva às partes a sua iniciativa (art. 141) e tampouco pode proferir decisão diversa ou superior àquilo que foi demandado pelas partes (art. 492). Esses são, por assim dizer, os *fundamentos dogmáticos* do princípio dispositivo no processo civil brasileiro[13].

Na clássica distinção feita por Mauro Cappelletti, enquanto o princípio dispositivo em sentido material é caracterizado pelo monopólio que as partes possuem na instauração do processo e na conformação do seu objeto, o princípio dispositivo em sentido processual, por sua vez, seria relacionado à estrutura interna do próprio processo[14].

No âmbito do princípio dispositivo em sentido material, é preciso destacar, em especial, o papel desempenhado pelo princípio da demanda[15].

---

11 Na feliz expressão de BARBOSA MOREIRA, José Carlos. O problema da "divisão do trabalho" entre juiz e partes: aspectos terminológicos. *Revista de Processo*, v. 11, n. 41, p. 7-14, jan./mar. 1986. Recentemente, o tema tem recebido atenção por ocasião do modelo cooperativo de processo, MITIDIERO, Daniel. *Colaboração no processo civil*, p. 97; DIDIER JR., Os três modelos de direito processual: inquisitivo, dispositivo e cooperativo. *Revista de Processo*, v. 36, n. 198, p. 213-225, ago. 2011.

12 Recentemente, o princípio dispositivo foi fruto de profunda reanálise concebendo-o como *princípio de liberdade das partes* que "conecta todos os vários atos de disposição das partes no Direito Processual" (LUCCA, Rodrigo Ramina de. *Disponibilidade processual*, p. 146-147).

13 LUCCA, Rodrigo Ramina de. *Disponibilidade processual*, p. 46.

14 CAPPELLETTI, Mauro. *La testimonianza della parte nel sistema dell'oralitá (contributo alla teoria della utilizzazione probatória del sapere delle parti nel processo civile)*. 2ª ed. Milano: Giuffrè, 1951, p. 695-772. Na doutrina brasileira, cfr. ALVARO DE OLIVEIRA, Carlos Alberto. *Do formalismo no processo civil*, p. 170-176; ALVARO DE OLIVEIRA, Carlos Alberto. *Teoria e prática da tutela jurisdicional*. Rio de Janeiro: Forense, 2008, p. 111-124. Conferir também DALL'AGNOL JR., Antonio Janyr. O princípio dispositivo no pensamento de Mauro Cappelletti. *Revista da AJURIS*, v. 16, n. 46, p. 97-115, jul. 1989.

15 Sobre o papel desempenhado pelo princípio da demanda na conformação do objeto do processo, vale conferir, com proveito, SIQUEIRA, Thiago Ferreira. *Limites objetivos da coisa julgada: objeto do processo e questões prejudiciais*. Salvador: Juspodivm, 2020, p. 61-69.

A sua definição pode ser traduzida pela ideia de que o processo, para ser instaurado junto ao Poder Judiciário, precisa de provocação da parte que, retirando a jurisdição da inércia, delimitará os contornos da demanda ao buscar a tutela jurisdicional. É, portanto, um princípio afiançador da própria imparcialidade do juiz, exercendo um papel preponderantemente psicológico para traçar uma linha rígida separando a função de pedir e a função de julgar[16]. Ademais, o princípio da demanda também tem sua relevância ligada ao estabelecimento da regra da correlação ou congruência, fixando os limites da decisão a ser tomada no processo pelo juiz.

Essas noções são particularmente importantes ao presente estudo para averiguar qual é o papel das partes e do juiz na introdução de fatos ao processo, e, mais especificamente, no aporte de fatos notórios quando da conformação do objeto litigioso do processo.

Isso porque, de acordo com a noção sedimentada do significado atribuído ao princípio dispositivo, cabe às partes o *monopólio* sobre os fatos no processo. Em regra, o juiz não tem conhecimento algum sobre os fatos em disputa no litígio e são as partes que introduzirão no processo as circunstâncias fáticas da controvérsia. Inclusive, se o juiz conhece os fatos de alguma maneira, ele fica impedido de julgar o processo. A parte, portanto, tem o ônus de demandar (*nemo iudex sine actore*) e, para isso, tem o ônus de afirmar fatos que são constitutivos do seu direito. Ou seja, fatos que são qualificados juridicamente por uma norma como aptos a produzir efeitos jurídicos. E esses efeitos jurídicos, porque não produzidos voluntariamente no plano do direito material, serão exigidos por meio de um pedido de tutela jurisdicional. Assim, ao lado do ato de demandar junto ao Poder Judiciário, é imprescindível o ato de afirmar fatos que conduzam a uma consequência jurídica a partir de normas de direito substancial que assim determinem a sua produção. É preciso que as partes deduzam os fatos e os fundamentos

---

16 Traçando o paralelo entre princípio da demanda e imparcialidade, cfr. ARENHART, Sérgio Cruz. Reflexões sobre o princípio da demanda. In: *Processo e constituição: 75 anos – estudos em homenagem ao professor José Carlos Barbosa Moreira*. São Paulo: Revista dos Tribunais, 2006, p. 587-603. Sobre a repartição de funções entre partes e juiz, cfr. CABRAL, Antonio do Passo. Imparcialidade e impartialidade: por uma teoria sobre repartição e incompatibilidade de funções nos processos civil e penal. *Revista de Processo*, v. 32, n. 149, p. 339-364, jul. 2007. Ademais, como bem ensina Flávio Yarshell, "reserva-se a locução *princípio da demanda* apenas para designar o ônus de invocação da tutela jurisdicional – ele sim um autêntico princípio e não apenas uma regra processual (como é o <<princípio>> dispositivo)" (YARSHELL, Flávio Luiz. *Curso de direito processual*, vol. I, p. 125).

jurídicos do pedido (art. 319, inc. III, do CPC). Na feliz expressão de CÂNDIDO RANGEL DINAMARCO, "a vida dos direitos é conduzida por *fatos*", e, sem que eles sejam demonstrados ao juiz no ato de demandar, a futura outorga de tutela jurisdicional será tarefa impossível.

Como se pode perceber, o princípio dispositivo, representado especialmente pelo princípio da demanda, tem singular importância no regime de *alegação dos fatos*, mas também exerce papel fundamental no regime de *comprovação dos fatos*, ou seja, em matéria probatória. A bem da verdade, existe uma relação íntima e inerente entre os regimes de *alegação*, de *impugnação* e de *comprovação* dos fatos no processo, refletindo, em última instância, no tema do ônus da prova[17]. O ônus da prova sempre foi ligado ao *interesse* das partes, afinal, teria interesse em comprovar um fato aquele que o alegou o no processo com o objetivo de extrair dele consequências jurídicas.

É lugar comum a afirmação de que o fato notório constitui verdadeira *exceção* ao princípio dispositivo, permitindo que o juiz conheça fatos que não foram aportados ao processo pelas partes. E, por conta disso, seria o fato notório uma manifestação própria do *princípio inquisitório* no campo da matéria fática. Porém, essa é uma afirmação parcialmente verdadeira porque o princípio dispositivo não atua de forma equivalente para todo e qualquer fato deduzido no processo.

4.3. FATOS PRIMÁRIOS E FATOS SECUNDÁRIOS

Existem várias classificações em torno dos fatos – melhor dizendo, dos enunciados fáticos – no processo, mas uma das mais importantes, dada a sua repercussão na estruturação da atividade processual de maneira geral, é aquela que separa os *fatos primários* (também chamados de fatos principais ou fatos essenciais) dos *fatos secundários* (também chamados de fatos simples[18]). Essa classificação entre fatos primários e secundários é responsável pela definição de uma série de questões importantes sobre diversas categorias

---

17 "Esse encargo é estreitamente ligado à controvérsia instaurada no processo entre *afirmações antagônicas* das partes – uma afirmando a ocorrência do fato e outra negando-a ou afirmando outros fatos que excluem a ocorrência daquele" (DINAMARCO, Cândido Rangel. *Instituições de direito processual civil*, vol. II, p. 301).

18 Para uma crítica à denominação *fatos simples* cfr. SICA, Heitor Vitor Mendonça. *O direito de defesa no processo civil brasileiro: um estudo sobre a posição do réu*. São Paulo: Atlas, 2011, p. 148-149. Em Portugal, são chamados de *factos instrumentais* aqueles que permitem inferir a existência dos primeiros [factos], mas que por si só não chegam par a procedência da pretensão (ou da excepção, novamente). São os factos que apenas permite a indiciação da existência dos factos essenciais e que, por isso, parte da doutrina apelidou de 'factos

processuais, como, por exemplo, a disponibilidade da matéria fática, a regra da correlação e os poderes instrutórios do juiz[19].

Fatos primários são aqueles reconduzíveis à hipótese fática em abstrato prevista na norma jurídica e que, por conta disso, tem aptidão de produzir consequências jurídicas. Desses fatos decorrem diretamente a procedência ou a improcedência do pedido no processo. São fatos qualificados juridicamente por uma norma jurídica que, se alegados pelo autor, serão constitutivos do seu direito por constituírem a própria *causa de pedir remota* da demanda[20]. Por sua vez, é possível que esses fatos também sejam alegados pelo réu em sede de defesa indireta de mérito, os quais podem constituir tanto exceções quanto objeções substanciais. São exceções substanciais os fatos impeditivos, modificativos e extintivos do direito autoral. Fatos impeditivos são aqueles que impedem a produção de efeitos[21], fatos modificativos, aqueles que geram modificações objetivas e subjetivas na relação jurídica de direito material[22] e fatos extintivos são aqueles que fulminam o direito e têm o condão de causar-lhe a morte[23]. Já objeções substanciais correspondem às matérias cognoscíveis de ofício.

Além dos fatos primários, existem os chamados fatos secundários. São aqueles que não são essenciais ao resultado do processo porque a sua verificação não resulta na procedência ou improcedência do pedido. São, por assim dizer, irrelevantes ao processo porque não são extraíveis consequências jurídicas diretas da sua demonstração, já que não são qualificados juridicamente por nenhuma norma jurídica. No entanto, fatos secundários podem vir a se tornar relevantes e influir no julgamento da causa quando funcionam como premissa que, por meio de uma inferência, atesta a ocorrência de um

indiciários." (MACHADO, António Montalvão. *O dispositivo e os poderes do tribunal à luz do Novo Código de Processo Civil*. Porto: Almedina, 2001, p. 135-136).

19 Como alerta SICA, Heitor Vitor Mendonça. *O direito de defesa no processo civil brasileiro*, p. 143-160. No entanto, como não existe diferença quanto à *forma de alegação* dos fatos primários e dos fatos secundários, identificar concretamente a categoria na qual a alegação fática se encontra é tarefa bastante desafiadora, conforme bem ponderado por LEITE, Clarisse Frechiani Lara. *Fatos e provas novos no processo civil*, p. 70.

20 CRUZ E TUCCI, José Rogério. *A* causa petendi *no processo civil*. 2ª ed. São Paulo: Revista dos Tribunais, 2001, p. 153-154; LUCCA, Rodrigo Ramina de. *Disponibilidade processual*, p. 272-275; LEITE, Clarisse Frechiani Lara. *Fatos e provas novos no processo civil*, p. 73-74.

21 DINAMARCO, Cândido Rangel. *Instituições de direito processual civil*, vol. II, p. 297-298.

22 DINAMARCO, Cândido Rangel. *Instituições de direito processual civil*, vol. II, p. 298.

23 DINAMARCO, Cândido Rangel. *Instituições de direito processual civil*, vol. II, p. 298.

fato primário. Podem ter uma função probatória, como se pode perceber, ao funcionar como *indício* ou *fonte de presunção*[24].

Dessa forma, os fatos secundários são chamados também de fatos indiciários porque a sua comprovação (fato secundário = fato-base conhecido e provado) pode gerar a presunção de que o fato primário ocorreu (fato primário = fato presumido e desconhecido). Por essa razão é que fatos secundários são considerados um *gênero* do qual são espécies os fatos secundários indiciários e os fatos secundários irrelevantes[25].

Não é possível confundir *indício* com *presunção*[26]. Ambos os conceitos são fundamentais para o raciocínio judicial em torno do fato secundário relevante para o processo. Indício é um fato conhecido e provado que apenas *indica* a existência de outro fato, no caso, desconhecido e não provado. É, em outras palavras, um rastro, um vestígio. Já a presunção é o raciocínio lógico por meio do qual, a partir do fato provado (indício), supõe-se a existência de outro fato não provado (fato presumido). Ao contrário do que estabelece o art. 212, inc. IV, do CC, a presunção não é um meio de prova[27]. Em resumo, o indício é um fato conhecido e provado por meio do qual se demonstra a existência de um fato desconhecido. A presunção, por sua vez, é a ponte

---

24 Para uma ampla análise sobre os fatos secundários no processo civil, cfr. CAMBI, Eduardo. *A prova civil: admissibilidade e relevância*. São Paulo: Revista dos Tribunais, 2006, p. 307; MACHADO, Marcelo Pacheco. *A correlação no processo civil: relações entre demanda e tutela jurisdicional*. Salvador: Juspodivm, 2015, p. 91-93; SIQUEIRA, Thiago Ferreira. *Limites objetivos da coisa julgada*, p. 157-165; AUBERT, Eduardo Henrik. *A impugnação especificada dos fatos no processo civil*, p. 222-232; LEITE, Clarisse Frechiani Lara. *Fatos e provas novos no processo civil*, p. 88-90. Na doutrina estrangeira, cfr., por todos, BUONCRISTIANI, Dino. *L'allegazione dei fatti nel processo civile: profili sistematici*. Torino: Giappichelli, 2001, p. 120-125.

25 É o que indica AUBERT, Eduardo Henrik. *A impugnação especificada dos fatos no processo civil*, p. 222-232. Igualmente, cfr. CAMBI, Eduardo. *A prova civil*, p. 309, para quem "um fato secundário somente se torna relevante para o processo quando pode servir de premissa para a formulação de inferências cognitivas a respeito da existência ou da eficácia de um fato principal. Caso contrário, o fato secundário é logicamente irrelevante para o processo".

26 SCHMITZ, Leonard. *Presunções judiciais*, p. 203-207; CAMBI, Eduardo. *A prova civil*, p. 310-311. Com uma extensa análise sobre as duas categorias, cfr. SANTOS, Moacyr Amaral. *Prova judiciária no civil e comercial*, vol. V, p. 332-337.

27 Neste sentido a doutrina é praticamente unânime, cfr., por exemplo, BARBOSA MOREIRA, José Carlos. As presunções e a prova. In: *Temas de direito processual*. São Paulo: Saraiva, 1977, p. 55-71; ALVARO DE OLIVEIRA, Carlos Alberto. Presunções e ficções no direito probatório. *Revista de Processo*, v. 36, n. 196, p. 13-20, jun. 2011; MARINONI, Luiz Guilherme; ARENHART, Sérgio. *Prova e convicção*, p. 121-124.

estabelecida entre ambos. O indício, portanto, é uma fonte de presunção e com ela não se confunde. A precisão dos conceitos é relevante porque os fatos secundários equivalem a indícios por meio dos quais é possível *presumir* a existência do fato principal. Embora a doutrina processual utilize diversas nomenclaturas para classificar fatos entre primários e secundários, o importante é perceber a homogeneidade em torno do critério de distinção entre eles, qual seja, o da *relevância jurídica* no contexto da tomada de decisão judicial no processo. Determinar qual fato é essencial para a procedência ou improcedência do pedido pressupõe identificar a norma jurídica aplicável ao caso, de modo que o fato deduzido *em concreto* será primário e essencial à resolução da controvérsia porque corresponde à hipótese fática descrita *em abstrato* no antecedente da norma jurídica, produzindo, assim, as consequências nela previstas.

Assim, de um lado, o fato primário – seja ele constitutivo do direito autoral, seja ele impeditivo, modificativo ou extintivo do direito autoral – desempenha um papel no processo judicial de produzir efeitos jurídicos previstos na norma, enquanto, de outro lado, o fato secundário tem como objetivo indicar a existência, inexistência ou modo de ser do fato primário. Portanto, é justamente por isso que a diferença entre fato primário e secundário é *funcional* e impacta no regime de alegação de fatos no processo[28].

A norma eleita pelo autor, quando aplicável ao caso concreto, impõe um ônus de alegação do fato concreto descrito no antecedente da norma jurídica, para que o pedido de tutela jurisdicional lhe ofereça as consequências jurídicas previstas. Por isso, quanto aos fatos primários, existe um *ônus de alegação* das partes[29]. Na perspectiva do autor, o fato primário é a própria causa de pedir e a falta de alegação deste pode gerar o indeferimento da petição inicial, que será considerada inepta (art. 330, § 1º, inc. I, do CPC)[30]. Na perspectiva do réu, os fatos primários são aqueles extintivos, modificativos ou impeditivos do direito do autor. O juiz não pode conhecer de ofício de fatos primários, pois compete exclusivamente às partes alegá-los no processo, tampouco pode o juiz decidir com base em causa de pedir não proposta pela

28 BUONCRISTIANI, Dino. *L'allegazione dei fatti nel processo civile*, p. 121.

29 Conforme amplamente aceito pela doutrina, cfr., no Brasil, por todos, LEITE, Clarisse Frechiani Lara. *Fatos e provas novos no processo civil*, p. 59-75.

30 CRUZ E TUCCI, José Rogério. *A causa petendi no processo civil*, p. 159-160; DINAMARCO, Cândido Rangel. Causa de pedir e ônus de afirmar. In. *Fundamentos do processo civil moderno*. 6ª ed. São Paulo: Malheiros, 2010, p. 577.

parte autora e defesa indireta de mérito não suscitada pela parte ré, o que violaria o princípio da inércia da jurisdição.

Por sua vez, o ônus de alegação pelas partes não incide em relação aos fatos secundários[31]. Como são *irrelevantes*, em tese, para a procedência ou improcedência do pedido, recai na esfera de liberdade das partes inseri-los ou não nas respectivas narrativas fáticas de suas postulações. No entanto, é neste ponto que a *dinâmica* da relevância jurídica entra em cena. Fatos secundários originalmente irrelevantes podem mudar de qualificação no curso do processo e virarem fatos secundários indiciários ou até mesmo fatos primários, a depender da qualificação jurídica empregada pelo juiz no momento da sua decisão (*iura novit curia*)[32]. Pode o juiz, inclusive, introduzir fatos secundários no processo de ofício quando eles forem relevantes para a comprovação do fato primário, ou seja, quando forem fatos secundários indiciários, desde que extraídos de elementos dos autos (documentos, perícias, testemunhos etc.).

4.4. ÔNUS DE ALEGAÇÃO DE FATOS E ÔNUS DE ALEGAÇÃO DE FATOS NOTÓRIOS

Estabelecido a quem compete introduzir fatos no processo judicial e como esses fatos são estruturados e podem influenciar no resultado do processo, é o caso de verificar se o atributo da notoriedade é capaz de influenciar de alguma maneira o seu respectivo regime processual.

No Brasil, o CPC/2015, seguindo a mesma tônica do CPC/1939 e do CPC/1973, nada estabeleceu sobre a necessidade ou não de *alegação* dos fatos notórios. Ao contrário, por exemplo, do CPC português de 2013, que trata do tema de forma expressa ao prescrever no seu art. 412 que "não carecem de prova *nem de alegação os factos notórios*, devendo considerar-se como tais os factos que são do conhecimento geral"[33]. Caberia ao Legislador dis-

---

31 Conforme lição, por todos, de LEITE, Clarisse Frechiani Lara. *Fatos e provas novos no processo civil*, p. 115-123; MACHADO, António Montalvão. *O dispositivo e os poderes do tribunal à luz do Novo Código de Processo Civil*, p. 136-137.

32 A questão foi bem desenvolvida por MACHADO, Marcelo Pacheco. Causa de pedir e teoria da relatividade do fato essencial. *Revista de Processo*, v. 39, n. 237, p. 89-114, nov. 2014; LEITE, Clarisse Frechiani Lara. *Fatos e provas novos no processo civil*, p. 75-82.

33 Repetiu-se a fórmula do art. 513 do antigo CPC português de 1961 no sentido de que "é da essência do sistema dispositivo que o tribunal só possa tomar em consideração os factos alegados e provados *(secundum allegata et probata partium iudex iudicare debet)*. Os factos notórios fogem a este princípio" (REIS, José Alberto dos. *Código de Processo Civil anotado*, vol. III, p. 262). É por isso que, segundo João de Castro Mendes,

por no Código sobre o regime de alegação dos fatos notórios, porém, como não o fez, cabe à doutrina e à jurisprudência a tarefa de expor os critérios nesse sentido.

Para compreender a dinâmica dos fatos notórios em relação à afirmação das partes, é preciso firmar duas premissas. A primeira premissa é que fatos notórios *podem* ser alegados tanto como fatos primários, quanto como fatos secundários, o que dependerá da narrativa fática levada à apreciação do Poder Judiciário[34]. A segunda premissa é que uma coisa é a afirmação do fato, outra coisa é a afirmação da notoriedade[35]. Ambas as afirmações são enunciados fáticos que as partes fazem no processo judicial e que, por conta disso, podem ser submetidas à análise a partir da natureza jurídica semelhante que possuem.

Em primeiro lugar, analisaremos a relação entre fatos notórios enquanto fatos primários, embora seja essa uma hipótese mais incomum de ocorrer como já alertado pela doutrina[36]. São os casos de notoriedade material, já mencionados anteriormente neste trabalho, em que a notoriedade é fato constitutivo do direito e, por conta disso, deve ser necessariamente alegado e provado pela parte[37]. Quando afirmados pelo autor, os fatos primários

---

"quanto às afirmações de facto, o seu regime próprio - seja tratando-se de afirmação singular, seja tratando-se de afirmação genérica - cede, quando notórias, em face do regime próprio destas" (MENDES, João de Castro. *Do conceito de prova em processo civil*, p. 644). São, portanto, uma exceção ao princípio dispositivo no que tange ao ônus de alegação dos fatos, cfr. MACHADO, António Montalvão. *O dispositivo e os poderes do tribunal à luz do Novo Código de Processo Civil*, p. 132-133.

34 STEIN, Friedrich. *El conocimiento privado del juez*, p. 199; BARONCINI, Valentina. Il regime processuale del fatto notorio. *Rivista di Diritto Processuale*, vol. 71, n. 2, 2016, p. 333-352, esp. 336; MARINONI, Luiz Guilherme; ARENHART, Sérgio. *Prova e convicção*, p. 136; CABAÑAS GARCÍA, Juan Carlos. Premisas básicas para una posible redefinición de la teoría procesal sobre el hecho notorio. *Justicia: Revista de Derecho Procesal*, p. 570; MONTERO AROCA, Juan. *La prueba en el proceso civil*, p. 49-50.

35 "Uma coisa é a *afirmação do fato*, outra é a *afirmação da notoriedade*: a notoriedade também é um fato" (DIDIER JR., Fredie; BRAGA, Paula Sarno; OLIVEIRA, Rafael Alexandria de. *Curso de direito processual civil*, vol. 2, p. 66). Dizendo que "juridicamente, processualmente, não existe um *modus faciendi* de realizar a prova da notoriedade. Prova-se o fato" (MILHOMENS, Jônatas. *A prova no processo*, p. 195).

36 Neste sentido, cfr. BUONCRISTIANI, Dino. *L'allegazione dei fatti nel processo civile*, p. 127. No Brasil, ARAKEN DE ASSIS afirma que "embora raramente fatos notórios gerem efeitos jurídicos de per si, há casos em que o problema se coloca" (ASSIS, Araken de. *Processo civil brasileiro*, vol. 2, item 1.318.3).

37 "A dispensa da prova dos fatos notórios não implica dispensa de sua alegação pelas partes. Na verdade, ainda que notórios os fatos constitutivos do direito invocado pelo

integrarão a causa de pedir *remota* do processo; quando alegados pelo réu, serão afirmados como defesa indireta de mérito. Desta forma, por força do princípio dispositivo e do princípio da demanda, cabe à parte alegar o fato notório quando ele for primário, ou seja, quando ele tiver aptidão prevista em lei de produzir efeitos jurídicos.

No entanto, é preciso distinguir duas situações.

A primeira situação ocorre quando a afirmação de um fato primário é acompanhada de outra afirmação acerca da notoriedade desse fato. Nesse caso, são duas afirmações diferentes, dois enunciados fáticos. A *alegação da notoriedade* funciona como um *fato secundário indiciário* porque consiste em um fato-base que, por meio de uma inferência probatória, permite indicar a ocorrência do fato primário (fato presumido). Essa inferência probatória, por sua vez, é feita à luz de uma regra de experiência correspondente à ideia de que se um fato é notório é porque ele deve ser verdadeiro. Nessas situações, em específico, não existe um ônus de alegação da notoriedade do fato, já que é um fato secundário, e a parte pode *escolher* se afirma ou não esse atributo. A liberdade, nesse ponto, é a tônica da postulação.

Um exemplo pode ilustrar melhor o caso. Imagine um processo com pedido de readequação financeira de um contrato administrativo que a empresa propõe em face do ente público porque a crise econômica afetou o setor empresarial e o serviço público prestado por ela não está sendo remunerado da maneira devida. Não há ônus de alegação da empresa em afirmar na sua petição inicial que o fato (impacto da crise financeira no setor) é notório. Isso porque notório ou não esse fato, a consequência jurídica pretendida, consistente na revisão contratual, é possível à luz da norma jurídica que prevê esse efeito. No entanto, se a empresa afirmar a notoriedade do fato, estamos diante de um fato primário (impacto da crise econômica do setor) e também de um fato secundário indiciário (notoriedade desse impacto). Isso porque, uma vez considerado notório o impacto da crise econômica no setor (fato-base), é possível concluir, por meio da máxima de experiência de que fatos notórios são usualmente verdadeiros, que houve efetivamente uma repercussão na atividade empresarial exercida (fato presumido) que dá direito à revisão contratual.

---

autor devem ser por este alegados; da mesma forma, o réu tem o ônus de alegar, apesar de notórios, os fatos impeditivos, modificativos ou extintivos que servem de fundamento para exceção em sentido estrito, como figura oposta às objeções" (CINTRA, Antônio Carlos de. *Comentários ao Código de Processo Civil.* Rio de Janeiro: Forense, 2000, vol. IV (arts. 332 a 475), p. 27).

A segunda situação, que é diferente da primeira, ocorre quando a notoriedade é um atributo constitutivo do fato primário, ou seja, quando a própria notoriedade do fato está prevista na hipótese fática em abstrato descrita no antecedente da norma jurídica, como acontece nos exemplos de *notoriedade material*. Nessas situações, o fato notório é essencialmente um fato primário e existe um *ônus* de alegá-lo porque deve ser incluído na causa de pedir[38]. Se uma ação judicial busca a anulação de um contrato oneroso de devedor por insolvência notória (art. 159, CC), a parte autora tem que, necessariamente, *afirmar* que o devedor é notoriamente insolvente para obter a anulação do contrato. Esse é um enunciado fático composto e que possui identificação valorativa porque a sua consequência jurídica (= anulação do contrato oneroso) depende da comprovação de dois outros *microenunciados* fáticos que compõem o *macroenunciado* fático, um de natureza descritiva (= insolvência do devedor) e outro de natureza valorativa (= notoriedade da insolvência).

Fatos notórios também poderão ser classificados como fatos primários quando o enunciado fático veiculado pela parte for *complexo*, ainda que não exista o *ônus de alegação* do fato notório nestas hipóteses. Enunciados fáticos complexos podem ser observados quando são compostos por partes distintas ou quando perdurarem no tempo, sendo possível ainda a combinação das duas modalidades[39]. Quando analisada a classificação da causa de pedir *remota*, a doutrina processual costuma dizer que ela pode ser simples, composta ou complexa[40]. Será composta quando a pretensão pressupuser a verificação conjunta de vários fatos diferentes e será complexa quando vários fatos justapostos derem origem a várias pretensões. Em qualquer uma dessas situações, um enunciado fático complexo que é veiculado através de uma causa de pedir composta ou complexa pode ser decomposto em várias

---

38 Assim, na doutrina italiana, BARONCINI, Valentina. Il regime processuale del fatto notorio. *Rivista di Diritto Processuale*, vol. 71, n. 2, 2016, p. 333-352, esp. 337. Também neste sentido, cfr. STEIN, Friedrich. *El conocimiento privado del juez*, p. 200. No Brasil, cfr. LUCCA, Rodrigo Ramina de. *Disponibilidade processual*, p. 303 e MARINONI, Luiz Guilherme; ARENHART, Sérgio. *Prova e convicção*, p. 137, para quem "o fato que ostenta o predicado da notoriedade precisa ser alegado no processo pela parte que pretende aproveitá-lo na causa como autor ou réu. É um fato (constitutivo, extintivo, modificativo e impeditivo) como qualquer outro. O domínio das partes na alegação dos fatos não fica excepcionado pela notoriedade do fato. A alegação necessita ser submetida ao contraditório" (ASSIS, Araken de. *Processo civil brasileiro*, vol. 2, item 1.318.3).

39 TARUFFO, Michele. *La prueba de los hechos*, p. 144.

40 CRUZ E TUCCI, José Rogério. *A* causa petendi *no processo civil*, p. 155-156.

unidades de enunciados fáticos simples com aptidão para demonstrar o todo da situação. Nestas situações, embora exista o dever de alegação do fato singularmente considerado, a notoriedade do fato não está descrita em abstrato na hipótese da norma jurídica e não precisa ser alegada pela parte.

Em segundo lugar, também analisaremos a possibilidade de fatos notórios serem alegados enquanto fatos secundários, ou seja, fatos que não são relevantes para a procedência ou improcedência do pedido porque não recebem qualificação de alguma norma jurídica. Já dissemos, no entanto, que fatos secundários podem vir a se tornar relevantes para o resultado do processo quando, por meio de uma inferência, permitirem presumir a existência ou inexistência do fato principal. É essa a hipótese que nos interessa.

Antes, dissemos que não existe um *ônus de alegação* para fatos secundários de maneira geral, o que, via de consequência, leva à conclusão de que também não há que se falar em ônus de alegação de fatos secundários mesmo quando eles forem notórios, e, muito menos, um ônus de afirmar a notoriedade de um fato secundário. Assim, não existe ônus de afirmação de fatos secundários indiciários e nem ônus de afirmação da notoriedade de fatos secundários indiciários. Vale recordar, aqui, que uma coisa é a alegação do fato em si e outra coisa é a alegação da notoriedade do fato.

Um exemplo pode ajudar a compreender a dinâmica. Duas partes celebraram um contrato verbal de permuta de imóveis, mas uma delas se arrependeu do negócio e notificou a outra parte para desocupar o imóvel permutado. A parte notificada, então, ajuizou uma ação declaratória com pedido de reconhecimento da relação jurídica contratual para ser mantida no imóvel. O fato primário dessa demanda consiste justamente na celebração do contrato verbal de permuta, mas como o momento em que as partes finalizaram o negócio não foi presenciado por testemunhas, o fato primário afirmado terá que ser comprovado por outros fatos que permitirão, por meio de inferências, deduzir que o negócio jurídico foi regularmente celebrado. O autor alega, então, que amigos e familiares ouviram as partes comentaram sobre a realização da permuta (primeiro fato secundário indiciário); que há documentos demonstrando que as partes solicitaram a troca dos nomes junto ao condomínio e nos órgãos públicos (segundo fato secundário indiciário) e é fato notório entre os membros do bairro onde residem que a permuta entre os imóveis ocorreu (terceiro fato secundário indiciário, este com afirmação de notoriedade). Percebe-se que o autor não tinha o ônus de alegar esses fatos secundários, nem mesmo que o terceiro fato secundário indiciário é notório.

Nesse exemplo, a afirmação de notoriedade se refere ao fato secundário indiciário. É como se houvesse uma *cadeia de presunções*: a notoriedade permite inferir que o fato de que todos os membros do bairro sabem que houve a permuta e, por sua vez, o fato de que todos os membros do bairro sabem que houve a permuta permite inferir que a permuta aconteceu.

Fatos secundários não precisam necessariamente ser alegados pelas partes e podem ser conhecidos de ofício pelo juiz, desde que extraíveis de elementos do processo e desde que seja garantido às partes o contraditório (por exemplo, a afirmação de uma testemunha ou a menção em um documento). Já os fatos secundários, quando acompanhados de uma afirmação de notoriedade, possuem uma diferença crucial em relação aos fatos secundários que não são notórios: a fonte de conhecimento desse fato é *externa* ao processo.

Por conta dessas características, a doutrina processual diverge sobre a existência de um ônus de alegação de fatos notórios quando eles são secundários. Uma parte defende que os fatos secundários notórios devem obediência ao regime processual dos fatos secundários gerais, oportunidade em que não recairia sobre as partes o ônus de alegação[41]. O fundamento para essa posição é de que o fato notório corresponde a uma *exceção* do princípio dispositivo em matéria fática, autorizando o juiz a conhecê-lo de ofício e utilizá-lo no processo sem maiores restrições por causa da *certeza* acerca da veracidade do fato, que é equiparada à *convicção* resultado da produção da prova.

No entanto, essa não parece ser a posição correta. Em primeiro lugar, é preciso realizar uma distinção analítica entre fatos secundários relevantes, porque indiciários, e fatos secundários irrelevantes. Para fatos secundários irrelevantes, mesmo quando notórios, não existe ônus de alegação. São enunciados fáticos com carga eminentemente retórica em que a parte busca construir a sua narrativa. Para fatos secundários indiciários, quando desde a postulação a parte já indica a potencial possibilidade de servir como base para presunção do fato principal, é ônus da parte alegá-lo quando esse fato for notório.

O ônus de alegação do fato secundário indiciário quando ele for notório é importante porque permite um controle endoprocessual da notoriedade,

---

41 Como, por exemplo, STEIN, Friedrich. *El conocimiento privado del juez*, p. 201; CHIOVENDA, Giuseppe. *Instituições de direito processual civil*, vol. II, p. 352-353; DE STEFANO, Giuseppe. *Il notorio nel proceso civile*, p. 62-64; MONTERO AROCA, Juan. *La prueba en el proceso civil*, p. 50.

sobretudo na perspectiva do adequado exercício do direito de defesa[42]. Com o novo paradigma de divergência cultural, muito intensificado pela difusão digital do conhecimento e pela sobrecarga de informações, presumir que o consenso de um determinado grupo social é suficiente para escrutinar e revelar a verdade do fato notório é abrir portas ao arbítrio. O controle extraprocessual da notoriedade do fato é insuficiente.

Então, é preciso que a parte, desde o início do processo, já na fase postulatória, afirme o fato notório, para permitir o adequado exercício do *direito de defesa* pela parte contrária e também para que o próprio juiz possa controlar a aplicação do fato notório no juízo de formação da narrativa fática. Sem que isso seja feito, o fato notório poderá ser invocado a qualquer momento, inclusive no momento da decisão judicial, como um fato secundário passível de inferência probatória. E essa inferência probatória, por sua vez, não terá sido controlada nem em relação ao *fato-base* (no caso em questão, o fato notório), nem em relação ao *fato-presumido*[43]. Isso porque, caso dispensada a alegação do fato secundário por ele ser notório já que irrelevante à resolução da controvérsia, a dinâmica do processo poderá qualificá-lo como relevante com aptidão de ser utilizado como fundamento da decisão. Teríamos, assim, a possibilidade de uma sentença fundada em uma presunção cujo resultado seria a existência do fato principal a partir de uma inferência realizada com um fato conhecido, mas que não teve a oportunidade de ser contestado, em clara violação ao princípio do contraditório.

---

42 É o que defende parcela da doutrina ao dizer que "o fato notório não debatido, evidentemente, pode não ter sido levado em consideração pela linha de defesa e as partes podem ficar desarmadas, ou seja, incapazes de responder de fato ou de direito, diante da livre possibilidade de utilização do notório pelo juiz" (BUONCRISTIANI, Dino. *L'allegazione dei fatti nel processo civile*, p. 128-129 – tradução livre) e que a enunciação da notoriedade "com clareza e precisão é importante do ponto de vista das garantias processuais (concretamente, do direito de defesa), e conduz a uma atuação processual-probatória diligente e de boa-fé" (SOBA BRACESCO, Ignacio M. El hecho notorio. Dos problemas actuales. *Diario La Ley*, p. 5 – tradução livre).

43 Como denuncia Leonard Schmitz sobre o problema do controle a *posteriori* dos juízos de fato: "Quando estão em jogo apenas os fatos essenciais do caso, comprovados por provas diretas, a questão não é tão problemática. Os riscos de discricionariedade são mais evidentes quando, na decisão, ganham importância inferências, presunções, e toda forma de raciocínio indutivo, que tira das provas de um fato conclusões a respeito de outros. Esse salto de raciocínio tem eficácia probatória, e, no entanto, raríssimamente será anunciado às partes que, dessa forma, ficam despreparadas para contraprovar, demonstrar o descabimento da inferência, e de toda maneira *participar dessa parcela de produção (ou atribuição de eficácia) probatória*" (SCHMITZ, Leonard. *Presunções judiciais*, p. 291-292).

4.5. ÔNUS DE IMPUGNAÇÃO DOS FATOS E ÔNUS DE IMPUGNAÇÃO DOS FATOS NOTÓRIOS

O CPC, assim como em relação ao regime de alegação do fato notório, nada menciona sobre o regime de impugnação do fato notório. A mesma situação pode ser percebida no CPC/1939 e no CPC/1973, embora, curiosamente, alguns dos Códigos estaduais que antecederam o CPC/1939 previssem que a dispensa de prova era cabível somente quando o fato notório não fosse impugnado pela parte contrária[44].

De fato, o efeito jurídico da notoriedade (qual seja, a dispensa de prova) depende necessariamente da atitude tomada pela contraparte. Por força do direito de defesa, garantia processual prevista em estatura constitucional, não pode ser sonegada a possibilidade de impugnação do fato notório, seja a veracidade do próprio fato, seja a sua notoriedade. Isso porque "a notoriedade pode ser controversa e não parece razoável subtrair à parte a quem a alegação do fato notório desfavorece o direito de provar que lhe faltam as características próprias"[45]. Dessa forma, quando o autor alega em sua causa de pedir um fato notório (fato constitutivo do seu direito) ou quando o réu alega uma defesa indireta de mérito (exceções substanciais - fatos modificativos, impeditivos ou extintivos - ou objeção substancial - matérias de ordem pública), a contraparte poderá contestar ou não a existência do fato notório.

A bem da verdade, de forma analítica, a contraparte poderá ou *silenciar* sobre o fato notório ou *impugnar* o fato notório. Vamos analisar como funciona esse regime de impugnação.

De um lado, se o réu silencia sobre o fato primário afirmado como notório, não cumpre o seu *ônus de impugnação* e a veracidade do fato é presumida. Nesse caso, pouco importará o atributo da notoriedade, já que o fato não foi controvertido pela parte contrária, sendo essa a razão pela qual prescindirá de prova[46]. No entanto, como o fato é primário, a presunção de veracidade é relativa e outras provas produzidas no processo poderão infirmar a sua veracidade. De outro lado, cumprindo o *ônus de impugnação*, a parte pode contestar o fato notório em três diferentes frentes, gerando o direito à produção de provas.

---

44 Cfr. no item 1.3 os Códigos estaduais da Bahia, de Pernambuco e de Minas Gerais.

45 ASSIS, Araken de. *Processo civil brasileiro*, vol. 2, item 1.316.

46 Neste sentido, "afirmada a notoriedade por uma parte, e tendo silenciado a outra a respeito, o fato *notoriedade* torna-se incontroverso, dispensando a produção da prova" (DIDIER JR., Fredie; BRAGA, Paula Sarno; OLIVEIRA, Rafael Alexandria de. *Curso de direito processual civil*, vol. 2, p. 66).

Em primeiro lugar, o réu na contestação ou o autor na réplica podem impugnar a veracidade do fato em si – quer por não ter ocorrido, quer por não ter ocorrido da maneira como foi narrado –, mas não impugnar a sua notoriedade. Nesse caso, o encargo probatório será restituído à parte que alegou o fato e que, por conta da impugnação, terá o ônus de comprová-lo[47]. Não há que se falar aqui em descumprimento do ônus de impugnação específica sobre a notoriedade do fato. Será o próprio enunciado fático controvertido e não a sua notoriedade que integrará o *thema probandum*[48]. O juiz fica proibido de impedir a produção de prova por entender que o fato é notório, já que esse ponto de fato foi colocado em dúvida no processo, o que é "uma consequência natural do direito à contraprova"[49], salvo, é claro, em caso de absoluta inverossimilhança da impugnação[50].

Em segundo lugar, o réu na contestação ou o autor na réplica podem impugnar somente a sua notoriedade, afirmando não ser de conhecimento comum da esfera social a ocorrência do fato. A impugnação à notoriedade do fato tem aptidão de restabelecer o ônus probatório sobre a própria veracidade do fato[51], cabendo a quem o alegou o ônus de provar que aquele fato não integra o patrimônio cultural comum de uma determinada coletividade. Não é possível impugnar a notoriedade e colocá-la em discussão sem colocar em discussão a própria veracidade do fato[52]. Isso porque questionar

---

47 PALAIA, Nelson. *O fato notório*, p. 68; AMERICANO, Jorge. *Comentários ao Código de Processo Civil do Brasil*, vol. I, p. 320.

48 Em sentido contrário, dizendo ser possível contestar tão somente a notoriedade do fato, e não a sua veracidade, cfr. BARONCINI, Valentina. Il regime processuale del fatto notorio. *Rivista di Diritto Processuale*, p. 346-347.

49 COSTA, Alfredo de Araújo Lopes da. *Direito processual civil brasileiro*, vol. III, p. 107..

50 É o que defendia, sob a vigência do CPC/1939, Jorge Americano: "desde que haja ligeira verossimilhança na impugnação da notoriedade, a prova tem que ser admitida, salvo ao juiz, em caso de inverossimilhança completa da impugnação, indeferir a prova contrária à notoriedade" (AMERICANO, Jorge. *Comentários ao Código de Processo Civil do Brasil*, vol. I, p. 320).

51 BARONCINI, Valentina. Il regime processuale del fatto notorio. *Rivista di Diritto Processuale*, p. 346 – tradução livre: "a contestação efetiva da notoriedade do fato tem como consequência restabelecer entre as partes os ônus probatórios ordinários em torno da existência do fato em si".

52 Como, por exemplo, faz Araken de Assis, dizendo que se "a contraparte impugna somente a notoriedade: o fato presume-se verdadeiro, incidindo o art. 374, I" (ASSIS, Araken de. *Processo civil brasileiro*, vol. 2, item 1.318.4) e Nelson Palaia ao afirmar que "nesse caso o fato é tido como confessado ou admitido como verdadeiro" (PALAIA, Nelson. *O fato notório*, p. 69). Diferente, porém, é quando a parte nega a notoriedade,

a notoriedade do fato é questionar, ainda que indiretamente, a sua própria veracidade. É colocar em dúvida a afirmação em torno da sua ocorrência dizendo que o escrutínio social acerca daquele fato é insuficiente para atestar a sua veracidade. É dizimar a regra de experiência de que todo fato notório é presumidamente verdadeiro.

É preciso analisar a situação sob o prisma da igualdade entre as partes: imagine um cenário em que o réu logra êxito em comprovar que o fato não é notório e que deve ser objeto de prova; mas, em sentido contrário, não foi permitido ao autor comprovar o fato alegado que não mais é notório. Por isso é que a impugnação à notoriedade do fato é a impugnação ao próprio fato em si e não cabe mais discussão sobre a notoriedade, e sim sobre a ocorrência ou inocorrência do fato[53].

Em terceiro lugar, o réu na contestação ou o autor na réplica podem impugnar tanto a veracidade quanto a notoriedade do fato. Nessa oportunidade, quem alegou o fato tem o ônus de provar a ocorrência do fato[54]. Ambas as afirmações foram colocadas em dúvida e integrarão o *thema probandum*. Poderá a parte que alegou o fato produzir prova para atestar que o seu enunciado fático é verdadeiro, mas também poderá provar que o conhecimento sobre aquele fato é suficiente para atestar a sua veracidade.

Examinemos essas possibilidades diante do exemplo do processo com pedido da empresa em face do ente público de readequação financeira de um contrato administrativo por força de uma crise econômica que *notoriamente* afetou o setor.

Em primeiro lugar, o ente público pode contestar somente a veracidade do fato primário, sem contestar a sua notoriedade, afirmando que *a crise econômica não afetou o setor em que atua a empresa*. O réu está negando a existência desse fato, suscitando uma defesa direta de mérito que impede a produção dos efeitos jurídicos pretendidos pelo autor. Quando lançada pelo réu uma defesa de mérito direta, o ônus da prova é do autor. Neste caso, o

---

admitindo a veracidade do fato, como alerta MARTINS, Pedro Baptista. *Comentários ao Código de Processo Civil*, vol. II, p. 452.

53 Em sentido contrário, afirmando que "se o réu contesta a notoriedade do fato, o autor pode provar o fato afirmado notório ou apenas a sua notoriedade", porém, com a ressalva de que "o réu pode *afirmar a falsidade da convicção* daqueles que têm o fato como verdadeiro, sem negar a existência de um conhecimento geral que o admite como verdadeiro", cfr. MARINONI, Luiz Guilherme; ARENHART, Sérgio. *Prova e convicção*, p. 136.

54 MARTINS, Pedro Baptista. *Comentários ao Código de Processo Civil*, vol. II, p. 452.

ônus de provar o impacto da crise econômica no setor de atividade da empresa é de quem fez a afirmação neste sentido, no caso, a própria empresa.

Também será possível contestar a veracidade do fato primário por meio de uma defesa de mérito indireta, afirmando fatos impeditivos, modificativos ou extintivos do direito alegado pelo autor. Por exemplo, o ente público pode afirmar que *a crise econômica não afetou o setor que atua a empresa porque foi instituída lei que isentou o pagamento de tributos do setor e porque pesquisas demonstram que há incerteza sobre os efeitos da crise econômica.* O réu, nesta situação, afirmou dois fatos (instituição da lei e resultado de pesquisas) que colocam em xeque o fato afirmado pela empresa. Neste caso, o ônus de provar o fato impeditivo, modificativo ou extintivo é de quem o alegou, no caso, o réu.

O que importa perceber, no entanto, é que nas duas situações (a defesa de mérito direta ou indireta), a contestação da veracidade do fato já é suficiente para *impedir* a inferência probatória a partir da notoriedade.

Em segundo lugar, o ente público pode contestar somente a notoriedade do fato, afirmando que *não é notório que a crise econômica afetou o setor em que atua a empresa.* Neste caso, o réu está impugnando um fato secundário indiciário e está colocando em xeque a possibilidade de inferência probatória a partir dele[55]. Não será possível, portanto, concluir pela repercussão da crise econômica na atividade empresarial exercida (fato presumido) se há dúvidas em torno da notoriedade desse fato (fato-base). Por conta disso, contestar a notoriedade do fato é contestar, ainda que indiretamente, a própria veracidade do fato. O objetivo é impedir a realização de inferência probatória a partir da notoriedade. Assim, o ônus de provar a notoriedade do impacto da crise econômica no setor de atividade da empresa é de quem fez a afirmação de que o fato é notório; no caso, a própria empresa.

Por fim, em terceiro lugar, o ente público pode contestar tanto a veracidade, quanto a sua notoriedade, afirmando que *a crise econômica não afetou o setor em que atua a empresa* e que *não é notório que a crise econômica não afetou o setor que atua a empresa.* Caberá à parte que alegou o fato o ônus de comprová-lo.

---

55 Nesse ponto, há uma diferença com o regime comum de impugnação dos fatos secundários, os quais, via de regra, não exigem impugnação porque "não cabe à parte antecipar o raciocínio do juiz", o que "implicaria impor à parte o dever de impugnar todo e qualquer fato simples de antemão por precaução contra algum possível raciocínio futuro do juiz" (AUBERT, Eduardo Henrik. *A impugnação especificada dos fatos no processo civil*, p. 229).

4.6. FATOS NOTÓRIOS E FATOS NÃO IMPUGNADOS

O efeito jurídico produzido pela constatação de que um fato é notório consiste em exonerar a parte que o afirmou em juízo do ônus de prová-lo (*relevatio ab onere probandi*). Em outras palavras, a notoriedade é responsável por excluir do *thema probandum* o fato alegado por uma das partes.

Essa consequência jurídica, porém, não é exclusiva do fato notório. O art. 374 do CPC traz outros fatos que "não dependem de prova" no processo, como os "fatos afirmados por uma parte e confessados pela parte contrária", "fatos admitidos no processo como incontroversos" e "fatos em cujo favor milita presunção legal de existência ou de veracidade".

No entanto, por causa do efeito jurídico mencionado, o fato notório comumente é associado ao *fato não impugnado* pela parte adversa, tendo em vista que se baseiam em raciocínio praticamente equivalente, qual seja, a ausência de desacordo entre as partes acerca daquele fato em específico[56]. Ilustrando essa ideia a partir de um caso concreto, vale mencionar que o próprio STJ, em determinado caso proveniente de mandado de segurança em que a parte impetrante pretendia a concessão da ordem para obter direito à aposentadoria pelo Regime Próprio de Previdência dos servidores públicos estaduais, entendeu que "a parte impetrante teve a estabilidade funcional concedida não pelo art. 19 da Constituição Federal de 1988, mas em razão de decisão judicial transitada em julgado. Trata-se de fato notório e que não foi contestado pelas partes"[57].

A diferença é que o fato notório é considerado incontroverso por causa de elementos externos ao processo (o escrutínio de uma esfera social acerca da sua veracidade, integrando o seu patrimônio cultural comum, é que torna o fato incontroverso no processo), enquanto o fato não impugnado é incontroverso por causa de elementos internos ao processo (ausência de impugnação da parte adversa é que torna o fato incontroverso no processo).

---

56 BARONCINI, Valentina. Il regime processuale del fatto notorio. *Rivista di Diritto Processuale*, vol. 71, n. 2, 2016, p. 333-352. Na doutrina brasileira, tratando *fatos presumidos* e *fatos notórios* conjuntamente como "alegações que independem de prova apesar da controvérsia", cfr. DINAMARCO, Cândido Rangel. *Instituições de direito processual civil*, vol. III, p. 69-70. Chiovenda, por sua vez, dizia que "os poderes do juiz com respeito à determinação e à verificação do material da causa sofrem importante extensão em caso de fatos *notórios* e importante restrição em caso de fatos *confessados*" (CHIOVENDA, Giuseppe. *Instituições de direito processual civil*, vol. III, p. 352).

57 AgInt no RMS n. 68.090/MT, relator Ministro Francisco Falcão, Segunda Turma, DJe de 13/4/2023.

A impugnação de um enunciado fático consiste na negação explícita de sua veracidade, razão pela qual tem que ser feita de forma *específica*. Não basta uma contestação genérica ou abstrata, é preciso que a parte individualize a alegação do fato e negue a sua veracidade. É uma verdadeira *tomada de posição* do réu sobre o fato alegado pelo autor, pois, como afirma TARUFFO, a não impugnação de um fato é um mero *comportamento omisso*, não propriamente a enunciação de uma proposição fática contrária. Na linguagem de CARNELUTTI, é um ponto de fato que não é controvertido e, por conta disso, não se torna uma questão de fato[58]. Por não ser uma questão de fato, não passa a integrar o *thema probandum*.

Vale mencionar também que não é possível confundir a admissão com a confissão. A admissão pressupõe um *comportamento omissivo* da parte ao não contestar fatos contrários ao seu interesse. Já na confissão existe um *comportamento comissivo* da parte que confessa a veracidade de fatos contrários ao seu interesse e favoráveis ao seu adversário (art. 349, CPC). A confissão, portanto, tem que ser expressa.

Com base nessas premissas, recente formulação doutrinária tem buscado aproximar as categorias, afirmando que o fato não contestado pode ser compreendido como "notório interpartes"[59]. Isso porque, se o fato notório não for impugnado pela parte adversa, ele poderá considerado verdadeiro, ao menos presumidamente, durante todo o processo, tendo em vista tratar-se de um ponto de fato não controvertido no processo[60].

58 CARNELUTTI, Francesco. *Sistema de direito processual civil*. Trad. Hiltomar Martins Oliveira. São Paulo: Classic Book, 2000, vol. 2, p. 39. No Brasil, DINAMARCO, Cândido Rangel. *Instituições de direito processual civil*, vol. III, p. 64.

59 Neste sentido, cfr. NIEVA FENOLL, Jordi. *Derecho procesal*. Madrid: Marcial Pons, 2015, vol. II, p. 179: "porque se for realmente notório, nenhum dos litigantes o contestará. A categoria fato notório só faria sentido se uma das partes ousasse negá-la, o que é pouco provável se for realmente notório. Portanto, com a concordância das partes, o fato será dado como certo ao longo do processo em todos os seus graus de jurisdição, ainda que seja falso" – tradução livre. Em sentido semelhante, VALENTINA BARONCINI afirma que "basicamente, a não contestação também se presta a ser descrita em termos de 'notoriedade inter partes', onde o conhecimento comum entre as partes da veracidade de um fato alegdo por apenas uma delas, implica que a outra o assume como verdadeiro, deixando assim de contestar sua existência de uma forma específica" (BARONCINI, Valentina. Il regime processuale del fatto notorio. *Rivista di Diritto Processuale*, vol. 71, n. 2, 2016, p. 333-352 – tradução livre).

60 MICHELE TARUFFO critica veementemente essa ideia dizendo que tanto a impugnação quanto não impugnação dos fatos é absolutamente irrelevante no que diz respeito à veracidade ou falsidade de um enunciado fático, já que "em primeiro lugar, se o enunciado

Paolo Comoglio discorda desse entendimento, buscando inverter o raciocínio com base na *fragilidade epistêmica* do fato notório, dizendo que "não é o fato não impugnado que pode ser considerado notório entre as partes, mas é o fato notório que se configura como fato não impugnado ou, melhor ainda, incontestável"[61]. É como se a notoriedade do fato fosse um atributo supérfluo em relação à sua consequência processual, já que não foge do efeito jurídico produzido pela falta de impugnação. As categorias se equivaleriam, portanto. Desse modo, a utilização do fato notório na decisão judicial seria possível e justificada não porque a notoriedade faz presumir a sua veracidade (critério epistêmico), mas porque não existem razões sérias e fundadas para questionar a veracidade do fato diante de sua notoriedade (critério pragmático).

No entanto, é preciso ter em mente que uma coisa é isentar a parte do ônus de provar o fato (seja ele um fato notório, seja ele um fato não impugnado), outra coisa é vincular o convencimento do juiz no momento da decisão judicial à confirmação de sua veracidade[62]. E esse caminho parece ser o mais seguro: a notoriedade enquanto presunção relativa de veracidade do fato que pode ser derrogada pelo juiz diante de sérias e fundadas razões. Isso implica um ônus argumentativo de mostrar que o fato é notório, mas não com referência ao vago, incerto e impreciso critério de pertencimento à cultura média de um determinado grupo social, e sim com alternativas à sua justificação como a ausência de opiniões discordantes sobre a sua notoriedade.

Portanto, encarar o fato notório dentro da mesma categoria dos fatos impugnados é importante para que a afirmação de notoriedade não fique exclusivamente relegada à discricionariedade do juiz, impondo-lhe, por sua vez, um ônus argumentativo no contexto da tomada de decisão sobre os fatos para demonstrar que a notoriedade não é seriamente questionável.

---

alegado é falso, a não contestação não faz com que ele se torne verdadeiro; em segundo lugar, se o enunciado alegado é verdadeiro, a não contestação não faz com que ele se torne verdadeiro, porque já o é; em terceiro lugar, se o enunciado alegado é verdadeiro, a contestação não faz com que ele se torne falso; e, por fim, se o enunciado é falso, a contestação não faz com que ele se torne falso, pois já o é" (TARUFFO, Michele. *Uma simples verdade*, p. 152-153).

61 COMOGLIO, Paolo. *Nuove tecnologie e disponibilità della prova*, p. 315 – tradução livre.

62 TARUFFO, Michele. *Uma simples verdade*, p. 154-158.

4.7. JUIZ E O BROCARDO "O QUE NÃO ESTÁ NOS AUTOS NÃO ESTÁ NO MUNDO"

O juiz somente pode decidir com base nos fatos alegados pelas partes e de acordo com as provas produzidas no processo, não podendo socorrer-se de elementos provenientes do seu conhecimento privado para resolver a controvérsia em juízo[63]. Trata-se de uma questão até certo ponto óbvia e que sequer precisaria estar prevista em algum dispositivo normativo para produzir efeito[64], sendo um ensinamento secular que limita o material de cognição judicial ao que está circunscrito nos autos do processo, consubstanciado no brocardo *quod non est in actis non est in mundo* ("o que não está nos autos, não está no mundo").

Historicamente, o brocardo em questão marca a passagem de um processo fundamentalmente caracterizado pela oralidade a um processo voltado à escritura[65], pois acreditava-se que o fato de o processo ser escrito seria mais apropriado para fins de controle da racionalidade da decisão proferido pelo juiz. O brocardo é também ligado ao contexto da *decisão judicial*, sobretudo no sentido de que o juiz só pode decidir com base nos *fatos alegados* pelas partes e *nas provas produzidas* nos autos do processo.

---

63 Afirmações semelhantes estão rotineiramente na pauta dos tribunais brasileiros. Por exemplo, o STJ, em julgado da Primeira Seção, já disse que "ausente a comprovação de que a Turma de Uniformização do Sistema dos Juizados Especiais do Estado de São Paulo já se encontrava instalada em 09/04/2013, data do ajuizamento da presente Reclamação, não há como se acolher a alegação de seu não cabimento. *Aplicação da máxima quod non est in actis, non est in mundo*" (STJ, EDcl na Rcl n. 12.161/SP, relatora Ministra Assusete Magalhães, Primeira Seção, DJe de 1/7/2015). Em outro caso, a Sexta Turma do STJ afirmou que "segundo a inteligência da Súmula 216 é a partir do protocolo que se configuram os efeitos recursais, se ele não é verificado nos autos quanto à interposição do recurso extraordinário, por certo não pode gerar para a parte qualquer consequência processual *(Quod non est in actis, non est in mundo)*" (STJ, EDcl nos EDcl no HC n. 159.159/SP, relatora Ministra Maria Thereza de Assis Moura, Sexta Turma, DJe de 19/9/2011).

64 Como chega a dizer Bruno Cavallone: "a proibição, por parte do juiz, de usar seu (possível) conhecimento privado dos fatos controvertidos para efeitos da decisão parece um princípio tão óbvio que nem merece uma enunciação normativa expressa" (CAVALLONE, Bruno. Il divieto di utilizzazione della scienza privata del giudice. *Rivista di Diritto Processuale,* vol. 64, n. 4, 2009, p. 861-874).

65 CAVALLONE, Bruno. Il divieto di utilizzazione della scienza privata del giudice. *Rivista di Diritto Processuale,* vol. 64, n. 4, 2009, p. 861-874. Sobre a relação entre o brocardo e a oralidade, cfr. CAPPELLETTI, Mauro. O valor atual do princípio da oralidade. *Revista Jurídica,* São Paulo, v. 50, n. 297, p. 12-18, jul. 2002; FENOLL, Jordi Nieva. Los problemas de la oralidad. *Justicia: Revista de Derecho Procesal,* n. 1-2, p. 101-130, 2007.

É justamente esse o ponto que conecta o brocardo com a proibição de uso do conhecimento privado. Segundo lição de JOAN PICÓ I JUNOY, o brocardo *iudex iudicare debet secundum allegata et probata, non secundum consicentiam* "guarda íntima relação com a máxima *quod non est in actis non est in mundo*, em cuja virtude, a margem de proteger a vigência processual da escritura, se quis manter a plena eficácia do que hoje em dia constituiria o princípio dispositivo, isto é, a liberdade de alegação fática das partes, e a limitação do convencimento judicial"[66].

No entanto, ao mesmo tempo em que a vinculação do juiz aos fatos e elementos de prova produzidos no processo é critério de controle da racionalidade da decisão judicial, também é permitida a referência a alguns elementos externos cujo conhecimento o juiz tem não por ciência oficial das vias legais de introdução no processo, mas por ciência privada que ele possui enquanto um ser humano dotado de patrimônio cultural cuja influência no resultado da decisão não é indiferente, pelo contrário. É justamente nesse ponto que entra o tema do fato notório e das máximas de experiência.

Essa permissão, por sua vez, opera a partir de dois fundamentos.

---

66 PICÓ I JUNOY, Joan. *O juiz e a prova: estudo da errônea recepção do brocardo* iudex iudicare debet secundum allegata et probata, non secundum conscientiam *e sua repercussão atual*. Trad. Darci Guimarães Ribeiro. Porto Alegre: Livraria do Advogado, 2017, p. 140. É equivocada a utilização desse brocardo como enunciativo de uma regra que veda o uso dos poderes instrutórios pelo juiz, já que versa sobre uma *regra de decisão*. Nesta obra, JOAN PICÓ I JUNOY demonstra a recepção equivocada pela doutrina processual alemã e italiana do brocardo *iudex iudicare debet secundum allegata et probata partium* oriundo da doutrina do direito comum, a partir de uma dupla modificação: a introdução do termo *pertium* ou *partibus* e a omissão do da expressão *non secundum conscientiam*. Desta feita, o brocardo foi equivocamente utilizado como fundamento para impedir a inciativa probatória do juiz, quando, na verdade, a sua formulação original deve ser lida como uma proibição de uso do conhecimento privado, no sentido de utilizar na decisão judicial fatos não alegados ou fatos que, alegados e discutidos, não foram provados. Na doutrina italiana clássica, cfr. CHIOVENDA, Giuseppe. *Instituições de direito processual civil*, vol. II, p. 347-349. No Brasil, o brocardo é usualmente ligado ao princípio dispositivo, por exemplo: "o princípio dispositivo consiste na regra de que o juiz depende, na instrução da causa, da iniciativa das partes quanto às provas e às alegações em que fundamentará a decisão: *judex secundum allegata et probata partiu iudicare debet*" (CINTRA Antônio Carlos de Araújo; GRINOVER, Ada Pellegrini; DINAMARCO, Cândido Rangel. *Teoria geral do processo*, p. 70). Ver, ainda, PANZAROLA, Andrea. *Iudex secundum allegata et probata (partium) iudicare debet*: a proposito di un antico brocardo e di una recente interpretazione. *Rivista di Diritto Processuale*, s.2 a.74 n.3 (maggio-giugno 2019), p. 649-675.

O primeiro diz respeito à pessoa do juiz. O juiz é uma pessoa do mundo, com valores, cultura, sentimentos e dotado de conhecimentos gerais previamente assimilados pela sua formação enquanto ser humano. Não é possível exigir do juiz uma espécie de *neutralidade* para julgar a causa, assim compreendida a isenção em relação aos seus valores e de abstração em relação ao mundo no qual está inserido. Como adverte LORENZO CARNELLI, "alguma coisa do mundo chega sempre ao processo"[67]. No entanto, é possível – e, sobretudo, necessário – que o juiz exerça o ofício jurisdicional com imparcialidade, tanto no aspecto subjetivo, preservando uma equidistância das partes litigantes, e no aspecto objetivo, relacionado ao desinteresse no resultado do processo[68].

O segundo diz respeito à decisão que será tomada no processo judicial, a qual não pode ir de encontro à realidade do mundo. Uma decisão judicial tem que ser a mais aderente e próxima à verdade dos fatos. E a verdade dos fatos não pode ser contrária a um fato notório, seja ele de notoriedade direta ou indireta. Por exemplos, uma decisão judicial não pode julgar improcedente uma indenização com base em um fato que toda a sociedade sabe que aconteceu, de ciência pública, amplamente noticiado na *internet* e contando com massiva e constante cobertura da mídia[69]. Igualmente, uma decisão judicial não pode ignorar uma regra da experiência sobre aquilo

---

67 E completa: "essa caracterização, que isola o processo em uma órbita própria, não é nem pode ser absoluta. Parece impossível, no juiz, um tal grau de abstração na sua função que o desumanize por completo" (CARNELLI, Lorenzo. *O fato notório*, p. 140).

68 Nas sempre precisas lições de CÂNDIDO RANGEL DINAMARCO: "imparcialidade não se confunde com neutralidade nem importa um suposto dever de ser ética e axiologicamente neutro" (DINAMARCO, Cândido Rangel. *Instituições de direito processual civil.* 9ª ed. São Paulo: Malheiros, 2017, vol. I, p. 331). Igualmente, CÁSSIO SCARPINELLA BUENO diz que "o magistrado é imparcial porque ele não tem (e não pode ter) nenhum interesse direto, pessoal, na demanda que julga. Não porque, ao levar em conta os fatos e o direito a ser aplicado sobre eles, interpreta-os levando em conta os valores difusos pela sociedade e pelo próprio Estado" (BUENO, Cassio Scarpinella. *Curso sistematizado de direito processual civil: teoria geral do direito processual civil: parte geral do Código de Processo Civil.* 9ª ed. São Paulo: Saraiva jur, 2022, vol. I, p. 139).

69 Sobre esse ponto: "a fundamentação da regra a que se refere o art. 115 c.p.c. é, portanto, não apenas imputável ao princípio da economia processual, em virtude do qual não faria sentido realizar atividades de investigação sobre notoriedade, mas também a necessidade de considerar o processo e seu resultado do ponto de vista social e antropológico, excluindo que a sentença possa estar em contraste com a formação cultural do homem médio em um determinado tempo e lugar" (FERRARI, Francesca. Il fatto notorio e la rete internet: un rapporto difficile. In: QUERZOLA, Lea (org.). *Problemi relativi alla prova nel processo civile.* Bologna, 2016, p. 87-115. – tradução livre).

que ordinariamente acontece, sendo esse um conhecimento generalizado e comum a toda à sociedade. Em suma, os juízos sobre fatos constantes de decisões judiciais não podem contrastar com aquilo que todos sabem, sob pena de perderem sua credibilidade, não terem legitimidade e, via de consequência, carecer de autoridade.

Um bom exemplo dessa dinâmica está no CPC italiano que, no art. 115, que versa sobre a chamada disponibilidade sobre a prova (*disponibilità delle prove*), prevê que o juiz só pode decidir com base nas provas produzidas pelas partes e pelo Ministério Público. No entanto, o juiz pode decidir sem necessidade de prova com base em noções de fato da experiência comum (*comune esperienza*). Esse é o dispositivo que os tribunais e a doutrina italiana utilizam em larga escala como fundamento para emprego das máximas de experiência e dos *fatos notórios*, como se ambas as categorias fossem espécies de um gênero denominado *experiência comum*.

No Brasil, em especial, o tema invariavelmente guarda relação com o princípio da demanda (art. 2º, CPC) e com a regra da correlação (arts. 141 e 492, CPC), na medida em que os fatos são aportados ao processo pelas partes e o juiz fica proibido de decidir fora dos limites impostos por elas, bem como conhecer de questões cuja iniciativa dependa exclusivamente das partes.

Em especial, quando trata da regulamentação normativa que trata dos limites do material cognitivo que o juiz pode utilizar na decisão passou por algumas mudanças nos textos normativos dos Códigos processuais. O CPC/1939, no seu art. 118, previa que o juiz apreciará a prova "atendendo aos fatos e circunstâncias constantes dos autos, ainda que não alegados pela parte"[70]. Em sentido semelhante, o art. 131 do CPC/1973 previa que a apreciação da prova pelo juiz deveria ser feita "atendendo aos fatos e circunstâncias constantes dos autos, ainda que não alegados pelas partes".

O CPC, por sua vez, teve mudanças importantes no texto normativo correspondente, prescrevendo o art. 371 que "o juiz apreciará a prova constante dos autos, independentemente do sujeito que a tiver promovido". Percebe-se

70 Comentando o dispositivo do CPC/1939, Moacyr Amaral dos Santos afirma que "não obstante a regra tradicional tenha sido abandonada, ficando o juiz com o poder de formar livremente sua convicção – *secundum conscientiam suam* – não o eximiu o Código da obrigação de formá-la segundo '*os fatos e circunstâncias constantes dos autos*, ainda que não alegados pelas partes", ou seja – *secundum probata decidere debet*. Permanecendo, pois, no direito pátrio vigente, o cânone tradicional – *secundum decidere debet*, – decorre, logicamente, que ao juiz não é dado julgar utilizando-se de fatos que conhece em razão da sua ciência privada" (SANTOS, Moacyr Amaral. *Prova judiciária no cível e comercial*, vol. 1, p. 156).

que a expressão "fatos e circunstâncias constantes dos autos" foi substituída por "prova constante dos autos" e a expressão "ainda que não alegados pelas partes" foi suprimida, entrando em seu lugar "independentemente do sujeito que a tiver promovido". O foco parece ser mais voltado às *provas*, deixando de mencionar os *fatos*. Vale destacar que ambas as categorias operam em planos completamente distintos, sendo a prova uma técnica processual destinada à comprovação de fatos, ou, mais corretamente, enunciados sobre fatos.

Portanto, o brocardo "o que está nos autos, não está no mundo" deve funcionar como uma regra de decisão, no sentido de proibir que o juiz, *no momento de proferir a sua decisão*, valha-se de elementos advindos do seu conhecimento privado para estabelecer a solução do caso concreto. Trata-se de premissa fundamental para equacionar como o juiz deve lidar com fatos notórios com relevância para a solução da controvérsia.

4.8. O JUIZ E O FATO NOTÓRIO

Grande parte da doutrina sempre tratou os fatos notórios como uma exceção à proibição do uso da ciência privada pelo juiz no processo. Como já vimos anteriormente, essa afirmação tem que ser vista com reservas porque o fato notório não pode ser equiparado ao conhecimento privado do juiz, notadamente porque, no processo judicial, enquanto a utilização do primeiro é lícita, e a do segundo não é.

Sendo assim, em relação à figura do juiz no processo, existem duas questões fundamentais que merecem investigação: primeiro, para saber se é possível que o órgão julgador conheça um fato notório de ofício, seja ele de notoriedade direta ou indireta, independentemente de alegação das partes; segundo, para saber o papel desempenhado pelo fato notório no raciocínio probatório e a repercussão disso para a fundamentação das decisões judiciais.

A resposta ao primeiro questionamento, correspondente à cognoscibilidade de ofício do fato notório pelo juiz, tem que ser pensada a partir da posição ocupada pelo fato notório na solução do conflito, isto é, quando ele for primário ou secundário.

Como vimos anteriormente, os fatos primários têm que ser alegados pela parte autora na condição de fatos constitutivos do seu direito. Se não forem, não haverá presença de todos os elementos demanda, razão pela qual a petição inicial deverá ser considerada inepta.

Dessa forma, a primeira diretriz caminha no sentido de que o juiz não poderá conhecer um fato notório de ofício quando ele for primário, já que consistente em encargo da parte afirmá-lo, em razão do princípio dispositivo e das regras de ônus da prova[71]. Assim, quando o autor alegar um fato primário notório e esse fato não for controvertido pelo réu, trata-se de um fato que não será objeto de prova (*thema probandum*). Se o juiz, por sua vez, não considerar esse fato notório e entender que, eventualmente, ele precise ser provado, deverá julgar de acordo com as regras do ônus da prova[72]. Afinal, se as partes concordam que, diante da notoriedade, aquele fato é incontroverso, mas o juiz discorda e entende que o fato não é notório e deve ser prova, por se tratar de fato primário, e, portanto, constitutivo do direito, caberia à parte que o alegou prová-lo.

No entanto, quando o autor alegar um fato primário notório e esse fato for controvertido pelo réu, ele será objeto de produção de prova (*thema probandum*). O juiz não pode indeferir a produção de prova sobre esse fato. Trata-se de uma conduta da parte adversa que nega a notoriedade e, consequentemente, os efeitos que ela produz. O juiz não pode dispensar a produção de prova sobre o fato porque o considera notório e, sobretudo, não pode considerá-lo como notório pela primeira vez na decisão, sob pena de cerceamento do direito à prova[73]. Como é um ponto de fato controvertido, que se tornou por isso uma questão de fato, deve necessariamente ser objeto de prova e, posteriormente, de resolução na fundamentação da decisão judicial (art. 489, inc. II, do CPC). Caso contrário, estar-se-ia negando a possibilidade de a parte produzir prova sobre enunciado fático que repercute diretamente em sua esfera jurídica com possibilidade de procedência ou improcedência do pedido.

---

71 PALAIA, Nelson. *O fato notório*, p. 65.

72 Em sentido contrário, dizendo tem que predominar o fato notório considerando pelo juiz como tal, cfr. REIS, José Alberto dos. *Código de Processo Civil anotado*, vol. III, p. 263; MICHELI, Gian Antonio. *La carga de la prueba*. Trad. Santiago Sentis Melendo. Bogotá: Editorial Temis, 1989, p. 105. Chiovenda, sem distinguir fatos primários e secundários, defendia que "ao juiz se permite, sempre, servir-se do conhecimento, que tem, dos fatos notórios, porque sua posição na lide não equivale à de autômato, mas corresponde à de um órgão ativo, que não pode deslembrar o complexo de conhecimentos comuns a todos os homens, ou a um número tão grande de homens que a veracidade de seus conhecimentos é naturalmente controlável e as partes podem presumir nele" (CHIOVENDA, Giuseppe. *Instituições de direito processual civil*, vol. II, p. 353).

73 Em sentido contrário, dizendo que o juiz *pode*, e não *deve*, levar em consideração o fato notório mesmo quando a parte contrária o impugnar, dispensando a prova (embora sem fazer maiores distinções entre fato primário e secundário), cfr. MICHELI, Gian Antonio. *La carga de la prueba*, p. 105). Dizendo ser um *dever* do juiz levar em consideração a existência de um fato notório, cfr. ALLORIO, Enrico. Observaciones sobre el hecho notorio. In: *Problemas de derecho procesal*, p. 402-403.

Em ambos os casos, como se pode perceber, o caso envolve a chamada notoriedade material em que a notoriedade é fato constitutivo do direito da parte veiculado por meio de um enunciado complexo que combina, de um lado, o fato em si, e, de outro, a notoriedade do fato. Autorizar que o juiz desconsidere a conduta das partes em relação ao fato, simplesmente porque ele, sozinho e sem consultá-las, considera o fato notório, é interpretar o poder judicial de forma demasiadamente inquisitorial, retirando a dialética processual em torno do fato.

Fatos secundários, por sua vez, não necessariamente têm que ser alegados pelas partes e, diante disso, a questão do conhecimento de ofício pelo juiz muda de cenário.

Quando o fato secundário é alegado pela parte, sendo controvertido ou não pela parte adversa, o juiz pode considerá-lo notório de ofício e utilizá-lo na fundamentação sem que isso configure violação ao princípio do contraditório. Como o fato secundário foi afirmado pela parte na sua postulação, tendo a parte adversária a oportunidade de controvertê-lo, por óbvio é um fato que também já era conhecido pelo juiz , não havendo, aqui, a caracterização de uma decisão-surpresa[74].

Porém, quando o fato secundário não é alegado pela parte, o juiz, entendendo que ele é notório, poderá introduzi-lo de ofício no processo e utilizá-lo na fundamentação da decisão[75], desde que respeitado o princípio do contraditório mediante prévia oitiva das partes[76]. Nesse caso, a decisão-surpresa seria evidente porque o fato surge pela primeira vez – e com o atributo

---

74 Em sentido contrário, afirmando - porém, sem distinguir fatos primários e fatos secundários - que "para conhecer de ofício a notoriedade, o juiz deve aplicar o art. 10 do CPC e intimar as partes para que se manifestem sobre o assunto" (DIDIER JR., Fredie; BRAGA, Paula Sarno; OLIVEIRA, Rafael Alexandria de. *Curso de direito processual civil*, vol. 2, p. 66). Igualmente pela aplicação do art. 10 do CPC, também sem fazer a distinção mencionada, cfr. APRIGLIANO, Ricardo de Carvalho. *Comentários ao Código de Processo Civil*, vol. VIII, t. I, p. 193; FERREIRA, William Santos. Levando a sério os conceitos de prova do fato, fato notório, indícios, presunções, máximas da experiência e ônus da prova nos casos envolvendo os impactos da pandemia do COVID-19. In: *Direito do Consumidor: reflexões quanto aos impactos da pandemia de Covid-19*, v. 2, p. 725.

75 PALAIA, Nelson. *O fato notório*, p. 67.

76 Heitor Sica defende que é possível "autorizar o juiz a tomar em consideração fatos não alegados pelo réu para rejeitar a demanda do autor – é particularmente visível quanto aos fatos notórios e quanto aos secundários (ou instrumentais). Quanto aos primeiros (os notórios), lembre-se que nosso CPC [de 1973] expressamente os dispensa de prova (art. 334, I), o que implica igualmente a dispensa de alegação" (SICA, Heitor Vitor Mendonça. *O direito de defesa no processo civil brasileiro*, p. 147).

da notoriedade – no momento da decisão. Quanto a esse ponto, inclusive, é possível que o juiz utilize seus poderes instrutórios sem que essa conduta caracterize a utilização de um eventual conhecimento privado[77].

Além disso, também no espectro da relação entre a figura do juiz e o fato notório, é o caso de analisar o papel desempenhado pelo fato notório desempenha no acertamento das questões de fato da fundamentação das decisões judiciais, em especial a partir do raciocínio probatório.

A fundamentação das decisões judiciais consiste em garantia constitucional expressamente prevista no art. 93, inc. IX, da Constituição Federal de 1988. A sua importância à legitimação da atividade jurisdicional é estruturante da atividade exercida pelo Poder Judiciário como fator de *accountability*, daí porque constitui propriamente uma garantia inerente ao Estado de Direito[78].

Tem-se, portanto, que uma fundamentação que pretende ser *completa* não pode deixar de se manifestar sobre as todas as questões de fato e as questões de direito *relevantes* ao resultado do julgamento (art. 489, inc. II, do CPC). Questões são pontos controvertidos, isto é, afirmações fáticas e fundamentos jurídicos que são contestados pela parte adversa no curso do processo judicial. Muito embora a fundamentação seja o espaço adequado à resolução de *questões*, isso não quer dizer que somente pontos fáticos e jurídicos controvertidos são analisados no contexto decisório. A decisão judicial também terá que se debruçar sobre pontos fáticos e jurídicos não

---

77 Novamente, vale mencionar integralmente a lição de Heitor Sica no sentido de que "não se pode aceitar aqui o argumento de que o juiz está impedido de considerar fatos (secundários) não alegados pelo simples motivo de estar proibido de usar seu conhecimento privado. O que se veda é o uso de conhecimentos específicos sobre o litígio adquiridos pelo juiz *fora do processo*, em face do (muito provável) comprometimento de sua parcialidade (e essa vedação é extensível tanto aos fatos principais, como aos secundários, tanto faz). Se o convencimento judicial é formado por meio dos elementos constantes dos autos, trazidos mesmo sem alegação direta e específica das partes, tem-se aqui que fenômeno parecido com aquele do exercício dos poderes instrutórios judiciais" (SICA, Heitor Vitor Mendonça. *O direito de defesa no processo civil brasileiro*, p. 150-151). Sobre o tema, cfr. também MACHADO, António Montalvão. *O dispositivo e os poderes do tribunal à luz do Novo Código de Processo Civil*, p. 137, para quem "podendo o juiz conhecer assim oficiosamente dos factos instrumentais não alegados pelas partes, podia ele também determinar a produção dos meios de prova que, nos termos da lei, lhe fosse lícito desencadear, a proposito deles".

78 Remetemos ao nosso estudo em PEREIRA, Carlos Frederico Bastos. *Fundamentação das decisões judiciais: o controle da interpretação dos fatos e do direito no processo civil*. São Paulo: Revista dos Tribunais, 2019.

controvertidos, de acordo com as consequências processuais que lhe forem atribuídas pelo sistema, e quando tiverem aptidão de influir no resultado.

É justamente nesse contexto que o fato notório incide na fundamentação das decisões judiciais e pode desempenhar papeis diferentes na construção do raciocínio judicial.

A fundamentação das decisões judiciais em relação às questões fáticas opera em duas dimensões distintas[79]. Primeiramente, por meio de uma *análise* individual entre prova e fato: é preciso estabelecer se os fatos individualmente alegados pelas partes e controvertidos estão comprovados ou não no processo. O objetivo, nesse momento, é tão somente retirar o *status* epistêmico de incerteza de uma determinada hipótese fática enunciada por uma das partes. Posteriormente, estabelecidos quais fatos estão devidamente provados, é feita uma *análise conjunta das provas* para construção coerente da narrativa fática. Nesse momento, as máximas de experiência entram em cena porque o juiz poderá presumir a existência de fatos a partir dos fatos comprovados na primeira análise individual entre prova e fato.

Desse modo, enquanto no primeiro momento são examinados quais fatos estão devidamente comprovados no processo, no segundo momento, são analisadas conjuntamente as provas como a versão narrada pelo autor ou pelo réu para verificar se fazem sentido enquanto *narrativa processual dos fatos*.

Com base essas premissas, é possível notar o papel dos fatos notórios em ambos os momentos. O reconhecimento da notoriedade do fato funciona como um fator de facilitação no plano da análise individual da ocorrência ou inocorrência do fato porque exime o juiz de ter que *valorar* uma determinada prova para estabelecer a veracidade ou a falsidade do enunciado fático da parte. Isso não quer dizer, contudo, que a notoriedade do fato está vinculada à persuasão racional do juiz no sentido de que ele, necessariamente, tem que considerar aquele fato verdadeiro porque a parte o alegou como sendo notório e ele não foi impugnado[80].

---

79 Desenvolvemos o ponto em PEREIRA, Carlos Frederico Bastos. *Fundamentação das decisões judiciais*, p. 150-151. Igualmente, vale cfr. MARINONI, Luiz Guilherme; ARENHART, Sérgio. *Prova e convicção*, p. 333-334.

80 No entanto, como alerta Paolo Comoglio, "a noção tradicional de notoriedade opera sobretudo no nível da decisão judicial, derrogando essencialmente o princípio do livre convencimento do juiz. Segundo a orientação tradicional, a notoriedade pressupõe a certeza do fato notório e é somente essa certeza que lhe permite entrar no processo". E continua o processualista italiano, analisando a relação entre fato notório e livre

A não impugnação de um fato notório, exonerando a parte que o alegou do ônus da prova, estabelece uma presunção *relativa* de veracidade da ocorrência do fato à qual o juiz poderá se desincumbir no momento da fundamentação. Com a intensa divergência cultural e a sobrecarga de informação decorrente da nova estratégia de conhecimento de fatos, o juiz nunca pode aceitar a notoriedade de forma acrítica[81]. Deve, portanto, dar segurança jurídica às partes desde o momento em que assume o processo, conhecendo do fato notório, passando pelo momento de admissão das provas, notadamente a fase de saneamento e organização do processo, e culminando na decisão final, garantindo, sempre, o exercício do contraditório[82].

4.9. FATO NOTÓRIO E RECURSOS ORDINÁRIOS

O controle do fato notório também pode ser exercido no âmbito dos recursos ordinários, a exemplo do agravo de instrumento, do agravo interno, dos embargos de declaração e da apelação. Nesses recursos, como a cognição do Tribunal é mais dilatada em comparação aos recursos extraordinário e especial, permitindo uma ampla revisão da matéria fática[83], é de mais fácil visualização a utilidade da impugnação da notoriedade.

---

convencimento do juiz, dizendo que "o fato notório entra no processo por assim dizer no final (no sentido lógico); partimos do resultado (a certeza do fato) para admitir sua relevância no processo. A certeza desse resultado, justamente porque já é adquirido antes (e fora) do julgamento (através da crítica do círculo social), vincula o juiz e obviamente limita sua livre apreciação" (COMOGLIO, Paolo. *Nuove tecnologie e disponibilità della prova*, p. 319-328 – tradução livre).

81 "É necessário, portanto, repensar a fundação e a colocação sistemática do notório. Sem dúvida, como acabamos de dizer, não parece mais possível considerar a certeza do fato como fundamento de sua notoriedade. E daí também a impossibilidade de acreditar que a notoriedade possa vincular, em si, a livre apreciação do juiz. Este último, de fato, também pode se referir a um fato notório, mas isso nunca pode ocorrer de forma acrítica (ou seja, assumindo que é verdade apenas porque é bem conhecido) e isso porque, como mencionado, um fato notório é intrinsecamente um fato considerado (mas não provado) como verdadeiro. Por esta razão, portanto, parece possível considerar que o notório nunca pode derrogar nem o princípio da livre apreciação nem o princípio do contraditório" (COMOGLIO, Paolo. *Nuove tecnologie e disponibilità della prova*, p. 319-328 – tradução livre).

82 JARAMILLO, José Luis González. Los hechos notorios en la dogmática probatoria. A propósito del COVID-19 y sus efectos jurídicos *Revista Diálogos de Derecho y Política*, n. 25, a. 10, enero-abril, 2020, p. 36-60, esp. 58.

83 A classificação dos recursos em ordinários e extraordinários remete à sua *finalidade*, ou, como alguns preferem, o *objetivo imediato tutelado pelo recurso*. Enquanto nos recursos ordinários busca-se tutelar o direito subjetivo dos recorrentes (apelação,

Podemos identificar duas dimensões em que acontece o controle recursal dos fatos notórios: o controle recursal da *notoriedade do fato* em si e o controle recursal do *regime processual* da notoriedade do fato.

Em relação ao controle recursal da notoriedade do fato, a *causa de pedir recursal* pode sofrer variações a depender de como a sentença ou a decisão impugnada foi proferida[84]. São dois os cenários possíveis: (i) a sentença ou a decisão recorrida considera que um fato relevante para o julgamento é notório e a sua comprovação é desnecessária; ou (ii) a sentença ou a decisão recorrida considera que um fato relevante para o julgamento não é notório e necessita de comprovação, julgando com base no ônus da prova.

No primeiro cenário, a parte sucumbente vai impugnar a sentença ou a decisão recorrida para dizer que o fato não é notório e que deveria ter sido oportunizado a ela o direito de produzir prova sobre esse fato. A alegação no recurso, portanto, é de um *error in procedendo* porque não foi permitida à parte a produção de prova sobre um fato constitutivo do direito, no caso do autor, ou um fato impeditivo, modificativo ou extintivo do direito, no caso do réu. Sendo *rescindente* o efeito produzido pelo julgamento do recurso nesta hipótese, o Tribunal, se acolher a alegação, deverá determinar o retorno do processo ao primeiro grau de jurisdição para reabrir a instrução, com restabelecimento do ônus probatórios, oportunizado às partes o direito à prova[85].

No segundo cenário, a parte sucumbente vai impugnar a sentença ou a decisão recorrida para dizer que o fato é notório e que o julgamento com base no ônus da prova é equivocado. Nesta hipótese, a alegação no recurso é de que houve um *error in judicando* porque não foi considerado um fato relevante para o julgamento, o que permitiria, via de consequência, a revisão

---

agravo de instrumento, agravo interno, embargos de declaração e recurso ordinário constitucional), nos recursos extraordinários a tutela pretenda é do direito objetivo (recurso especial e recurso extraordinário). Por conta disso, os recursos ordinários pressupõem alegação de injustiça da decisão impugna e "de um modo geral, é também permitida uma ampla revisão da matéria fática e probatória, sem que haja exigência da necessidade de se demonstrar a aplicação específica de um determinado texto legal" (JORGE, Flávio Cheim. *Teoria geral dos recursos cíveis.* 8ª ed. São Paulo: Revista dos Tribunais, 2015, p. 52-53).

84 O termo causa de pedir recursal vai utilizado aqui conforme MACÊDO, Lucas Buril de. *Objeto dos recursos cíveis*. Salvador: Juspodivm, 2019, p. 345-357.

85 Neste sentido, mencionando exatamente a oportunidade de produção de provas como consequência do reconhecimento em grau recursal de um *error in procedendo*, cfr. BUENO, Cassio Scarpinella. *Curso sistematizado de direito processual civil: procedimento comum, processos nos tribunais e recursos*. São Paulo: Saraiva jur, 2022, vol. II, p. 577.

da matéria fática mediante nova apreciação do conjunto probatório pelos Tribunais. Nesta oportunidade, não há que se falar em oportunidade de produção de prova porque o julgamento do recurso efetivamente produz efeito substitutivo (art. 1.008 do CPC).

Já no que concerne ao controle recursal do regime processual da notoriedade, também podemos perceber algumas variações. Igualmente, são dois os cenários possíveis: (i) a sentença ou a decisão recorrida foi proferida com base em um fato notório, relevante para o julgamento, que não foi alegado pelas partes e foi suscitado de ofício pelo juiz sem prévia oitiva das partes; ou (ii) a sentença ou a decisão recorrida foi proferida sem considerar um fato notório, relevante para o julgamento, que foi alegado e não foi contestado pela parte adversa.

No primeiro cenário, a alegação a ser feita no recurso é de que houve um *error in procedendo* da sentença ou decisão impugnada porque a questão foi decidida sem prévia manifestação das partes sobre o fato notório suscitado de ofício pelo juiz. Ocorreu violação ao princípio da demanda, ao princípio da correlação e ao princípio do contraditório. A violação ao princípio da demanda ocorrerá porque a decisão foi baseada com base em fatos que não foram aportados pelas partes, mas pelo juiz sem manifestação das partes (art. 2º, CPC). A violação ao princípio da correlação, por sua vez, acontece porque a decisão foi tomada sem congruência com o que foi alegado (arts. 141 e 492, CPC). Por fim, a violação ao princípio do contraditório ocorre porque a matéria fática utilizada pela decisão não foi objeto de debate entre as partes e, via de consequência, não permitiu exercer o direito de influenciar a decisão (arts. 9º e 10, CPC). Diante da função rescindente do julgamento do recurso, é preciso cassar a decisão ou sentença impugnada para permitir o exercício do contraditório pelas partes sobre o fato notório suscitado de ofício. No entanto, caso o processo se encontre em condições de imediato julgamento, com o contraditório já exercido, pode o Tribunal proceder ao julgamento diretamente pela técnica da causa madura (art. 1.013, § 3º, do CPC)[86].

---

86 Como, aliás, procedeu o TJMG ao anular sentença que invocou fato notório como fundamento fático e não deu oportunidade às partes de prévia manifestação. Para tanto, consta do acórdão que "a alegação de fato notório deve ser feita pelas partes, não podendo o juízo invocá-la de ofício, sobretudo sem que as partes tenham tido a oportunidade de se manifestar sobre a questão" (TJMG - Apelação Cível 1.0000.19.156366-7/001, Relator: Des. João Cancio, 18ª Câmara Cível, publicação da súmula em 03/03/2020).

No segundo cenário, a alegação a ser feita no recurso é também de que houve um *error in procedendo* porque violado o *princípio da fundamentação das decisões judiciais* e o *princípio do contraditório*. Se o fato notório alegado por uma das partes for relevante à resolução da controvérsia, com aptidão de alterar o resultado final, deve obrigatoriamente ser analisado pelo juiz na sentença (art. 489, § 1º, inc. IV, do CPC), sob pena de omissão sanável por embargos de declaração (art. 1.022, p. único, inc. II, do CPC). Do mesmo modo, a sentença ou decisão recorrida deverá ser anulada, retornando o processo ao primeiro grau para que uma nova decisão seja proferida enfrentando o fato notório relevante para o julgamento.

Em todos esses casos, quando verificado um erro fático na decisão impugnada, o recorrente tem o ônus de demonstrar de forma dialética que a conclusão da decisão recorrida sobre a notoriedade do fato ou ausência dela é condicionante para a resolução do caso. Não pode a parte recorrente impugnar a versão fática da decisão de forma abstrata e genérica, apenas registrando um inconformismo com a decisão que assumiu um fato como notório ou que deixou de aceitar um fato como notório. É preciso que a parte recorrente submeta a versão fática da decisão impugnada a um processo de falseamento, indicando uma hipótese fática diversa daquela eleita como verdadeira pelo órgão jurisdicional que proferiu a decisão. Isso porque o recurso funciona como verdadeiro "instrumento epistemológico para controle da hipótese fática assumida pelo primeiro julgador"[87].

É importante perceber que o Tribunal poderá julgar diretamente a causa, com base no art. 1.013, § 3º, do CPC, sempre que reconhecer a existência de um *error in procedendo* na decisão impugnada, seja controlando a notoriedade do fato, seja controlando o regime processual da notoriedade. Quando a matéria for eminentemente de direito ou quando for desnecessária produção de outras provas, a causa estará madura para julgamento desde já pelo Tribunal[88].

---

87 Sobre o ponto, contextualizado os erros fáticos à luz dos *errores in judicando*, cfr., com proveito, MACÊDO, Lucas Buril de. *Objeto dos recursos cíveis*, p. 353-355.

88 Sobre o tema, cfr. SIQUEIRA, Thiago Ferreira. Duplo grau de jurisdição e "teoria da causa madura" no novo Código de Processo Civil. *Revista Magister de Direito Civil e Processual Civil*, v. 12, n. 68, p. 38-64, set./out. 2015; OLIVEIRA, Pedro Miranda de. O duplo grau de jurisdição e o julgamento imediato pelos tribunais no CPC/2015. In: *Aspectos polêmicos e atuais dos recursos cíveis: e assuntos afins*. São Paulo: Revista dos Tribunais, 2017, p. 409-422.

Ademais, nada impede a verificação de fatos com *notoriedade indireta* pelos Tribunais no âmbito do julgamento de recursos ordinários. O seu enquadramento normativo é de um *fato superveniente* em grau recursal e deve respeitar o regime do art. 933 do CPC, com contraditório prévio oportunizado às partes. O importante é que a sua verificação seja realizada porque o julgamento deve refletir a realidade *atual* e *contemporânea* dos fatos. Na apelação, a própria parte apelante pode suscitar *fatos novos*, desde que demonstre que não o fez anteriormente por motivo de força maior, conforme autorizado pelo art. 1.014 do CPC.

Nesse aspecto, será muito útil à prova da notoriedade do fato a autorização do Código para a iniciativa probatória do relator em fase recursal, inclusive recorrendo a fontes *on-line* de informação. A produção de prova nos Tribunais é expressamente autorizada no sistema recursal brasileiro[89], o que se afirma a partir de uma leitura em conjunto do art. 370 com o art. 932, inc. I, e o art. 938, § 3º, todos do CPC. O art. 370 versa sobre as hipóteses em que o juiz pode valer-se dos seus poderes instrutórios sem fazer qualquer ressalva ao grau de jurisdição em que poderá ter essa iniciativa. O art. 932, inc. I, trata do poder que o relator possui de dirigir e ordenar o processo no tribunal, *inclusive em relação à produção de prova*. Já o art. 938, § 3º, dispõe sobre o procedimento no âmbito dos tribunais quando houver a necessidade de produção de prova, o que ocorrerá mediante *conversão do julgamento em diligência probatória*.

Quanto ao ponto, vale dizer que o tribunal, nos casos de notoriedade indireta, tem o dever-poder de produção da prova, não consistindo em mera faculdade. Conhecendo fato de notoriedade indireta que repercute na resolução da controvérsia, cabe ao relator no tribunal produzir a prova neste sentido, mas deverá fazê-lo observando o contraditório, para evitar decisão-surpresa, e mediante fundamentação específica. Ocorre que, geralmente, essas informações *on-line* aparecem no momento da decisão colegiada, surpreendendo as partes que sequer têm direito de se manifestar em

89 Reconhecendo os poderes instrutórios em grau recursal, cfr. DIDIER JR., Fredie; CUNHA, Leonardo Carneiro da. *Curso de direito processual civil: meios de impugnação às decisões judiciais e processo nos tribunais*. 14ª ed. Salvador: Juspodivm, 2017, vol. 3, p. 61-62; DIAS, Luciano Souto. *Poderes instrutórios do juiz na fase recursal do processo civil: em busca da verdade*. Salvador: Juspodivm, 2018; RANGEL, Marco Aurélio Scampini Siqueira. Limites da atividade instrutória em grau recursal. *Civil Procedure Review*, v.9, n.2: may.-aug., 2018; ZAMPAR JR., José Américo. *Produção de provas em sede recursal*. São Paulo: Revista dos Tribunais, 2020.

contraditório e, se for o caso, produzir a prova necessária para demonstrar suas alegações[90].

Como se pode perceber, é amplamente permitindo pelo sistema processual o controle do fato notório em grau recursal pelos tribunais locais.

4.10. FATO NOTÓRIO E RECURSOS EXCEPCIONAIS

O controle do fato notório também poderá ser exercido pelos Tribunais Superiores, o que demanda uma análise particularizada por causa da cognição limitada no exame de matéria fática por meio do recurso especial e do recurso extraordinário.

Além disso, não é possível desconsiderar a diferente *função* que exercem os Superiores, notadamente o STF e o STJ, no sistema jurídico brasileiro. Inclusive, esse é um movimento histórico, comparado, doutrinário e legislativo que vem se intensificando cada vez mais, no sentido de definir os Tribunais Superiores como um modelo de Cortes Supremas voltadas à formação de precedentes vinculantes para dar unidade à interpretação da Constituição e da legislação infraconstitucional.

Portanto, estabelecidas essas noções em torno dos Tribunais Superiores, é também crucial levar em consideração a premissa anteriormente estabelecida de que o controle recursal do fato notório pode recair tanto sobre a notoriedade do fato em si, quanto sobre o regime processual do fato notório.

Em primeiro lugar, é o caso de analisar como pode ser exercido o controle do fato notório no âmbito do STJ.

Em relação ao controle recursal da notoriedade do fato, é possível visualizar duas hipóteses: (i) o acórdão impugnado considera que um fato relevante para o julgamento é notório e a sua comprovação é desnecessária; ou (ii) o acórdão impugnado considera que um fato relevante para o julgamento não é notório e necessita de comprovação, julgando com base no ônus da prova.

Em ambas as hipóteses, em que a parte recorrente alegaria violação ao art. 374, inc. I, do CPC, não cabe ao STJ discutir a notoriedade do fato

90 Por exemplo, em julgamento de apelação, o TJSP afirmou a legitimidade passiva dos réus com base em "informações verificadas nos sites de ambos que permitem a conclusão de que o segundo réu teria sido adquirido pelo primeiro como forma de conta de pagamento digital", pois "as instituições rés fazem parte do conglomerado SANTANDER" e esse é um "fato notório e amplamente divulgado na internet" (TJSP; Apelação Cível 1008598-54.2021.8.26.0077; Relator: Alexandre David Malfatti; Órgão Julgador: 12ª Câmara de Direito Privado; Foro de Birigui - 3ª Vara Cível; Data do Julgamento: 02/08/2023).

porque a versão dos fatos já foi estabelecida e verificada pelo Tribunal local no acórdão impugnado[91]. Permitir que o STJ analisasse a notoriedade ou não de um determinado fato nessas situações demandaria, invariavelmente, o revolvimento de questões fático-probatórias[92], o que esbarraria na vedação imposta pelo enunciado da Súmula nº 07 do STJ, segundo a qual "a pretensão de simples reexame de prova não enseja recurso especial".

Uma consulta à jurisprudência do STJ revela que a Corte tem agido corretamente na grande maioria dos casos apreciados quando o recurso especial alegou violação ao art. 334, inc. I, do CPC/1973 ou ao art. 374, inc. I, do CPC/2015, posto que tem rejeitado o exame da notoriedade de um determinado fato com fundamento no enunciado da Súmula nº 07[93].

Todavia, em posição que parece ser isolada, alguns julgados do STJ tem aceitado analisar recurso especial com alegação aos dispositivos acima indicados porque não seria o caso de reexaminar matéria fática, e sim proceder à revaloração jurídica do fato, o que seria possível. Com base nesse fundamento, o STJ já decidiu, por exemplo, que "é fato notório (art. 374, I,

---

91 Neste sentido, afirma Luiz Guilherme Marinoni que "mesmo que a definição de notoriedade não tenha exigido prova, mas seja fundada na convicção do juiz - devidamente motivada -, tal questão não pode ser levada ao STJ, pois implicaria em renovação da formação da convicção sobre a notoriedade do fato" (MARINONI, Luiz Guilherme. Reexame da prova diante dos recursos especial e extraordinário. *Revista de Processo*, v. 30, n. 130, p. 19-38, dez. 2005). Cfr., ainda, no mesmo sentido, MARINONI, Luiz Guilherme; MITIDIERO, Daniel. *Recurso extraordinário e recurso especial: do* jus litigatoris *ao* jus constitutionis. São Paulo: Revista dos Tribunais, 2020, p. 175-176.

92 Por outro motivo, João Francisco Naves da Fonseca diz ser "inadmissível, portanto, o recurso especial que queira rediscutir a convicção devidamente fundamentada a respeito da *notoriedade* do fato, tenha esta exigido prova ou não para ser formada, porque ela é uma qualidade do fato que é verificada no momento e na localidade em que a decisão é proferida" (FONSECA, João Francisco Naves da. *Exame dos fatos nos recursos extraordinário e especial*, p. 149).

93 Neste sentido, cfr. o ilustrativo trecho que segue: "se o Tribunal *a quo*, a quem cabe a apreciação soberana da matéria fática considerou não-comprovado o fato que o recorrente alega ser notório, descabe a essa Corte rever tal conclusão, por ser necessário o exame do conjunto probante dos autos, o que esbarra no comando da Súmula 7 do STJ" (REsp n. 433.481/RJ, relator Ministro Felix Fischer, Quinta Turma, julgado em 8/6/2004, DJ de 1/7/2004). Igualmente, cfr. outros julgados: AgRg no Ag n. 24.836/MG, relator Ministro Sálvio de Figueiredo Teixeira, Quarta Turma, DJ de 31/5/1993; REsp n. 797.735/RS, relator Ministro José Delgado, Primeira Turma, DJ de 26/6/2006; AgRg no REsp n. 902.097/RS, relator Ministro Hamilton Carvalhido, Sexta Turma, DJ de 13/8/2007; REsp n. 1.268.202/AL, relator Ministro Mauro Campbell Marques, Segunda Turma, DJe de 2/2/2012; AgRg no AREsp n. 503.492/RJ, relator Ministro Herman Benjamin, Segunda Turma, DJe de 9/10/2014.

do CPC) que o tráfego de veículos com excesso de peso provoca sérios danos materiais às vias públicas"[94] e que "é notório que, pelo menos durante quatro meses do ano, em São Paulo, e, às vezes até durante o verão, ocorrem baixas temperaturas"[95]. Ocorre que, como se pode notar, o que o STJ analisou nesses casos não são fatos notórios – isto é, eventos concretos – mas verdadeiras *regras de experiência.*

Em conclusão, não é possível que o STJ exerça o controle sobre a notoriedade do fato, por violação ao 374, inc. I, do CPC, com base na hipótese de cabimento do art. 105, inc. III, "a", da CF.

Nada impede, porém, que o STJ analise eventual divergência jurisprudencial entre tribunais sobre a notoriedade de um determinado fato, por exemplo, um acontecimento concreto de alcance nacional que os tribunais divergem sobre a sua notoriedade para fins de comprovação em juízo[96]. Em

---

94 Cfr., por todos, o AgInt nos EDcl no AREsp n. 1.772.681/MG, relator Ministro Herman Benjamin, Segunda Turma, DJe de 31/8/2021, e, igualmente, o AgInt no REsp n. 1.678.883/DF, relator Ministro Herman Benjamin, Segunda Turma, DJe de 19/4/2021. Também neste sentido: "a revisão das conclusões do acórdão estadual acerca da ausência do alegado fato notório justificador do atraso da recorrente no adimplemento do prazo de entrega do imóvel, na via especial, esbarra na Súmula nº 7 do STJ" (AgInt no AREsp n. 929.972/MG, relator Ministro Moura Ribeiro, Terceira Turma, DJe de 14/2/2017). Em outro caso, entendeu que "o Tribunal de origem, soberano na análise dos fatos e provas produzidos na demanda, concluiu que a data de pagamento dos servidores é fato notório e dispensa a produção de provas, e, portanto, não há perda salarial a se considerar", razão pela qual "para se adotar qualquer posição em sentido contrário ao que ficou expressamente consignado, seria necessário o reexame do conteúdo fático probatório dos autos, o que é vedado em grau de recurso especial, em atenção a súmula 7/STJ" (AgInt no AREsp n. 961.022/RJ, relator Ministro Mauro Campbell Marques, Segunda Turma, DJe de 14/10/2016).

95 Assim, cfr. REsp n. 1.537.530/SP, relator Ministro Herman Benjamin, Segunda Turma, DJe de 27/2/2020.

96 Chiovenda, por sua vez, defendia que "todo juízo contrário ao *notório*", embora consista em questão de fato, é sujeito à censura pela Corte de Cassação desde que "se encontre numa possível relação de *causalidade* com a decisão: se se patenteia que a decisão independeu do juízo de fato defeituoso, mantém-se a decisão" (CHIOVENDA, Giuseppe. *Instituições de direito processual civil,* vol. III, p. 304-305). Contestando o ponto, Calamandrei diz que "estas observações mantêm todo o seu valor independentemente da fonte de prova a partir da qual o juiz de primeira instância foi induzido a resolver erroneamente a questão de fato; e também o mantêm mesmo que o erro cometido pelo juiz colida com um fato notório, que ele poderia ter levado em conta mesmo sem necessidade de prova. Dito isto, quando leio a palavra de autoridade de Chiovenda ensinando que <<é também um juízo de fato, mas sensato (na Corte de Cassação) qualquer julgamento contrário ao notório>>, sou levado a me perguntar que perigo pode

um tribunal, exige-se prova acerca daquele fato, em outro a prova é dispensada. Nesta situação, a hipótese de cabimento recurso especial é a do art. 105, inc. III, "c", da CF. Contudo, é preciso deixar claro que essa possibilidade só virá a ocorrer em caso de notoriedade de um fato com dispersão *nacional*. Se a própria existência de fatos notórios *locais* é uma premissa a ser observada, é importante que os Tribunais *locais* fiquem responsáveis pela constatação de ditas notoriedades[97].

Diferente, porém, é o cabimento de recurso especial para controle do regime processual relativo ao fato notório. Igualmente, são dois os cenários possíveis: (i) o acórdão impugnado foi proferido com base em um fato notório, relevante para o julgamento, que não foi alegado pelas partes e foi suscitado de ofício pelo juiz sem prévia oitiva das partes; ou (ii) o acórdão impugnado foi proferido sem considerar um fato notório, relevante para o julgamento, que foi alegado e não foi contestado pela parte adversa.

Nas duas hipóteses o STJ poderá analisar o recurso porque não há propriamente reexame de questões fáticas, apenas violação a questões jurídicas. Enquanto no primeiro cenário o STJ analisará a violação a dispositivos ligados ao princípio do contraditório porque o acórdão impugnado decidiu com base em fato notório não alegado pelas partes (arts. 9º e 10 do CPC)[98], no segundo o STJ observará se houve violação dispositivos correspondentes ao dever de fundamentação das decisões judiciais no acórdão impugnado diante da omissão ao não enfrentar fato notório alegado pelas partes (art. 489, § 1º, inc. IV, do CPC/2015). Embora a hipótese de cabimento mais

---

constituir para uma correta interpretação jurisprudencial do objetivo um erro contra o notório em que o juiz de origem incorreu na apuração do fato" (CALAMANDREI, Piero. La Cassazione Civile: parte seconda. In: *Opere giuridiche* (a cura di Mauro Cappelletti). Roma: Roma Tre Press, 2019, vol. VII, p. 346-347 – tradução livre).

97 No direito processual espanhol, defendendo que o controle da notoriedade pelos Tribunais Superiores pode acontecer quando for ultrapassado o caráter local da notoriedade e quando ele for alegado e não levado em consideração na decisão, cfr. GUASCH FERNANDEZ, Sergi. *El hecho y el derecho en la casación civil*. Barcelona: J. M. Bosch, 2011, 1998, p. 529-534. Vale lembrar que a lei processual espanhola só considera notório o fato quando a notoriedade for geral e absoluta.

98 Para justificar a possibilidade de controle cassacional da decisão que não leva em consideração o fato notório, ALLORIO chega a dizer que "o desconhecimento de um fato notório é comparável, em seus efeitos, ao desconhecimento de uma norma jurídica" e que são "irrelevantes as circunstâncias em que o desconhecimento tenha ocorrido: se o juiz conhecia efetivamente ou ignorava o fato notório que negligenciou; se decidiu expressa ou tacitamente em contradição com tal fato" (ALLORIO, Enrico. Observaciones sobre el hecho notorio. In: *Problemas de derecho procesal*, p. 403).

comum de se visualizar é a do art. 105, inc. III, "a", da CF, mas nada impede também a alegação de que os tribunais tenham entendimentos diversos sobre a necessidade de contraditório nessas hipóteses e de caracterização ou não da omissão (art. 105, inc. III, "c", da CF).

Nota-se que, nessas hipóteses, não há propriamente um juízo acerca da *convicção* acerca da notoriedade do fato, mas apenas consequências processuais derivadas de uma convicção já estabelecida acerca da notoriedade de um fato[99], especialmente ligada à fundamentação das decisões judiciais, notadamente a partir da regra de experiência que embasa a inferência entre o fato conhecido (notório) para o fato desconhecido (presumido)[100].

Nas hipóteses em que o STJ pode analisar a violação ao regime processual da notoriedade, uma vez reconhecida a violação alegada no recurso especial, poderá proceder diretamente ao julgamento do processo (art. 1.034, CPC). Nestas ocasiões, a notoriedade do fato em si, antes proibida, poderá ser objeto de análise pelo STJ até porque todas as demais matérias concernentes ao capítulo impugnado são devolvidas ao tribunal.

---

99 Em sentido aproximado, Luiz Guilherme Marinoni defende que "o recurso especial apenas pode discutir a notoriedade no caso em que a decisão considerou um fato olhando para outro, isto é, considerou um fato no lugar do outro para concluir a respeito da notoriedade. Perceba-se que, nesse caso, embora possa não ter sido necessária a produção de prova sobre a notoriedade, não houve simples compreensão de uma prova em abstrato ou mera qualificação jurídica de um fato reputado existente, mas sim a definição da natureza ou dos contornos do próprio fato afirmado como notório" (MARINONI, Luiz Guilherme. Reexame da prova diante dos recursos especial e extraordinário. *Revista de Processo*, v. 30, n. 130, p. 19-38, dez. 2005). Cfr., ainda, no mesmo sentido, MARINONI, Luiz Guilherme; MITIDIERO, Daniel. *Recurso extraordinário e recurso especial: do* jus litigatoris *ao* jus constitutionis. São Paulo: Revista dos Tribunais, 2020, p. 175-176.

100 Não é por outro motivo que a doutrina italiana, por exemplo, afirma ser possível o controle exercido sobre a *motivação* da notoriedade na decisão judicial, como se vê, por exemplo, de FAZZALARI, Elio. *Il giudizio civile di cassazione*. Milano: Giuffrè, 1960, p. 96-97, que entende o controle em caso de "assunção de fato não comprovado e erroneamente considerado notório" e quando "omitida ou insuficiente motivação na não presunção de fato notório" – tradução livre. Em sentido semelhante, admitindo o controle quando a decisão impugnada "admitir explícita ou implicitamente que o conteúdo da afirmação da parte efetivamente se refere a um fato notório, mas daí deriva consequências em contradição com essa conclusão, e então, se o vício não puder ser qualificado como motivação errônea, haverá violação da regra da experiência necessária para coordenar o fato admitido (notório) com o fato a ser provado" (PAVANINI, Giovanni. Massime d'esperienza e fatti notori in Corte di Cassazione. *Rivista di Diritto Processuale*, v. 14, n. 1, p. 247-268, 1937 – tradução livre).

O mesmo acontece em relação à notoriedade *indireta*, que também pode ser considerada no âmbito dos recursos especiais destinados ao STJ somente por ocasião do julgamento do processo, depois que o recurso especial for admitido, nos termos do art. 1.034 do CPC.

Vale lembrar que existe uma diferença que merece ser observada na comparação entre recursos ordinários e recursos excepcionais e ela diz respeito justamente ao que dispõe o art. 1.034 do CPC. De acordo com esse dispositivo, depois de admitido o recurso extraordinário ou o recurso especial, o Tribunal Superior deve julgar o processo e, por conseguinte, aplicar o direito. Assim, é de se notar que os Tribunais Superiores não exercem somente um juízo de censura – ou, em outras palavras, um juízo cassacional – reconhecendo a violação à Constituição ou à lei infraconstitucional, anulando o acórdão impugnado e devolvendo ao tribunal de origem para promover um novo julgamento. Os Tribunais Superiores devem, efetivamente, julgar a causa e o efeito produzido por esse julgamento é propriamente *substitutivo*, e não meramente rescindente[101].

E esses fatos de notoriedade indireta poderão perfeitamente ser levados em consideração no julgamento da causa pelos Tribunais Superiores (no caso, o STJ), mais uma vez observando o regramento do fato superveniente previsto em grau recursal que vem previsto no art. 933 do CPC, e, também mais uma vez, podendo o STJ ter iniciativa probatória neste sentido.

Inclusive, o STJ já aceitou que "conhecido o recurso especial, esta Corte detém cognição ampla para o julgamento da lide, podendo, ao aplicar o direito à espécie, levar em consideração fatos novos, extintivos do direito de uma das partes, ocorridos posteriormente ao ajuizamento da ação, nos

---

101 Neste sentido, cfr., por exemplo, BUENO, Cassio Scarpinella. *Curso sistematizado de direito processual civil*, vol. II, p. 724-726; DIDIER JR., Fredie; CUNHA, Leonardo Carneiro da. *Curso de direito processual civil*, vol. 3, p. 370-375; FONSECA, João Francisco Naves da. A profundidade do efeito devolutivo nos recursos extraordinário e especial: o que significa a expressão "julgará o processo, aplicando o direito" (CPC-2015, art. 1.034)? *Revista do Advogado*, v. 35, n. 126, p. 124-130, maio 2015; JORGE, Flávio Cheim; SIQUEIRA, Thiago Ferreira Siqueira. Função e técnica de julgamento dos recursos extraordinário e especial. *Revista de Processo*, v. 44, n. 295, p. 165-192, set. 2019. Esse entendimento é reafirmado ainda pela Súmula nº 456 do STF: "O Supremo Tribunal Federal, conhecendo do recurso extraordinário, julgará a causa, aplicando o direito à espécie". Muito embora o STJ venha cada vez mais exercendo juízos de cassação por ocasião do julgamento de recursos especiais, cfr. CUNHA, Leonardo Carneiro da. A cassação e o Superior Tribunal de Justiça brasileiro. *Revista de Processo*, v. 45, n. 299, p. 191-210, jan. 2020.

termos do art. 462 do CPC/73 (art. 493 do CPC/15)"[102]. Porém, a 4ª Turma do STJ restringe essa possibilidade ao decidir que "os fatos supervenientes à propositura da ação, que influenciem no julgamento da lide, só podem ser levados em consideração até o segundo grau de jurisdição, não sendo possível a arguição destes em sede de recurso especial, tendo em vista a exigência constitucional do prequestionamento"[103]. Pelos motivos já expostos, esse segundo entendimento não deve prevalecer especialmente em razão do que dispõe o art. 1.034 do CPC.

Em segundo lugar, analisando o cabimento de recurso extraordinário para controle do fato notório, nota-se que a análise pelo STF ficaria muito restrita, quando não inexistente, seja no tocante à notoriedade do fato em si, seja no tocante ao regime processual da notoriedade.

Para controlar a notoriedade do fato, seria exigido do STF reexaminar a convicção do acórdão impugnado sobre a ocorrência, inocorrência ou modo de ser de um determinado fato. Em outras palavras, haveria reexame de matéria fático-probatória e o enunciado da Súmula nº 279 do STF não autoriza essa análise: "para simples reexame de prova não cabe recurso extraordinário". Mesmo que fosse aceita essa hipótese, a violação à Constituição seria invariavelmente intermediada pelo art. 374, inc. I, do CPC, em clara situação de ofensa *reflexa* à Constituição[104].

---

102 AgInt nos EDcl no REsp n. 1.327.956/SP, relator Ministro Paulo de Tarso Sanseverino, Terceira Turma, DJe de 3/8/2017.

103 AgInt no AREsp n. 1.589.440/RJ, relator Ministro Marco Buzzi, Quarta Turma, DJe de 1/10/2021.

104 Nem sempre foi assim. Durante a vigência da Constituição de 1946, como era concentrada no recurso extraordinário a análise de violação a dispositivos constitucionais ou a dispositivos infraconstitucionais (art. 101, inc. III, "a"), ao STF competia analisar violação ao art. 211 do CPC/1939 que dispunha sobre os fatos notórios. Desse modo, o STF já decidiu que (i) não constitui fato notório a existência de prova do "direito local, estrangeiro, singular e costumeiro", de modo que "a indicação de julgados divergentes para assento do recurso de revista pode ser feita através de quaisquer coletâneas, ressalvada aos juízes a exigência de prova de autenticidade" (RE 5914, Relator: Min. Philadelpho Azevedo, julgado em 16/11/1942); (ii) não constitui fato notório "a reprodução pela estação do rádio pertencente à ré de trabalhos artísticos a termos de se tornar exigível a remuneração pretendida", isso porque "se se pode ter como notório a irradiação, o mesmo não passa com respeito à natureza e condição dos trabalhos reproduzidos" (AI 15627, Relator: Min. Orozimbo Nonato, Segunda Turma, DJ 30-04-1953); (iii) em caso que discutia a anulação de casamento por coação, decidiu que "a dispensa de prova dos fatos notórios (Cod. Proc. Civ., art. 211) não impede prova contrária, o que é permitido pelo art. 251, relativamente a qualquer presunção legal, salvo quando a própria lei a exclua" (RE 45380, Relator: Min. Victor Nunes, Segunda Turma, DJ 15-09-1961).

O controle do regime processual da notoriedade também não seria passível de exame pelo Supremo porque deverá ser alegada violação aos princípios do contraditório e da fundamentação das decisões judiciais. Nesses casos, o Supremo tem reiteradamente decidido que a ofensa a direitos fundamentais processuais (p. exp. coisa julgada, fundamentação, contraditório, prova) é meramente *reflexa* porque a sua aplicação é intermediada por dispositivos infraconstitucionais. Esse entendimento, contudo, é passível de críticas porque não são todas as situações fáticas em que o conteúdo da norma jurídica violado é prescrito por um dispositivo de legislação infraconstitucional, o que, se fosse entendido da maneira correta, autorizaria o exame pelo STF.

4.11. FATO NOTÓRIO E AÇÃO RESCISÓRIA

Uma hipótese de controle da notoriedade do fato é aquela exercida por meio da ação rescisória quando verificado que a decisão rescindenda cometeu um *erro de fato*, nos termos autorizados pelo art. 966, inc. VIII, do CPC. Entretanto, não é possível confundir o "notório erro de fato" com o "erro de fato notório". A primeira é uma expressão muito utilizada na jurisprudência dos tribunais para julgar improcedentes ações rescisórias que não conseguem demonstrar inequivocamente o erro de fato que permita a rescisão da decisão[105]. Já a segunda é a clássica hipótese de cabimento da ação rescisória voltada para o fato notório, o que importa ao presente trabalho.

Por erro de fato é possível observar duas possibilidades: ou quando a decisão rescindenda *admitir fato inexistente* ou quando a decisão rescindenda *considerar inexistente fato efetivamente ocorrido*. Em ambos os casos, porém, é indispensável que "o fato não represente ponto controvertido sobre o qual o juiz deveria ter se pronunciado", conforme reza a dicção do § 1º do art. 966 do CPC.

O erro de fato não se confunde com erro de juízo, isto é, com um erro de julgamento no tocante à valoração da prova ou à qualificação jurídica dos fatos[106], muito menos se confunde com o erro material.

---

105 Exemplificativamente, o TJSP tem diversos julgados usando essa expressão, como: "ausência de interpretação aberrante, que viole norma jurídica manifestamente ou implique em notório erro de fato" (TJSP; Ação Rescisória 2095066-70.2023.8.26.0000; Relator (a): Natan Zelinschi de Arruda; Órgão Julgador: 2ª Câmara Reservada de Direito Empresarial; Foro Central Cível - 1ª Vara Empresarial e Conflitos de Arbitragem; Data do Julgamento: 23/05/2023).

106 É o entendimento da jurisprudência pacífica do STJ, como se vê, exemplificativamente, dos seguintes julgados: "não configura erro de fato a alegação de equívoco interpretativo

De um lado, valorar uma prova é interpretar as informações extraídas das *fontes* de prova através dos *meios* de prova, atribuindo-lhe maior ou menor peso para fins de comprovação de um determinado fato à luz das circunstâncias concretas de cada caso[107]. De outro lado, qualificar juridicamente um fato é realizar um juízo de pertinência entre o fato concretamente demonstrado e o fato descrito em abstrato na norma jurídica, atestando que ele é passível de produzir consequências jurídicas. Como se pode perceber, a diferença é nítida porque enquanto a valoração da prova é estabelecida na interpretação que o juiz faz da relação entre *fato e prova,* na qualificação jurídica do fato a interpretação é feita pelo juiz a partir da relação entre *fato e norma jurídica.*

Por sua vez, o erro material é um mero erro de exteriorização da vontade por parte do julgador, sem aptidão de influenciar no resultado do julgamento. É um erro de expressão do julgamento, e não do julgamento em si[108]. Embora o erro material possa ser considerado uma espécie da *categoria erro* junto ao erro de direito e ao erro de fato, deste último se diferencia porque o erro de fato integra o raciocínio desenvolvido pelo juiz, ainda que de forma indireta[109]. Até por conta dessas características é que o erro material pode ser corrigido a qualquer tempo e em qualquer grau de jurisdição, a requerimento das partes ou de ofício pelo juiz ou tribunal (art. 494, inc. I e art. 1.022, inc. II, ambos do CPC).

Com essas premissas em mente, a rescindibilidade da decisão judicial que envolve o erro de fato envolvendo o fato notório poderá ser buscada por três diferentes caminhos: fato não alegado, fato admitido e fato não contestado[110].

---

ou na qualificação jurídica dos fatos" (AgInt na AR n. 7.087/DF, relator Ministro Paulo de Tarso Sanseverino, Segunda Seção, julgado em 15/3/2022, DJe de 18/3/2022); e "o erro de fato que autoriza a rescisão do julgado é aquele decorrente de má percepção dos fatos pelo magistrado, e não aquele decorrente da valoração jurídica dada pelo magistrado" (AR n. 4.158/RN, relator Ministro Antonio Saldanha Palheiro, Terceira Seção, julgado em 24/3/2021, DJe de 5/4/2021).

107 Conceito semelhante pode ser encontrado em DINAMARCO, Cândido Rangel. *Instituições de direito processual civil*, vol. III, p. 132.

108 Sobre o tema, vale conferir, TALAMINI, Eduardo. *Coisa julgada e sua revisão*. São Paulo: Revista dos Tribunais, 2005, cap. 11; TALAMINI, Eduardo. O erro material no processo civil. *Revista Dialética de Direito Processual*, n. 30, p. 46-52, set. 2005.

109 YARSHELL, Flávio Luiz. *Ação rescisória: juízos rescindente e rescisório*. São Paulo: Malheiros, 2005, p. 341.

110 Conforme desenvolvido – de maneira ampla, não ligado somente ao fato notório – por BARBOSA MOREIRA, José Carlos. *Comentários ao Código de Processo Civil: arts. 476*

(i) em primeiro lugar, quando o fato notório não foi alegado por nenhuma das partes e, por conta disso, também não foi levado em consideração pelo juiz. Nesse caso, a decisão judicial rescindenda transitou em julgado omitindo-se em relação a um fato notório existente ao tempo da sua prolação cuja aplicação no caso concreto levaria a outro resultado[111];

(ii) em segundo lugar, quando o fato notório foi admitido expressamente pela parte adversa, o que pode ocorrer em duas diferentes dimensões: quando as partes concordam com a *existência* de um fato notório alegado no processo e o juiz entende na decisão rescindenda pela sua *inexistência*, ou quando as partes concordam com a *inexistência* de um fato notório alegado no processo e o juiz entende na decisão rescindenda pela sua existência;

(iii) em terceiro lugar, quando o fato notório alegado por umas das partes e não impugnado pela parte adversa é utilizado como fundamento da decisão rescindenda, e, no entanto, é possível verificar a inexistência desse fato notório.

Nas três hipóteses acima mencionadas, é indispensável que a percepção equivocada sobre o fato notório seja relevante e decisiva para alterar o resultado da decisão judicial[112]. Em outras palavras, seja na condição de fato

---

a 565. 6ª ed. Rio de Janeiro: Forense, 1994, vol. V, p. 133-135. Igualmente, cfr. DIDIER JR., Fredie; CUNHA, Leonardo Carneiro da. *Curso de direito processual civil*, vol. 3, p. 580.

111 Quanto a esta hipótese, existe interessante julgado da Subseção II do TST que, em julgamento de recurso de revista interposto contra acórdão que julgou uma ação rescisória, entendeu que "não se sustenta a alegação de que o encerramento das atividades da Autora é fato notório (art. 374, I, do CPC de 2015)", registrando que "é curioso que a parte tente demonstrar a notoriedade desse fato com notícias extraídas da *internet*, datadas de 2016 (fls. 10 e 12), enquanto que a sentença rescindenda, prolatada em 2014, transitou em julgado em 6/2/2015 (fl. 51)" (RR-185900-88.2013.5.17.0006, 3ª Turma, Relator Ministro Mauricio Godinho Delgado, DEJT 01/06/2018). O problema, como se pode perceber, não é a capitulação jurídica como erro de fato para fins de cabimento da ação rescisória, mas justamente que a informação extraída da *internet* não poderia ser conhecida ao tempo da prolação da sentença porque publicada em momento posterior ao trânsito em julgado da sentença.

112 É ponto comum na doutrina de que o erro de fato deve ser determinante para a resolução da controvérsia, cfr. YARSHELL, Flávio Luiz. *Ação rescisória*, p. 339; TALAMINI, Eduardo. *Coisa julgada e sua revisão*, p. 19; MARINONI, Luiz Guilherme; MITIDIERO, Daniel. *Ação rescisória: do juízo rescindente ao juízo rescisório*. São Paulo: Revista dos Tribunais, 2017, p. 258; DIDIER JR., Fredie; CUNHA, Leonardo Carneiro da. *Curso de direito processual civil*, vol. 3, p. 579.

primário, seja na condição de fato secundário, para configuração do erro de fato é preciso haver um *nexo de causalidade* entre o fato notório e o resultado da decisão rescindenda[113].

A procedência do juízo rescindente, reconhecendo que a decisão incorreu em percepção equivocada sobre um fato notório por admiti-lo como inexistente ou por considerá-lo existente quando não deveria, leva diretamente à procedência do juízo rescisório, sem necessidade de reabertura de dilação probatória[114]. Isso já ocorreria mesmo na hipótese em que o erro de fato não envolvesse fato notório, mas no caso do fato notório isso é ainda mais evidente porque a notoriedade sempre funcionou como uma *ponte* que leva diretamente o fato à verdade, sem intermediação da prova, razão pela qual não há que se falar de dilação probatória entre o juízo rescindente e o juízo rescisório.

A grande questão em torno do controle do fato notório por meio de ação rescisória é saber se a notoriedade é aquela que deveria ter sido percebida pelo julgado ao *tempo* em que proferida a decisão que se pretende rescindir ou se a notoriedade pode ser posteriormente verificada depois do trânsito em julgado. Sabe-se que a construção do atributo da notoriedade, em muitas situações, é gradativa e ocorre de forma progressiva no tempo. Quanto maior a divulgação do fato, maior a possibilidade de ter notoriedade conhecida em uma determinada esfera social. Um fato passa a ser mais conhecido quando, por exemplo, recebe maior atenção da imprensa ou quando circula pela *internet* de forma mais constante. Desse modo, é inevitável concluir que a resposta a esse questionamento deve se inclinar em direção à primeira opção, já que o objetivo é demonstrar que a decisão judicial de mérito transitada em julgado deveria ter sido julgada em outro sentido se não fosse a percepção equivocada sobre o fato notório por parte do órgão

---

113 A expressão *nexo de causalidade*, ressaltando a relação de causa e efeito, é mencionada por SANCHES, Sydney. Da ação rescisória por erro de fato. *Revista de Processo*, v. 11, n. 44, p. 44-68, out./dez., 1986: "Para que o erro de fato legitime a propositura da ação rescisória é preciso que tenha ele influído decisivamente no julgamento rescindendo. Em outras palavras: é preciso que a sentença seja efeito do erro de fato; que haja entre aquela e este um nexo de causalidade".

114 Neste ponto, alerta Flávio Yarshell que "tratando-se de típico erro de juízo, o reconhecimento do erro de fato não autoriza – nem mesmo em nome das garantias do devido processo legal, ampla defesa e contraditório – a reabertura de dilação probatória, porque o fato não controvertido e 'saltado' pelo julgamento de mérito rescindendo há que resultar do processo originário, nada havendo, ao menos em princípio, que acrescer" (YARSHELL, Flávio Luiz. *Ação rescisória*, p. 341 e 413).

jurisdicional que a proferiu. No entanto, a simples divulgação de um determinado fato na imprensa ao tempo que a decisão rescindenda foi proferida não é suficiente para tê-lo como notório, muito embora essa publicidade do fato possa contribuir para atingir certa notoriedade[115].

Em suma, se não fosse o *erro de fato* praticado ao desconsiderar um fato que, naquele momento, era notório, ou por considerar um fato notório que, naquele momento, não o era. Pensar em sentido contrário é admitir que a ação rescisória seja utilizada como via impugnativa de *mera adequação* da decisão rescindenda à *nova* realidade fática que se impõe. A decisão é sempre contextualizada em um determinado tempo e espaço. No entanto, existem caminhos bem definidos no CPC para esse objetivo, a título de limites temporais da coisa julgada, quando combinados os requisitos da modificação fática superveniente em uma relação jurídica de trato continuado (art. 505, inc. I, do CPC).

O fato de notoriedade *indireta* não comporta a propositura de ação rescisória com base em erro de fato porque a falha na percepção por parte do órgão julgador tem que ser lastreada em prova constante dos autos. Não seria possível alegar um erro de fato para fins de rescisão de uma determinada decisão com base em documento produzido após o trânsito em julgado[116]. Diferente, todavia, é quando a informação disponível *on-line* foi consultada e utilizada na decisão rescindenda sem oportunizar o contraditório às par-

---

115 Por esse motivo, o TJDFT julgou improcedente o pedido de uma ação rescisória, fundamentando que "a publicação de matérias jornalísticas com notícia de determinado acontecimento, não faz, por si só, com que o fato narrado seja notório, de modo a dispensar a prova. Ademais, ainda que se admita essa qualidade do fato, mostra-se necessário, para sua admissão pelo juiz da causa, que a parte alegue tal qualidade" (TJDFT, Acórdão 283947, 20060020133337ARC, Relator: Mario-Zam Belmiro, Revisor: Arnoldo Camanho, 3ª Câmara Cível, publicado no DJU Seção 3: 9/10/2007). Também neste sentido, muito embora não em sede de julgamento de uma ação rescisória, a 3ª Turma do STJ já decidiu que "a circunstância de o fato encontrar certa publicidade na imprensa não basta para tê-lo como notório, de maneira a dispensar a prova", sendo "necessário que seu conhecimento integre o comumente sabido, ao menos em determinado estrato social por parcela da população a que interesse" (REsp n. 7.555/SP, relator Ministro Eduardo Ribeiro, Terceira Turma, DJ de 3/6/1991).

116 Esse é o entendimento do STJ: "a rescindibilidade advinda do erro de fato decorre da má percepção da situação fática resultante de atos ou documentos da causa dos quais o magistrado não se valeu para o julgamento, a despeito de existentes nos autos" (REsp 1065913/CE, Rel. Ministro Luiz Fux, Primeira Turma, julgado em 20/8/2009, DJe 10/9/2009. E também, por exemplo, no AR 3.868/SP, Rel. Ministro Mauro Campbell Marques, Primeira Seção, julgado em 09/02/2011, DJe 16/02/2011.

tes para manifestação. Neste caso, a ação rescisória tem cabimento, muito embora não seja por erro de fato, mas por violação à norma jurídica (art. 966, inc. V, do CPC), notadamente em decorrência da violação ao art. 10 do CPC por ser um caso de decisão-surpresa[117].

No entanto, nada impede que o fato de notoriedade *indireta* abra a possibilidade de manejo da ação rescisória com base em outra capitulação, prevista no art. 966, inc. II, do CPC, referente à *prova nova*. Se a parte autora da ação rescisória obtiver prova nova, inclusive extraída de fontes *on-line* cuja consulta estivesse disponível, que teria sido capaz, por si só, de lhe assegurar um pronunciamento favorável, mas cuja existência ignorava ao tempo em que proferida a decisão ou que demonstrar não ter podido fazer uso, é o caso de admiti-la.

Porém, é preciso deixar claro: não se trata de admitir a ação rescisória com base em prova nova pela simples alegação de que a decisão rescindenda não considerou determinado fato que, por estar disponível *on-line*, poderia ter sido acessado e consultado pelo juiz ou tribunal ao tempo de sua prolação. Pelo contrário, justamente porque poderia ter sido consultado e aportado ao processo, deve ser observada a eficácia preclusiva da coisa julgada (art. 508, CPC), afinal, a notoriedade fática é uma questão que poderia ter sido deduzida pela parte e não foi[118].

---

117 É o que já admitiu o TJRJ: "ocorrência de violação à norma jurídica. Art. 10 do CPC. Consulta ao sítio da Wikipédia para fundamentar a responsabilidade da LAMSA que deve ser extirpada, posto que não foi dada oportunidade às partes para manifestação" (TJRJ, 0034449-47.2021.8.19.0000 - Ação Rescisória. Des(a). Natacha Nascimento Gomes Tostes Gonçalves De Oliveira - Julgamento: 09/12/2021 - Seção Cível).

118 Inclusive, neste sentido já decidiu o TJPR afirmando que "os documentos acostados com a inicial (mov. 1.4 e 1.5), cuidam de consulta realizada pela própria parte, junto ao site do Banco Itaú, em que constam o valor das ações negociadas, não se trata de prova nova, eis que poderia, da mesma sorte, ser facilmente acessado pela parte à época do julgamento", razão pela qual "pode ser facilmente aferida por consultas, o que descaracteriza, em absoluto, qualquer prova nova para fins de cabimento da ação rescisória". Finalizou dizendo que "o valor das ações não é um elemento de difícil acesso, mormente porque os valores são de conhecimento público, tangenciando aos fatos notórios, descritos pelo art. 374, I, do Código de Processo Civil" e, por isso, "o acórdão não pode, igualmente, ser analisado com vistas à suposta prova nova" (TJPR - 3ª Seção Cível - 0056776-96.2023.8.16.0000 [0066002-62.2022.8.16.0000/1] - Campo Mourão - Rel.: Desembargadora Angela Maria Machado Costa - J. 16.02.2024).

4.12. FATOS NOTÓRIOS E NEGÓCIO JURÍDICO PROCESSUAL

Questão que merece atenção diz respeito à possibilidade de negócios jurídicos processuais envolvendo fatos notórios. Muitos questionamentos podem ser feitos, como, por exemplos, se as partes podem convencionar acerca da notoriedade de um fato, e, caso positivo, se o juiz fica vinculado ao negócio jurídico processual sobre a notoriedade de um fato ou ele pode desconsiderá-lo se discordar. Além da notoriedade do fato, surge a questão se o regime processual do fato notório pode ser objeto de convenção entre as partes.

Negócios jurídicos processuais são acordos entre as partes, realizados antes ou durante o processo, que determinam a criação, modificação e extinção de situações jurídicas processuais, ou que alteram o procedimento[119]. São, portanto, fontes de normas jurídicas processuais e vinculam juízes e tribunais. No CPC, estão previstos inúmeros negócios jurídicos processuais típicos, como, por exemplo, a cláusula de eleição de foro (art. 63), o calendário processual (art. 191), a convenção sobre o ônus da prova (art. 373, §§ 3º e 4º), dentre outros. Contudo, o art. 190 do Código, enquanto cláusula geral, abre portas para negócios jurídicos processuais *atípicos* ao permitir que as partes convencionem sobre "mudanças no procedimento para ajustá-lo às especificidades da causa" e sobre "ônus, poderes, faculdades e deveres processuais, antes ou durante o processo". É dentro desta categoria que deve ser examinada a possibilidade de negócios jurídicos processuais sobre fatos notórios, já que a lei processual nada dispõe em específico sobre a matéria.

Já foi comentado neste trabalho que, historicamente, a categoria da notoriedade foi construída a partir de critérios *extraprocessuais*, reconduzida aos conceitos de cultura e de esfera social. Dessa forma, a partir de atributos externos ao processo, seriam produzidos efeitos *internos* ao processo quando o fato notório fosse introduzido na discussão processual, como a sua retirada do *thema probandum*.

---

119 O conceito adotado é de CABRAL, Antonio do Passo. *Convenções processuais: teoria geral dos negócios jurídicos processuais*. Salvador: Juspodivm, 2020, p. 68. Sobre o tema, cfr., ainda, NOGUEIRA, Pedro Henrique. *Negócios jurídicos processuais*. Salvador: Juspodivm, 2020; YARSHELL, Flávio Luiz. Convenção das partes em matéria processual: rumo a uma nova era? In: CABRAL, Antonio do Passo; NOGUEIRA, Pedro Henrique (coords). *Negócios processuais*. Salvador: Juspodivm, 2015, p. 63-80; DIDIER JR., Fredie. *Ensaios sobre os negócios jurídicos processuais*. Salvador: Juspodivm, 2021. Na doutrina do CPC/1973, vale conferir BARBOSA MOREIRA, José Carlos. Convenções das partes sobre matéria processual. *Revista de Processo*, v. 9, n. 33, p. 182-191, jan./mar. 1984.

Daí porque, no processo civil brasileiro, as partes não podem celebrar negócio jurídico processual sobre a notoriedade do fato, mas sobre os efeitos jurídicos decorrentes dessa atribuição. Ou seja, é possível convencionar sobre o *regime processual* do fato notório: o seu ônus de alegação, ônus de impugnação e ônus da prova, bem como possibilidade de conhecimento de ofício do fato notório pelo juiz.

Longe de ser uma distinção cerebrina, é uma consequência direta do reposicionamento do fato a partir de uma concepção processual, e não material, de sua definição. Até mesmo porque, em primeiro lugar, porque o *objeto* do negócio jurídico processual somente pode consistir em atos e condutas que emergem da relação jurídica processual de maneira geral[120], e fatos não são atos processuais, tampouco o seu respectivo atributo. Em segundo lugar, porque o reconhecimento de fato é uma declaração de ciência, e não uma declaração de vontade, motivo pelo qual apenas *noticiam* e *comunicam* a existência ou não de um fato[121]. Resumidamente, se fosse admitida, essa seria uma convenção processual inútil, já que não vinculada a efeitos diretos e concretos no processo, salvo se for celebrada para aproveitar algum efeito que a notoriedade do fato produz no processo[122].

Nada impede, contudo, caso as partes tenham interesse em celebrar negócio jurídico relacionado à notoriedade do fato, estão, a bem da verdade, realizando uma declaração de ciência sobre a ocorrência, inocorrência ou modo de ser de um determinado fato, o que afastaria a sua natureza processual, embora tenha aptidão de produzir efeitos jurídicos[123].

---

120 YARSHELL, Flávio Luiz. Convenção das partes em matéria processual: rumo a uma nova era? In: CABRAL, Antonio do Passo; NOGUEIRA, Pedro Henrique (coords). *Negócios processuais*. Salvador: Juspodivm, 2015, p. 63-80.

121 CABRAL, Antonio do Passo. Negócio de certificação: introdução, objeto e limites. *Revista de Direito Civil Contemporâneo*, v. 8, n. 29, p. 89-145, out./dez. 2021, esp.119.

122 Em sentido semelhante, Antonio do Passo Cabral vincula a possibilidade de certificação negocial de fatos à produção de efeitos jurídicos porque "se a certificação (judicial ou não) for limitada a certos efeitos jurídicos do fato, pode ser afigurar previsível porque plenamente determináveis as consequências jurídicas dela decorrentes. Então, em termos gerais, entendo que as *quaestiones facti* não podem ser objeto de um negócio de certificação se abstratas ou desconectadas de finalidades concretas ou específicos efeitos jurídicos" (CABRAL, Antonio do Passo. Negócio de certificação: introdução, objeto e limites. *Revista de Direito Civil Contemporâneo*, p. 120-121).

123 Embora não se refira especificamente aos fatos notórios, Fernanda Vogt parece admitir a possibilidade de convenção processual sobre fatos em sentido amplo, afirmando que "deixada de lado uma concepção transcendental da 'descoberta da verdade', verifica-se

O mais óbvio negócio jurídico processual envolvendo fatos notórios parece ser aquele que dispõe sobre o ônus da prova[124]. Ou as partes podem convencionar que um fato é notório, dispensando a produção da sua prova no processo, ou as partes podem convencionar que um fato não é notório, impondo a sua comprovação no processo. Como dito acima, o objeto do negócio jurídico processual não é a notoriedade do fato, mas a sua consequência processual. Desse modo, a bem da verdade, pouco importa se as partes entendem que o fato é ou não é notório, sendo suficiente convencionarem sobre o efeito jurídico produzido, qual seja a exoneração ou não do ônus da prova.

Também poderiam as partes, por exemplo, como forma de controlar melhor a questão da notoriedade, convencionar que um fato notório só vai ser dispensado de prova no processo se for expressamente alegado na petição inicial ou na contestação por uma das partes. Ainda, é possível pensar que as partes celebrem uma convenção processual no sentido de que a celebração do contrato entre elas é um fato notório que dispensa sua comprovação em juízo, mas que os efeitos contratuais decorrentes da dita celebração não são notórios. Não há qualquer prejuízo à apuração dos fatos no processo porque o magistrado partirá da premissa de que o fato notório se presume verdadeiro por convenção entre as partes.

Inclusive, negócios jurídicos processuais sobre a distribuição do ônus da prova já são admitidos no processo civil brasileiro como negócios jurídicos processuais *típicos*, uma vez que expressamente autorizados, antes ou durante o processo, pelo art. 373, §§ 3º e 4º, do CPC, salvo quando envolver direito indisponível das partes ou quando tornar excessivamente difícil o encargo a uma das partes.

O juiz, por sua vez, fica vinculado ao negócio jurídico processual que envolve o regime processual do fato notório. Poder-se-ia argumentar que a falta de comprovação de um fato relevante à resolução da controvérsia

---

que também os fatos conhecidos e descobertos podem ser objeto de convenção entre as partes" (VOGT, Fernanda Costa. *Cognição do juiz no processo civil*, p. 135-136).

124 Sobre a possibilidade de negócios jurídicos processuais sobre ônus da prova de forma geral, cfr., amplamente, GODINHO, Robson Renault. *Negócios processuais sobre o ônus da prova no novo Código de Processo Civil*. São Paulo: Revista dos Tribunais, 2015; MACÊDO, Lucas Buril de; PEIXOTO, Ravi. Negócio processual acerca da distribuição do ônus da prova. *Revista de Processo*, v. 40, n. 241, p. 463-487, mar. 2015; MOUZALAS, Rinald; ATAÍDE JR., Jaldemiro Rodrigues. Distribuição do ônus da prova por convenção processual. *Revista de Processo*, v. 40, n. 240, p. 399-423, fev. 2015.

interferiria na atividade do juiz de julgar o caso de acordo com a verdade[125], mas isso parte de uma concepção excessivamente publicista do processo que não cede à autonomia privada das partes para negociação processual, vendo o juiz como único destinatário da prova[126]. Isso porque se o juiz, no momento de decidir, averiguar que o negócio jurídico processual dispensou a produção de prova sobre um fato porque as partes o consideram notório, deverá utilizar o ônus da prova como *regra de julgamento*[127].

4.13. CONCLUSÃO PARCIAL

A título de conclusões extraídas até o momento, podemos enunciar as proposições abaixo.

Existe um ônus de alegação do fato notório por parte do autor, assim compreendida a alegação não só do fato em si considerado, mas também a alegação de sua notoriedade.

---

125 Como, por exemplo, defende Luiz Guilherme Marinoni: "a limitação convencional da prova não pode ser admitida quando restringe a formação da convicção judicial. Isto não significa, porém, que a convenção processual sobre prova não possa ser admitida quando objetiva colaborar para o aperfeiçoamento da convicção. A convenção pode estabelecer a prova adequada, assim como proibir determinado tipo de prova, desde que não limite a formação da convicção do juiz" (MARINONI, Luiz Guilherme. A convenção processual sobre prova diante dos fins do processo civil. *Revista de Processo*, v. 44, n. 288, p. 127-153, fev. 2019). Em sentido semelhante, dizendo que os negócios processuais em matéria probatória "tem um alcance muito limitado" porque "em última análise, não devemos esquecer que a prova é a atividade dirigida ao juiz para que ele possa formar seu julgamento justo dos fatos em disputa, de modo que tudo o que limita tal atividade não afetará apenas a partes, mas também à função jurisdicional específica do juiz" (PICÓ I JUNOY, Joan. Repensando los pactos procesales probatorios desde las garantías constitucionales del proceso. *Revista Eletrônica de Direito Processual - REDP*, v. 21, n. 1, p. 153-164, jan./abr. 2020 – tradução livre).

126 Conforme acertada crítica de Robson Godinho, "esse enfoque restritivo aos negócios probatórios pela doutrina se explica pela análise ideológica-cultural da destinação e da finalidade da prova, vista por muitos como exclusiva da atividade jurisdicional" (GODINHO, Robson Renault. A possibilidade de negócios jurídicos processuais atípicos em matéria probatória. *Revista do Ministério Público do Estado do Rio de Janeiro*, n. 56, p. 191-199, abr./jun. 2015).

127 Neste sentido, Flávio Yarshell vaticina que "se a prova fruto da convenção entre as partes levar a um quadro insatisfatório, em que o estado originário de ignorância do julgador sobre os fatos não puder ser vencido, então o magistrado deverá simplesmente considerar as regras de distribuição sobre o ônus da prova" (YARSHELL, Flávio Luiz. Breves notas sobre convenção das partes e poderes do juiz em matéria probatória. *Revista da EMERJ*, v. 20, n. 1, p. 240-258, jan./abr. 2018).

Existe um ônus de impugnação do fato notório por parte do réu que arcará com as consequências da não contestação, qual seja, a inversão do ônus da prova em razão da presunção relativa de veracidade do fato.

Na fundamentação da decisão judicial, o fato notório afirmado pelo autor e não impugnado pela parte não necessariamente vincula o raciocínio do juiz, porque é relativa à presunção de veracidade do fato que pode ceder caso verificados outros elementos em sentido contrário.

O juiz não pode decidir com base em fato notório não alegado pelas partes, tampouco pode decidir com base em fato notório suscitado de ofício sem prévio exercício do contraditório pelas partes, sob pena de configurar decisão-surpresa em ambas as hipóteses (art. 10, CPC).

No âmbito dos recursos ordinários pode ser controlada tanto a notoriedade do fato, quanto o seu regime processual.

O STJ não pode controlar a notoriedade do fato em si, porque acabaria reexaminando matéria fático-probatória, o que esbarra no enunciado da Súmula nº 07, mas pode controlar violações correspondentes ao regime processual do fato notório, notadamente quando o acórdão impugnado desconsiderar fato notório alegado pelas partes ou quando o acórdão impugnado decidiu com base em fato notório não alegado pelas partes.

O STF não pode controlar a notoriedade do fato, porque o enunciado da Súmula nº 279 impede, e tampouco violações ao regime processual da notoriedade, já que a ofensa à Constituição nesses casos seria meramente reflexa.

Fatos notórios podem ser controlados por meio de ação rescisória quando a decisão judicial transitada em julgado tiver sido proferida com base em erro de fato.

Não é possível a celebração de negócio jurídico processual sobre a notoriedade de um fato, mas apenas das consequências processuais que a qualificação do fato como notório produz no processo judicial.

CONCLUSÃO

O fato notório é um tema clássico do direito processual civil. Grandes nomes da ciência processual dedicaram-se a ele. Basta notar que o ensaio de PIERO CALAMANDREI sobre fato notório é um marco histórico absoluto sobre o assunto, influenciando legislações de países em todo o mundo e várias gerações de juristas, que buscam nessas lições desenvolver o tema. CALAMANDREI, inclusive, que é um dos quatro *patres* da ciência processual italiana que tanto influenciou a doutrina processual brasileira, conforme amplamente documentado na historiografia da ciência do processo civil no Brasil.

Porém, como é comum a todos os temas clássicos da ciência, os influxos do tempo são inevitáveis e passam a exigir uma revisitação de suas premissas para testá-las à luz de um novo contexto, quer um novo contexto jurídico-normativo, quer um novo contexto social-epistêmico.

O presente trabalho pretendeu, desde o início, realizar essa revisitação e promover uma releitura do fato notório à luz de novas premissas que o mundo contemporâneo exige. A tecnologia e a *internet* são inevitáveis. São os elementos que consubstanciam as premissas do mundo atual no tocante à busca por conhecimento e informações sobre os fatos na sociedade digital em que vivemos. A notoriedade dos fatos não fica imune a isso. Pode ser que daqui a alguns anos outros elementos surjam e exijam uma nova releitura do tema, o que é absolutamente normal e, até certo ponto, esperado. O mundo evolui, o direito evolui, bem como o processo, como fenômeno cultural, tem que acompanhar essas mudanças.

No entanto, o problema atual do modelo processual brasileiro diagnosticado e que exige uma resposta da doutrina com critérios objetivos para solucioná-lo, é o da relação entre fato notório e *internet*, entre notoriedade dos fatos e informações disponíveis *on-line*, entre o mundo dos autos e o mundo lá fora.

Portanto, a partir da pesquisa realizada, foi possível concluir que o modelo de processo civil brasileiro ganhará em eficiência e legitimidade se, por meio de um critério eminentemente pragmático, adotar uma classificação que divida a notoriedade em direta e indireta, fornecendo critérios objetivos de controle para, primeiro, permitir a utilização de informações disponíveis em fontes da *internet* no processo judicial, e, segundo, avaliar a credibilidade e a confiabilidade dessas informações.

No *primeiro capítulo*, uma revista da evolução do conceito de fato notório permitiu concluir que elementos extraprocessuais como cultura e esfera social sempre foram responsáveis, desde o clássico ensaio de CALAMANDREI, por definir a noção de fato notório, bem como para diferenciá-lo de institutos afins como o conhecimento privado do juiz, as regras de experiência, os costumes, o notório material e *standards* de decisão.

No *segundo capítulo*, um aprofundamento da bibliografia predominantemente extrajurídica fez com que elementos constitutivos do conceito de fato notório fossem colocados em xeque, a exemplo do conceito de cultura e de esfera social. Foi demonstrado, sobretudo, como o advento da tecnologia e da *internet* mudou a forma com que os indivíduos, as entidades governamentais e as empresas privadas buscam conhecimento e informações sobre fatos no atual mundo contemporâneo. Além disso, foi possível notar que a notoriedade é um critério epistêmico de baixa qualidade para, no atual quadro da sociedade digital, fornecer boas razões para confiar na veracidade de um determinado fato.

No *terceiro capítulo*, a proposta de uma classificação da notoriedade em direta e indireta autoriza que informações disponíveis *on-line* na *internet* sejam aportadas ao processo pelas partes e pelo juiz por meio dos seus poderes instrutórios. No entanto, é imperativo que critérios sejam observados para que esse ingresso de informações *on-line* não seja feito de forma arbitrária. Por conta disso, foi proposto que as informações *on-line* sejam utilizadas na hipótese de regra de instrução, nunca como regra de decisão, somente quanto aos fatos secundários, observado o princípio do contraditório e da fundamentação das decisões judiciais quanto à credibilidade e confiabilidade dessas informações.

No *quarto capítulo*, o exame do regime processual do fato notório revelou que as formas de controle da notoriedade do processo podem variar a partir da perspectiva do sujeito processual ou da técnica processual envolvida. A disciplina do fato notório a partir da atividade das partes e do juiz permite o controle do fato notório no curso do processo, por meio da alegação e impugnação, bem como a fundamentação do juiz e o controle recursal pelos tribunais.

Por fim, foram fornecidos critérios objetivos para que a credibilidade e a confiabilidade dessas informações *on-line* possam ser avaliadas e controladas, que residem na expertise do autor dessa informação, na falta de enviesamento na produção e divulgação dessa informação, na motivação para manter a precisão da informação e na ausência de controvertibilidade sobre a matéria.

Sendo assim, acredita-se que a relação entre fato notório e *internet* exige um redimensionamento do tratamento dado à notoriedade no processo judicial e as propostas oferecidas neste trabalho indicam um caminho a ser seguido para melhor equacionamento da matéria junto ao Poder Judiciário.

Afinal, uma coisa é certa: pior do que ser julgado pelo *Google,* é não saber que está sendo julgado pelo *Google.*

REFERÊNCIAS BIBLIOGRÁFICAS

ABDO, Helena. *Mídia e processo.* São Paulo: Saraiva, 2011.

ABREU, Rafael Sirangelo de. *Incentivos processuais: economia comportamental e nudges no processo civil.* São Paulo: Revista dos Tribunais, 2020.

AGUIAR, João Carlos Pestana de. *Comentários ao Código de Processo Civil.* São Paulo: Revista dos Tribunais, 1974, vol. 4 (arts. 332 a 443).

AHRENDS, Ney da Gama. A inspeção judicial no Código de Processo Civil de 1973. *Revista Jurídica*, Porto Alegre, n. 82, p. 86-96, 1974.

ALEXY, Robert. *Teoria da argumentação jurídica: a teoria do discurso racional como teoria da fundamentação jurídica.* 3ª ed. Trad. Zilda Hutchinson Schild Silva. Rio de Janeiro, Forense, 2011.

ALEXY, Robert. *Teoria dos direitos fundamentais.* Trad. Virgílio Afonso da Silva. 2ª ed., 4ª tiragem. São Paulo: Malheiros, 2015.

ALLORIO, Enrico. Observaciones sobre el hecho notorio. In: *Problemas de derecho procesal.* Trad. Santiago Sentis Melendo. Buenos Aires: EJEA, 1963, vol. 2, p. 391-406.

ALMEIDA, Jorge Luiz de. A prova e a ciência privada do juiz. In: *A prova no direito processual civil: estudos em homenagem ao professor João Batista Lopes.* São Paulo: Verbatim, 2013, p. 337-343.

ALVARADO VELLOSO, Adolfo. *La prueba judicial (reflexiones críticas sobre la confirmación procesal).* Valencia: Tirant Lo Blanch, 2006.

ALVARO DE OLIVEIRA, Carlos Alberto. A garantia do contraditório. *Revista da Faculdade de Direito da Universidade Federal do Rio Grande do Sul*, n. 5, p. 7-20, 1998.

ALVARO DE OLIVEIRA, Carlos Alberto. A garantia do contraditório. *Revista da Faculdade de Direito da Universidade Federal do Rio Grande do Sul*, n. 5, p. 7-20, 1998.

ALVARO DE OLIVEIRA, Carlos Alberto. *Do formalismo no processo civil: proposta de um formalismo-valorativo.* 3ª ed. São Paulo: Saraiva, 2009.

ALVARO DE OLIVEIRA, Carlos Alberto. O juiz e o princípio do contraditório. *Revista de Processo*, v. 18, n. 71, p. 31-38, jul./set., 1993.

ALVARO DE OLIVEIRA, Carlos Alberto. O processo civil na perspectiva dos direitos fundamentais. *Revista de Processo*, v. 29, n. 113, p. 9-21, jan./fev. 2004.

ALVARO DE OLIVEIRA, Carlos Alberto. Presunções e ficções no direito probatório. *Revista de Processo*, v. 36, n. 196, p. 13-20, jun. 2011.

ALVARO DE OLIVEIRA, Carlos Alberto. *Teoria e prática da tutela jurisdicional*. Rio de Janeiro: Forense, 2008, p. 111-124.

ALVIM, Arruda. *Manual de direito processual civil: processo de conhecimento*. São Paulo: Revista dos Tribunais, 1977, vol. II.

AMARAL, Paulo Osternack. *Provas: atipicidade, liberdade e instrumentalidade*. 2ª ed. São Paulo: Revista dos Tribunais, 2017.

AMERICANO, Jorge. *Comentários ao Código de Processo Civil do Brasil: arts. 1º ao 290*. 2ª ed. São Paulo: Saraiva, 1958, vol. I.

ANSANELLI, Vincenzo. L'utilizzazione dell'intelligenza artificiale nel processo: strategie conoscitive e principi processuali nell'epoca di internet. *Revista de Processo*, v. 45, n. 302, p. 403-412, abr. 2020.

ANSANELLI, Vincenzo. *La consulenza tecnica nel processo civile: problemi e funzionalità*. Milano: Giuffrè, 2011.

APRIGLIANO, Ricardo de Carvalho. *Comentários ao Código de Processo Civil: das provas – disposições gerais*. São Paulo: Saraiva, 2020, vol. VIII, t. I (arts. 369 a 404).

ARAGÃO, Egas Dirceu Moniz de. *Exegese do Código de Processo Civil*: Lei nº 5.869, de 11 de janeiro de 1973. Rio de Janeiro: AIDE, 1974, vol. 4.

ARAÚJO CINTRA, Antônio Carlos de. *Comentários ao Código de Processo Civil*. Rio de Janeiro: Forense, 2000, vol. IV (arts. 332 a 475).

ARENHART, Sérgio Cruz. Reflexões sobre o princípio da demanda. In: *Processo e constituição: 75 anos – estudos em homenagem ao professor José Carlos Barbosa Moreira*. São Paulo: Revista dos Tribunais, 2006, p. 587-603.

ARRIBAS ALTARRIBA, Javier. La prueba de lo hecho notorio. In: ABEL LLUCH, Xavier; PICÓ I JUNOY, Joan (coord.). *Objeto y carga de la prueba civil*. Barcelona: J.M. Bosch, 2007, p. 343-368.

ARRUDA ALVIM, Teresa. *Controle das decisões judiciais por meio de recursos de estrito direito e de ação rescisória*. São Paulo: Revista dos Tribunais, 2002.

ASSIS, Araken de. *Processo civil brasileiro: parte especial – procedimento comum (da demanda à coisa julgada)*. São Paulo: Revista dos Tribunais, 2015, vol. III.

ASSIS, Araken de. *Processo civil brasileiro: parte geral – institutos fundamentais*. São Paulo: Revista dos Tribunais, 2015, vol. 2.

AUBERT, Eduardo Henrik. *A impugnação especificada dos fatos no processo civil: retórica, história e dogmática*. São Paulo: Revista dos Tribunais, 2020.

ÁVILA, Humberto. Teoria da prova: standards de prova e os critérios de solidez da inferência probatória. *Revista de Processo*, v. 43, n. 282, p. 113-139, ago. 2018.

ÁVILA, Humberto. *Teoria da segurança jurídica*. 3ª ed. São Paulo: Malheiros, 2014.

ÁVILA, Humberto. *Teoria dos princípios: da definição à aplicação de princípios jurídicos*. 15ª ed. São Paulo: Malheiros, 2014.

BADARÓ, Gustavo Henrique. *Epistemologia judiciária e prova penal.* São Paulo: Revista dos Tribunais, 2019.

BADARÓ, Gustavo Henrique. *Processo penal.* 8ª ed. São Paulo: Revista dos Tribunais, 2020.

BAPTISTA DA SILVA, Ovídio A. Verdade e significado. *Revista Magister de Direito Civil e Processual Civil,* v. 1, n. 5, p. 76-97, mar./abr. 2005.

BAPTISTA, Francisco de Paula. *Compêndio de theoria e prática do processo civil: comparado com o commercial e de hermenêutica jurídica.* 6ª ed. São Paulo: Saraiva, 1901.

BARBOSA MOREIRA, José Carlos. A função social do processo civil moderno e o papel do juiz e das partes na direção e na instrução do processo. In: *Temas de direito processual: terceira série.* São Paulo: Saraiva, 1984, p. 43-56.

BARBOSA MOREIRA, José Carlos. A função social do processo civil moderno e o papel do juíz e das partes na direção e na instrução do processo. In: *Temas de direito processual: terceira série.* São Paulo: Saraiva, 1984.

BARBOSA MOREIRA, José Carlos. As presunções e a prova. In: *Temas de direito processual.* São Paulo: Saraiva, 1977, p. 55-71.

BARBOSA MOREIRA, José Carlos. Breves reflexiones sobre la iniciativa oficial en materia de prueba. In: *Temas de direito processual: terceira série.* São Paulo: Saraiva, 1984, p. 79-86.

BARBOSA MOREIRA, José Carlos. *Comentários ao Código de Processo Civil: arts. 476 a 565.* 6ª ed. Rio de Janeiro: Forense, 1994, vol. V.

BARBOSA MOREIRA, José Carlos. Convenções das partes sobre matéria processual. *Revista de Processo,* v. 9, n. 33, p. 182-191, jan./mar. 1984.

BARBOSA MOREIRA, José Carlos. Correntes e contracorrentes no processo civil contemporâneo. *Revista de Processo,* v. 29, n. 116, p. 313-323, jul./ago. 2004.

BARBOSA MOREIRA, José Carlos. Duelo e processo. In: *Temas de direito processual: oitava série.* São Paulo: Saraiva, 2004, p. 211-221.

BARBOSA MOREIRA, José Carlos. Il codice di procedura civile dello Stato della Città del Vaticano come fonte storica del diritto brasiliano: In: *Temas de direito processual: quinta série.* São Paulo: Saraiva, 1994, p. 189-199.

BARBOSA MOREIRA, José Carlos. Il progetto Carnelutti e el Codice di Procedura Civile brasiliano. In: *Temas de direito processual: quinta série.* São Paulo: Saraiva, 1994, p. 201-205.

BARBOSA MOREIRA, José Carlos. Julgamento e ônus da prova. In: *Temas de direito processual: segunda série.* São Paulo: Saraiva, 1988, p. 73-82.

BARBOSA MOREIRA, José Carlos. O juiz e a prova. *Revista de Processo,* v. 9, n. 35, p. 178-184, jul./set. 1984.

BARBOSA MOREIRA, José Carlos. O problema da "divisão do trabalho' entre juiz e partes: aspectos terminológicos. In: *Temas de direito processual: quarta série*. São Paulo: Saraiva, 1989, p. 35-44.

BARBOSA MOREIRA, José Carlos. O problema da "divisão do trabalho" entre juiz e partes: aspectos terminológicos. *Revista de Processo*, v. 11, n. 41, p. 7-14, jan./mar. 1986.

BARBOSA MOREIRA, José Carlos. O processo civil brasileiro entre dois mundos. In: *Temas de direito processual: oitava série*. São Paulo: Saraiva, 2004, p. 41-52.

BARBOSA MOREIRA, José Carlos. Os poderes do juiz na direção e na instrução do processo. In: *Temas de direito processual: quarta série*. São Paulo: Saraiva, 1989 p. 45-51.

BARBOSA MOREIRA, José Carlos. Questões prejudiciais e questões preliminares. In: *Direito processual civil: ensaios e pareceres*. Rio de Janeiro: Forense, 1971, p. 70-93.

BARBOSA MOREIRA, José Carlos. Reformas processuais e poderes do juiz. In: *Temas de direito processual: oitava série*. São Paulo: Saraiva, 2004, p. 53-67.

BARBOSA MOREIRA, José Carlos. Regras de experiência e conceitos juridicamente indeterminados. In: *Temas de direito processual: segunda série*. São Paulo: Saraiva, 1988, p. 61-72.

BARBOSA MOREIRA, José Carlos. Sobre a "participação" do juiz no processo civil. In: *Temas de direito processual: quarta série*. São Paulo: Saraiva, 1989, p. 53-66.

BARGER, Coleen M. Challenging judicial notice of facts on the internet under Federal Rule of Evidence. *University of San Francisco Law Review*, 201, vol. 48, 2013, p. 43-70.

BARGER, Coleen M. On the internet, nobody knows you're a judge: appellate courts' use of internet materials. *The Journal of Appellate Practice and Process*, vol. 4, issue 2, article 7, 2002, p. 417- 419.

BARONCINI, Valentina. Il regime processuale del fatto notorio. *Rivista di Diritto Processuale*, vol. 71, n. 2, 2016, p. 333-352.

BAZARIAN, Jacob. *O problema da verdade: teoria do conhecimento*. 4ª ed. São Paulo: Editora Alfa-Omega, 1994.

BEDAQUE, José Roberto dos Santos. Garantia da amplitude de produção probatória. In: *Garantias constitucionais do processo civil*. São Paulo: Revista dos Tribunais, 1999, p. 151-189.

BEDAQUE, José Roberto dos Santos. *Poderes instrutórios do juiz*. 7ª ed. São Paulo: Revista dos Tribunais, 2013.

BELLIN, Jeffrey; FERGUSON, Andrew G. Trial by Google: judicial notice in the information age. *Northwestern University Law Review*, vol. 108, n. 4, 2014, p. 1137-1182.

BENTHAM, Jeremy. *Tratado de las pruebas judiciales*. Trad. Manuel Ossorio Florit. Buenos Aires: EJEA, 1971, vol. 1.

BERTOLINO, Rinaldo. *Il notorio nell'ordinamento giuridico della Chiesa*. Torino: Giappichelli, 1965.

BINA, Massimiliano. Inspection by the court as a means of evidence and the *notorium facti permanentis*: a balance between efficiency and due process of law. In: VAN RHEE, C. H.; UZELAC, Alan (eds). *Truth and efficiency in civil litigation*. Cambridge: Intersentia, 2012, p. 97-116.

BLANCO ALFONSO, Ignacio. Posverdad, percepción de la realidad y opinión pública: una aproximación desde la fenomenologia. *Revista de Estudios Politicos*, n. 187, p. 167-186, enero/marzo 2020.

BLUMER, Herbert. The mass, the public and the public opinion. *American Sociological Review*, vol. 13, n. 5 (oct., 1948), p. 542-549.

BOBBIO, Norberto. *O positivismo jurídico: lições de filosofia do direito*. Trad. Márcio Pugliesi, Edson Bini e Carlos E. Rodrigues. São Paulo: Ícone, 2006.

BONIZZI, Marcelo José Magalhães. *Fundamentos da prova civil: teoria geral da prova e provas em espécie segundo o novo CPC*. São Paulo: Revista dos Tribunais, 2017.

BOYD, Danah; CRAWFORD, Kate. Critical questions for Big Data: provocations for a cultural, technological, and scholarly phenomenon. *Information, Communication & Society*, vol. 15, n. 5, june, 2022, p. 662-679.

BRAGA, Leopoldo. Notoriedade. *Revista de Direito do Ministério Público do Estado da Guanabara*, v. 3, n. 7, p. 27-33, jan./abr. 1969.

BRASIL JR., Samuel Meira. *Justiça, direito e processo: a argumentação e o direito processual de resultados justos*. São Paulo: Atlas, 2007.

BRIGGS, Asa; BURKE, Peter. *Uma história social da mídia: de Gutenberg à Internet*. 2ª ed. Trad. Maria Carmelita Pádua Dias. Rio de Janeiro: Jorge Zahar Editora, 2006.

BUCKLAND, Michael. J. What is a "digital document"? *Journal of the American Society for Information Science*, vol. 48, n. 9, sept. 1997, p. 804-809.

BUENO, Cassio Scarpinella. *Curso sistematizado de direito processual civil: procedimento comum, processos nos tribunais e recursos*. São Paulo: Saraiva jur, 2022, vol. II.

BUENO, Cassio Scarpinella. *Curso sistematizado de direito processual civil: teoria geral do direito processual civil: parte geral do Código de Processo Civil*. 9ª ed. São Paulo: Saraiva jur, 2022, vol. I.

BUENO, Cassio Scarpinella. O "modelo constitucional do direito processual civil": um paradigma necessário de estudo do direito processual civil e algumas de suas aplicações. *Revista de Processo*, v. 33, n. 161, p. 261-270, jul. 2008.

BUONCRISTIANI, Dino. *L'allegazione dei fatti nel processo civile: profili sistematici*. Torino: Giappichelli, 2001.

BURGESS Paul. The application of the doctrine of judicial notice to *on-line* sources. *Queensland Law Student Review*, 2010, vol. 3, 1-24.

BURKE, Peter. *Uma história social do conhecimento I: de Gutenberg a Diderot*. Trad. Plínio Dentzien. Rio de Janeiro: Zahar, 2003.

BURKE, Peter. *Uma história social do conhecimento II: da Enciclopédia à Wikipedia*. Trad. Denise Bottmann. Rio de Janeiro: Zahar, 2012.

BUZAID, Alfredo. A influência de Liebman no direito processual civil brasileiro. *Revista da Faculdade de Direito da Universidade de São Paulo*, v. 72, n. 1, p. 131-152 1977.

CABAÑAS GARCÍA, Juan Carlos. Premisas básicas para una posible redefinición de la teoría procesal sobre el hecho notorio. *Justicia: Revista de Derecho Procesal*, n. 3, 1991, p. 565-591.

CABRAL, Antonio do Passo. A eficácia probatória das mensagens eletrônicas. *Revista de Processo*, v. 31, n. 135, p. 97-131, maio 2006.

CABRAL, Antonio do Passo. *Convenções processuais: teoria geral dos negócios jurídicos processuais*. Salvador: Juspodivm, 2020.

CABRAL, Antonio do Passo. Il principio del contraddittorio come diritto d'influenza e dovere di dibattito. *Rivista di Diritto Processuale*, anno 60, n. 2, p. 449-463, apr./giu. 2005.

CABRAL, Antonio do Passo. Imparcialidade e impartialidade: por uma teoria sobre repartição e incompatibilidade de funções nos processos civil e penal. *Revista de Processo*, v. 32, n. 149, p. 339-364, jul. 2007.

CABRAL, Antonio do Passo. Negócio de certificação: introdução, objeto e limites. *Revista de Direito Civil Contemporâneo*, v. 8, n. 29, p. 89-145, out./dez. 2021.

CABRAL, Antonio do Passo. Processo e tecnologia: novas tendências. In: LUCON, Paulo Henrique dos Santos et al. (coord.). *Direito, processo e tecnologia*. São Paulo: Revista dos Tribunais, 2020.

CABRAL, Trícia Navarro Xavier. *Poderes instrutórios do juiz no processo* de conhecimento. Brasília: Gazeta Jurídica, 2012.

CALAMANDREI, Piero. Il processo come giuoco. *Rivista di Diritto Processuale*, v. 5, n. 1, p. 23-51 1950.

CALAMANDREI, Piero. La Cassazione Civile: parte seconda. In: *Opere giuridiche* (a cura di Mauro Cappelletti). Roma: Roma Tre Press, 2019, vol. VII .

CALAMANDREI, Piero. La sentenza civile come mezzo di prova. In: *Opere Giuridiche – a cura di Mauro Cappelletti*. Napoli: Morano Editore, 1972, v. 5, p. 559-578.

CALAMANDREI, Piero. Per la definizione del fatto notorio. *Rivista di Diritto Processuale*, v. 2, n. 1, p. 273-304, 1925.

CÂMARA, Alexandre Freitas. Poderes instrutórios do juiz e processo civil democrático. *Revista de Processo*, v. 32, n. 153, p. 33-46, nov. 2007.

CÂMARA, Alexandre. *O novo processo civil brasileiro*. São Paulo: Atlas, 2015.

CAMBI, Eduardo. *A prova civil: admissibilidade e relevância*. São Paulo: Revista dos Tribunais, 2006.

CAMBI, Eduardo. *Direito constitucional à prova no processo civil.* São Paulo: Revista dos Tribunais, 2001.

CAMBI, Eduardo; HOFFMANN, Eduardo. Caráter probatório da conduta (processual) das partes. *Revista Jurídica*, Porto Alegre, v. 59, n. 399, p. 17-44, jan. 2011.

CAMBI, Eduardo; SCHMITZ, Nicole Naiara. Pós-verdade, pós-democracia e processo. *Revista de Processo*, v. 45, n. 301, p. 35–75, mar., 2020.

CAPELO, Maria José. Os factos notórios e a prova dos danos não patrimoniais. *Revista de Legislação e de Jurisprudência*, a. 143, n. 3985, Coimbra Editora, Coimbra, março/abril 2014, p. 286-304.

CAPPELLETTI, Mauro. *La testimonianza della parte nel sistema dell'oralitá (contributo alla teoria della utilizzazione probatória del sapere delle parti nel processo civile).* 2ª ed. Milano: Giuffrè, 1951.

CAPPELLETTI, Mauro. O valor atual do princípio da oralidade. *Revista Jurídica*, São Paulo, v. 50, n. 297, p. 12-18, jul. 2002.

CARDOSO, Oscar Valente. O direito à prova como um direito fundamental. *Revista Dialética de Direito Processual*, n. 74, p. 64-75, maio, 2009.

CARNELLI, Lorenzo. *O fato notório*. Trad. Érico Maciel. Rio de Janeiro: J. Konfino, 1957.

CARNELUTTI, Francesco. *A prova civil.* Trad. Lisa Pary Scarpa. Campinas: Bookseller, 2005.

CARNELUTTI, Francesco. *La prova civile.* 2ª ed. Roma: El Ateneo, 1947.

CARNELUTTI, Francesco. Massime d'esperienza e fatti notori. *Rivista di Diritto Processuale*, vol. XIV, 1959, p. 639-640.

CARNELUTTI, Francesco. *Progetto del Codice di Procedura Civile: presentato alla sottocommissione reale per la riforma del Codice di Procedura Civile.* Padova: Cedam, 1926.

CARNELUTTI, Francesco. Prova civile e penale. In: *Enciclopedia giuridica*, Roma, 1935. Disponível em <https://www.treccani.it/enciclopedia/prova-civile-e-penale_%28Enciclopedia-Italiana%29/>.

CARNELUTTI, Francesco. *Sistema de direito processual civil.* Trad. Hiltomar Martins Oliveira. São Paulo: Classic Book, 2000, vol. 2.

CARNELUTTI, Francesco. *Sistema del diritto processuale civile. I. Funzione e composizione del processo.* Padova: Cedam, 1936, p. 420.

CARNELUTTI, Francesco. Verdade, dúvida e certeza. *Gênesis*: Revista de Direito Processual Civil, v. 3, n. 9, p. 606-609, jul./set. 1998.

CARON, Pier Giovanni. Fatto notorio. c) Diritto canonico. In: *Enciclopedia dei diritto.* Milano: Giuffrè, 1967, t. XVI, p. 1014-1016.

CARPES, Artur Thompsen. *Ônus da prova no novo CPC: do estático ao dinâmico.* São Paulo: Revista dos Tribunais, 2017.

CARRATA, Antonio. Funzione demonstrativa della prova: verità del fatto nel processo e sistema probatorio. *Rivista di Diritto Processuale*, v. 56, n. 1, p. 73-102, 2011.

CASTANHEIRA NEVES, Antonio. *Questão-de-facto, questão-de-direito, ou, o problema metodológico da juridicidade: (ensaio de uma reposição crítica)*. Coimbra: Almedina, 1967.

CASTELLS, Manuel. *A sociedade em rede – a era da informação: economia, sociedade e cultura*. Trad. Roneide Venâncio Majer. São Paulo: Paz e Terra, 1999, vol. 1.

CASTILLO, Niceto Alcalá-Zamora. La prueba del derecho consuetudinario. In: *Estudios de derecho procesal*. Madrid: Gangora, 1934, p. 429-460.

CAVALLONE, Bruno. Il divieto di utilizzazione della scienza privata del giudice. *Rivista di Diritto Processuale*, vol. 64, n. 4, 2009, p. 861-874.

CAVALLONE, Bruno. Le iniziative probatorie del giudice: limiti e fondamento. Ispezione giudiziale e consulenza tecnica, In: *Il giudice e la prova nel processo civile*, Padova: Cedam, 1991, p. 179-261.

CHASE, Oscar G. *Direito, ritual e cultura: sistema de resolução de conflitos no contexto da cultura comparada*. Trad. Sérgio Arenhart e Gustavo Osna. São Paulo: Marcial Pons.

CHAVES JR., José Eduardo de Resende. Elementos para uma nova teoria do processo em rede. In: *Estudos aprofundados: magistratura do trabalho*. Salvador: Juspodivm, 2013, p. 749-779.

CHAVES JR., José Eduardo de Resende. O processo em rede. In: *Comentários à lei do processo eletrônico*. São Paulo: LTr, 2010, p. 15-36.

CHAVES JR., José Eduardo de Resende. Processo em rede orientado a dados. In: NUNES, Dierle; LUCON, Paulo Henrique dos Santos; WOLKART, Erik Navarro (coords). *Inteligência artificial e direito processual: os impactos da virada tecnológica no direito processual*. 2ª ed. Salvador: Juspodivm, 2021, p. 655-681.

CHIASSONI, Pierluigi. *Il positivismo giuridico: uma investigazione analitica*. Modena: Mucchi, 2013.

CHIOVENDA, Giuseppe. *Instituições de direito processual civil*. Trad. da 2ª ed. italiana por J. Guimarães Menegale. São Paulo: Saraiva, 1965, vol. II.

CHIOVENDA, Giuseppe. *Instituições de direito processual civil*. Trad. da 2ª ed. italiana por J. Guimarães Menegale. São Paulo: Saraiva, 1965, vol. III.

CHIOVENDA, Giuseppe. *Principii di diritto processuale civile: le azioni. il processo di cognizione*. Napoli: E. Jovene, 1965, p. 733.

CINTRA, Antonio Carlos de Araújo; GRINOVER, Ada Pellegrini; DINAMARCO, Cândido Rangel. *Teoria geral do processo*. 26ª ed. São Paulo: Malheiros, 2010.

COMOGLIO, Paolo. Internet, wikipedia e la crisi del notorio. *Revista Iberoamericana de Derecho Procesal*, vol. 9, p. 141-173, jan./jun. 2019.

COMOGLIO, Paolo. *Nuove tecnologie e disponibilità della prova: l'accertamento del fatto nella diffusione delle conoscenze*. Torino: G. Giappichelli, 2018.

COPI, Irving M. *Introdução à lógica*. 2ª ed. Trad. Álvaro Cabral. São Paulo: Mestre Jou, 1978.

COSTA, Alfredo de Araújo Lopes da. *Direito processual civil brasileiro*. 2ª ed. Rio de Janeiro: Forense, 1959, vol. III.

COSTA, Eduardo José da Fonseca. *Processo e garantia*. Londrina: Thoth, 2021.

COSTA, Guilherme Recena. Livre convencimento e standards de prova. In: ZUFELATO, Camilo Zufelato; YARSHELL, Flávio Luiz (orgs.). *40 anos da teoria geral do processo no Brasil: passado, presente e futuro*. São Paulo: Malheiros, 2013, p. 356-381.

COSTA, Moacyr Lobo da. *Breve notícia histórica do direito processual civil brasileiro e de sua literatura*. São Paulo: Revista dos Tribunais, 1970.

CRESCI SOBRINHO, Elicio de. O juiz testemunha. *Revista Trimestral de Jurisprudência dos Estados*, v. 8, n. 27, p. 43-47, abr./jun. 1984.

CRUZ E TUCCI, José Rogério. *A* causa petendi *no processo civil*. 2ª ed. São Paulo: Revista dos Tribunais, 2001.

CRUZ E TUCCI, José Rogério. *Francesco Carnelutti: vida e obra – contribuição para o estudo do processo civil*. Ribeirão Preto: Migalhas, 2017.

CRUZ E TUCCI, José Rogério; AZEVEDO, Luiz Carlos de. *Lições de processo civil canônico: história e direito vigente*. São Paulo: Revista dos Tribunais, 2001, p. 58-65.

CUNHA, Leonardo Carneiro da. A cassação e o Superior Tribunal de Justiça brasileiro. *Revista de Processo*, v. 45, n. 299, p. 191-210, jan. 2020.

DALL'AGNOL JR., Antonio Janyr. O princípio dispositivo no pensamento de Mauro Cappelletti. *Revista da AJURIS*, v. 16, n. 46, p. 97-115, jul. 1989.

DAMASKA, Mirjan R. *El derecho probatório a la deriva*. Madrid: Marcial Pons, 2015.

DAMASKA, Mirjan R. *The faces of justice and state authority: a comparative approach to the legal process*. Londo: Yale University Press, 1986.

DAVIS, Kenneth C. Judicial notice. *Columbia Law Review*, vol. 55, n. 7 (nov., 1955), p. 945-984.

DE STEFANO, Giuseppe. *Il notorio nel processo civile*. Milano: Giuffrè, 1947

DENTI, Vittorio. Ancora sulla nozione di fatto notorio. In: *Giurisprudenza completa della Corte Suprema di Cassazione: Sezioni Civili*, vol. XXVI, 1947, p. 260-267.

DENTI, Vittorio. Francesco Carnelutti e le riforme del processo civile. *Revista de Processo*, v. 21, n. 83, p. 102-109, jul./set. 1996.

DEVILLÉ, Anne. Classe social. In: ARNAUD, André-Jean (coord.). *Dicionário enciclopédico de teoria e de sociologia do direito*. 2ª ed. Trad. Patrice Charles, F. X. Willaume. Rio de Janeiro: Renovar, 1999, p. 96-98.

DEVILLÉ, Anne. Opinião(ões). In: ARNAUD, André-Jean (coord.). *Dicionário enciclopédico de teoria e de sociologia do direito*. 2ª ed. Trad. Patrice Charles, F. X. Willaume. Rio de Janeiro: Renovar, 1999, p. 551-552.

DEVIS ECHANDIA, Hernando. *Teoria general de la prueba judicial*. Buenos Aires: V.P. de Zavalía, 1972, t. 1.

DIAS, Luciano Souto. *Poderes instrutórios do juiz na fase recursal do processo civil: em busca da verdade*. Salvador: Juspodivm, 2018.

DIDIER JR. Fredie. *Curso de direito processual civil: introdução ao direito processual civil, parte geral e processo de conhecimento*. 19ª ed. Salvador: Juspodivm, 2017, vol. 1.

DIDIER JR. Fredie; CUNHA, Leonardo Carneiro da. *Curso de direito processual civil: meios de impugnação às decisões judiciais e processo nos tribunais*. 14ª ed. Salvador: Juspodivm, 2017, vol. 3.

DIDIER JR., Fredie. *Ensaios sobre os negócios jurídicos processuais*. Salvador: Juspodivm, 2021.

DIDIER JR., Fredie. Os três modelos de direito processual: inquisitivo, dispositivo e cooperativo. *Revista de Processo*, v. 36, n. 198, p. 213-225, ago. 2011.

DIDIER JR., Fredie; BRAGA, Paula Sarno; OLIVEIRA, Rafael Alexandria de. *Curso de direito processual civil: teoria da prova, direito probatório, decisão, precedente, coisa julgada e tutela provisória*. 12ª ed. Salvador: Juspodivm, 2016, vol. 2.

DIDIER JR., Fredie; FERNANDEZ, Leandro. Introdução ao estudo das boas práticas na administração da justiça: a relevância dogmática da inovação. *Direitos Fundamentais e Justiça*, v. 15, n. 45, p. 165-198, jul./dez. 2021.

DIDIER JR., Fredie; FERNANDEZ, Leandro. *O Conselho Nacional de Justiça e o direito processual: administração judiciária, boas práticas e competência normativa*. Salvador: Juspodivm, 2022.

DIMOULIS, Dimitri. *Positivismo jurídico: teoria da validade e da interpretação do direito*. Porto Alegre: Livraria do Advogado, 2018.

DIMOULIS, Dimitri; LUNARDI, Soraya Gasparetto. A verdade como objetivo do devido processo legal In: *Teoria do processo: panorama doutrinário mundial*. Salvador: Juspodivm, 2010, vol. 2, p. 815-832.

DINAMARCO, Cândido Rangel. *A instrumentalidade do processo*. 3ª ed. São Paulo: Malheiros, 1993.

DINAMARCO, Cândido Rangel. Causa de pedir e ônus de afirmar. In. *Fundamentos do processo civil moderno*. 6ª ed. São Paulo: Malheiros, 2010, p. 577.

DINAMARCO, Cândido Rangel. *Instituições de direito processual civil*. 7ª ed. São Paulo, Malheiros, 2017, vol. III.

DINAMARCO, Cândido Rangel. *Instituições de direito processual civil*. 9ª ed. São Paulo: Malheiros, 2017, vol. I.

DINAMARCO, Cândido Rangel. Liebman e a cultura processual brasileira. *Revista de Processo*, v. 30, n. 119, p. 259-284, jan. 2005.

DINAMARCO, Cândido Rangel. O princípio do contraditório e sua dupla destinação. In: *Fundamentos do processo civil moderno*. 4ª ed., v. 1, São Paulo: Malheiros, 2001, p. 124-135.

DINAMARCO, Cândido Rangel. *Vocabulário do processo civil*. 2ª ed. São Paulo: Malheiros, 2014.

DINIZ, Maria Helena. *Código Civil anotado*. 18ª ed. São Paulo: Saraiva, 2018.

DINIZ, Maria Helena. *Curso de direito civil brasileiro: teoria geral do direito civil*. 29ª ed. São Paulo: Saraiva, 2012.

DITTRICH, Lotario. Appunti per uno studio del fatto notorio giudiziale, in *Studi di diritto processuale civile in onore di Giuseppe Tarzia*, Milano: Giuffrè, 2005, p. 819-841.

DITTRICH, Lotario. La ricerca della verità nel processo civile: profili evolutivi in tema di prova testimoniale, consulenza tecnica e fatto notorio. *Rivista di Diritto Processuale*, 2011, p. 108-125.

DONDI, Angelo. Paradigmi processuali ed "expert witness testimony" nel diritto statunitense. *Rivista Trimestrale di Diritto e Procedura Civile*, v. 50, n. 1, p. 261-285, mar. 1996.

DONDI, Angelo. Problemi di utilizzazione delle "conoscenza esperte" come "expert witness testimony" nell'ordinamento Statunitense. *Rivista Trimestrale di Diritto e Procedura Civile*, v. 55, n. 4, p. 1133-1162, dic. 2001.

DWORKIN, Ronald. *Levando os direitos a sério*. 3ª ed., 2ª tiragem. Trad. Nelson Boeira. São Paulo: Martins Fontes, 2014.

ELLIOT, Anthony; TURNER, Bryan S. *On society*. Cambridge: Polity Press, 2012.

ELLIOT, Anthony; TURNER, Bryan. *On society*. Cambridge: Polity Press, 2012.

ESPÍNOLA, Eduardo. *Código do Processo do Estado da Bahia annotado por Eduardo Espinola*. Bahia: Typ. Bahiana, 1916.

FABRÍCIO, Adroaldo Furtado. Fatos notórios e máximas de experiência. *Revista Forense*, v. 100, n. 376, p. 3-10, nov./dez. 2004.

FABRÍCIO, Adroaldo Furtado. Iniciativa judicial e prova documental procedente da internet. In: *Estudos de direito processual civil: homenagem ao Professor Egas Dirceu Moniz de Aragão*. São Paulo: Revista dos Tribunais, 2005, p. 292-301.

FALLIS, Don. What is disinformation? *Library Trends*, vol. 63, n. 3, p. 401-426, 2015.

FARIAS, Luis Alberto de; CARDOSO, Ivelise; NASSAR, Paulo Roberto. Comunicação, opinião pública e os impactos da revolução digital na era da pós-verdade e fake news. *Revista Brasileira de Comunicação Organizacional e Relações Públicas*, v. 3, n. 34, p. 71-81, set./dez., 2020.

FAZZALARI, Elio. *Il giudizio civile di cassazione*. Milano: Giuffrè, 1960.

FERRARI, Francesca. Il fatto notorio e la rete internet: un rapporto difficile. In: QUERZOLA, Lea (org.). *Problemi relativi alla prova nel processo civile*. Bologna, 2016, p. 87-115.

FERRARIS, Maurizio. Documental violence. in P. Bojanic (ed.), *La violence extrême, la violence institutionnelle*, Editions EuroPhilosophie, Toulouse, 2014, p. 285-307.

FERRARIS, Maurizio. *Documentalità: perché è necessario lasciar tracce*. Roma-Bari: Laterza, 2009.

FERRARIS, Maurizio. L'esplosione della registrazione. In: Luca Taddio and Gabriele Giacomini (eds.). *Filosofia del digitale*. Milan: Mimesis, 2020.

FERREIRA, William Santos. Levando a sério os conceitos de prova do fato, fato notório, indícios, presunções, máximas da experiência e ônus da prova nos casos envolvendo os impactos da pandemia do COVID-19. In: Alexandre David Malfatti; Paulo Henrique Ribeiro Garcia; Sérgio Seiji Shimura (orgs.). *Direito do Consumidor: reflexões quanto aos impactos da pandemia de Covid-19*. São Paulo: Escola Paulista da Magistratura - EPM, 2021, v. 2, p. 711-738.

FERREIRA, William Santos. *Princípios fundamentais da prova cível*. São Paulo: Revista dos Tribunais, 2014.

FERRER BELTRÁN, Jordi. *Prueba y verdade em el derecho*. 2ª ed. Madrid: Marcial Pons, 2005.

FIORILLO, Celso Antonio Pacheco; FERREIRA, Renata Marques. Os fatos notórios em face das lides vinculadas ao meio ambiente digital na sociedade da informação. *Revista de Processo*, v. 45, n. 310, p. 205-236, dez. 2020.

FONSECA, João Francisco Naves da. A profundidade do efeito devolutivo nos recursos extraordinário e especial: o que significa a expressão "julgará o processo, aplicando o direito" (CPC-2015, art. 1.034)? *Revista do Advogado*, v. 35, n. 126, p. 124-130, maio 2015.

FONSECA, João Francisco Naves da. *Exame dos fatos nos recursos extraordinário e especial*. São Paulo: Saraiva, 2012.

FRANTS, Roberto N. A inspeção judicial no novo Código Processual Civil. *Revista Jurídica*, Porto Alegre, n. 82, p. 100-102, 1974.

FUCHS, Christian. *Internet and society: social theory in the information age*. London: Routledge, 2008.

GAJARDONI, Fernando da Fonseca. O livre convencimento motivado não acabou no novo CPC. In: *Direito probatório*. 3ª ed. Salvador: Juspodivm, 2018, p. 231-234.

GANACIN, João Cánovas Bottazzo. *Prova emprestada no processo civil*. São Paulo: Revista dos Tribunais, 2023.

GARCIA, André Almeida. Inspeção judicial, internet e contraditório. *Revista Dialética de Direito Processual*, n. 52, p. 9-17, jul., 2007.

GASCÓN ABELLÁN, Marina. *Los hechos en el derecho: bases argumentales de la prueba*. 3ª ed. Madrid, Marcial Pons, 2010.

GHISALBERTI, Carlo. Fatto notorio. a) Premessa storica. In: *Enciclopedia dei diritto* Milano: Giuffrè, 1967, t. XVI, p. 995-999.

GHISALBERTI, Carlo. La teoria del notorio nel diritto comune. In: *Annali di storia del diritto*, anno I, 1957, p. 403-451.

GIGLIOTTI, Fulvio. Fatto notorio e informazioni accessibili in rete. In: *Giustizia civile*, n. 4, p. 839-865, 2019.

GILBERT, Margareth. Collective epistemology. *Episteme*, n. 1, p. 95-107.

GIULIANI, Alessandro. *Il concetto di prova: contributo ala logica giuridica*. Milano Giuffrè, 1971.

GODINHO, Robson Renault. A possibilidade de negócios jurídicos processuais atípicos em matéria probatória. *Revista do Ministério Público do Estado do Rio de Janeiro*, n. 56, p. 191-199, abr./jun. 2015.

GODINHO, Robson Renault. *Negócios processuais sobre o ônus da prova no novo Código de Processo Civil*. São Paulo: Revista dos Tribunais, 2015.

GODINHO, Robson Renault. Reflexões sobre os poderes instrutórios do juiz: o processo não cabe no "Leito de Procusto". *Revista de Processo*, v. 39, n. 235, p. 85-120, set. 2014.

GODOY, Arnaldo Sampaio de Moraes. Direito processual civil nos Estados Unidos. *Revista de Processo*, v. 30, n. 127, p. 107-116, set. 2005.

GODWIN, Erin G. Judicial notice and the internet: defining a source whose accuracy cannot reasonably be questioned. *Cumberland Law Review*, vol. 46, n. 1, 2015, p. 219-254.

GOLDMAN, Alvin I. *Knowledge in a social world*. Oxford: Clarendon Pres, 1999.

GOMES FILHO, Antonio Magalhães. Notas sobre a terminologia da prova (reflexões no processo penal brasileiro). In: *Estudos em homenagem à professora Ada Pellegrini Grinover*. São Paulo: DPJ, 2005, p. 303-318.

GONÇALVES, Marcelo Barbi. *Teoria geral da jurisdição*. Salvador: Juspodivm, 2020.

GOODWIN, Jean. The authority of Wikipedia. In: *Argument Cultures*, edited by Juho Ritola. Windsor, ONT: Ontario Society for the Study of Argumentation, 2010.

GRECO, Leonardo. *Instituições de processo processual civil*. 3ª ed. Rio de Janeiro: Forense, 2015, vol. II.

GRECO, Leonardo. Limitações probatórias no processo civil. *Revista Eletrônica de Direito Processual – REDP*, vol. IV, 2009, p. 4-28.

GRINOVER, Ada Pellegrini. O interrogatório como meio de defesa: Lei 10.792/2003. *Revista Brasileira de Ciências Criminais*, v. 13, n. 53, p. 185-200, mar./abr. 2005.

GRINOVER, Ada Pellegrini. O magistério de Enrico Tullio Liebman no Brasil. *Ajuris: Revista da Associação dos Juízes do Rio Grande do Sul*, v. 14, n. 39, p. 80-83, mar. 1987.

GRINOVER, Ada Pellegrini. *Os princípios constitucionais e o Código de Processo Civil*. São Paulo: J. Bushatsky, 1975.

GUEDES, Clarissa Diniz. *Persuasão racional e limitações probatórias: enfoque comparativo entre os processos civil e penal*. Tese (Doutorado) – Faculdade de Direito da Universidade de São Paulo, São Paulo, 2013.

GUERRA, Marcelo Lima. Sobre as noções probatórias básicas. In: *Processo de conhecimento: provas*. Salvador: Juspodivm, 2015, p. 73-157.

HAZARD JR., Geoffrey C.; TARUFFO, Michele. *American civil procedure: an introduction*. London: Yale University Press, 1993.

JARAMILLO, José Luis González. Los hechos notorios en la dogmática probatoria. A propósito del COVID-19 y sus efectos jurídicos. *Revista Diálogos de Derecho y Política*, n. 25, a. 10, enero-abril, 2020, p. 36-60.

JOHNSON, Allan G. *Dicionário de sociologia: guia prático da linguagem sociológica*. Trad. Ruy Jungmann. Rio de Janeiro: Zahar, 1997.

JORGE, Flávio Cheim. *Teoria geral dos recursos cíveis*. 8ª ed. São Paulo: Revista dos Tribunais, 2015.

JORGE, Flávio Cheim; SIQUEIRA, Thiago Ferreira Siqueira. Função e técnica de julgamento dos recursos extraordinário e especial. *Revista de Processo*, v. 44, n. 295, p. 165-192, set. 2019.

JOSEPH, Gregory P. Judicial notice of internet evidence. *The United States Law Week Case Alert & Legal News*, 2014, 1-14.

JUDGE, Elizabeth F. Curious Judge: Judicial notice of facts, independent judicial research, and the impact of the internet. *Annual Review of Civil Litigation*, 2012, p. 325-350.

KEEFE, Arthur J.; LANDIR JR., William B.; SHAAD, Robert B. Sense and nonsense about judicial notice. *Stanford Law Review*, vol. 2, n. 4 (Jul., 1950), p. 664-690.

KITCHIN, Rob; MCARDLE, Gavin. What makes Big Data, Big Data? Exploring the ontological characteristics of 26 datasets. *Big Data & Society*, jan.-jun., 2016: 1-10.

KNIJNIK, Danilo. *A prova nos juízos cível, penal e tributário*. Rio de Janeiro: Forense, 2007.

KNIJNIK, Danilo. *O recurso especial e a revisão da questão de fato pelo Superior Tribunal de Justiça*. Rio de Janeiro: Forense, 2005.

KNIJNIK, Danilo. Os standards do convencimento judicial: paradigmas para o seu possível controle. *Revista Forense*, v. 97, n. 353, p. 15-52, jan.-fev. 2001, p. 31-48.

KUHN, Thomas. *A estrutura das revoluções científicas*. 5ª ed. São Paulo: Editora Perspectiva S.A, 1997.

LACERDA, Galeno. Processo e cultura. *Revista de Direito Processual* Civil, v. 2, n. 3, p. 74-86, jan./jun. 1961.

LACKEY, Jennifer. A deflationary account of group testimony. In: *Essays in Collective Epistemology* (ed. by Jennifer Lackey). Oxford: Oxford University Press, 2014, p. 64-94.

LANES, Júlio Cesar Goulart. *Fato e direito no processo civil cooperativo*. São Paulo: Revista dos Tribunais, 2014.

LANEY, David. 3D Data Management: Controlling Data Volume, Velocity and Variety. *META Group Research* Note, 6, 2001.

LAUX, Francisco de Mesquita. *Redes sociais e limites da jurisdição: planos da territorialidade e efetividade*. São Paulo: Revista dos Tribunais, 2021.

LE GOFF, Jacques. Documento / Monumento. In: *História e Memória*. 7ª ed. Campinas: Unicamp, 2013.

LEITE, Clarisse Frechiani Lara. *Comentários ao Código de Processo Civil – artigos 405 a 441: da prova documental*. São Paulo: Saraiva, 2020, vol. VIII, t. II.

LEITE, Clarisse Frechiani Lara. *Fatos e provas novos no processo civil: momentos da alegação e da prova. Ação rescisória. Ação revisional. Renovação da ação coletiva*. São Paulo: Revista dos Tribunais, 2023.

LEITE, Clarisse Frechiani Lara. *Prejudicialidade no processo civil*. São Paulo: Saraiva, 2008.

LESSONA, Carlo. *Teoria general en la prueba en derecho civil*. Trad. D. Enrique Aguilera de Paz. Madrid: Revista de Legislación, 1906, vol. 1, p. 276.

LEVY, Pierre. *O que é virtual?* Trad. Paulo Neves. São Paulo, Ed. 34, 1996.

LOPES, João Batista. *Manual das provas no processo civil*. Campinas: Kennedy Editora. 1974.

LOPES, João Batista. O depoimento pessoal e o interrogatório livre no processo civil brasileiro e estrangeiro. *Revista de Processo*, v. 4, n. 13, p. 86-108, jan./mar. 1979.

LUCCA, Rodrigo Ramina de. *Disponibilidade processual: a liberdade das partes no processo*. São Paulo: Revista dos Tribunais, 2019.

MACÊDO, Lucas Buril de. *Objeto dos recursos cíveis*. Salvador: Juspodivm, 2019.

MACÊDO, Lucas Buril de; PEIXOTO, Ravi. Negócio processual acerca da distribuição do ônus da prova. *Revista de Processo*, v. 40, n. 241, p. 463-487, mar. 2015.

MACHADO, António Montalvão. *O dispositivo e os poderes do tribunal à luz do Novo Código de Processo Civil*. Porto: Almedina, 2001.

MACHADO, Marcelo Pacheco. *A correlação no processo civil: relações entre demanda e tutela jurisdicional*. Salvador: Juspodivm, 2015.

MACHADO, Marcelo Pacheco. Causa de pedir e teoria da relatividade do fato essencial. *Revista de Processo*, v. 39, n. 237, p. 89-114, nov. 2014.

MAGNUS, P.D. *Epistemology and the Wikipedia*. Presented at the North America Computing and Philosophy Conference in Troy, New York, august, 8-2006.

MALDONADO Y FERNÁNDEZ DEL TORCO, José. El problema de los hechos notorios en el Código de Derecho Canónico. *Revista Española de Derecho Canónico*, vol. 2, n. 6, 1947, p. 749-766.

MARCACINI, Augusto Tavares Rosa. Comentários ao art. 439. In: *Breves comentários ao Código de Processo Civil*. São Paulo: Revista dos Tribunais, 2015, p. 1119.

MARCACINI, Augusto Tavares Rosa. O documento eletrônico como meio de prova. *Revista de Direito Imobiliário*, v. 22, n. 47, p. 70-102, jul./dez. 1999.

MARIANI, Rômulo Greff. O documento eletrônico como meio de prova no processo civil. *Revista Síntese de Direito Civil e Processual Civil*, v. 12, n. 79, p. 72-100, set./out. 2012.

MARINONI, Luiz Guilherme. A convenção processual sobre prova diante dos fins do processo civil. *Revista de Processo*, v. 44, n. 288, p. 127-153, fev. 2019.

MARINONI, Luiz Guilherme. *Incidente de resolução de demandas repetitivas: decisão de questão idêntica x precedente*. São Paulo: Revista dos Tribunais, 2016.

MARINONI, Luiz Guilherme. Reexame da prova diante dos recursos especial e extraordinário. *Revista de Processo*, v. 30, n. 130, p. 19-38, dez. 2005.

MARINONI, Luiz Guilherme; ARENHART, Sérgio Cruz. *Prova e convicção*. 3ª ed. São Paulo: Revista dos Tribunais, 2015.

MARINONI, Luiz Guilherme; MITIDIERO, Daniel. *Ação rescisória: do juízo rescindente ao juízo rescisório*. São Paulo: Revista dos Tribunais, 2017.

MARINONI, Luiz Guilherme; MITIDIERO, Daniel. *Recurso extraordinário e recurso especial: do* jus litigatoris *ao* jus constitutionis. São Paulo: Revista dos Tribunais, 2020.

MARQUES, Antônio Terêncio G. L. *A prova documental na internet: validade e eficácia do documento eletrônico*. Curitiba: Juruá, 2005.

MARQUES, José Frederico. *Instituições de direito processual civil*. 2ª ed. Rio de Janeiro: Forense, 1962, vol. III.

MARTINS, Pedro Baptista. *Comentários ao Código de Processo Civil*: arts. 133 a 215. Rio de Janeiro: Forense, 1941, vol. II, p. 452.

MATIDA, Janaina; HERDY, Rachel. As inferências probatórias: compromissos epistêmicos, normativos e interpretativos. In: CUNHA, José Ricardo (org.). *Epistemologias críticas do direito*. Rio de Janeiro: Lumen Juris, 2016, p. 209-239.

MATTEUCCI, Nicola. Opinião pública. In: BOBBIO, Norberto; MATTEUCCI, Nicola; PASQUINO, Gianfranco. *Dicionário de política*. Trad. Carmen C. Varriale et all. Brasília: Editora Universidade de Brasília, 1998, p. 842-845.

MATTOS, Sérgio Luís Wetzel de. *Da iniciativa probatória do juiz no processo civil*. Rio de Janeiro: Forense, 2001.

MEDINA, José Miguel Garcia. *Novo Código de Processo Civil comentado*. São Paulo: Revista dos Tribunais, 2015.

MENDES, João de Castro. *Do conceito de prova em processo civil*. Lisboa: Ática, 1961.

MICHELI, Gian Antonio. *La carga de la prueba*. Trad. Santiago Santis Melendo. Buenos Aires: EJEA, 1961.

MICHELI, Gian Antonio. Sulla nozione di fatto notorio. In: *Giurisprudenza completa della Corte Suprema di Cassazione: Sezioni Civili*, vol. XVIII, 1945, p. 284-288.

MICONI, Andrea. Il web senza qualità. I limiti di Wikipedia e la microfisica dell'informazione. *Problemi dell'informazione*, vol. 35, nº. 4, 2010, p. 409-426.

MILHOMENS, Jônatas. *A prova no processo*. Rio de Janeiro: Forense, 1982.

MITIDIERO, Daniel. *Colaboração no processo civil: pressupostos sociais, lógicos e éticos*. 3ª ed. São Paulo: Revista dos Tribunais, 2015.

MITIDIERO, Daniel. O processualismo e a formação do Código Buzaid. *Revista de Processo*, v. 35, n. 183, p. 165-194, maio 2010.

MONTEIRO, João. *Programma de um curso de teoria do processo civil e comercial*. São Paulo: Duprat: 1905, vol. 1.

MONTERO AROCA, Juan. *La prueba en el proceso civil*. Madrid: Civitas, 1996.

MONTERO AROCA, Juan. *Los principios políticos de la nueva Ley de Enjuiciamiento Civil: los poderes del juez y la oralidad*. Valencia: Tirant lo Blach, 2001.

MONTESANO, Luigi. Osservazioni sui «fatti notori». In: *Giurisprudenza completa della Corte Suprema di Cassazione: Sezioni Civili*, vol. XXVI, 1947, p. 216-229.

MORA, Andrea. Questioni in tema di fatto notorio. In: *Studi in onore di Giovanni Iudica*. Milano: Università Bocconi: EGEA, 2014, p. 895-406.

MOREIRA, Fernando Mil Homens. Observações sobre a eficácia probatória do e-mail no processo civil brasileiro. *Revista de Processo*, v. 36, n. 193, p. 203-230, mar. 2011.

MOREIRA, José Carlos Barbosa. Provas atípicas. *Revista de Processo*, v. 19, n. 76, p. 114-126, out./dez. 1994.

MORENO HERNANDEZ, Miguel. *Derecho procesal canonico*. Madrid: Aguilar, 1956, p. 244-245.

MORGAN, Edmund M. Judicial notice. *Harvard Law Review*, vol. 57, n. 3 (Jan., 1944), p. 269-294.

MOUZALAS, Rinald; ATAÍDE JR., Jaldemiro Rodrigues. Distribuição do ônus da prova por convenção processual. *Revista de Processo*, v. 40, n. 240, p. 399-423, fev. 2015.

NARDELLI, Luis Fernando. *Inspeção judicial*. São Paulo: Leud, 2007.

NERI, Adriana. Fatti notori e informazioni pervenute da internet. In: *Giurisprudenza di merito*, n. 10, p. 2569-2577, 2007.

NIEVA FENOLL, Jordi. *Derecho procesal*. Madrid: Marcial Pons, 2015, vol. II.

NIEVA FENOLL, Jordi. Los problemas de la oralidad. *Justicia: Revista de Derecho Procesal*, n. 1-2, p. 101-130, 2007.

NOGUEIRA, Pedro Henrique. *Negócios jurídicos processuais*. Salvador: Juspodivm, 2020.

NUNES, Dierle José Coelho. *Processo jurisdicional democrático: uma análise crítica das reformas processuais*. Curitiba: Juruá, 2008.

O'CONNOR, Cailin; WEATHERALL, James Owen. *The misinformation age: how false beliefs spread.* New Haven, Yale University Press, 2019.

OLIVEIRA, Lucas Soares de. Inspeção judicial: uma análise propositiva acerca da autorreferência judicial. *Revista de Processo*, v. 42, n. 265, p. 81-103, mar. 2017.

OLIVEIRA, Pedro Miranda de. O duplo grau de jurisdição e o julgamento imediato pelos tribunais no CPC/2015. In: *Aspectos polêmicos e atuais dos recursos cíveis: e assuntos afins*. São Paulo: Revista dos Tribunais, 2017, p. 409-422.

OSNA, Gustavo. *Processo civil, cultura e proporcionalidade: análise crítica da teoria processual*. São Paulo: Revista dos Tribunais, 2017.

PACCAGNELLA, Luciano. La gestione della conoscenza nella società dell'informazione: il caso di Wikipedia. *Rassegna Italiana di Sociologia*, anno 2007, vol. 48, fascicolo 4, p. 653-680, 2007.

PALAIA, Nelson. *O fato notório*. São Paulo: Saraiva, 1997.

PANZAROLA, Andrea. Il notorio, la judicial notice e "concetti" di prova. *Rivista di Diritto Processuale*, vol. 71, n. 3, 2016, p. 610-636.

PANZAROLA, Andrea. *Iudex secundum allegata et probata (partium) iudicare debet*: a proposito di un antico brocardo e di una recente interpretazione. *Rivista di Diritto Processuale*, s.2 a.74 n.3 (maggio-giugno 2019), p.649-675.

PAUL, George L.; BARON, Jason R. Information inflation: can the legal system adapt? *Richmond Journal of Law and Technology*, vol. 3, issue 3, article 2, 2007.

PAVANINI, Giovanni. Massime d'esperienza e fatti notori in Corte di Cassazione. *Rivista di Diritto Processuale*, v. 14, n. 1, p. 247-268, 1937.

PEIXOTO, Ravi. A nova sistemática de resolução consensual de conflitos pelo Poder Público: uma análise a partir do CPC-2015 e da Lei 13.140-2015. *Revista de Processo*, v. 41, n. 261, p. 467-497, nov. 2016.

PEIXOTO, Ravi. As regras de experiência, os deveres de justificação e os limites à discricionariedade do convencimento judicial. *Revista de Processo*, v. 46, n. 320, p. 75-93, out. 2021.

PEIXOTO, Ravi. *Standards probatórios no direito processual brasileiro*. Salvador: Juspodivm, 2021.

PEOPLES, Lee F. The citation of blogs in judicial opinions. *Tulane Journal of Technology & Intellectual Property*, vol. 13, 2010, p. 39-80.

PEOPLES, Lee F. The citation of Wikipedia in judicial opinions. *Yale Journal of Law & Technology*, vol. 12, iss. 1, art. 1, 2010, p. 2-51.

PEREIRA, Carlos Frederico Bastos. *Fundamentação das decisões judiciais: o controle da interpretação dos fatos e do direito no processo civil.* São Paulo: Revista dos Tribunais, 2019.

PEREIRA, Carlos Frederico Bastos. Sobre a eficácia probatória da sentença. *Revista de Processo*, v. 45, n. 299, p. 93-121, jan. 2020.

PEREIRA, Luiz Fernando C. *Tutela jurisdicional da propriedade industrial: aspectos processuais da Lei 9.279/1996*. São Paulo: Revista dos Tribunais, 2006.

PÉREZ DAUDÍ, Vicente. Prueba electrónica y hecho notorio. In: ABEL LLUCH, Xavier; PICÓ I JUNOY, Joan (coords.). *La prueba electrónica*. J. M. Bosch: Barcelona, 2011, p. 455-462.

PICCININNI, Leo. Cassazione, giudicato, notorio giudiziale. In: *Scritti in onore di Nicola Picardi*, Pisa 2016, III, p. 2023-2036.

PICÓ I JUNOY, Joan. La iniciativa probatoria del juez civil: un debate mal planteado. *Revista Uruguaya de Derecho Procesal*, n. 3, 2007, p. 573-590.

PICÓ I JUNOY, Joan. *O juiz e a prova: estudo da errônea recepção do brocardo* iudex iudicare debet secundum allegata et probata, non secundum conscientiam *e sua repercussão atual*. Trad. Darci Guimarães Ribeiro. Porto Alegre: Livraria do Advogado, 2017.

PICÓ I JUNOY, Joan. Repensando los pactos procesales probatorios desde las garantías constitucionales del proceso. *Revista Eletrônica de Direito Processual - REDP*, v. 21, n. 1, p. 153-164, jan./abr. 2020.

PIMENTEL, Alexandre Freire. Diagnóstico sobre a imprecisão das designações sobre o direito processual tecnológico: processo informático, eletrônico, telemático, digital, virtual ou cibernético? *Revista de Processo*, v. 44, n. 296, p. 353-375, out. 2019.

PONTES DE MIRANDA, Francisco Cavalcanti. *Comentários ao Código de Processo Civil*. 3ª ed. Rio de Janeiro: Forense, 1996, t. IV.

POSNER, Richard A. Judicial opinions and appellate advocacy in Federal Courts - one judge's views. 51 *Duquesne Law Review* 3 (2013).

POZOBON, Rejane de Oliveira; KEGLER, Bruno. Fake news, pós-verdade e os limites (ou desafios) da opinião pública na sociedade da plataforma. *Revista Brasileira de Comunicação Organizacional e Relações Públicas*, v. 18, n. 34, p. 48-57, set./dez., 2020.

PRADO, Geraldo. *A cadeia de custódia da prova no processo penal*. São Paulo, Marcial Pons, 2019.

QUINTANA REYNÉS, Lorenzo. *La prueba en el procedimiento canónico*. Barcelona: Bosch Casa Editorial, 1943.

RAMOS, Vitor de Paula. Direito fundamental à prova. *Revista de Processo*, v. 38, n. 224, p. 41-62, out. 2013.

RAMOS, Vitor de Paula. *Ônus da prova no processo civil: do ônus ao dever de provar*. 2ª ed. São Paulo: Revista dos Tribunais, 2018.

RAMOS, Vitor de Paula. *Prova documental: do documento aos documentos, do suporte à informação*. Salvador: Juspodivm, 2021.

RANGEL, Marco Aurélio Scampini Siqueira. Limites da atividade instrutória em grau recursal. *Civil Procedure Review*, v.9, n.2: may.-aug., 2018.

REIS, José Alberto dos. *Código de Processo Civil anotado*. Coimbra: Coimbra Ed., 1985, vol. III.

RIBAS, Antonio Joaquim. *Consolidação das leis do processo civil: commentada pelo Conselheiro Dr. Antonio Joaquim Ribas; com a collaboração de seu filho dr. Julio A. Ribas*. Rio de Janeiro: Dias da Silva Junior Typographo-Editor, 1879.

RIGHI, Ivan Ordine. Eficácia probatória do comportamento das partes. *Revista da Faculdade de Direito da Universidade do Paraná*, v. 20, n. 20, p. 1-9 1981/1982.

RIZO GÓMEZ, Belén. La exclusión de los hechos notorios de la actividad probatoria y la prueba de la costumbre. *Revista Especializada en Derecho Procesal Civil y Mercantil*, n. 43, noviembre, p. 34-43, 2007.

ROCHA, José de Moura. O fato notório no processo civil brasileiro. *Revista de Direito Processual Civil*, v. 1, n. 2, p. 146-166, jul./dez. 1960.

ROSITO, Francisco. *Direito probatório: as máximas de experiência em juízo*. Porto Alegre: Livraria do Advogado, 2007.

ROVER, Aires José. O princípio da conexão em rede: perturbações estruturais no processo eletrônico judicial eletrônico. In: *Princípios do processo em meio reticular-eletrônico: fenomenologia, normatividade e aplicação prática*. São Paulo: LTr, 2017, p. 77-86.

RUBIN, Fernando. *A construção do processo eletrônico justo: a transição do processo físico para o processo eletrônico e os impactos em relação à divisão de tarefas entre as partes e o Estado-juiz no âmbito do direito processual civil*. Porto Alegre: Paixão, 2021.

SALES, Ivan Borges. *Factos notórios e máximas de experiência: o conhecimento privado do juiz na "era da pós-verdade"*. Dissertação (Mestrado em Direito), Faculdade de Direito, Universidade do Porto. Porto, Portugal, 2023.

SALGADO, Daniel de Resende. *A metaprova no processo penal: seu perfil conceitual e funcional e o controle racional da fiabilidade da prova*. 2ª ed. São Paulo: JusPodivm, 2023.

SANCHES, Sydney. Da ação rescisória por erro de fato. *Revista de Processo*, v. 11, n. 44, p. 44-68, out./dez., 1986.

SANTOS, Gildo dos. *A prova no processo civil*. São Paulo: Saraiva, 1975.

SANTOS, Gildo dos. Inspeção judicial. *Revista dos Tribunais*, São Paulo, v. 61, n. 446, p. 308-311, dez. 1972.

SANTOS, Moacyr Amaral. *Comentários ao Código de Processo Civil*. 6ª ed. Rio de Janeiro: Forense, 1994, vol. IV (arts. 332 a 475).

SANTOS, Moacyr Amaral. *Prova judiciária no cível e comercial*. 2ª ed. São Paulo: M. Limonad, 1952, vol. I.

SANTOS, Moacyr Amaral. *Prova judiciária no cível e comercial*. 2ª ed. São Paulo: M. Limonad, 1954, vol. IV.

SANTOS, Moacyr Amaral. *Prova judiciária no cível e no comercial.* 2ª ed. São Paulo: Max Limonad, 1955, vol. V.

SCARPARO, Eduardo. Ethos e comportamento processual como prova no processo civil *Revista de Processo*, v. 42, n. 273, p. 43-67, nov. 2017.

SCHIMTZ, Leonard Ziesemer. *Presunções judiciais: raciocínio probatório por inferências.* São Paulo: Revista dos Tribunais, 2020.

SCHMIDT, Lélio Denicoli. *Marcas: aquisição, exercício e extinção de direitos.* Rio de Janeiro: Lumen Juris, 2019.

SCHMITZ, Leonard. *Presunções judiciais: raciocínio probatório por inferências.* São Paulo: Revista dos Tribunais, 2020.

SCHWAB, Klaus. *A quarta revolução industrial.* São Paulo: Edipro, 2016.

SICA, Heitor Vitor Mendonça. *O direito de defesa no processo civil brasileiro: um estudo sobre a posição do réu.* São Paulo: Atlas, 2011.

SILVA JR., Rogério Faustino. O princípio da conexão na processualística probatória trabalhista. *Revista Fórum Trabalhista*, v. 6, n. 27, p. 159-183, out./dez. 2017.

SILVA, De Plácido. Notoriedade. In: *Vocabulário jurídico* (1963). 28ª ed. Rio de Janeiro: Forense, 2009, p. 958.

SILVA, De Plácido. Notório. In: *Vocabulário jurídico* (1963). 28ª ed. Rio de Janeiro: Forense, 2009, p. 958.

SILVA, Virgílio Afonso da. *Direito constitucional brasileiro.* São Paulo: Edusp, 2021.

SIQUEIRA, Thiago Ferreira. Duplo grau de jurisdição e "teoria da causa madura" no novo Código de Processo Civil. *Revista Magister de Direito Civil e Processual Civil*, v. 12, n. 68, p. 38-64, set./out. 2015.

SIQUEIRA, Thiago Ferreira. *Limites objetivos da coisa julgada: objeto do processo e questões prejudiciais.* Salvador: Juspodivm, 2020.

SOBA BRACESCO, Ignacio M. El hecho notorio. Dos problemas actuales. *Diario La Ley*, nº 10065, Sección Doctrina, mayo de 2022.

SOUSA, Diego Crevelin de. Interrogatório livre: o ornitorrinco (?) - inconstitucional (!) - do processo civil brasileiro. *Revista Brasileira de Direito Processual*, v. 25, n. 100, p. 85-112, out./dez. 2017.

SOUZA, Marcus Seixas. *Normas processuais consuetudinárias: história, teoria e dogmática.* Salvador: Juspodivm, 2019.

SPERANDIO, Pedro Lube. *Contra os poderes instrutórios do juiz: a prova* ex officio *e a quebra de imparcialidade judicial.* Belo Horizonte: Letramento: Casa do direito, 2021.

SQUADRI, Ana Carolina. O princípio da aderência da jurisdição ao território na era digital. *Revista de Processo*, v. 47, n. 323, p. 473-483, jan. 2022.

STEIN, Friedrich. *El conocimiento privado del juez: investigaciones sobre el derecho probatorio en ambos procesos*. Trad. Andres de la Oliva Santos. 2ª ed. Bogotá: Editorial Temis, 1999.

STRAHORN JR. John S. The process of judicial notice. *Virginia Law Review*, vol. 14, n. 7 (May, 1928), p. 544-563.

STRECK, Lenio Luiz. O que é isto – a verdade real?: uma crítica ao sincretismo jusfilosófico de terrae brasilis. *Revista dos Tribunais*, v. 101, n. 921, p. 359-392, jul. 2012.

STRECK, Lenio. As provas e o novo CPC: a extinção do poder de livre convencimento. In: *Direito probatório*. 2ª ed. Salvador: Juspodivm, 2016, p. 107-114.

STRECK, Lenio. Graças ao princípio da conexão, encomendarei um kit de (tecno)verdade. *Consultor Jurídico*, disponível em <https://www.conjur.com.br/2015-jun-18/senso-incomum-gracas-principio-conexao-encomendarei-kit-tecnoverdade>. Publicado em 18.06.2015. Acesso em 09.06.2022.

STRECK, Lenio. *Verdade e consenso: Constituição, hermenêutica e teorias discursivas*. 4ª ed. São Paulo: Saraiva, 2011.

SUROWIECKI, James. *A sabedoria das multidões*. Trad. Alexandre Martins. Rio de Janeiro: Record, 2006.

SUSSKIND, Richard. *Online Courts and the Future of Justice*. Oxford: Oxford University Press, 2019.

TALAMINI, Eduardo. *Coisa julgada e sua revisão*. São Paulo: Revista dos Tribunais, 2005.

TALAMINI, Eduardo. O erro material no processo civil. *Revista Dialética de Direito Processual*, n. 30, p. 46-52, set. 2005.

TALAMINI, Eduardo. Prova emprestada no processo civil e penal. *Revista de Informação Legislativa*, v. 35, n. 140, p. 145-162, out./dez., 1998.

TARSKI, Alfred. The semantic conception of truth. *Philosophy and Phenomenological Research*, vol. 4, n 3, p. 341-376, mar., 1944, esp. p. 343.

TARUFFO, Michele. *A motivação da sentença civil*. Trad. Daniel Mitidiero, Rafael Abreu e Vitor de Paula Ramos. São Paulo: Marcial Pons, 2015, p. 147-163.

TARUFFO, Michele. *A prova*. Trad. João Gabriel Couto. São Paulo: Marcial Pons, 2014.

TARUFFO, Michele. Cultura e processo. *Rivista Trimestrale di Diritto e Procedura Civile*, v. 63, n. 1, p. 63-92, mar., 2009.

TARUFFO, Michele. Fatti e prove. In: *La prova nel processo civile*, a cura di Michele Taruffo. Milano: Giuffrè, 2012.

TARUFFO, Michele. Idee per una teoria della decisione giusta. *Rivista Trimestrale di Diritto e Procedura Civile*, v. 51, n. 2, p. 315-328, giu. 1997.

TARUFFO, Michele. *La prueba de los hechos*. 2ª ed. Trad. Jordi Ferrer Beltrán. Madrid: Editorial Trotta, 2005.

TARUFFO, Michele. Modelli di prova e di procedimenti probatorio. *Rivista di Diritto Processuale*, v.45, n.2, p.420-48, apr./giugno, 1990.

TARUFFO, Michele. Poteri probatori delle parti e del giudice in Europa. *Rivista Trimestrale di Diritto e Procedura Civile*, v. 60, n. 2, p. 451-482, giugno 2006.

TARUFFO, Michele. Senso comum, experiência e ciência no raciocínio do juiz. *Revista Forense*, v. 97, n. 355, p. 101-118, maio/jun. 2001.

TARUFFO, Michele. Senso comune, esperienza e scienza nel ragionamento del giudice. *Rivista Trimestrale di Diritto e Procedura Civile*, v. 55, n. 3, p. 665-695, 2001.

TARUFFO, Michele. *Uma simples verdade: o juiz e a construção dos fatos*. Trad. Vitor de Paula Ramos. São Paulo: Marcial Pons, 2012, p. 109.

TARUFFO, Michele. Verdade negociada? *Revista Eletrônica de Direito Processual – REDP*, vol. 13, n. 13, p. 634-657, 2014.

TARUFFO, Michele; MITIDIERO, Daniel. *A Justiça Civil: da Itália ao Brasil, dos Setecentos a hoje*. São Paulo: Revista dos Tribunais, 2018.

TEMER, Sofia. *Incidente de resolução de demandas repetitivas*. Salvador: Juspodivm, 2016.

THAYER, James Bradley. Judicial notice and the law of evidence. *Harvard Law Review*, v. 3, n. 1/8, p. 285-312, apr./mar. 1889/1890.

THEODORO JR., Humberto. A garantia do devido processo legal e a busca da verdade. *Revista Magister de Direito Civil e Processual Civil*, v. 13, n. 77, p. 28-48, mar./abr. 2017.

THEODORO JR., Humberto. *Curso de direito processual civil: teoria geral do direito processual civil, processo de conhecimento e procedimento comum*. 59ª ed. Rio de Janeiro: Forense, 2018, vol. 1.

THOMPSON, John B. *A mídia e a modernidade: uma teoria social da mídia*. 5ª ed. Trad. Wagner de Oliveira Brandão. Petrópolis: Vozes, 1998.

THORNBURG, Elizabeth G. The curious appellate judge: ethical limits on independent research, 28 *Litigation Review*. 131 (2008).

TIRANTI, Vittorio Emanuele. *L'opinione pubblica nei suoi rapporti con la prova*. Pisa: Spoerri, 1903.

TOLLEFSEN, Deborah P. Wikipedia and the Epistemology of Testimony. *Episteme*, vol. 6, issue 1, February, 2009, p. 8-24.

TOLLEFSEN, Deborah. Group testimony. *Social Epistemology: A Journal of Knowledge, Culture and Policy*, 21:3, 299-311, 2007.

TOWNSEND, Leo. The epistemology of collective testimony. *Journal of Social Ontology*, vol. 6, n. 2, 2020, p. 187-210.

TRINDADE, Cláudia Sofia. *A prova de estados subjetivos no processo civil: presunções judiciais e regras de experiência*. Coimbra: Almedina, 2016.

UMPIÉRREZ BLENGIO, Camila. Los *hechos notorios en el razonamiento probatório.* Dissertação (Mestrado em Raciocínio Probatório), Universitat de Girona. Girona, Espanha, 2023.

VACCARELLA, Romano. Quaedam sunt notoria judici tantum et non aliis, in *Giustizia civile*, 1989, I, 2552.

VÁZQUEZ, Carmen. *Prova pericial: da prova científica à prova pericial.* Trad. Vitor de Paula Ramos. Salvador: Juspodivm, 2021.

VENOSA, Sílvio de Salvo. *Código Civil interpretado.* 4ª ed. São Paulo, Atlas, 2019.

VIDIGAL, Luís Eulálio de Bueno. Fato notório. In: FRANÇA, R. Limongi (coord.). *Enciclopédia Saraiva do Direito.* São Paulo: Saraiva, 1977, vol. 36.

VIEIRA, Ana Lúcia Menezes. *Processo penal e mídia.* São Paulo: Revista dos Tribunais, 2003.

VITORELLI, Edilson. *O devido processo legal coletivo: dos direitos aos litígios coletivos.* São Paulo: Revista dos Tribunais, 2019.

VOGT, Fernanda Costa. *Cognição do juiz no processo civil: flexibilidade e dinamismo dos fenômenos cognitivos.* Salvador: Juspodivm, 2020.

WATANABE, Kazuo. *Cognição no processo civil.* São Paulo: Revista dos Tribunais, 1987.

WEINBERGER, David. *A nova desordem digital: os novos princípios que estão reinventando os negócios, a educação, a política, a ciência e a cultura.* Trad. Alessandra Mussi Araújo. Rio de Janeiro: Elsevier, 2007.

WEINBERGER, David. *Too big to know: rethinking knowledge now the facts aren't the facts, experts are everywhere, and the smartest person in the room is the room.* New York: Basic Books, 2012.

WIGMORE, John Henry. *A treatise on the anglo-american system of evidence in trials at Common Law, including the statutes and judicial decisions of all jurisdictions of the United States and Canada.* Boston: Little, Brown & Company, 1923.

WRÓBLEWSKI, Jerzy. Facts in law. *Archives for Philosophy of Law and Social Philosophy*, vol. 59, n. 2, 1973, pp. 161-178.

WU, Liang; MORSTATTER, Fred; CARLEY, Kathleen M.; LIU, Huan. Misinformation in social media: definition, manipulation, and detection. *SIGKDD Explor*, vol. 21, n. 2, p. 80-90, 2019.

YARSHELL, Flávio Luiz. *Ação rescisória: juízos rescindente e rescisório.* São Paulo: Malheiros, 2005.

YARSHELL, Flávio Luiz. *Antecipação da prova sem o requisito da urgência e direito autônomo à prova.* São Paulo: Malheiros, 2009.

YARSHELL, Flávio Luiz. Breves notas sobre convenção das partes e poderes do juiz em matéria probatória. *Revista da EMERJ*, v. 20, n. 1, p. 240-258, jan./abr. 2018.

YARSHELL, Flávio Luiz. Convenção das partes em matéria processual: rumo a uma nova era? In: CABRAL, Antonio do Passo; NOGUEIRA, Pedro Henrique (coords). *Negócios processuais*. Salvador: Juspodivm, 2015, p. 63-80.

YARSHELL, Flávio Luiz. *Curso de direito processual civil*. São Paulo: Marcial Pons, 2014, vol. 1.

YARSHELL, Flávio Luiz. Reafirmação e evolução da teoria geral do processo: projeções no ensino dessa disciplina no curso de graduação da Faculdade de Direito da Universidade de São Paulo. *Revista Ius Dictum - Teoria Geral da Adjudicação*, Jan/Mai, 2020.

ZACLIS, Leonel. Direito processual civil estadunidense. In: CRUZ E TUCCI, José Rogério (coord.). *Direito processual civil americano contemporâneo* São Paulo: Lex, 2010, p. 165-210.

ZAMPAR JR., José Américo. *Produção de provas em sede recursal*. São Paulo: Revista dos Tribunais, 2020.

ZANETI JR., Hermes. *A constitucionalização do processo: o modelo constitucional da justiça brasileira e as relações entre processo e Constituição*. 2ª ed., São Paulo: Atlas, 2014.

ZANETI JR., Hermes. O princípio da cooperação e o Código de Processo Civil: cooperação para o processo. In: *Processo civil contemporâneo: homenagem aos 80 anos do professor Humberto Theodoro Júnior*. Rio de Janeiro: Forense, 2018, p. 142-153.

ZANETI JR., Hermes. O problema da verdade no processo civil: modelos de prova e de procedimento probatório. *Revista de Processo*, v. 29, n. 116, p. 334-371, jul./ago. 2004.

EDITORA JusPODIVM
www.editorajuspodivm.com.br

Impresso por:

Docuprint
CNPJ 01.036.332/0001-99

JUS3680